Gerichtsstände im Internationalen Insolvenzrecht zur Eröffnung von Partikularinsolvenzverfahren

Studien zum vergleichenden und internationalen Recht -
Comparative and International Law Studies

Herausgeber: Bernd von Hoffmann, Erik Jayme
und Heinz-Peter Mansel

Band 113

PETER LANG
Frankfurt am Main · Berlin · Bern · Bruxelles · New York · Oxford · Wien

Timo Torz

Gerichtsstände im Internationalen Insolvenzrecht zur Eröffnung von Partikularinsolvenzverfahren

Eine Untersuchung
über die internationale Zuständigkeit
zur Eröffnung von Partikularinsolvenzverfahren
sowie deren Beschränkungen und Auswirkungen
auf die Anerkennungszuständigkeit

PETER LANG
Europäischer Verlag der Wissenschaften

Bibliografische Information Der Deutschen Bibliothek
Die Deutsche Bibliothek verzeichnet diese Publikation in der Deutschen Nationalbibliografie; detaillierte bibliografische Daten sind im Internet über <http://dnb.ddb.de> abrufbar.

Zugl.: Bochum, Univ., Diss., 2005

D 294
ISSN 0930-4746
ISBN 3-631-54150-3

www.peterlang.de

Meinen Eltern

Vorwort

Die vorliegende Arbeit wurde im Wintersemester 2004/2005 von der Juristischen Fakultät der Ruhr-Universität Bochum als Dissertation angenommen. Der Text wurde im August 2004 abgeschlossen, für die Drucklegung sind jüngere Nachweise noch bis März 2005 eingearbeitet worden.

Mein herausragender Dank gilt meinem Doktorvater, Herrn Professor Dr. *Peter Kindler*, an dessen Lehrstuhl ich während der Anfertigung dieser Untersuchung als Wissenschaftlicher Mitarbeiter tätig sein durfte. Er leistete eine optimale fachliche und persönliche Förderung und gewährte mir somit nicht nur den Freiraum für ein selbständiges Arbeiten, sondern eröffnete mir insgesamt hervorragende Arbeitsmöglichkeiten. Die Zeit war interessant, lehrreich und schön. Ich werde sie immer in bester Erinnerung behalten.

Mein Dank gebührt in gleicher Weise meinem Zweitberichterstatter, Herrn Professor Dr. *Hartmut Linke*, durch dessen konstruktive Anregungen die Arbeit abgerundet wurde.

Danken möchte ich ferner Herrn Professor Dr. *Heinz-Peter Mansel* für seine Hilfe bei der Aufnahme in diese Schriftenreihe.

Herzlichen Dank sage ich an dieser Stelle Frau *Elke Konhäuser,* sowie Frau *Hanife Altinsoy,* Frau Assessorin *Jill Baas,* Herrn *Lars Renner,* Frau *Astrid Wilkening,* Frau *Simone Libbertz,* Frau *Kathrin Hasler,* Herrn *Christian Haurand*, Frau *Natascha Labedi,* Herrn Assessor *Dr. Martin Maties,* Herrn *Gavin Worok und* Herrn *Marius Schumann* für ihre Unterstützung.

Sehr herzlich danke ich meinen Eltern Frau *Angelika* und Herrn *Heinz-Toni Torz* dafür, dass sie mir mit ihrer Unterstützung und Ermutigung während meiner Schul- und Studienzeit die Möglichkeit eröffnet haben, meine Zukunft nach meinen Wünschen zu gestalten. Liebevoller Dank gilt meiner Freundin *Andrea*, die mit ihrer ständigen Bereitschaft zur Diskussion und ihrem unermüdlichen Zuspruch einen unvergleichlichen Beitrag zu dieser Arbeit leistete.

Gevelsberg, im März 2005 *Timo Torz*

Inhaltsverzeichnis

Literaturverzeichnis

Alexy, Robert	Rechtsregeln und Rechtsprinzipien in: ARSP Beiheft 25 (1985), 13.
Aristoteles	Nikomachische Ethik Übersetzung von Franz Dirlmeier Stuttgart 2003
Badura, Peter	Zur Lehre von der verfassungsrechtlichen Institutsgarantie des Eigentums, betrachtet am Beispiel des „geistigen Eigentums“ in: Festschrift für Maunz, Theodor zu, 80. Geburtstag am 1. September 1981, S. 1 Hrsg. Lerche, Peter
Bar, Carl Ludwig von	Lehrbuch des internationalen Privat- und Strafrechts Band II Stuttgart 1892
Bar, Christian von/ Mankowski, Peter	Internationales Privatrecht Band I Allgemeine Lehren 2. Auflage München 2003
Barber, Tony	Kapitalerhöhung soll Alitalia retten; staatliche Fluggesellschaft will bis zu 2 Mrd. Euro einsparen in: Financial Times Deutschland, 3. September 2004, S. 9
Barber, Tony	Alitalias Piloten nicken Sparplan ab in: Financial Times Deutschland, 15. September 2004, S. 3
Bariatti, Stefania	Die Mobiliarsicherheiten bei grenzüberschreitenden Insolvenzverfahren Vortrag am 8. Oktober 2004 auf dem Kongress der DIJV in Dresden
Basedow, Jürgen	Variationen über die spiegelbildliche Anwendung deutschen Zuständigkeitsrechts in: IPRax 1994, 183
Batiffol, Henri/ Lagarde, Paul	Traité de droit international privé Band 1 8. Auflage Paris 1993
Batiffol, Henri/ Lagarde, Paul	Traité de droit international privé Band 2 7. Auflage Paris 1983
Baumbach, Adolf/ Hartmann, Peter/ Albers, Jan	Zivilprozessordnung mit Gerichtsverfassungsgesetz und anderen Nebengesetzen 62. Auflage München 2004 zit.: Baumbach/Lauterbach-*Bearbeiter*

Baumbach, Adolf/ Hefermehl, Wolfgang	Wettbewerbsrecht 22. Auflage München 2001 zit.: *Baumbach/Hefermehl*
Baumgärtel, Gottfried	Die Grenzen der deutschen Internationalen Konkurszuständigkeit im Falle des § 238 Abs. 1 KO in: AWD 1971, 557
Baur, Fritz/ Baur, Jürgen F./ Stürner, Rolf	Lehrbuch des Sachenrechts 16. Auflage München 1992 zit.: *Baur/Stürner*, Sachenrecht
Becker, Christoph	Mobiliarsicherheiten bei der grenzüberschreitenden Insolvenz Vortrag am 8. Oktober 2004 auf dem Kongress der DIJV in Dresden
Beisse, Heinrich	Rechtsfortbildung durch den Europäischen Gerichtshof in: StVj 1992, 43.
Berger, Don	Zuständigkeit und forum non conveniens im amerikanischen Zivilprozess in: RabelsZ 41 (1977), 39
Bernasconi, Christophe/ Gerber, Alexandra	La théorie du forum non conveniens – un regard suisse in: IPRax 1994, 3
Betghe, Herberth	Grundrechtsträgerschaft juristischer Personen – Zur Rechtsprechung des Bundesverfassungsgerichts in: AöR (104) 1979, 54
Binder, Julius	Philosophie des Rechts 3. Auflage Berlin 1925
Blazy, Régis	La faillite Éléments d'analyse économique 1. Auflage Paris 2000
Bley, Erich/ Morbutter, Jürgen	Vergleichsordnung Großkommentar Erster Band §§ 1-81 4. Auflage Berlin, New York 1979 zit.: *Bley/Mohrbutter*
Bloching, Micha	Pluralität und Partikularinsolvenz Eine Untersuchung zum deutschen internationalen Insolvenzrecht 1. Auflage Berlin 2000 zit.: Pluralität und Partikularinsolvenz

Blumenwitz, Dieter	Rechtsprobleme im Zusammenhang mit der Angleichung von Rechtsvorschriften auf dem Gebiet des Niederlassungsrechts der freien Berufe – Eine Darstellung anhand einer aktuellen Problematik im Bereich der ärztlichen Heilberufe in: NJW 1989, 621
Böhle-Stramschräder, A./ Kilger, Joachim	Vergleichsordnung 11. Auflage München 1986 zit.: *Böhle-Stramschräder/Kilger*
Braun, Eberhard	Insolvenzordnung (InsO) Kommentar 2. Auflage München 2004 zit.: Braun-*Bearbieter*
Breit, James	Über das Ausländerforum in: JW 1911, 636
Bretz, Michael	Insolvenzen in Europa Jahr 2002/2003 Creditreform Wirtschafts- und Konjunkturforschung Neuss 2003 zit.: Insolvenzen in Europa 02/03
Bretz, Michael	Insolvenzen in Europa Jahr 2003/2004 Creditreform Wirtschafts- und Konjunkturforschung Neuss 2004 zit.: Insolvenzen in Europa 02/03
Bretz, Michael	Insolvenzen, Neugründungen, Löschungen 1. Halbjahr 2004 Eine Untersuchung zur Unternehmensentwicklung der Creditreform und Konjunkturforschung zit.: Insolvenzen, Neugründungen, Löschungen 1/04
Brockhaus	Brockhaus - Die Enzyklopädie: in 24 Bänden. 20, Leipzig, Mannheim, 1996-99, Online-Ausgabe http://lexika.tanto.de/?TANTO_KID=digibib&TANTO_AGR=45588
Bruck, Ernst/ Möller, Hans	Kommentar zum Versicherungsvertragsgesetz 8. Auflage Erster Band §§ 1-48 VVG und Versicherungsvermittlerrecht Berlin 1961 zit.: *Bruck/Möller*
Brüning, Christoph	Gleichheitsrechtliche Verhältnismäßigkeit in: JZ 2001, 669
Bydlinski, Franz	Juristische Methodenlehre und Rechtsbegriff 2. Auflage Wien, New York 1991 zit.: Methodenlehre

Callies, Christian/ Ruffert, Matthias | Kommentar des Vertrages über die Europäische Union und des Vertrages zur Gründung der Europäischen Gemeinschaft
EUV/EGV
2. Auflage
Darmstadt 2002
zit.: Callies/Ruffert-*Bearbeiter*

Canaris, Claus-Wilhelm | Handelsrecht
23. Auflage
München 2000
zit.: Handelsrecht

Canaris, Claus-Wilhelm | Die Feststellung von Lücken im Gesetz
Eine methodologische Studie über Voraussetzungen und Grenzen der richterlichen Rechtsfortbildung
2. Auflage
Berlin, 1983
zit.: Lücken

Canaris, Claus-Wilhelm | Die Vertrauenshaftung im deutschen Privatrecht
1. Auflage
München 1972
zit.: Vertrauenshaftung

Canaris, Claus-Wilhelm | Systemdenken und Systembegriff in der Jurisprudenz entwickelt am Beispiel des deutschen Privatrechts
1. Auflage
Berlin 1969
zit.: Systemdenken

Clark, Thomas/ Genger, Jenny | US Airways meldet erneut Insolvenz an
in: Financial Times Deutschland 2004, S. 3

Cozian, Maurice/ Viandier, Alain/ Deboissy, Florence | Droit des sociétés
14. Auflage
Paris 2001

Dänzer-Vanotti, Wolfgang | Unzulässige Rechtsfortbildung des Europäischen Gerichtshofs
in: RIW 1992, 733

Deckert, M. R. | Zur folgenorientierten Auslegung
in: JuS 1995, 480

Denuit, Delphine | Le plan de la dernière chance
in: Le Figaro Économie, 7. September 2004, S. 1

Dreier, Horst (Hrsg.) | Grundgesetz
Kommentar
Band I
Artikel 1-19
2. Auflage
Tübingen 2004
zit.: Dreier-*Berabeiter*

Dreier, Ralf	Was ist Gerechtigkeit? In: JuS 1996, 580.
Drewender, Sascha	Betriebsfremde Arbeitnehmer in der Betriebsverfassung unter besonderer Berücksichtigung der unechten Leiharbeitnehmer 1. Auflage Frankfurt a.M. 2004 zit.: Betriebsfremde Arbeitnehmer
Dugua, Pierre Yves	Faute de secousse dans le transport aérien ; Faillite en dépit d'une augmentation du traffic, plusierus majors américaines sont menacées in: Le Figaro, 14. September 2004, http://www.lefigaro.fr/genimprime?de=20040914.F/60043
Dugua, Pierre-Yves/ Guillermard, Véronique	Forte secousse dans le transport aérien; Faillite en dépit d'une nette augmentation du trafic, plusieurs majors américaines sont menacées in: Le Figaro 14. September 2004, S. 1, 4
Duursma, Dieter/ Duursma-Kepplinger, Henriette-Christine	Gegensteuerungsmaßnahmen bei ungerechtfertigter Inanspruchnahme der internationalen Zuständigkeit gemäß Art. 3 Abs. 1 EuInsVO in: DZWiR 2003, 447
Duursma, Dieter/ Duursma-Kepplinger, Henriette-Christine	Funktion und Wirkungen der österreichischen Insolvenzdatei in: ZInsO 2002, 913, 916
Duursma-Kepplinger, Henriette/ Duursma, Dieter	Der Anwendungsbereich der Insolvenzverordnung unter Berücksichtigung der Bereichsausnahmen, von Konzernsachverhalten und der von den Mitgliedsstaaten abgeschlossenen Konkursverträge in: IPRax 2003, 505
Duursma-Kepplinger, Henriette-Christine	Checkliste zur Eröffnung eines Insolvenzverfahrens nach der Europäischen Insolvenzverordnung und dem anwendbaren Recht in: NZI 2003, 87
Duursma-Kepplinger, Henriette-Christine/ Duursma, Dieter/ Chalupsky, Ernst	Europäische Insolvenzverordnung Kommentar Wien, 2002
Dworkin, Ronald M.	The Model of Rules in: The University of Chicago Law Review Volume 35, 1967-1968
Ebenroth, Carsten Thomas	Die Inlandswirkungen der ausländischen lex fori concursus bei Insolvenz einer Gesellschaft in: ZZP 101 (1988), 121
Ebenroth, Carsten Thomas/ Boujong, Karlheinz/ Joost, Detlev	Handelsgesetzbuch Band 1 §§ 1-342a 1. Auflage München 2001 zit.: Ebenroth/Boujong/Joost-*Bearbeiter*

Eberhartinger, Michael	„Konvergenz und Neustrukturierung der Grundfreiheiten." Die Freiheiten des EG-Vertrages haben sich von bloßen Diskriminierungsverboten hin zu Beschränkungsverboten entwickelt, deren Hauptinhalt die vom EuGH entwickelten Voraussetzungen für die Zulässigkeit nationaler – die Ausübung der Freiheit behindernder – Maßnahmen ist. in: EWS 1997, 43
Ehrenzweig, Albert A.	The Trasient Rule of Personal Jurisdiction – The "Power" Myth and Forum Conveniens in: Yale Law Journal 65 (1955/56), 289
Ehricke, Ulrich	Die richtlinienkonforme und die gemeinschaftskonforme Auslegung nationalen Rechts. Ein Beitrag zu ihren Grundlagen und ihrer Bedeutung für die Verwirklichung eines „europäischen Privatrechts" in: RabelsZ 59 (1995), 594.
Ehricke, Ulrich	Verfahrenskoordination bei grenzüberschreitenden Unternehmens-insolvenzen Aufbruch nach Europa 75 Jahre Max-Planck-Institut für Privatrecht Hrsg.: Basedow, Jürgen; Drobnig, Ulrich; Ellgner, Reinhard; Hopt, Klaus J.; Kötz, Hein; Kulms, Rainer; Mestmäcker, Ernst-Joachim Tübingen 2001 zit.: Aufbruch nach Europa
Ehricke, Ulrich	Die Zusammenfassung von Insolvenzverfahren mehrerer Unternehmen desselben Konzerns in: DZWiR 1999, 353
Ehricke, Ulrich	Zur Einflussnahme des Hauptinsolvenzverwalters auf die Verwertungshandlungen des Sekundärinsolvenzverwalters nach der EuInsVO in: ZInsO 2004, 633
Ehricke, Ulrich	Die neue Europäische Insolvenzverordnung und grenzüberschreitende Konzerninsolvenzen in: EWS 2002, 101
Ehricke, Ulrich/ Ries, Julian	Die neue Europäische Insolvenzverordnung in: JuS 2003, 313
Eidenmüller, Horst	Europäische Verordnung über Insolvenzverfahren und zukünftiges deutsches internationales Insolvenzrecht in: IPRax 2001, 2
Eidenmüller, Horst	Der Markt für internationale Konzerninsolvenzen: Zuständigkeitskonflikte unter der EuInsVO in: NJW 2004, 3455
Ekey, Friedrich L./ Klippel, Dethelm/ Kotthoff, Jost/ Meckel, Astrid/ Plaß, Gunda	Heidelberger Kommentar zum Wettbewerbsrecht 1. Auflage Heidelberg 2000 zit.: HK-UWG-*Bearbeiter*

Emmerich, Volker/ Sonnenschein, Jürgen/ Habersack, Mathias	Konzernrecht 7. Auflage München 2001 zit.: *E/S/H*, KonzernR
Emmerich, Volker/ Habersack, Mathias	Aktien- und GmbH-Konzernrecht 3. Auflage München 2003
Engisch, Karl	Einführung in das juristische Denken 9. Auflage Stuttgart, Berlin, Köln 1997 zit.: Einführung
Ensthaler, Jürgen (Hrsg.)	Gemeinschaftskommentar zum Handelsgesetzbuch 6. Auflage Neuwied, Kriftel 1999 zit.: Ensthaler-*Bearbeiter*
Erman (Hrsg. Westermann, Harm Peter)	Bürgerliches Gesetzbuch Handkommentar 11. Auflage Band II Köln 2004 zit.: Erman-*Bearbeiter*
Everling, Ulrich	Das Niederlassungsrecht in der EG als Beschränkungsverbot Tragweite und Grenzen Gedächtnisschrift für Brigitte Knobbe-Keuk, S. 607 Hrsg.: Schön, Wolfgang Köln 1997
Everling, Ulrich	Richterliche Rechtsfortbildung in der Europäischen Gemeinschaft in: JZ 2000, 217
Fastenrath, Ulrich/ Müller-Gerbes, Maike	Europarecht Grundlagen und Schwerpunkte 3. Auflage Baden-Baden 2001 zit.: Europarecht
Fikentscher, Wolfgang	Methoden des Rechts in vergleichender Darstellung Band I Frühe und Religiöse Rechte, Romanischer Rechtskreis Tübingen 1975 zit.: Methoden des Rechts I
Fikentscher, Wolfgang	Methoden des Rechts in vergleichender Darstellung Band IV Dogmatischer Teil Tübingen 1979 zit.: Methoden des Rechts IV

Fischer, Klaus | Zur internationalen Zuständigkeit deutscher Gerichte nach § 23 ZPO
Zugleich eine Besprechung der Entscheidung des OLG Stuttgart, RIW 1990, S. 829 ff.
in: RIW 1990, 794

Flessner, Axel | Entwicklungen im internationalen Konkursrecht, besonders im Verhältnis Deutschland - Frankreich
in: ZIP 1989, 749

Flessner, Axel | Grundsätze des europäischen Insolvenzrechts
in: ZEuP 2004, 887

Flessner, Axel | Internationales Insolvenzrecht in Deutschland nach der Reform
in: IPRax 1997, 1

Flessner, Axel | Dingliche Rechte nach dem Europäischen Insolvenzübereinkommen
in: Festschrift für Ulrich Drobnig zum 70. Geburtstag am 25. November 1998
Hrsg.: Basedow, Jürgen
Tübingen 1998

Foerste, Ulrich | Insolvenzrecht
2. Auflage
München 2004

Frankenstein, Ernst | Internationales Privatrecht
(Grenzrecht)
Erster Band
1. Auflage
Berlin-Grunewald, 1926
zit.: Internationales Privatrecht, Bd. 1

Frankfurter Kommentar zur Insolvenzordnung Hrsg.: Wimmer, Klaus | 3. Auflage
Neuwied 2002
zit.: FK-*Bearbeiter*

Franzen, Martin | Privatrechtsangleichung durch die Europäische Gemeinschaft
3. Auflage
Berlin, New York 1999

Freslev, Rainer | Anmerkung zu OLG Frankfurt, Urteil vom 11. November 2003 – 11 U 40/30
in: EWiR 2004, 679

Friauf, Karl Heinrich | Kommentar zur Gewerbeordnung
Loseblattsammlung, §§ 35-156
Stand Juli 2004
zit.: Friauf-*Bearbeiter*

Fricke, Martin | Der Gerichtsstand des Vermögens – eine unendliche Geschichte
(zu OLG Stuttgart, 6. 8. 1990 – 5 U 77/89)
in: IPRax 1991, 159

Fritz, Daniel Friedmann/
Bähr, Rainer M. | Die Europäische Verordnung über Insolvenzverfahren – Herausforderung an de Gerichte und Insolvenzverwalter
in: DZWiR 2001, 221

Fröhler, Ludwig/ Kormann, Joachim — Kommentar zur Gewerbeordnung
Heidelberg 1978
1. Auflage
zit.: *Fröhler/Kormann*

Fromm, Thomas — Drastischer Stellenabbau soll Alitalia retten; Verhandlungen der angeschlagenen Fluglinie mit Gewerkschaften in heißer Phase – Management will ein Drittel der Jobs abbauen
in: Financial Times Deutschland, 1. September 2004, S. 6.

Fromm, Thomas — Alitalia-Verwaltungsrat genehmigt Rettungsplan
in: Financial Times Deutschland, 21. September 2004, S. 7

Fromm, Thomas — Rettung der Fluglinie Alitalia rückt in greifbare Nähe
in: Financial Times Deutschland, 16. September 2004, S. 8

Fromm, Thomas/ Flottau, Jens — Verhärtete Fronten bei Alitalia
in: Financial Times Deutschland, 8. September 2004, S. 3

Geimer, Reinhold — Zur Rechtfertigung des Vermögensgerichtsstandes
in: JZ 1984, 979

Geimer, Reinhold (Hrsg.) — Internationales Zivilprozessrecht
5. Auflage,
Köln 2005
zit.: IZPR

Geimer, Reinhold — Buchbesprechung, Linke, Hartmut, Internationales Zivilprozessrecht
in: RabelsZ 57 (1993), 746, 750

Geimer, Reinhold/ Schütze, Rolf A. — Europäisches Zivilverfahrensrecht
Kommentar zur EuGVVO und zum Lugano-Übereinkommen
2. Auflage
München 2004
zit.: *Geimer/Schütze*

Geulen, Reiner/ Sebok, Anhony — Deutsche Firmen vor US-Gerichten
in: NJW 2003, 3244

Gottwald, Peter — Grenzüberschreitende Insolvenzen
1. Auflage
München 1997

Gottwald, Peter — Handbuch des Insolvenzrechts
2. Auflage
München 2001
zit.: *Gottwald*, Insolvenzrechtshandbuch

Grabitz, Eberhard — Gemeinschaftsrecht bricht nationales Recht
1. Auflage
Hamburg 1967

Grabitz, Eberhard (Hrsg.) — Kommentar zum EWG-Vertrag
2. Auflage
München 1989
zit.: Grabitz-*Bearbeiter*

Graf, Ulrike	Die Anerkennung ausländischer Insolvenzentscheidungen 1. Auflage Tübingen 2003 zit.: Anerkennung
Groeben, Hans von der/ Schwarze, Jürgen	Kommentar zum Vertrag über die Europäische Union und zur Gründung der Europäischen Gemeinschaft Band 1 Art. 1-53 EUV Art. 1-80 EGV 6. Auflage Baden-Baden 2003 zit.: Groeben/Schwarze-*Berabeiter*, Band 1
Haarmeyer, Hans/ Wutzke, Wolfgang/ Förster, Karsten	Handbuch zur Insolvenzordnung InsO/ EGInsO 3. Auflage München 2001 (zit.: *Haarmeyer/Wutzke/Föster*, Handbuch)
Haas, Ulrich	Zur Anerkennung US-amerikanischer Urteile in der Bundesrepublik Deutschland in: IPRax 2001, 195
Haas, Ulrich	Die Verwertung der im Ausland belegenen Insolvenzmasse im Anwendungsbereich der EuInsVO in: Festschrift für Walter Gerhardt zum 70. Geburtstag am 18. Oktober 2004 Hrsg.: Schilken, Eberhard; Kreft, Gerhart; Wagner, Gerhard; Eckhardt, Diederich Köln 2004
Habscheid, Edgar J.	Konkurs in den USA und seine Wirkungen in Deutschland (und umgekehrt) in: NZI 2003, 238
Habscheid, Edgar J.	Antrags- und Beteiligungsrecht im gesonderten (Art. 102 III EGInsO) und im sekundären Insolvenzverfahren (Art. 27 ff. EuInsÜ) in: NZI 1999, 299
Habscheid, Edgar J.	Grenzüberschreitendes (internationales) Insolvenzrecht der Vereinigten Staaten von Amerika und der Bundesrepublik Deutschland Systeme und Wechselwirkungen rechtsvergleichend auch zu anderen Rechtsordnungen, insbesondere der Schweiz Berlin 1998 zit.: Grenzüberschreitendes Insolvenzrecht
Hahn	Die gesamten Materialien zur Konkursordnung und dem Einführungsgesetz vom 1. Februar 1877 sowie zu dem Gesetze betreffend die Anfechtung von Rechtshandlungen eines Schuldners außerhalb des Konkursverfahrens vom 21. Juli 1879 Berlin 1881 zit: Motive
Hahn	Motive zur CPO Band 2, Abteilung 1 Berlin, 1980

Hanebeck, Alexander | Die Einheit der Rechtsordnung als Anforderung an den Gesetzgeber
in: Der Staat 41 (2002), 429

Hanisch, Hans | Die Wende im deutschen internationalen Insolvenzrecht
in: ZIP 1985, 1233

Hanisch, Hans | Parallel-Insolvenzen und Kooperation im Internationalen Insolvenzfall
Festschrift für Friedrich Wilhelm Bosch zum 65. Geburtstag am 2. Dezember 1976, S. 381
Hrsg. Habscheid, Walter J.
zit.: Hanisch, FS-Bosch

Hanisch, Hans | Das Recht grenzüberschreitender Insolvenzen: Auswirkungen auf den Immobiliensektor
in: ZIP 1992, 1125

Hanisch, Hans | Stellungnahme zu der Frage, ob und gegebenenfalls in welcher Weise ein in seiner Wirkung territorial beschränktes Sonderinsolvenzverfahren über das Inlandsvermögen eines Schuldners vorzusehen ist, wenn dieser den Mittelpunkt seiner hauptsächlichen Interessen im Ausland hat
in: Vorschläge und Gutachten zur Umsetzung des EU-Übereinkommens über Insolvenzverfahren im deutschen Recht, S. 202
Hrsg. Stoll, Hans
Tübingen 1997

Hanisch, Hans | Bemerkungen zur Geschichte des internationalen Insolvenzrechts
in: Festschrift für Franz Merz zum 65. Geburtstag am 3. Februar 1992, S. 159
Hrsg.: Gerhardt, Walter
Köln 1992

Hanisch, Hans | Einheit oder Pluralität oder ein kombiniertes Modell beim grenzüberschreitenden Insolvenzverfahren?
in: ZIP 1994, 1

Hanisch, Hans | Deutsches Internationales Insolvenzrecht in Bewegung
in: ZIP 1983, 1289

Hartmann, Jens | Gerichtsvollzieher beginnen mit Pfändung bei Yukos; 2,9 Milliarden Euro sollen eingetrieben werden – Schicksal des Ölkonzerns kein Thema beim Besuch von Schröder in Moskau
in: Die Welt, 8. Juli 2004; Rubrik Wirtschaft, 13157

Häsemeyer, Ludwig | Insolvenzrecht
3. Auflage
Köln, Berlin, Bonn, München 2003

Haubold, Jens | Mitgliedstaatenbezug, Zuständigkeitsvergleichung und Vermögensgerichtsstand im Internationalen Insolvenzrecht
Anm. zu OLG Köln 23. April 2001 – 2 W 82/01 und zu OLG Karlsruhe 15. April 2002 – 9 W 111/01
in: IPRax 2003, 35

Haubold, Jens | Tagung zur Europäischen Insolvenzverordnung an der Europäischen Rechtsakademie in Trier
in: EuZW 2004, 230

Hay, Peter/ Hampe, Georg	Nichtermittelbarkeit ausländischen Rechts und Forum Non Conveniens, Parallele Probleme im deutschen und US-amerikanischen Recht in: RIW 1998, 760
Heidelberger Kommentar zum Handelsgesetzbuch (Hrsg. Glanegger, Peter)	Handelsrecht, Bilanzrecht, Steuerrecht Kommentar zum Handelsgesetzbuch mit den Rechnungslegungsvorschriften nach dem Bilanzrichtlinien-Gesetz und den Steuern der kaufmännischen Personenunternehmen 5. Auflage Heidelberg 1999 zit.: Heidelberger Kommentar-HGB-*Bearbeiter*
Heidelberger Kommentar zur Insolvenzordnung (Hrsg. Eickmann, Dieter)	Insolvenzordnung 2. Auflage Heidelberg 2003 zit.: Heidelberger-Kommentar-InsO-*Bearbeiter*
Heldrich, Andreas	Internationale Zuständigkeit und Anwendbares Recht Berlin, Tübingen 1969 zit.: Internationale Zuständigkeit
Hellmann, Friedrich	Lehrbuch des deutschen Konkursrechts 1. Auflage Berlin 1907
Henkel, Heinrich	Einführung in die Rechtsphilosophie Grundlagen des Rechts 2. Auflage München 1977 zit.: Rechtsphilosophie
Herchen, Axel	Das Übereinkommen über Insolvenzverfahren der Mitgliedstaaten der Europäischen Union vom 23.11.1995 1. Auflage Hamburg 2000 zit.: Übereinkommen
Herchen, Axel	Scheinauslandsgesellschaft im Anwendungsbereich der Europäischen Insolvenzverordnung in: ZInsO 2002, 742
Herchen, Axel	Internartional-insolvenzrechtliche Kompetenzkonflikte in der Europäischen Gemeinschaft Zugleich Besprechung der Entscheidung des High Court of Justice Leeds vom 16.5.2003 und des AG Düsseldorf vom 19.5./6.6.2003 in: ZInsO 2004, 61
Herchen, Axel	Die Befugnisse des deutschen Insolvenzverwalters hinsichtlich der „Auslandsmasse“ nach In-Kraft-Treten der EG-Insolvenzverordnung des Rates Nr. 1346/2000 in: ZInsO 2002, 345

Herchen, Axel	Aktuelle Entwicklungen im Recht der internationalen Zuständigkeit zur Eröffnung von Insolvenzverfahren: Der Mittelpunkt der (hauptsächlichen Interessen) im Mittelpunkt der Interessen in: ZInsO 2004, 825
Herweg, Christian/ Tschauner, Heiko	Anmerkung zu High Court of Dublin (Justice Kelly) Beschluss vom 23. März 2004 in: EWiR 2004, 599
Herz, Carsten	Krise zwingt zur Neuordnung am Himmel in: Handelsblatt, 27. Mai 2003, S. 13
Herzberg, Rolf D.	Kritik an der teleologischen Auslegung in: NJW 1990, 2525
Hess, Harald	Kommentar zur Konkursordnung 6. Auflage Neuwied, Kriftel 1998 zit.: Hess-*Goetsch*
Heymann, Ernst (Hrsg. Horn, Norbert)	Handelsgesetzbuch (ohne Seerecht) Kommentar Erstes Buch Einleitung §§ 1-19 Berlin, New York 1995 zit.: Heymann-*Bearbeiter*
Hirte, Heribert/ Bückner, Thomas (Hrsg.)	Grenzüberschreitende Gesellschaften Praxishandbuch für ausländische Kapitalgesellschaften mit Sitz im Inland 1. Auflage Köln, Berlin, München 2005 zit.: *Bearbeiter*, in: Grenzüberschreitende Gesellschaften
Hoffmann, Bernd von	Gegenwartsprobleme internationaler Zuständigkeit in: IPRax 1982, 217
Hoffmann, Bernd von	Internationales Privatrecht 7. Auflage München 2003 zit.: IPR
Hopt, Klaus J./ Baumbach, Adolf/ Duden, Konrad	Handelsgesetzbuch mit GmbH & Co., Handelsklauseln, Bank- und Börsenrecht, Transportrecht (ohne Seerecht) 30. Auflage München 2000 zit.: *Hopt/Baumbach/Duden*
Huber, Peter	Internationales Insolvenzrecht in Europa in: ZZP 114 (2001), 133
Huber, Peter	Die Europäische Insolvenzverordnung in: EuZW 2002, 490-496

Huber, Peter	Forum non conveniens – The other way around in: IPRax 1996, 48
Huber, Peter	Forum non conveniens und EuGVÜ in: RIW 1993, 977
Huber, Ulrich	Vermögensanteil, Kapitalanteil und Gesellschaftsanteil an Personengesellschaften des Handelsrechts Heidelberg 1970 zit.: Vermögensteil, Kapitalanteil und Gesellschaftsanteil
Hüffer, Uwe	Gesellschaftsrecht 6. Auflage München 2003 zit.: GesellschaftsR
Hüffer, Uwe	Aktiengesetz 6. Auflage München 2004
Immenga, Ulrich	Internationales Konzernrecht – deutsche Perspektiven in: Internationales Gesellschaftsrecht Heft 1/1998 Schriften zum internationalen Gesellschaftsrecht Hrsg.: Peter Nobel Bern 1998 zit.: Internationales Konzernrecht
Jaeger, Ernst	Konkursordnung mit Einführungsgesetz Zweiter Band, 1. Halbband §§ 71-206 8. Auflage Berlin, New York 1973
Jahr, Günther	Deutsches Internationales Konkursrecht Sonderausgabe der Kommentierung der §§ 237, 238 innerhalb des Großkommentars Jaeger, Konkursordnung 8. Auflage Berlin 1972 zit.: DIK
Jansen, Nils	Die Struktur der Gerechtigkeit 1. Auflage München 1998
Jarass, Hans D.	Konflikte zwischen EG-Recht und nationalem Recht vor den Gerichten der Mitgliedsstaaten in: DVBl. 1995, 954
Jayme, Erik	Fragen der internationalen Verbundszuständigkeit in: IPRax 1984, 121
Juenger, Friedrich K.	Festschrift für Rolf A. Schütze zum 65. Geburtstag am 12. Dezember 1999 Hrsg. Geimer, Reinhold München 1999 S. 317

Junker, Abbo	Die IPR-Reform von 1999: Auswirkungen auf die Unternehmenspraxis in: RIW 2000, 241
Kant, Immanuel	Metaphysik der Sitten in zwei Theilen Erster Theil Methaphysische Anfangsgründe der Rechtslehre Königsberg, 1797 zit.: Metaphysik der Sitten
Kaufmann, Arthur	Über Gerechtigkeit 1. Auflage Köln, Berlin, Bonn, München 1993
Kemper, Jutta	Die Verordnung (EG) Nr. 1346/2000 über Insolvenzverfahren in: ZIP 2002, 1609
Kilger, Joachim/ Schmidt, Karsten	Konkursordnung Insolvenzrechte KO/VglO/GesO 17. Auflage München 1997
Kindler, Peter	Gesellschafterinnenhaftung in der GmbH und die internationale Zuständigkeit nach der Verordnung (EG) 44/2001 in: Festschrift für Peter Ulmer zum 70. Geburtstag am 2. Januar 2003, S. 305 Hrsg.: Habersack, Matthias Berlin 2003
Kindler, Peter	Neue Offenlegungspflichten für Zweigniederlassungen ausländischer Kapitalgesellschaften – Zur Umsetzung der Elften gesellschaftsrechtlichen Richtlinie der EG in deutsches Recht in: NJW 1993, 3301
Knobbe-Keuk, Brigitte	Niederlassungsfreiheit – Diskriminierungs- oder Beschränkungsverbot? in: DB 1990, 2573
Koenig, Christian	Die gesetzgeberische Bindung an den allgemeinen Gleichheitsgrundsatz – Eine Darstellung des Prüfungsaufbaus der Rechtssetzungseinheit in: JuS 1995, 313
Köhler, Helmut/ Piper, Henning	Gesetz gegen den unlauteren Wettbewerb mit Preisangabenverordnung Kommentar 3. Auflage München 2002 zit.: Köhler/Piper-*Bearbeiter*
Kohler, Josef	Leitfaden des deutschen Konkursrechts 2. Auflage Stuttgart 1903
Kohler-Gehrig, Eleonora	Europarecht und nationales Recht – Auslegung und Rechtsfortbildung in: JA 1998, 807

Koller, Ingo/ Roth, Wulf-Henning/ Morck, Winfried	Handelsgesetzbuch Kommentar 4. Auflage München 2003 zit.: Koller/Roth/Morck-*Bearbeiter*
Kolmann, Stepahn	Europäisches internationales Insolvenzrechht – die Verordnung (EG) Nr. 1346/2000 über Insolvenzverfahren in: The European Legal Forum
Kolmann, Stephan	Kooperationsmodelle im Internationalen Insolvenzrecht Empfiehlt sich für das deutsche internationale Insolvenzrecht eine Neuorientierung? 1. Auflage Bielefeld 2001 zit.: Kooperationsmodelle
Kronke, Herbert	Neue Entwicklungen im englischen Recht der internationalen Zuständigkeit, „Unnatural forum“ und „forum non conveniens“ in: RIW 1977, 613
Kroppholler, Jan	Internationales Privatrecht: einschließlich der Grundbegriffe des Internationalen Zivilverfahrensrechts 5. Auflage München 2004
Kroppholler, Jan (Hrsg. Hermann, Hans-Joachim)	Handbuch der Intenationalen Zivilverfahrensrechts Band I Supranationale und internationale Gerichte, Europäisches Zivilprozessrecht – Generalia, Internationale Zuständigkeit 1. Auflage Tübingen 1982 zit.: *Berabeiter* in: HdB-IZVR
Kroppholler, Jan	Europäisches Zivilprozeßrecht Kommentar zu EuGVO und Lugano-Übereinkommen 7. Auflage Heidelberg 2002 zit.: EuZPR
Kroppholler, Jan	Möglichkeiten einer Reform des Vermögensgerichtsstandes in: ZfVR 23 (1982), 1
Kübler, Bruno M.	Der Mittelpunkt der hauptsächlichen Interessen nach Art. 3 Abs. 1 EuInsVO in: Festschrift für Walter Gerhardt zum 70. Geburtstag am 18. Oktober 2004 Hrsg.: Schilken, Eberhard; Kreft, Gerhart; Wagner, Gerhard; Eckhardt, Diederich Köln 2004
Kubis, Sebastian	Internationale Zuständigkeit bei Persönlichkeits- und Immaterialgüterverletzungen 1. Auflage Bielefeld 1999

Kuhlmann, Jens/ Anis, Erik — Konzernrecht
1. Auflage
München 2001
zit.: KonzernR

Kuhn, Georg/ Uhlenbruck, Wilhelm — Konkursordnung
11. Auflage
München 1994
zit.: Kuhn/Uhlenbruck-*Vefasser*

Kuhn, Georg/ Uhlenbruck, Wilhelm — Konkursordnung
11. Auflage
München 1994

Landfermann, Hans-Georg — Das Internationale Insolvenzrecht in der Gesamtvollstreckungsordnung
in: Stoll, Hans, Stellungnahmen und Gutachten zur Reform des deutschen Internationalen Insolvenzrechts
Tübingen 1992
zit.: *Landfermann*, in Stoll zum deutschen IIR

Larenz, Karl — Methodenlehre der Rechtswissenschaft
6. Auflage
Berlin, Heidelberg, New York 1991
zit.: Methodenlehre

Larenz, Karl — Richtiges Recht
Grundzüge einer Rechtsethik
München 1979
zit.: Richtiges Recht

Larenz, Karl/ Wolf, Manfred — Allgemeiner Teil des Bürgerlichen Rechts
9. Auflage
München 2004
zit.: BGB AT

Lehr, Wolfgang — Die neue EU-Verordnung über Insolvenzverfahren und deren Auswirkungen für die Unternehmenspraxis
in: KTS 2000, 577

Leible, Stefan/ Staudinger, Ansgar — Die europäische Verordnung über Insolvenzverfahren
in: KTS 2000, 533

Leipold, Dieter — Internationale Zuständigkeit, inländische Einzelrechtsverfolgung trotz eines Auslandskonkurses, Auswirkungen eines ausländischen Konkurses auf im Inland anhängige Zivilprozesse
in: Stellungnahme und Gutachten zur Reform des deutschen Internationalen Insolvenzrechts, S. 72
Hrsg.: Stoll, Hans
Tübingen 1997

Leithaus, Rolf — Veranstaltung zu grenzüberschreitenden Insolvenzen in der Insolvenzpraxis in Köln
in: NZI 2004, 194, 195

Lemontey | Bericht Lemontey zum Entwurf eines EG-Konkursabkommens
in: ZIP 1981, 547

Liersch, Oliver | Deutsches Internationales Insolvenzrecht
in: NZI 2003, 302

Lincke, Karl H. | Das neue Konkursrecht für Spanien
in: NZI 2004, 69, 71

Linke, Hartmut | Die Europäisierung des Internationalen Privat- und Verfahrensrechts
Traum oder Trauma?
in: Einheit und Vielfalt des Rechts
Festschrift für Reinhold Geimer zum 65. Geburtstag am 30. Juli 2002, S. 529
Hrsg. Schütze, Rolf A.
München 2002

Linke, Hartmut | Internationales Zivilprozeßrecht
Leitfaden für Verfahren mit Auslandsbezug
3. Auflage
Köln 2001
zit.: IZPR

Linke, Hartmut | Der „kleineuropäische" Niederlassungsgerichtsstand (Art. 5 Nr. 5 EuGVÜ)
Anm. zu EuGH, Urteil vom 18.3.1981, Rs 139/80, IPRax 1982, 64
in: IPRax 1982, 46

Linke, Hartmut | Zur grenzüberschreitenden Wirkung konkursbedingter Vollstreckungsbeschränkungen, insbesondere nach Art. 169 des französischen Insolvenzgesetzes vom 21.1.1995
Anm. zu EuGH, Urteil vom 29.4.1999 – Rs. C 267/97 Coursier./.Fortis Bank SA, IPRax 2000, 18
in: IPRax 2000, 1

Lowitzsch, Jens/
Bormann, Axel | Das Insolvenzverfahren Polens
in: WiRO 2001, 357

Lüderitz, Alexander | Anmerkung zu BGH, Urteil vom 11.7. 1985 IX ZR 178/84
in: JZ 1986, 96, 97

Ludwig, Daniel | Neuregelungen des deutschen Internationalen Insolvenzverfahrensrechts
- Eine Untersuchung unter vergleichender Heranziehung der Europäischen Insolvenzverordnung
1. Auflage
Frankfurt am Main 2004
zit.: Neuregelungen

Lüer, Hans-Jochem | "Einheitliches Insolvenzrecht innerhalb der Europäischen Gemeinschaften. - Die Quadratur des Kreises?"
Anmerkungen zum Entwurf eines Übereinkommens über den Konkurs, Vergleiche und ähnliche Verfahren
in: KTS 1981, 147

Lüer, Hans-Jochem — Art. 102 Abs. 3 EGInsO – eine verpaßte Chance
in: Festschrift für Wilhelm Uhlenbruck zum 70. Geburtstag am 30. Oktober 2000
Hrsg.: Prütting, Hans und Vallender, Heinz
Köln 2000
(zit.: *Lüer* in FS-Uhlenbruck)

Lüer, Hans-Jochem — Überlegungen zu einem künftigen deutschen Internationalen Insolvenzrecht
in: KTS 1990, 377

Lüer, Hans-Jochem — Deutsches Internationales Insolvenzrecht nach der neuen Insolvenzordnung
Kölner Schrift zur Insolvenzordnung
2. Auflage
Köln 2001
zit.: *Lüer* in KlöSch

Lüer, Hans-Jochem — Zur Neuordnung des deutschen Internationalen Insolvenzrechts
in: Stellungnahme und Gutachten zur Reform des deutschen Internationalen Insolvenzrechts, S. 96
Hrsg.: Stoll, Hans
Tübingen 1992

Lüke, Wolfgang — Das europäische Internationale Insolvenzrecht
in: KTS 1998, 275

Lüke, Wolfgang — Das europäische internationale Insolvenzrecht
in: ZZP 111 (1998), 275

Mangoldt, Hermann von/ Klein, Friedrich/ Starck, Christian (Hrsg.) — Das Bonner Grundgesetz
Kommentar
Band 1: Präambel, Artikel 1 bis 19
4. Auflage
München 1999
zit.: v.Mangoldt/Klein/Starck-*Bearbeiter*

Mankowski, Peter — Fiscus non conveniens –
oder: Einzug der Lehre vom forum non conveniens in das deutsche Recht der Prozesskostenhilfe
in: IPRax 1999, 155

Mankowski, Peter — Anmerkung zu CA (Cour d'Appel) Versailles, Urteil vom 4. September 2003 05038/03
in: EWiR 2003, 1239

Mankowski, Peter — Konkursgründe beim inländischen Partikularkonkurs
in: ZIP 1995, 1650

Mansel, Heinz Peter — Vermögensgerichtsstand und Inlandsbezug bei der Entscheidungs- und Anerkennungszuständigkeit am Beispiel der Anerkennung US-amerikanischer Urteile in Deutschland
in: Festschrift für Erik Jayme zum 70. Geburtstag am 8. Juni 2004, Band I, S. 561
Hrsg.: Mansel, Heinz Peter; Pfeiffer, Thomas; Kronke, Herbert; Kohler, Christian; Hausmann, Rainer

Manssen, Gerrit	Grundrechte 3. Auflage München 2004
Martini, Ulf	Die Europäische Insovenzverordnung über Insolvenzverfahren v. 29.5. 2000 und die Rechtsfolgen in der Praxis in: ZInsO 2002, 905
Maunz, Theodor/ Düring, Günter	Grundgesetz Kommentar 7. Auflage München 1993 zit.: Maunz/Düring-*Beabeiter*
Medicus, Dieter	Allgemeiner Teil des BGB Ein Lehrbuch 8. Auflage München 2002 zit.: BGB AT
Meili, F.	Lehrbuch des internationalen Konkursrechts 1. Auflage Zürich 1909 zit.: Lehrbuch
Meili, F.	Die geschichtliche Entwicklung des internationalen Konkursrechts. Festschrift dem Herrn geheimen Justizrat Dr. L. von Bar. 1. Auflage Zürich 1908 zit.: Geschichtliche Entwicklung
Mertens, Hans-Joachim	Der Begriff des Vermögensschadens im Bürgerlichen Recht Stuttgart, Köln, Mainz 1967
Meyer-Löwy, Bernd/ Poertzen, Christoph	Eigenverwaltung (§§ 270 ff. InsO) löst Kompetenzkonflikt nach der EuInsVO – Zugleich Anmerkung zu AG Köln, Beschluss vom 23. 1. 2004 – 71 N 01/04 in: ZInsO 2004, 195, 196
Michael, Lothar	Die drei Argumentationsstrukturen des Grundsatzes der Verhältnismäßigkeit – Zur Dogmatik des Über- und Untermaßverbotes und der Gleichheitssätze in: JuS 2001, 148
Michael, Lothar	Grundfälle zur Verhältnismäßigkeit in: JuS 2001, 866
Mock, Sebastian/ Schildt, Charlotte	Insolvenz ausländischer Kapitalgesellschaften in: ZInsO 2003, 396
Mohrbutter, Harro	Handbuch der Insolvenzverwaltung 7. Auflage Köln, Berlin, Bonn, München 1996 zit.: Mohbutter/Mohrbutter-*Berabeiter*

Moss, Gabriel	ILA Conference Brussels, 16 March 2002 http://www.iiiglobal.org/country/european_union/EUReg_Conference.pdf
Moss, Gabriel Fletcher, Ian F. Issaccs, Stuart	The EC Regulation on Insolvency Proceedings: A Comment and annotated Guide 1. Auflage Oxford 2002
Müchnener Kommentar zum Bürgerlichen Gesetzbuch (Hrsg. Ulmer, Peter)	Schuldrecht Besonderer Teil III Band 5 §§ 705-853 Partnerschaftsgesellschaftsgesetz, Produkthaftungsgesetz 4. Auflage München 2003 zit.: *Bearbeiter* in: MünchKomm-BGB
Müller-Freienfels, Wolfram	Auslandskonkurs und Inlandsfolgen 1. Auflage Tübingen 1963
Münch, Ingo von/ Kunig, Philip (Hrsg.)	Grundgesetz-Kommentar Band I (Präambel bis Art. 19) 5. Auflage München 2000 zit.: von Münch/Kunig-*Bearbeiter*
Münchener Kommentar zur Insolvenzordnung (Hrsg. Kirchhof, Hans-Peter; Lwowski, Hans-Jürgen; Stürner, Peter)	Band 3 §§ 270-335 Internationales Insolvenzrecht, Insolvenzsteuerrecht, Sachverzeichnis für die Bände 1-3 München 2003 zit.: *Bearbeiter,* in: MünchKomm-InsO
Münchener Kommentar zur Zivilprozessordnung (Hrsg. Lüke, Gerhard/ Wax, Peter)	Band 1 §§ 1-354 Zivilprozessordnung mit Nebengesetzen 2. Auflage München 2000 zit.: *Bearbeiter,* in: MünchKomm-ZPO
Münchener Kommentar zum Aktiengesetz (Hrsg.: Kropff, Bruno/ Semler, Johannes)	Münchener Kommentar zum Aktiengesetz Band 1 §§ 1-53 2. Auflage München 2000 zit.: *Bearbeiter,* in: MünchKomm-AktG
Münchener Kommentar zum Bürgerlichen Gesetzbuch (Hrsg. Säcker, Jürgen)	Band 1 Allgemeiner Teil §§ 1-240 ABG-Gesetz 4. Auflage zit.: *Bearbeiter*, in: MünchKomm-BGB

Münchener Kommentar zum Bürgerlichen Gesetzbuch (Hrsg. Quack, Friedrich)	Band 6 Sachenrecht (§§ 854-1296) 3. Auflage München 1997 zit.: *Bearbeiter*, in: MünchKomm-BGB
Münchener Kommentar zum Bürgerlichen Gesetzbuch (Hrsg. Sonnenberger, Hans Jürgen)	Band 11 Internationales Handels- und Gesellschaftsrecht Einführungsgesetz zum Bürgerlichen Gesetzbuche 3. Auflage München 1999 zit.: *Bearbeiter*, MünchKomm-BGB, Band 11
Münchener Kommentar zum Handelgesetzbuch (Hrsg. Schmidt, Karsten)	Band 1 Erstes Buch. Handelsstand §§ 1-104 1. Auflage München 1996 zit.: *Bearbeiter*, in: MünchKomm-HGB
Musielak, Hans-Joachim	Kommentar zur Zivilprozessordnung 3. Auflage München 2002 zit.: Musielak-*Bearbeiter*
Nadelmann, Kurt H.	The Bankruptcy Act and the Conflict of Laws, in: 59 (1946) Harvard Law Review, 1025
Nagel, Bernhard/ Riess, Birgit/ Theiss, Gisela	Der faktische Just-in-Time-Konzern in: 1989, 1505
Nagel, Heinrich	Die Begrenzung des internationalen Zivilprozeßrechts durch das Völkerrecht in: ZZP 75 (1962), 408, 444
Nagel, Heinrich/ Gottwald, Peter	Internationales Zivilprozessrecht 5. Auflage Münster 2002
Nerlich, Jörg/ Römermann, Volker	Insolvenzordnung Kommentar Loseblattsammlung, Stand: 1. März 2003 München 2003 zit.: Nerlich/ Römermann-*Bearbeiter*
Oberhammer, Paul	Europäisches Insolvenzrecht in praxi – „Was bisher geschah“ in: ZInsO 2004, 761
Olbertz, Fran Florian	Auslegungsgrundsätze des Europäischen Gerichtshofs in: StVj 1992, 37

Oppermann, Thomas — Europarecht
2. Auflage
München 1999

Palandt, Otto — Bürgerliches Gesetzbuch
63. Auflage
München 2004
zit.: Palandt-*Bearbeiter*

Pape, Gerhard/ Uhlenbruck, Wilhelm — Insolvenzrecht
1. Auflage
München 2002

Paulus, Christoph G. — Die europäische Insolvenzverordnung und der deutsche Insolvenzverwalter
in: NZI 2001, 505

Paulus, Christoph G. — Änderungen des deutschen Insolvenzrechts durch die Europäische Insolvenzverordnung
in: ZIP 2002, 729

Paulus, Christoph G. — Anmerkung zu High Court of Justice Leeds (Companies Court), Beschluss vom 16. Mai 2003 – No 861 – 876/03
in: EWiR 2003, 709

Pfeiffer, Thomas — Internationale Zuständigkeit und prozessuale Gerechtigkeit
1. Auflage
Frankfurt am Main, 1995
zit.: Internationale Zuständigkeit

Pielorz, Michael — Auslandskonkurs und Disposition über das Inlandsvermögen
1. Auflage
Berlin, 1977

Piepenburg, Horst — Faktisches Konzerninsolvenzrecht am Beispiel Babcock Borsig
in: NZI 2004, 231

Pieroth, Bodo/ Schlink, Bernhard — Grundrechte
19. Auflage
München 2003

Radbruch, Gustav (Hrsg. Kaufmann, Arthur) — Rechtsphilosophie
Band 2
1. Auflage
Heidelberg 1993
zit.: Rechtsphilosophie II

Radbruch, Gustav (Hrsg. Dreier, Ralf/ Paulson, Stanley) — Rechtsphilosophie
2. Auflage
Heidelberg 2003

Raiser, Thomas — Der Begriff der juristischen Person
Eine Neubesinnung
in: AcP 199 (1999), 104

Rayak, Harry	International Insolvency Internationales Gesellschafsrecht Heft 1/1998 Hrsg. Nobel, Peter 1. Auflage Bern 1998
Reinhart, Stefan	Sanierungsverfahren im internationalen Insolvenzrecht 1. Auflage Berlin 1995 zit.: Sanierungsverfahren
Reithmann, Christoph/ Martiny, Dieter	Internationales Vertragsrecht Das internationale Privatrecht der Schuldverträge 6. Auflage Köln 2004 zit.: Reithmann/Martiny-*Berabeiter*, Internationales Vertragsrecht
Reus, Alexander	„Die forum non conveniens doctrine" in Großbritannien und den USA in Zukunft auch im deutschen Prozess? in: RIW 1991, 542
Röhl, Klaus	Allgemeine Rechtslehre 2. Auflage Köln, Berlin, Bonn, München 2001
Röhricht, Volker/ Graf von Westphalen	Handelsgesetzbuch Kommentar zum Handelsstand, Handelsgesellschaften, Handelsgeschäften und besonderen Handelsverträgen (ohne Bilanz, Transport- und Seerecht) 2. Auflage zit.: Röhricht/Graf von Westphalen-*Bearbeiter*
Roth, Wulf-Henning	Die Niederlassungsfreiheit zwischen Beschränkungs- und Diskriminierungsverbot Gedächtnisschrift für Brigitte Knobbe-Keuk, S. 729 Hrsg. Schön, Wolfgang Köln 1997
Roth, Wulf-Henning	Grundlagen des gemeinsamen europäischen Versicherungsmarktes in: RabelsZ 54 (1990), 63
Roxin, Claus	Strafrecht Allgemeiner Teil Band I Grundlagen – Der Aufbau der Verbrechenslehre 3. Auflage München 1997 zit.: *Roxin*, Strafrecht AT I
Rüthers, Bernd	Rechtstheorie Begriff, Geltung und Anwendung des Rechts 1. Auflage München 1999
Sabel, Oliver	Hauptsitz als Niederlassung im Sinne der EuInsVO? in: NZI 2004, 126

Sachs, Michael	Verfassungsrecht II Grundrechte 2. Auflage Berlin, Heidelberg 2002 zit.: Grundrechte
Sachs, Michael (Hrsg.)	Grundgesetz Kommentar 3. Auflage München 2003 zit.: Sachs-*Bearbeiter*
Savigny, Carl von	System des heutigen Römischen Rechts 8. Band Berlin 1849 zit.: Römisches Recht VIII
Savigny, Carl von	System des heutigen Römisches Recht 1. Band Berlin 1840 zit.: Römisches Recht I
Schack, Haimo	Die Versagung der deutschen internationalen Zuständigkeit wegen forum non conveniens und lis alilbi pendes in: RabelsZ 58 (1994), 40
Schack, Haimo	Internationales Zivilverfahrensrecht 3. Auflage München 2002
Schack, Haimo	Vermögensbelegenheit als Zuständigkeitsgrund in: ZZP 97 (1984), 46
Schack, Haimo	Deutsche internationale Zuständigkeit made in Hong Kong und der Volksrepublik China in: Festschrift für Gerhard Kegel zum 75. Geburtstag am 26. Juni 1987, S. 505 Hrsg.: Musielak, Hans-Joachim Stuttgart, Berlin, Köln, Mainz 1987
Scheffler, Uwe	Die Wortsinngrenze bei der Auslegung in: Jura 1996, 505
Schlosser, Peter F.	EU-Zivilprozessrecht EuGVVO, EuEheVO, AVAG, HZÜ, EuZVO, HBÜ, EuBVO 2. Auflage München 2003 zit.: Eu-ZPR
Schlosser, Peter F.	Einschränkung des Vermögensgerichtsstandes Anm. zu BGH, 2.7.1991 IX ZR 206/90; OHG, 6.6. 1991, 8 Ob 559/91 in: IPRax 1992, 140
Schmidt, Karsten	Handelsrecht 5. Auflage Köln, Berlin, Bonn, München 1999 zit.: HandelsR

Schmidt, Karsten | Gesellschaftsrecht
4. Auflage
Köln, Berlin, Bonn, München 2002
zit.: GesellschaftsR

Schmidt, Karsten | Die stille Liquidation - Stiefkind des Insolvenzrechts
in: ZIP 1982, 9

Schmidt, Karsten | Wege zum Insolvenzrecht der Unternehmen
Befunde, Kritik, Perspektiven
Beiträge zum Insolvenzrecht Band 7
Köln 1990
zit.: Wege zum Insolvenzrecht

Schmidt, Rolf | Grundrechte
5. Auflage
Grasberg bei Bremen 2004

Schnapp, Friedrich E. | Die Verhältnismäßigkeit des Grundrechtseingriffs
in: JuS 1983, 850

Schollmeyer, Eberhard | Partikularinsolvenzverfahren am Ort der Belegenheit von Massebestandteilen?
in: IPRax 1995, 150

Schreiber, Klaus (Hrsg.) | Immobilienrecht Handbuch
1. Auflage
Berlin 2001
zit.: ImmobilienR

Schröder, Jochen | Internationale Zuständigkeit
Entwurf eines Systems von Zuständigkeitsinteressen im zwischenstaatlichen Privatverfahrensrecht aufgrund historischer, rechtsvergleichender und rechtspolitischer Betrachtungen
1. Auflage
Opladen, 1971

Schröder, Jochen | Nach Damaskus: kein Traumspiel
in: IPRax 1988, 144, 146

Schulze, Reiner (Hrsg.) | Auslegung europäischen Privatrechts und angeglichenen Rechts
1. Auflage
Baden-Baden 1999
zit.: Schulze *Bearbeiter*

Schütze, Rolf A. | Buchbesprechung zu Wahl, Ulrich, Die verfehlte internationale Zuständigkeit
in: ZZP 88 (1975), 478

Schütze, Rolf A. | Das Vermögen als Anknüpfungspunkt für die internationale Zuständigkeit
Festschrift für Akira Ishikawa zum 70. Geburtstag am 27. November 2001
Hrsg.: Lüke, Gerhard/ Mikami, Takehiko/ Prütting, Hans
Berlin, New York 2001

Schütze, Rolf A. | Zum Vermögensgerichtsstand des § 23 ZPO
– Zugleich Besprechung von
BGH . 2.7. 1991 – XI ZR 206/90 –
in: DZWiR 1991, 239

Schwarze, Jürgen (Hrsg.) — EU-Kommentar
1. Auflage
Baden-Baden 2000
zit.: Schwarze-*Bearbeiter*

Schweitzer, Michael/ Hummer, Waldemar — Europarecht
1. Auflage
Neuwied, Berlin, Krieftel 1996

Siekmann, Helmut/ Duttge, Gunnar — Staatsrecht I: Grundrechte
3. Auflage
Tüngersheim 2000

Smid, Stefan — Deutsches und Europäisches Internationales Insolvenzrecht
Kommentar
Verordnung (EG) Nr. 1346/2000 des Rates vom 29. Mai 2000 über Insolvenzverfahren (Europäische Insolvenzverordnung – EuInsVO)
Einführungsgesetz zur Insolvenzordnung (EGInsO) Art. 102 Durchführung der EuInsVO
Insolvenzordnung (InsO)
Ausgewählte Vorschriften mit internationalem Bezug
Stuttgart, Berlin, Köln, 2004

Soergel, Hans Theodor (Hrsg. Kegel, Gerhard) — Bürgerliches Gesetzbuch
Band 10
Einführungsgesetz
12. Auflage
Stuttgart, Berlin, Köln 1996
zit.: Soergel-*Berabeiter*

Soergel, Hans Theodor (Hrsg. Siebert, W.) — Bürgerliches Gesetzbuch
mit Einführungsgesetz und Nebengesetzen
Band 1
Allgemeiner Teil 1
§§ 1-103
13. Auflage
Stuttgart, Berlin, Köln 2000
zit.: Soergel-*Bearbeiter*

Sonnenberger, Hans Jürgen/ Autexier, Christian — Einführung in das französische Recht
3. Auflage
Heidelberg 2000

Spahlinger, Andreas — Sekundäre Insolvenzverfahren bei grenzüberschreitenden Insolvenzen: eine vergleichende Untersuchung zum deutschen, US-amerikanischen, schweizerischen und europäischen Recht
Stuttgart 1998

Staak, Kai S. — Mögliche Probleme im Rahmen der Koordination von Haupt- und Sekundärinsolvenzverfahren nach der Europäischen Insolvenzverordnung (EuInsVO)
in: ZInsO 2004, 480

Staub, Hermann (Hrsg.)	Handelsgesetzbuch Großkommentar 3. Auflage Erster Band, §§ 1-104 Berlin, 1967 zit.: Staub-*Bearbeiter*
Staudinger, Julius von	Kommentar zum Bürgerlichen Gesetzbuch mit Einführungsgesetz und Nebengesetzen Einführungsgesetz zum Bürgerlichen Gesetzbuche/IPR Internationales Sachenrecht Berlin 1996 zit.: Staudinger-*Bearbeiter*
Staudinger, Julius von	Kommentar zu Bürgerlichen Gesetzbuch mit Einführungsgesetz und Nebengesetzen Drittes Buch. Sachenrecht ErbbVO; §§ 1018-1112 Berlin 1994 zit.: Staudinger-*Bearbeiter*
Staudinger, Julius von	Kommentar zum Bürgerlichen Gesetzbuch mit Einführungsgesetz und Nebengesetzen Einleitung zum Bürgerlichen Gesetzbuch Erstes Buch Allgemeiner Teil §§ 1-12; Verschollenheitsgesetz 13. Auflage Berlin, 1995 zit.: Staudinger-*Bearbeiter*
Staudinger, Julius von	Kommentar zum Bürgerlichen Gesetzbuch mit Einführungsgesetz und Nebengesetzen Einleitung zu Art. 27 ff. EGBGB [u.a.] 13. Auflage Berlin, 2002 zit.: Staudinger-*Bearbeiter*
Stein, Friedrich/ Jonas, Martin	Kommentar zur Zivilprozessordnung Band 1 Einleitung §§ 1-40 22. Auflage Tübingen 2003 zit.: Stein/Jonas-*Bearbeiter*
Stein, Friedrich/ Jonas, Martin	Kommentar zur Zivilprozeßordnung 21. Auflage Band 1 §§ 1-90 Tübingen 1993 zit.: Stein/Jonas-*Bearbeiter* (21. Auflage)

Stern, Klaus	Das Staatsrecht der Bundesrepublik Deutschland Band III/2 Allgemeine Lehren der Grundrechte 1. Auflage München 1994 zit.: Stern III/2
Stober, Rolf	Die Berufsfreiheit der freien Berufe in: NJW 1981, 1529
Streinz, Rudolf (Hrsg.)	Vertrag über die Europäische Union und Vertrag zur Gründung der Europäischen Gemeinschaft 1. Auflage München 2003 zit.: Streinz-*Bearbeiter*
Streinz, Rudolf	Europarecht 4. Auflage Heidelberg 1999
Taupitz, Jochen	Das (zukünftige) europäische Internationale Insolvenzrecht – insbesondere aus international-privatrechtlicher Sicht in: ZZP 111 (1998), 315
Tettinger, Peter J./ Wank, Rolf	Gewerbeordnung 6. Auflage München 1999 zit.: Tettinger/Wank-*Bearbeiter*
Thieme, Jürgen	Entwurf eines Konkursübereinkommens der EG-Staaten von 1980 in: RabelsZ 45 (1981), 459
Thieme, Jürgen	Partikularkonkurs Stellungnahme zu den Artt. 1 II, 2, 9, 10, 11 I, 15 I, 16 I, 20, 21 Satz 2, 26-34 des Vorentwurfs zur Neuordnung des Internationalen Insolvenzrechts von 1989 in: Stellungnahmen und Gutachten zur Reform des deutschen Internationalen Insolvenzrechts, S. 212 Hrsg.: Stoll, Hans
Thieme, Jürgen	Vermögensgegenstände, Inlandsbezug und Partikularkonkurs in: IJVO Jahresheft 1995/96, S. 44
Thieme, Jürgen Dieter	Inlandsvollstreckung und Auslandskonkurs – Zur Auslegung des § 237 KO in: RabelsZ 37 (1973), 682
Thomas, Heinz/ Putzo, Hans/ Reinhold, Klaus/ Hüßtege, Rainer	Zivilprozessordnung mit Gerichtsverfassungsgesetz, den Einführungsgesetzen und europarechtlichen Vorschriften (EuGVVO, EheVO, ZustellungsVO, ZustDG, AVAG) 25. Auflage München 2003 zit.: Thomas/Putzo-*Bearbeiter*

Tilch, Horst/ Arloth, Frank (Hrsg.) | Deutsches Rechts-Lexikon
Band 3
Q-Z
3. Auflage
München 2001

Triebinger, Claus | Internationale (Verbraucher)Insolvenzverfahren, ein neuer Beratungsgegenstand für Schuldner- und Insolvenzberatung
in: ZInsO 2001, 251

Trunk, Alexander | Internationales Insolvenzrecht
Systematische Darstellung des deutschen Rechts mit rechtsvergleichenden Bezügen
1. Auflage
Tübingen 1998
zit.: Internationales Insolvenzrecht

Uhlenbruck, Wilhelm | Insolvenzordnung
Kommentar
12. Auflage
München 2003

Ulmer, Peter | Gläubigerschutz bei Scheinauslandsgesellschaften – Zum Verhältnis zwischen gläubigerschützendem nationalem Gesellschafts-, Delikts- und Insolvenzrecht und der EG-Niederlassungsfreiheit
in: NJW 2004, 1201

Virgos, Miguel/ Schmit, Etienne | Erläuternder Bericht zu dem EU-Übereinkommen über Insolvenzverfahren
in: Stoll, Hans, Vorschläge und Gutachten zur Umsetzung des EU-Übereinkommens über Insolvenzverfahren im deutschen Recht, S. 32

von Bar, Carl Ludwig | Theorie und Praxis des Internationalen Privatrechts
Band 2
Neudruck der 2. Auflage mit Vorwort von Ludwig Schnorr von Carolsfeld
Aalen 1966
zit.: *C.L. von Bar*, Bd. II

Wägenbaur, Rolf | Inhalt und Etappen der Niederlassungsfreiheit
EuZW 1991, 427

Wahl, Ulrich | Die verfehlte internationale Zuständigkeit
1. Auflage
Berlin, 1974

Wälde, Thomas W. | Juristische Folgenorientierung
1. Auflage
Königstein 1979

Wank, Rolf | Die Auslegung von Gesetzen
2. Auflage
Köln, Berlin, Bonn, München 2001
zit.: Auslegung

Wank, Rolf — Die juristische Begriffsbildung
1. Auflage
München 1985
zit.: Begriffsbildung

Wank, Rolf — Die Rechtsfortbildung durch den Europäischen Gerichtshof
Festschrift für Eugen Stahlhacke zum 70. Geburtstag am 7. April 1995
Arbeitsgesetzgebung und Arbeitsrechtsprechung
Hrsg. Farthmann, Friedhelm/ Hanau, Peter/ Isenhardt, Udo

Weber, Friedrich — Zur Zulässigkeit eines Vergleichsverfahrens über das deutsche Vermögen eines ausländischen Schuldners – Zugleich Beitrag zum Wirkungsbereich der §§ 237, 238 KO
in: KTS 1965, 95

Wessels, Bob — International Jurisdiction do open Insolvency Proceedings in Europe in particular against (Groups of) Companies
http://www.iiiglobal.org/country/european_union/InternJurisdictionCompanies.pdf

Westphal, Lars/ Wilkens, Jochen — Anmerkung zu High Court of Justice, Chancery Division Companies Court (Leeds), Urteil vom 20. Mai 2004, No. 556, 557/04,
in: EWiR 2004, 847

Whedeking, Silke — Reform des Internationalen Insolvenzrechts in Deutschland und Österreich
in: DZWIR 2003, 133

Wieczorek, Bernhard/ Schütze, Rolf A. — Zivilprozessordnung und Nebengesetze
Großkommentar
Erster Band Einleitung §§ 1-127a
1. Teilband Einleitung §§ 1 bis 49
3. Auflage
Berlin, New York 1994
zit.: Wieczorek/Schütze-*Berabeiter*

Wilmowsky, Peter von — Sicherungsrechte im Europäischen Insolvenzübereinkommen
in: EWS 1997, 295

Wimmer, Klaus — Die Verordnung (EG) Nr. 1346/2000 über Insolvenzverfahren
in: ZInsO 2001, 97

Wimmer, Klaus — Die Richtlinie EG 2001/17 EG und 2001/24 EG über die Sanierung und Liquidation von Versicherungsunternehmen und Kreditinstituten
in: ZInsO 2002, 897

Wimmer, Klaus — Die EU-Verordnung zur Regelung grenzüberschreitender Insolvenzverfahren
in: NJW 2002, 2427

Wimmer, Klaus — Die Besonderheiten von Sekundärinsolvenzverfahren unter der besonderen Berücksichtigung des Europäischen Insolvenzübereinkommens
in: ZIP 1998, 982

Wimmer, Klaus (Hrsg.) — Frankfurter Kommentar zur Insolvenzordnung
3. Auflage
Neuwied, Kriftel 2001
zit.: FK-*Bearbeiter*

Windel, Peter A.	Der insolvenzrechtliche Gleichbehandlungsgrundsatz und seine Auswirkungen auf die Abwicklung schwebender Austauschverträge in: Jura 2002, 230
Windel, Peter A.	Die Insolvenzordnung: Reform im Banner von Massesicherung, Unternehmenssanierung und Schuldbefreiung in: Jura 1999, 1
Wörmann, Barbara	Zerschlagung der Alitalia wird immer wahrscheinlicher; Verhandlungsmarathon von Geschäftsführung und Gewerkschaften bringt wenig Fortschritte – Löhne nur bis September sicher in: Die Welt, 2. September 2004, Wirtschaft Nr. 15025
Zimmermann, Walter	Zivilprozeßordnung mit Gerichtsverfassungsgesetz und Nebengesetzen Kommentar anhand der höchstrichterlichen Rechtsprechung 5. Auflage Heidelberg 1998 zit: *Zimmermann*
Zippelius, Reinhold	Juristische Methodenlehre 8. Auflage München 2003
Zöller, Richard	Zivilprozessordnung mit Gerichtsverfassungsgesetz und den Einführungsgesetze, mit internationalem Zivilprozessrecht, EG-Verordnungen, Kostenanmerkungen 24. Auflage Köln 2004 zit.: Zöller-*Bearbeiter*
Zöllner, Wolfgang/ Hanau, Hans	Die verfassungsrechtlichen Grenzen der Beseitigung von Mehrstimmrechten bei Aktiengesellschaften in: AG 1997, 206

Abkürzungsverzeichnis

a.A.	anderer Ansicht
a.F.	alte Fassung
aaO.	am angegebenen Ort
Abl. EG	Amtsblatt EG
Abs.	Absatz
AcP	Archiv für die civilistische Praxis
AG	Aktiengesellschaft/Amtsgericht
AG	Die Aktiengesellschaft
AGO	Allgemeine Preußische Gerichtsordnung
AktG	Aktiengesetz
Anm.	Anmerkung
AöR	Archiv des öffentlichen Rechts
arg.	argumentum
ARSP	Archiv für Rechts- und Sozialphilosophie
Art.	Artikel
Artt.	Artikel (Mehrzahl)
AT	Allgemeiner Teil
AVAG	Anerkennungs- und Vollstreckungsausführungsgesetz
AWD	Außenwirtschaftsdienst des Betriebs-Beraters
Begr.	Begründung
BGB	Bürgerliches Gesetzbuch
BGBl.	Bundesgesetzblatt
BGH	Bundesgerichtshof
BGHZ	Entscheidungen des Bundesgerichtshofs in Zivilsachen
BReg	Bundesregierung
Bspw.	Beispielsweise
BT-Drs.	Bundestagsdrucksache
BverfGE	Entscheidung des Bundesverfassungsgerichts
BverwG	Bundesverwaltungsgericht
BverwGE	Entscheidungen des Bundesverwaltungsgerichts
bzw.	beziehungsweise
C.C.	Code Civil
c.p.c.	Codice procedura civile
Ch. D.	Chancery Division
CPO	Civilprozessordnung

D.P.	Dalloz Périodique
DB	Der Betrieb
ders.	derselbe
ders.	Derselbe
DIJV	Vereinigung für den Gedankenaustausch zwischen deutschen und italienischen Juristen
DIK	Deutsches Internationales Konkursrecht
DöKV	Deutsch-österreichischer Konkursvertrag
DöKVAG	Ausführungsgesetz zum deutsch-österreichischen Konkursvertrag
DPCI	Droit et pratique du commerce international
DS	Drittstaat
DVBl.	Deutsches Verwaltungsblatt
DZWiR	Deutsche Zeitschrift für Wirtschafts- und Insolvenzrecht
EAGV	Vertrag über die Gründung der Europäischen Atom-Gemeinschaft
EG	Vertrag zur Gründung der Europäischen Gemeinschaft
EGBGB	Einführungsgesetz zum Bürgerlichen Gesetzbuch
EGInsO	Einführungsgesetz Insolvenzordnung
EGKSV	Vertrag über die Gründung der Europäischen Gemeinschaft für Kohle und Stahl
EheVO	Verordnung (EG) Nr. 1347/2000 des Rates über die Zuständigkeit und die Anerkennung und Vollstreckung von Entscheidungen in Ehesachen und in Verfahren betreffend die elterliche Verantwortung für die gemeinsamen Kinder der Ehegatten
ESH	Emmerich/Sonnenschein/Habersack
EU	Europäische Union
EuBVO	Europäische Verordnung über die Zusammenarbeit bei Beweisaufnahmen
Slg.	Sammlung
EuGH	Europäischer Gerichtshof
EuGVÜ	Brüsseler Übereinkommen über die gerichtliche Zuständigkeit und die Vollstreckung gerichtlicher Entscheidungen in Zivil- und Handelssachen
EuGVVO	Verordnung (EG) Nr. 44/2001 des Rates vom 22. Dezember 2000 über die gerichtliche Zuständigkeit und die Anerkennung und Vollstreckung von Entscheidungen in Zivil- und Handelssachen
EuInsÜ	Europäisches Insolvenzübereinkommen
EuInsVO	Verordnung (EG) Nr. 1346/2000 des Rates vom 29. Mai 2000 über Insolvenzverfahren
EuZVO	Europäische Verordnung über die Zusammenarbeit bei Beweisaufnahmen
EuZVR	Europäisches Zivilverfahrensrecht

EuZW	Europäische Zeitschrift für Wirtschaftsrecht
EWS	Europäisches Wirtschafts- und Steuerrecht
f.	folgende
F.A.Z.	Frankfurter Allgemeine Zeitung für Deutschland
fall.	legge fallimentare
ff.	folgende (mehrere)
FG	Festgabe
FGG	Gesetz über die Angelegenheiten der freiwilligen Gerichtsbarkeit
FK	Frankfurter Kommentar zur Insolvenzordnung
Fn	Fußnote
FS	Festschrift
FTD	Financial Times Deutschland
GBl.	Gesetzblatt (der Deutschen Demokratischen Republik)
GesellschaftsR	Gesellschaftsrecht
GewO	Gewerbeordnung
GG	Grundgesetz
GmbH	Gesellschaft mit beschränkter Haftung
GS	Gedächtnisschrift
HdB	Handbuch
HGB	Handelsgesetzbuch
HK	Heidelberger Kommentar
Hs.	Halbsatz
i.H.v.	in Höhe von
i.S.d.	im Sinne des/der
i.V.m.	in Verbindung mit
IA	Insolvency Act
IIR	Internationales Insolvenzrecht
IJVO	Internationale Juristenvereinigung Osnabrück
ImmobilienR	Immobilienrecht
InsO	Insolvenzordnung
IPR	Internationale Privatrecht
IPRax	Praxis des internationalen Privat- und Verfahrensrechts
IstÜb.	Istanbuler Übereinkommen
IZPR	Internationales Zivilprozessrecht
IZVR	Internationales Zivilverfahrensrecht
JA	Juristische Arbeitsblätter
JDI	Journal du droit international

JuS	Juristische Schulung
JW	Juristische Wochenschrift
JZ	Juristen Zeitung
Kap.	Kapitel
KLM	Royal Dutch Airlines
KO	Konkursordnung
KTS	Zeitschrift für Insolvenrecht
LAC	L'Aile Cassée
leg. fall.	legge fallimentare
LG	Landgericht
lit.	Buchstabe
Ltd.	Private Limited Company
LugÜ	Luganer Übereinkommen über die gerichtliche Zuständigkeit und die Vollstreckung gerichtlicher Entscheidungen in Zivil- und Handelssachen
m. w. Nachw.	mit weiteren Nachweisen
m.w.Nachw.	mit weiteren Nachweisen
MRK	Menschenrechtskonvention
MS	Mitgliedstaat
n.F.	neue Fassung
NJW	Neue Juristische Wochenschrift
Nr.	Nummer
NZG	Neue Zeitschrift für Gesellschaftsrecht
NZI	Neue Zeitschrift für das Recht der Insolvenz und Sanierung
o.g.	oben genannt
OGH	Oberster Gerichtshof (Österreich)
OLG	Oberlandesgericht
PreußKO	Preußische Konkursordnung
RabelsZ	Rabels Zeitschrift für ausländisches und internationales Privatrecht
RdNr.	Randnummer
RdNrn.	Randnummern
RegE	Regierungsentwurf
Rev. crit. dr. int. pr.	Revue critique de droit international privé
RG	Reichsgericht
RGZ	Entscheidungen des Reichsgerichts in Zivilsachen
RiLi	Richtlinie
Riv. Dir. Internaz.	Rivista di diritto internationale privato e processuale

Priv. e Proc	
RIW	Recht der Internationalen Wirtschaft
s.	siehe
S.	Satz/ Seite
S.A.	Société Anonyme
s.p.a.	società per azioni
SGB	Sozialgesetzbuch
SNC	Société en nom collectif
StVj	Steuerliche Vierteljahresschrift
UNCITRAL	United Nations Commission on International Trade Law
UWG	Gesetz gegen den unerlaubten Wettbewerb
Vgl.	Vergleiche
VglO	Vergleichsordnung
Vorb.	Vorbemerkung(en)
VVG	Versicherungsvertragsgesetz
WM	Zeitschrift für Wirtschafts- und Bankrecht
ZfRV	Zeitschrift für Rechtsvergleichung
ZInsO	Zeitschrift für das gesamte Insolvenzrecht
ZIP	Zeitschrift für Wirtschaftsrecht
Zit.	Zitiert
ZPO	Zivilprozessordnung
ZustellungsVO	ZustDG
ZZP	Zeitschrift für Zivilprozess

Einleitung

I. Problemstellung und Untersuchungsziel

Im Jahr 2003 wurden in Deutschland 99.800 Insolvenzanträge gestellt.[1] Das bedeutet im Vergleich von 2003 zu 2002 eine Zunahme um 18,3%. Im ersten Halbjahr 2004 liegt die Zahl der Gesamtinsolvenzen mit 54.700 bereits höher als im gesamten Jahr 2001.[2] 2002 war die Zahl der Insolvenzen gegenüber 2001 um 66,4% gestiegen.[3] Die Zunahme hat sich 2003 zwar verlangsamt,[4] dennoch erreichte die Zahl der Unternehmensinsolvenzen mit 39.700 (2002: 37620) einen neuen Höchstwert.[5] Im ersten Halbjahr 2004 war erstmalig ein Rückgang der Unternehmensinsolvenzen um 1,7% zu vermerken; dennoch liegt das Niveau mit 19.300 weiter auf einem Hohen Niveau. 2002 haben in Deutschland fast so viele Unternehmen einen Insolvenzantrag gestellt wie in den Vereinigten Staaten von Amerika (38.537).[6] Angesichts des Insolvenzrückgangs in den USA im Jahr 2003 auf 35.454, wurden in Deutschland zur selben Zeit sogar mehr Insolvenzanträge gestellt.[7]

Im Einzelnen ergab sich folgendes Bild: Zwar überwiegt insgesamt die Zahl der Insolvenzen von Verbrauchern (21.441), natürlichen Personen (6.381), selbständig Tätigen (16.600) und Nachlassinsolvenzen (2.367).[8] Und auch der Anteil der klein- und mittelständischen Unternehmen (KMU) an den Gesamtinsolvenzen ist beträchtlich. 63,9% insolventen Unternehmen haben nur ein bis fünf Beschäftigte. Demgegenüber schlägt die Zahl der Unternehmensinsolvenzen mit einer Beschäftigtenzahl von mehr als 100 Mitarbeitern mit 1,6% erheblich weniger zu Buche.[9] Ein Grund hierfür ist, dass sich gerade die KMU auf den zurzeit schwachen Binnenmarkt beschränken: je kleiner das

[1] Insolvenzen in Europa NZI 2004, 242.
[2] *Bretz*, Insolvenzen, Neugründungen, Löschungen 1/04, S. 1.
[3] *Bretz*, Insolvenzen in Europa, 02/03, S. 4.
[4] Dies entspricht dem gesamteuropäischen Trend, vgl. http://www.creditreform.de/angebot/Downloads_Analysen/Wirtschaftsanalysen/Europa3.pdf, S. 2 f.
[5] Insolvenzen in Europa NZI 2004, 242; *Bretz*, Insolvenzen in Europa, 03/04, S. 3.
[6] *Bretz*, Insolvenzen in Europa, 02/03, S. 32.
[7] *Bretz*, Insolvenzen, Neugründungen, Löschungen 1/04, S. 29.
[8] Statistisches Bundesamt, zit. in Der Betrieb 2003, 785.
[9] *Bretz*, Insolvenzen in Europa, 02/03, S. 16, Tab. 5; vgl. auch *Blazy*, La faillite, S. 15, der das größte Insolvenzrisiko bei Unternehmen mit zwei bis fünfzehn Personen ausmacht, wohingegen die Mikrobetriebe mit keinem oder nur einem Beschäftigten relativ stabil seien.

Unternehmen, desto kleiner der Marktbereich.[10] Man könnte demnach auf den ersten Blick vermuten, dass die Krise sich nahezu auf die Mikrobetriebe beschränkt und Großunternehmen kaum betroffen sind. Dass dies nicht der Fall ist, ergibt sich aus der Abhängigkeit dieser Wirtschaftsbetriebe von den Großunternehmen.[11]
Darüber hinaus füllen die Schlagzeilen über Unternehmenszusammenbrüche von Großkonzernen mehr und mehr die Zeitungen. Phillip Holzmann, Babcock Borsig (Insolvenzantrag am 04. Juli 2002) und Kirch Media standen 2002 in dem „Pleitenranking" Europas auf den ersten drei Plätzen.[12] Sieben der zehn größten Unternehmenszusammenbrüche Europas haben sich in Deutschland ereignet.[13] Ein Ende dessen ist nicht ersichtlich. So hat das Traditionsunternehmen Grundig AG, das seit Jahr 1945 besteht, am 14. April 2002 beim Amtsgericht Nürnberg einen Insolvenzantrag gestellt.[14] 2003 reihten sich traditionsreiche Betriebe wie Wienerwald und Kettler ein. Im Januar 2004 stellte der Karrosseriebauer Kögel einen Insolvenzantrag. Es folgten ihm im ersten Halbjahr dieses Jahres die Textilunternehmen Hettlage KGaA, KENVELO AG, Girmes GmbH und Jo. C. Boecker GmbH & Co KG. Angeführt wird die diesjährige Insolvenzliste von BHG Color Print GmbH & Co KG.[15]

Im europäischen Ausland gestaltet sich die Lage ähnlich dramatisch. 40.472 Unternehmensinsolvenzen waren 2003 in Frankreich zu verzeichnen. Dort erlitt der Hersteller von Turbinen und Hochgeschwindigkeitszügen (TGV) fast das finanzielle Aus, wenn nicht umstrittene staatliche Geldmittel i.H.v. 1,9 Milliarden Euro (und 8,2 Milliarden Euro aus anderen Quellen) bereitgestellt worden wären.[16] In Italien sorgte der Bilanzskandal um den Lebensmittelkonzern Parmalat für Aufsehen. Dem inzwischen verhafteten Gründer *Calisto Tanzi* wird die Entwendung von 10 Milliarden Euro aus dem Unternehmen vorgeworfen. Über das Vermögen einer Vielzahl von Konzernge-

---

[10] *Bretz*, Insolvenzen in Europa, 02/03, S. 20.
[11] *Bretz*, Insolvenzen in Europa, 02/03, S. 19.
[12] *Bretz*, Insolvenzen in Europa, 02/03, S. 14.
[13] Der Betrieb, 2003, 785.
[14] Tagesschau, 14. April 2003, http://www.tagesschau.de/sendungen/0,1196,OID1734112_OIT1734220,00.html.
[15] *Bretz*, Insolvenzen, Neugründungen, Löschungen 1/04, S. 5.
[16] *Bretz*, Insolvenzen in Europa, 03/04, S. 20.

sellschaften der Parmalat wurde ein Insolvenzverfahren eröffnet. Auch in Italien ist die Zahl der Unternehmensinsolvenzen auf 16.000 gestiegen.[17]

Die Hoffnung, dass die Insolvenzzahlen angesichts der abnehmenden Unternehmensinsolvenzzahl sinken, ist auf Sand gebaut. Denn neue Insolvenzquellen sind ersichtlich.

Die Existenzgründung aus der Arbeitslosigkeit mit Hilfe der sog. „Ich-AGs" ist wirtschaftlich umstritten. 24.000 „Ich-AGs" mussten seit Anfang 2003 wieder eingestellt werden. Derzeit existieren noch rund 134.000.

Eine weitere Risikoquelle ist die Gründung einer Private Company Limited by Shares, kurz „Limited", mit Sitz in Deutschland. Der Gründer zahlt ein symbolisches Pfund zur Gründung und nicht wie bei der deutschen GmbH 25.000 Euro. Damit ist die Gesellschaft bereits bei ihrer Gründung überschuldet. Die deutschen Erfahrungen mit der GmbH sprechen eine deutliche Sprache. Nach Rechtsformen aufgegliedert betreffen 39,1% der Insolvenzen die GmbH, 4,1% die GmbH und Co KG, im Vergleich zu 0,3% bei der OHG und 0,8% bei der AG. Was das für die Zukunft der zurzeit 80.000 Limiteds in Deutschland bedeutet, lässt sich erahnen.[18]

Vor allem die hier angesprochenen Großunternehmen treiben Handel und betätigen sich im Übrigen wirtschaftlich über die nationalen Grenzen hinaus. Sie schließen Verträge mit ausländischen Unternehmen, verbringen Vermögenswerte ins Ausland,[19] errichten dort Lagerstätten, gründen Zweigniederlassungen oder Tochtergesellschaften. Die Errichtung von Zweigniederlassungen im Ausland ist auch aus steuerlichen Erwägungen interessant.[20] Kommt es nun zu einem wirtschaftlichen Zusammenbruch eines solchen Unternehmens, dann handelt es sich aufgrund dieser internationalen Verknüpfungen um einen Insolvenzfall mit Auslandsbezug, der damit nach dem Internationalen

---

[17] *Bretz*, Insolvenzen in Europa, 03/04, S. 17.
[18] *Bretz*, Insolvenzen, Neugründungen Löschungen 1/04, S. 20 ff.
[19] Nach einer Schätzung deutscher Banken befinden sich derzeit 800.000 bis 1 Millionen Deutsche Immobilien allein im Europäischen Ausland, vgl. *Haas*, FS-Gerhardt, S. 319.
[20] *Kindler* NJW 1993, 3301, 3302.

Insolvenzrecht zu beurteilen ist.[21] Zunehmend transnational geprägt sind auch die Verbraucherinsolvenzen. Man führe sich etwa das Beispiel eines Franzosen vor Augen, der in der Nähe von Paris lebt, in Deutschland verheiratet war, sich dort verschuldet hat und zudem Eigentümer einer Wohnung in Luxemburg ist.[22]

Besonders anschaulich lässt sich die Problematik am Beispiel einer insolventen Fluggesellschaft verdeutlichen.

Dieses Exempel ist aus mehreren Gründen interessant.

Zum einen ist es von einer traurigen Aktualität geprägt. Viele Fluggesellschaften stecken in einer ihrer tiefsten Krisen seit Jahren. Dies hat vielfältige Gründe: Standen die Fluggesellschaften früher – oft aus Prestigegründen – unter dem Schutz der jeweiligen Regierungen, ist dies heute nicht mehr der Fall. Denn viele Staaten befinden sich selbst in großen finanziellen Schwierigkeiten. Dennoch sind die Unternehmen unverändert auf die Finanzspritzen des Staates angewiesen. Auch eigenes Verschulden – hier ist von Missmanagement die Rede – tritt bisweilen hinzu. Kommt es dann noch zu unvorhersehbaren Ereignissen wie solchen des 11. September 2001, dem Irakkrieg oder der Lungenseuche SARS, dann wird ein Bestehen auf dem Markt immer schwieriger. Die Konjunkturflaute, der hohe Kerosinpreis[23] und die Konkurrenz durch die sog. „Billigflieger“[24] verschärfen die Lage zusätzlich, die inzwischen zahlreiche Opfer gefordert hat. Im Jahr 2002 mussten in den Vereinigten Staaten von Amerika die United Airlines und die US Airways Insolvenzanträge stellen.[25] Nachdem der US Airways 2003 durch staatliche Subventionen zu einem Neustart verholfen werden konnte, musste sie im September 2004 erneut einen Insolvenzantrag stellen. Die Schulden bei einer Piloten-Krankenkasse i.H.v. 110 Mio. US-Dollar waren fällig geworden und

[21] BT-Drs. 12/2443, 233; *Geimer*, IZPR, RdNr. 10; *Häsemeyer*, Insolvenzrecht, RdNr. 35.02; *Huber* ZZP 114 (2001), 133, 136; *Huber* EuZW 2002, 490, 491; *Kilger/Schmidt*, § 237, RdNr. 1a; *Mock/Schildt* ZInsO, 2003, 396, 398; *Nagel/Gottwald*, Internationales Zivilprozessrecht, § 1 RdNr. 3; *Whedeking* DZWiR 2003, 133.

[22] *Triebinger* ZInsO 2001, 251.

[23] *Dugua/Guillermard* Le Figaro, 14. September 2004, S. 1, 4 unter Hinweis darauf, dass der Anstieg des Öl-Preises um einen US-Dollar einen Verlust der Industrie von einer Milliarde Dollar bedeute.

[24] *Muscheid* Capital 2/2003, 48, 49.

[25] *Bretz*, Insolvenzen in Europa, 02/03, S. 33.

führten zur Zahlungsunfähigkeit der Fluglinie. Diesmal stehen die Aussichten auf eine erfolgreiche Sanierung erheblich schlechter. Denn inzwischen sind kaum noch Vermögensgegenstände vorhanden, die zur Sicherung von Krediten zur Verfügung stehen. Die wichtigsten Unternehmenswerte wurden für den letzten Kredit i.H.v. 900 Mio. US-Dollar verwendet. Zudem leidet die US Airways unter dem strukturellen Problem, dass sie im Norden der USA zahlreiche Destinationen anfliegt, während das internationale Geschäft gering ausfällt. Lohn- und Stellenkürzungen werden das Problem allein kaum bewältigen können. Denn die Piloten verdienen mit 130.000 US-Dollar pro Monat bereits relativ wenig. Wird nicht binnen drei Monaten dem Richter ein erfolgsversprechender Sanierungsplan vorgelegt, erfolgt die Liquidation, d.h. die Versteigerung der Flotte und der Flug- und Landeplätze.[26] Auch die weltgrößte Fluglinie American Airlines sieht sich vor eine erheblich kritische Lage gestellt.[27] Den europäischen Fluggesellschaften geht es nicht besser. Im Herbst 2001 ging die Swissair bankrott.[28] Seither ist die Nachfolgerin der Swissair Group und der Crossair Group, die Swiss International Air Lines Group (kurz: Swiss), an deren Stelle getreten.[29] Aber auch die Nachfolgerin befindet sich in erheblichen Schwierigkeiten.[30] Der Ferienflieger Aero Lloyd hat am 16. Oktober 2003 einen Antrag auf Eröffnung des Insolvenzverfahrens über sein Vermögen gestellt.[31] In eine erhebliche wirtschaftliche Schieflage ist jüngst auch die Alitalia geraten. Die italienische Fluggesellschaft mit einem Staatsanteil von 62,39%[32] war schon Ende März 2004 mit Schulden i.H.v. 1,63 Milliarden Euro belastet.[33] Derzeit fährt sie einen Verlust von täglich einer Million Euro ein.[34] Die Gründe für dieses Dilemma sind vielschichtig. Den Ausgangspunkt bilden die wohl hohen Lohnkosten und die kostensintensiven Privilegien der Piloten.[35] Hierdurch mussten die

---

26 *Clark/Genger* Financial Times Deutschland, 14. September 2004, S. 3.
27 http://www.welt.de/data/2003/29/60032.html.
28 *Herz* Handelsblatt, 27. Mai 2003.
29 Finanzbericht, International Swiss Lines AG, S. 19, http://www.swiss.com/DE/finanzbericht_2002_f.pdf.
30 Handelsblatt, 2. Mai 2003, S. 11; *Herz* Handelsblatt, 27. Mai 2003.
31 Schweizerische Depeschenagentur, AG (SDA) vom 16.10.2003, http://www.lexis-nexis.de.
32 *Denuit*, Le Figaro Économie, 7. September 2004, S. 1.
33 Süddeutsche Zeitung, 3. September 2004, S. 19.
34 *Fromm* Financial Times Deutschland, 1. September 2004, S. 6.
35 *Fromm* Financial Times Deutschland, 8. September 2004, S. 29, der darauf hinweist, dass die Piloten von unternehmenseigenen Chauffeuren zum Dienst gebracht worden seien und weibliche Ange

Preise für Flugtickets angehoben werden. Sie sind bis zu 40% teurer als solche des Billigfliegers Easyjet.[36] Die Arbeitsverträge sind auch der Grund dafür, dass auf 90% der Langstreckenflüge Verluste eingefahren werden. Das gilt trotz einer 90%-igen Sitzplatzauslastung.[37] Auch die Streiks führen zu erheblichen Verlusten.[38] Hinzu treten äußere Einflüsse. Italienische Flughäfen können mit internationalen Flugdrehkreuzen nicht konkurrieren.[39] Zur Abwendung der Insolvenz wurde ein Sanierungsplan aufgestellt, mit Hilfe dessen der Überbrückungskredit von 400 Mio. Euro erlangt werden kann.[40] Selbst dieser Kredit kann die Alitalia aber nur bis März 2005 sichern.[41] Neben dem Abbau von 3.700 Stellen, soll unter einen gemeinsamen Holding die Az Fly und die Az Service errichtet werden.[42] Nach ursprünglicher Blockade der Gewerkschaften,[43] unterzeichneten Regierung, Gewerkschaften und Unternehmensleitung letztlich das Abkommen zur Sanierung der Alitalia.[44] TAP Air Portugal, Aer Lingus, Olympic Airways[45] und KLM[46] stehen wirtschaftlich nur unwesentlich besser.

Zweitens sind diese Fälle durch den Auslandsbezug dieser Unternehmen in besonderem Maße interessant. Gerade bei Fluggesellschaften zeigt sich, dass sie Verträge mit ausländischen Unternehmen und natürlichen Personen schließen. Das sind Kaufverträge über Kerosin, Mietverträge über Flughallen, Werk- und Dienstverträge mit ausländischen Mechanikern, Fluglotsen und Piloten. Tickets werden an ausländische Fluggäste verkauft. Auch die ausländische Belegenheit von Vermögensgegenständen ist häufig gegeben. Das beginnt beim Lagern von Catering-Material auf fremden Flughäfen, setzt sich bei „vergessenen" Ersatzteilen fort und geht hin bis zu den Flugzeugen

---

stellte einen Sonderurlaub von 12 Tagen zum Kurieren von Menstruations-Beschwerden gehabt hätten.

[36] *Fromm* Financial Times Deutschland, 8. September 2004, S. 29.

[37] F.A.Z., 31. August 2004, S. 13.

[38] Allein der letzte Streik im April 2004 hat zu einer Einbuße von 40 Mio. Euro geführt, F.A.Z., 31. August 2004, S. 13.

[39] F.A.Z., 31. August 2004, S. 13.

[40] *Wörmann* Die Welt, 2. September 2004, Wirtschaft Nr. 15205.

[41] *Barber* Financial Times Deutschland 2004, S. 9.

[42] Die lukrativere Az Fly soll dabei in private Hände gegeben werden; *Barber* Financial Times Deutschland 15. September 2004, S. 3. *Fromm* Financial Times Deutschland, 15. September S. 8.

[43] *Fromm/Flottau* Financial Times Deutschland, 15. September 2004, S. 3.

[44] Börsen-Zeitung, 7. Oktober 2004, S. 11.

[45] *Muscheid* Capital 2/2003, 48, 49.

[46] Financial Times Deutschland 12. Juli 2003, http://www.ftd.de/ub/di/1057486306323.html.

selbst, welche auf einem ausländischen Flughafen mal länger, mal weniger lang verweilen. Nicht selten werden Ticketstände oder Reisebüros auf ausländischen Flughäfen oder in den Städten errichtet. In manchen Fällen werden Tochterunternehmen im Ausland gegründet, die sich etwa mit dem Gepäck-Transport, der Wartung von Maschinen oder dem Marketing für die Muttergesellschaft befassen. Die Vielfalt der denkbaren Fallkonstellationen ist unendlich.[47] Gemeinsames Merkmal dieser Fälle ist jedoch stets der Auslandsbezug, der einen solchen Fall beim Eintreten der Insolvenz zu einem international-insolvenzrechtlichen werden lässt.

In derartigen Fällen, wo ein Schuldnerunternehmen Rechtsverhältnisse im Ausland begründet hat und dort durch die Präsenz von Vermögensgegenständen oder gar Niederlassungen bzw. Tochtergesellschaften Betätigung in Erscheinung getreten ist, ergibt sich unter anderem die Frage, wo das Insolvenzverfahren über das Schuldnervermögen zu eröffnen ist, oder ob sogar in mehreren Staaten Insolvenzverfahren eröffnet werden können sollen.

Wenngleich die Problematik angesichts des dargestellten Beispiels sehr aktuell ist, hat sich das Bewusstsein hierfür bereits sehr früh herausgebildet.

So führte *von Savigny* schon 1849 aus:

> „Da der Concurs eine Ausgleichung unter mehreren Gläubigern bezweckt, so ist er nur an einem Orte möglich, und zwar an dem Wohnsitz des Schuldners, so daß hier der betroffene Gerichtsstand der Obligation von dem allgemeinen persönlichen Gerichtsstand verdrängt wird.[48]
> [...] Die Bildung der Concursmasse macht keine Schwierigkeit, wenn diese sämtlich in dem Bezirk des Concursgerichts sich be-

[47] vgl.: Finanzbericht International Swiss Lines Group, http://www.swiss.com/finanzbericht_2002_d.pdf.
[48] *von Savigny*, Römisches Recht VIII, S. 283.

> finden. Dagegen ist die Behandlung der Sache in hohem Maße bestritten in Ansehung der Vermögensstücke, die in anderen Gerichtsbezirken, oder gar in einem fremden Land liegen.[49]
> [...] Der Concursrichter veranlaßt die inländischen Gerichte, in deren Sprengel Theile des Vermögens liegen, durch Requisition zur Mitwirkung. – Liegen Vermögensstücke im Auslande, so hat der Richter zunächst zu erforschen, ob Staatsverträge vorhanden sind. In Ermangelung derselben soll er dem ausländischen Richter vorschlagen, auf ähnliche Weise, wie es soeben von anderen Gerichten erwähnt worden ist, auf die Mitwirkung des zu dem inländischen Concurse einzugehen. Mißlingt dieses, so hat der Corator bei dem ausländischen Specialconcurse das Interesse der inländischen Gläubiger wahrzunehmen.[50]"

Die Möglichkeit des „Specialconcurses" über das im Ausland belegene Vermögen ist heute vielleicht relevanter denn je.

Die international-insolvenzrechtliche Beurteilung dieser Fälle unterliegt der Verordnung (EG) Nr. 1346/2000 des Rates über Insolvenzverfahren (Inkrafttreten 31. Mai 2002) oder dem Elften Teil der deutschen Insolvenzordnung (in Kraft seit dem 14. März 2003). Das ist eine Frage des räumlichen und sachlichen Anwendungsbereichs dieser Rechtsgrundlagen. Vor deren In-Kraft-Treten galt Art. 102 EGInsO a.F., der dementsprechend noch auf „Altfälle" Anwendung findet.

Sowohl die Europäische Insolvenzverordnung als auch der Elfte Teil der deutschen Insolvenzordnung sehen vor, dass neben dem Haupt- ein Sekundärinsolvenzverfahren (Art. 3 Abs. 2 und 3 EuInsVO/ §§ 356, 354 InsO) oder bereits vor der Eröffnung des Hauptinsolvenzverfahrens ein unabhängiges Partikularinsolvenzverfahren eröffnet werden kann (Art. 3 Abs. 2 und 4 EuInsVO/ § 354 InsO). Das Sekundär- und das un-

---

[49] *von Savigny*, Römisches Recht VIII, S. 286.
[50] *von Savigny*, Römisches Recht VIII, S. 291.

abhängige Partikularinsolvenzverfahren fallen unter den Oberbegriff „Partikularinsolvenzverfahren". Dies ergibt sich aus Art. 3 Abs. 2-4 EuInsVO.

Unter welchen Voraussetzungen derartige Partikularinsolvenzverfahren eröffnet werden können, ergibt sich aus Artt. 3 Abs. 2, 27 ff. EuInsVO/ §§ 354 ff. InsO. Eine Eröffnungsvoraussetzung ist die internationale Zuständigkeit.

Gem. **Art. 3 Abs. 2 S. 1 EuInsVO** ist die **internationale Zuständigkeit** zur Eröffnung eines Partikularinsolvenzverfahrens nur gegeben, wenn der Mittelpunkt der hauptsächlichen Interessen sich überhaupt innerhalb der Gemeinschaft befindet (Art. 3 Abs. 1 EuInsVO),[51] wenn ferner der Interessenmittelpunkt sich in einem anderen als dem eröffnenden Mitgliedstaat befindet (arg Art. 3 Abs. 1 i.V.m.. Abs. 2 EuInsVO) und wenn drittens in dem eröffnenden Mitgliedstaat eine **Niederlassung** vorhanden ist (Art. 3 Abs. 2 EuInsVO).

Auch das **autonome Recht** stellt die **Voraussetzung** der **Niederlassung** für ein Partikularinsolvenzverfahren auf (§ 354 Abs. 1 Alt. 1 InsO). Allerdings soll hierfür bereits die Belegenheit **sonstigen Vermögens** im Eröffnungsstaat genügen (§ 354 Abs. 1 Alt. 2 InsO). In diesem Fall jedoch ist der Antrag eines Schuldners auf Eröffnung des Partikularinsolvenzverfahrens nur zulässig, wenn er ein **besonderes Interesse** an der Eröffnung des Partikularinsolvenzverfahrens hat (§ 354 Abs. 2 S. 1 Hs. 1 InsO). Dieses liegt insbesondere vor, wenn dieser Gläubiger in einem ausländischen Verfahren „voraussichtlich erheblich schlechter stehen wird" (§ 354 Abs. 2 S. 1, Hs. 2 InsO). Dass ein besonderes Interesse vorliegt, ist nach § 354 Abs. 2 S. 2 InsO glaubhaft zu machen.

Wenngleich in Art. 2 lit. h) EuInsVO der Begriff der Niederlassung legaldefiniert ist, sind hierdurch keineswegs alle Unsicherheiten beseitigt. Der Niederlassungsbegriff vermag durchaus nicht alle Fallkonstellationen zweifelsfrei zu lösen.

---

[51] Vgl. auch Erwägungsgrund Nr. 14.

Mindestens so unsicher ist der Begriff des Vermögens i.S.d. § 354 Abs. 1 Alt. 2 InsO. Der Höhepunkt der Auslegungsbedürftigkeit ergibt sich bei dem „besonderen Interesse".

II. Der Untersuchungsgang

Die Untersuchung hat im Wesentlichen sieben Grundfragen vor Augen.

Nach der Einleitung ist zunächst **(1)** der Niederlassungsbegriff im Sinne der EuInsVO zu betrachten.[52] Dabei sind folgende Gesichtspunkte näher zu beleuchten: Genügt die Vermögensbelegenheit oder ein beweglicher Gegenstand als Niederlassung? Reicht die Vermögensbelegenheit nicht, ist fraglich, ob es zumindest dann genügt, wenn bei der Begründung des Anspruchs eine inländische Niederlassung bestanden hat, sie aber zwischenzeitlich aufgelöst wurde und nun lediglich Vermögenswerte aus der ehemaligen Niederlassung im Inland liegen. Kann auch ein beweglicher Gegenstand eine Niederlassung sein? Dann ist zu klären, ob auch eine selbständige Tochtergesellschaft geeignet ist, eine Niederlassung im Sinne des Art. 3 Abs. 2 EuInsVO zu begründen. Ferner ist darauf einzugehen, ob für die Niederlassung eine Gewinnerzielungsabsicht des Betreibers erforderlich ist und ob es für die Niederlassungseigenschaft ein Hindernis darstellt, wenn die Tätigkeit dieser Stelle eine sittenwidrige oder verbotene ist. Zweifelhaft ist auch, ob der Interessenmittelpunkt des Schuldners i.S.d. Art. 3 Abs. 1 EuInsVO eine Niederlassung nach Art. 3 Abs. 2 S. 1 EuInsVO darstellen kann.

Es können sich Bedenken ergeben, ob **(2)** das Partikularinsolvenzverfahren auf der Basis einer Niederlassung mit der Niederlassungsfreiheit der Artt. 43, 48 EG vereinbar ist.[53]

Da auch § 354 Abs. 1 InsO den Niederlassungsbegriff enthält und die Niederlassung als einen möglichen Anknüpfungspunkt für die Eröffnung eines Partikularinsolvenzverfahrens sieht, ist **(3)** zu klären, ob dieser Niederlassungsbegriff in derselben Weise auszulegen ist wie der in Artt. 3 Abs. 2 S. 1, 2 lit. h) EuInsVO.[54] Die Eröffnung eines

---

[52] Vgl. § 8.
[53] Vgl. § 9.
[54] Vgl. § 10.

Partikularinsolvenzverfahrens ist nach dem autonomen deutschen Internationalen Insolvenzrecht aber nicht nur bei einer Niederlassung zulässig.
Gem. § 354 Abs. 1 Alt. 2 InsO kann auch die Belegenheit von „**Vermögen**" genügen. Wie ist **(4)** der Vermögensbegriff des § 354 Abs. 1 Alt. 2 InsO aber auszulegen? Unter Umständen ergeben sich parallel zu § 23 ZPO Einschränkungen.[55]
Soll das Partikularinsolvenzverfahren aufgrund der Vermögensbelegenheit eröffnet werden, fordert § 354 Abs. 2 S. 1 InsO ein „**besonderes Interesse**" des antragstellenden Gläubigers zur Eröffnung eines solchen Territorialverfahrens. Diesen unbestimmten Rechtsbegriff gilt es **(5)** zu definieren und zu konkretisieren.[56]
Nun soll untersucht werden, ob die Eröffnung eines Nebenverfahrens aufgrund einer bloßen Belegenheit von Vermögenswerten verfassungsgemäß ist. Dabei ist insbesondere **(6)** der Blick auf die Vereinbarkeit mit Artt. 14 Abs. 1 S. 1, 2 Abs. 1 und 3 Abs. 1 GG zu richten.[57]
Abschließend gilt es **(7)** zu beurteilen, in und gegebenenfalls wie sich die bis dahin gewonnenen Erkenntnisse auf die indirekte internationale Zuständigkeit (§ 343 Abs. 1 S. 2 Nr. 1 InsO) auswirken.[58]

---

[55] Vgl. § 11.
[56] Vgl. § 12.
[57] Vgl. § 13.
[58] Vgl. § 14.

Erster Teil. Grundlagen

§ 1 Geschichte des Internationalen Insolvenzrechts: von der „starren Territorialität" zur „kontrollierten Universalität"

Die Wurzeln des Internationalen Insolvenzrechts gehen bis in die Zeit der Vorantike zurück. Praktische Relevanz erlangte das IIR durch das Aufblühen der italienischen Städte im 12. und 13. Jahrhundert. Im 13. Jahrhundert kam es zu einer Entwicklung der ersten konkursrechtlichen Vorschriften,[59] die sich in der Zeit vom 14. bis 16. Jahrhundert fortentwickelten. Die wichtigsten Rechtsgrundlagen des Internationalen Insolvenzrechts im deutschen Rechtsraum waren im 18. Jahrhundert der **bayrische Codex juris Bavarici Judiciarii** von 1793 und die **Allgemeine Preußische Gerichtsordnung (AGO)** von 1793. Der Codex juris Bavarici Judiciarii knüpfte für die internationale Zuständigkeit an den Ort der Vermögensbelegenheit an (§ 2 des 19. Kapitels). Die Allgemeine Preußische Gerichtsordnung dagegen hob auf das Schuldnerdomizil ab (§ 25 AGO). Sie traf eine Unterscheidung dahingehend, ob Vermögen des ausländischen Schuldners im Inland (§§ 663-669 AGO) belegen war oder umgekehrt Vermögen des inländischen Schuldners im Ausland (§§ 670 f. AGO). Im ersten Fall konnte im Inland parallel zu dem ausländischen Hauptverfahren ein inländisches Territorialverfahren eröffnet werden (§ 665 AGO). Bereits in der Allgemeinen Preußischen Gerichtsordnung sind Informations- und Unterstützungspflichten der Verwalter von Haupt- bzw. Nebenverfahren (§§ 664, 670 AGO) und die Herausgabepflicht des Überschusses des Partikular- gegenüber dem Hauptkonkurs (§ 667 AGO) geregelt worden.

Im 19. Jahrhundert folgte sodann die technisch-industrielle Revolution und die damit verbundene auch räumliche Erweiterung des Wirtschaftsverkehrs.[60] Angesichts der vermehrt auftretenden Fälle transnationaler Insolvenzen, kam es zum Abschluss von **Staatsverträgen** zwischen den Mitgliedstaaten des deutschen Bundes. Solche Verträge schlossen **Bayern und Württemberg 1821** und **Württemberg und Baden 1825**.[61]

---

[59] *Trunk*, Internationales Insolvenzrecht, S. 34.
[60] *Trunk*, Internationales Insolvenzrecht, S. 37.
[61] FK-*Wimmer*, Anhang I zu Artikel 102 EGInsO, RdNr. 39.

Einfluss auf die Entwicklung des wissenschaftlichen Internationalen Insolvenzrechts nahm in dieser Zeit vor allem *von Savigny*. Für das anwendbare Recht im Internationalen Privatrecht komme es auf den stärksten Bezug zum Sachverhalt an. Im Internationalen Insolvenzrecht sei er an der Stelle des Schuldnerwohnsitzes gegeben, so dass das Recht des Ortes anzuwenden sei, an dem sich das Konkursgericht befinde. Ausnahmsweise sei die lex rei sitae anzuwenden, wenn es um ein im Ausland belegenes Vermögen gehe, an dem ein Pfandrecht bestehe. *Von Savigny* war Anhänger des Universalitätsprinzips und der Theorie von der Einheit des Verfahrens.[62] Die *herrschende Ansicht in der Literatur* dagegen favorisierte Ende des 19. Jahrhunderts noch das **Territorialitätsprinzip**.[63]

In der 1877 in Kraft getretenen **Konkursordnung** war das Internationale Insolvenzrecht in **§§ 237 f. KO** geregelt. § 238 KO sah die Möglichkeit der Eröffnung von Parallelverfahren vor, schien also das Territorialitätsprinzip zu unterstützen. Gem. § 237 KO war die Zwangsvollstreckung in inländisches Vermögen aufgrund des im Ausland eröffneten Konkursverfahrens zulässig. Diese Norm beschränkte sich nur auf die vollstreckungsrechtliche Folge eines ausländischen Konkursverfahrens zum Schutz inländischer Gläubiger,[64] regelte aber nicht etwa die generelle Anerkennung des ausländischen Verfahrens.[65] § 237 KO wurde – nach anfänglicher Interpretationstendenz zum Universalitätsprinzip[66] – von der *Rechtsprechung* als eine Entscheidung zugunsten des Territorialitätsprinzips gewertet.[67] Das ergebe sich daraus, dass § 237 Abs. 1 KO vorschreibe, dass die Zwangsvollstreckung im Inland gerade nicht durch die ausländische

[62] *von Savigny*, Römisches Recht VIII, S. 282-292, vgl. Einleitung I; kritisch *Meili*, Geschichtliche Entwicklung, S. 73 f.: „Die wissenschaftliche Arbeit einzelner Juristen geriet nach meiner Meinung freilich auf Abwege. Mit leidenschaftlicher Liebe warfen sich viele Juristen auf ein einziges Axiom: Sie proklamierten die unbedingte Herrschaft eines Dogmas, indem sie sagten, der Konkurs müsse im Weltverkehr einheitlich und universell sein: Sie folgten blindlings dem Stern von Savigny, als ob der Name dieses Juristen unbedingte Gewähr geben würde für die Richtigkeit jeder von ihm entwickelten Theorie.“

[63] vgl. FK-*Wimmer*, Anhang I zu Artikel 102 EGInsO, RdNr. 40.

[64] *Hahn*, Motive, S. 403.

[65] *Thieme* RabelsZ 37 (1973), 682, 686.

[66] RGZ 6, 400, 405.

[67] RGZ 21, 7, 9; *Hellman*, Lehrbuch des deutschen Konkursrechts, S. 648; *Kohler*, Leitfaden des deutschen Konkursrechts, S. 310.

gehindert werde, sondern die Einzelzwangsvollstreckung fortbestehen solle.[68] Die Motive lehnten aber das „starre Territorialitätsprinzip“ ab.[69]

Erst in der **Wendeentscheidung des Bundesgerichtshofs** vom 11. Juli 1985 wurde diese Rechtsprechung durch eine Hinwendung zum Universalitätsprinzip aufgegeben.[70] Dies schien angesichts der aus der Herstatt-Insolvenz zutage getretenen zunehmenden wirtschaftlichen Verflechtungen großer Unternehmen auch erforderlich.[71] Ausländische Konkursverfahren sollten demnach ohne förmliches Verfahren im Inland anerkannt werden. Der BGH knüpfte diese Anerkennung ausländischer Verfahren allerdings an einige Voraussetzungen. Zunächst müsse sie sich in das Gesamtgefüge der deutschen konkursrechtlichen Vorschriften einbetten, es müsse ein Titel vorliegen, nach inländischen Maßstäben müsse es sich überhaupt um einen Konkurs handeln und die Stelle, die den Konkurs eröffne, müsse international zuständig gewesen sein, was sich nach § 71 KO beurteile. Es müsse ein Anspruch auf Auslandswirkung bestehen, und zwar erstens für die Verfahrenseröffnung und zweitens für die konkrete Regelung. Darüber hinaus müsse der Konkurseröffnungsakt aus Sicht der lex fori concursus wirksam gewesen sein und schließlich dürfe die Konkurseröffnung nicht den inländischen ordre public-Vorbehalt verletzen.[72]

Parallel zu dieser Entwicklung kam es zu Bestrebungen einer **Rechtsvereinheitlichung** auf dem Gebiet Internationalen Insolvenzrechts **auf europäischer Ebene**. In Art. 220, 4. Spiegelstrich EWGV haben sich die Gründungsstaaten der EWG zur Einleitung von Verhandlungen verpflichtet. Dabei sollte es darum gehen, die gegenseitige Anerkennung und Vollstreckung richterlicher Entscheidungen sicherzustellen. Hierauf basierend wurde 1963 eine Sachverständigenkommission eingesetzt,[73] die **1970 einen**

---

[68] *Jahr*, DIK, Anm. 57 zu §§ 237, 238.

[69] *Hahn*, Motive KO, S. 403 f.

[70] BGHZ 95, 256, 260, 267, der ausländische Staat wolle die Anerkennung des Hoheitsaktes „Verfahrenseröffnung“ über die eigene Staatsgrenze hinaus. Fraglich sei allein, ob auch der eigene Staat bereit sei, die Verfahrenseröffnung anzuerkennen. Für andere Hoheitsakte, wie etwa die Auflösung juristischer Personen, sehe die deutsche Rechtsordnung etwa die Anerkennung vor. Dies sei auch mit § 237 Abs. 1 KO vereinbar: dabei handele es sich um eine Ausnahmevorschrift. Grundsätzlich erfolge eine Anerkennung des ausländischen Verfahrens (Universalität); ausnahmsweise sei aber zugunsten der inländischen Gläubiger eine Zwangsvollstreckung möglich.

[71] *Hanisch* ZIP 1985, 1233, 1235.

[72] BGHZ 95, 256, 269 f.; vgl. hierzu auch Linke IPRax 2000, 1, 10.

[73] *Fritz/Bähr* DZWiR 2001, 221, 222; *Linke*, FS-Geimer, 529, 536.

Entwurf vorlegte, der von den Grundsätzen der Universalität und Einheit des Verfahrens geprägt war, aber auch zahlreiche Ausnahmen hiervon zuließ. Die Möglichkeit eines Partikularverfahrens sah er dagegen nicht vor. Der bis **1980** noch einmal **überarbeitete Entwurf** wurde modifiziert und zusammen mit einem Erläuternden Bericht von *Jacques Lemontey* veröffentlicht.[74] Er regelte neben dem Anwendungsbereich (Titel I), die Zuständigkeit, Anerkennung und Vollstreckung (Titel II und V), das anwendbare Recht (Titel III) und die Wirkungen des Konkurses (Titel IV). Zwar handelte es sich bei dem Entwurf von 1980 um eine wesentliche Verbesserung gegenüber dem Erstentwurf von 1970.[75] Aber in dem Bemühen, den Interessen aller Mitgliedstaaten gerecht zu werden, war es zu praktisch schwer handhabbaren Sonderanknüpfungen gekommen.[76]

Daneben kam es zum Abschluss **mehrer bi- und multilateraler Verträge**. Besonders hervorzuheben sind der **deutsch-niederländische Vertrag** von 1962 über die gegenseitige Anerkennung und Vollstreckung gerichtlicher Entscheidungen und anderer Schuldtitel in Zivil- und Handelssachen[77] und das **deutsch-österreichische Insolvenzabkommen** (1979)[78]. Der deutsch-niederländische Vertrag stellte mit seiner weitgehenden Anerkennung gerichtlicher Entscheidungen (Artt. 1 ff.) und sonstiger Schuldtitel (Artt. 16 f.) einen bedeutenden Schritt in Richtung Universalität dar. Dasselbe lässt sich über den deutsch-österreichischen Konkursvertrag sagen, der bereits in Art. 1 DöKV den Grundsatz der Universalität und die Einheit des Verfahrens aufstellte. Vorgesehen war nur ein Konkursverfahren, zu dessen Gunsten der Exklusivitätsgrundsatz galt (Art. 3 Abs. 1 DöKV). Ein Partikularkonkursverfahren in dem jeweils anderen Staat sollte es nicht geben. Den Interessen des anderen Staates wurde auf kollisionsrechtliche Weise Rechnung getragen: War eine Niederlassung in dem anderen Staat vorhanden, von der unmittelbar Geschäfte geschlossen wurden, oder ein Sitz o-

---

[74] *Duursma-Kepplinger*, in: Duursma-Kepplinger/Duursma/Chalupsky, EuInsVO, 1. Abschnitt, 1. Teil, RdNr. 4.

[75] *Thieme* RabelsZ 45 (1981), 459, 490.

[76] *Lüer* KTS 1981, 147; *Reinhart*, in: MünchKomm-InsO, vor Art. 102 EGInsO, RdNr. 79; *Thieme* RabelsZ 45 (1981), 459, 464, 490 ff.; *Linke*, FS-Geimer, 529, 536 weist darauf hin, dass auch der Entwurf von 1980 wenig konsensfähig gewesen sei.

[77] BGBl. II 1965, S. 26

[78] BGBl. II 1985, S. 410 mit dem deutschen Ausführungsgesetz BGBl. I, S. 535, Anl. 1.

der gewöhnlicher Aufenthalt, so fand das Recht dieses Staates Anwendung, allerdings nicht im Rahmen eines gesonderten Konkursverfahrens (Art. 13 DöKV). Aber auch bezüglich der Vermögensbelegenheit kam nicht das Recht des Eröffnungsstaates, sondern die lex rei sitae zum Zuge (Art. 18 Abs. 1 DöKV).

1988 wurde ein von der International Bar Association erstellter **Model International Insolvency Cooperation Act (MIICA)** vorgestellt, der dem US-Bankruptcy Act nahe stand und aus diesem Grunde allenfalls für den angloamerikanischen Rechtsraum taugte. Dies war wohl auch der Grund, warum er von bislang keinem Land übernommen wurde und heute keine bedeutende Rolle spielt.[79]

Ungleich bedeutsamer waren die Bemühungen zur Schaffung eines **Europäischen Insolvenzübereinkommens** (EuInsÜ). Nachdem eine bereits bis 1985 tätige Sachverständigengruppe mit diesem Versuch einer europäischen Regelung gescheitert war, kam im Mai 1989 anlässlich einer Tagung der Justizminister der EG in San Sebastián die erneute Bestrebung auf, zu dessen Verwirklichung gerade diese Sachverständigengruppe als „Ad-hoc-Gruppe-Konkursübereinkommen“ wieder einzusetzen.[80] Primäres Ziel war die Verwirklichung der sog. „kontrollierten Universalität“ im Internationalen Insolvenzrecht.[81] Neben dem Hauptinsolvenzverfahren war die Möglichkeit zur Einleitung einer oder mehrerer Partikularinsolvenzverfahren vorgesehen (Art. 3 Abs. 1, 2 EuInsÜ). Die internationale Zuständigkeit zur Eröffnung eines solchen hing von dem Vorhandensein einer Niederlassung ab (Art. 3 Abs. 2 EuInsÜ). In kollisionsrechtlicher Hinsicht galt der lex fori concursus-Grundsatz (Art. 4 Abs. 1 EuInsÜ). Aus Vertrauensschutzgründen wurden hiervon einige Ausnahmen zugelassen (Artt. 5-15 EuInsÜ). Die weitgehende gegenseitige Anerkennung von Insolvenzverfahren regelte Art. 16 Abs. 1 EuInsÜ. Die Zusammenarbeit der Verwalter und die Koordination der Verfahren wurden vorgeschrieben (Artt. 31 f. EuInsÜ). Das Übereinkommen scheiterte letztlich an der unterbliebenen Unterzeichnung Großbritanniens.[82]

---

[79] *Reinhart*, in: MünchKomm-InsO, vor Art. 102 RdNr. 85.
[80] *Fritz/Bähr* DZWiR 2001, 221, 222.
[81] *Taupitz* ZZP 111 (1998), 315, 324 f.
[82] *Fritz/Bähr* DZWiR 2001, 221, 222; *Linke*, FS-Geimer, S. 529, 536; FK-*Wimmer*, Anhang I zu Art. 102 EGInsO, RdNr. 60; *ders.* NJW 2002, 2427; *ders.* ZInsO 2001, 97.

Das 1990 gezeichnete **Istanbuler Übereinkommen** hatte das Ziel, ein Minimum an Zusammenarbeit bei der Abwicklung internationaler Insolvenzen zu ermöglichen.[83] Es sah neben dem Hauptkonkursverfahren die Möglichkeit des sog. Nebenkonkursverfahrens (Art. 16 IstÜb.) vor. Dafür sollte es nur der internationalen Zuständigkeit (Art. 17 IstÜb.), der Antragsberechtigung (Art. 18 IstÜb.) und der Hauptverfahrenseröffnung bedürfen. Die internationale Zuständigkeit ergibt sich aus dem Vorhandensein einer Niederlassung oder der Vermögensbelegenheit (Art. 17 IstÜb). Das Istanbuler Übereinkommen spielt heute keine praktische Rolle mehr, da es lediglich von Zypern ratifiziert wurde.[84] Ferner wird es von der EuInsVO verdrängt (Art. 44 Abs. 1 lit. k) EuIns-VO).

In den 90er Jahren des 20. Jahrhunderts schien es zunächst zu einer umfassenden Neuregelung auch im autonomen Internationalen Insolvenzrecht **(§§ 379-399 RegE-InsO[85])** zu kommen. Kollisionsrechtlich sollte im Grundsatz die lex fori concursus anzuwenden sein (§ 379 RegE-InsO). Ausnahmen sahen die §§ 380-383 RegE-InsO vor. Weitreichende Anerkennung kam ausländischen Verfahren zu. Auch wurden Voraussetzungen zur Eröffnung eines Sonderinsolvenzverfahrens aufgestellt (§ 393 RegE-InsO), nämlich das Vorhandensein einer Niederlassung oder sonstiger schuldnerischer Vermögenspositionen im Inland (§ 393 Abs. 1 RegE-InsO). Dabei ist zu beachten, dass ein Gläubiger nur dann antragsberechtigt sein sollte, wenn er ein besonderes Interesse an der Eröffnung eines Partikularinsolvenzverfahrens hatte. Das sollte etwa dann der Fall sein, wenn er in einem ausländischen Verfahren voraussichtlich erheblich schlechter stehen würde als in einem inländischen (§ 396 Abs. 2 InsO). Weil der Gesetzgeber der Auffassung war, dass das Inkrafttreten des EuInsÜ in Bälde bevorstehe, sah er von dieser umfassenden Regelung ab.[86] Das deutsche Internationale Insolvenzrecht wurde statt dessen in **Art. 102 EGInsO** geregelt. In kollisionsrechtlicher Hinsicht beschränk-

---

[83] *Geimer*, IZPR, RdNr. 3354.
[84] *Fritz/Bähr* DZWiR 2001, 221, 222; FK-*Wimmer*, Anhang 1 zu Art. 102 EGInsO, RdNr. 60; *ders.* NJW, 2002, 2427.
[85] BT-Drs. 12/2433.
[86] BT-Drs. 12/7303, S. 117, „Nach dem gegenwärtigen Stand der Verhandlungen ist davon auszugehen, daß der Inhalt des künftigen Übereinkommens in seinen Grundzügen und vielen Einzelheiten den Vorschriften entspricht, die im Neunten Teil des Regierungsentwurfs der Insolvenzordnung enthalten sind."

te sich diese Norm auf eine Insolvenzanfechtungsvorschrift (Art. 102 Abs. 2 EGInsO). Anerkennungsvoraussetzungen für im Ausland eröffnete Insolvenzverfahren wurden in Art. 102 Abs. 1 EGInsO geregelt. Territorialverfahren wurden ohne Nennung weiterer Voraussetzungen zugelassen (Art. 102 Abs. 3 EGInsO). Nach *herrschender Meinung* genügte für deren Eröffnung die Vermögensbelegenheit.[87] Angesichts der ungenutzten Chance, eine umfassende Regelung auf diesem Gebiet zu treffen und der „spartanischen" Normierung des Art. 102 EGInsO, waren die Reaktionen der Literatur von großer Enttäuschung geprägt.[88]

Das am 15. Dezember 1997 beschlossene **UNCITRAL-Modellgesetz**[89] traf zaghaftere Regelungen. Dadurch sollte eine breite Zustimmung bewirkt und ein Scheitern verhindert werden. Die Anerkennung eines ausländischen Verfahrens erfolgte nicht automatisch, sondern war in einem formellen Anerkennungsverfahren festzustellen (Art. 15 Modellgesetz). Ferner war die Voraussetzung zur Eröffnung eines Parallelinsolvenzverfahrens neben dem Hauptverfahren mit der bloßen Forderung nach einer Vermögensbelegenheit niedrig angesetzt (Art. 28 Modellgesetz). Haupt- und Nebenverfahren sollten eine Koordinierung erfahren (Artt. 29 f. Modellgesetz). Das UNCITRAL-Modellgesetz ist von Südafrika, Mexiko, Eritrea, Teilen Jugoslawiens und Montenegros übernommen worden.[90]

Nach dem Scheitern des EuInsÜ machten Deutschland und Finnland 1999 im Rat für Justiz und Inneres von ihrem Initiativrecht des Art. 67 EG Gebrauch.[91] Sie schlugen vor, das EuInsÜ fast wortlautgleich als Verordnung i.S.d. Art. 249 Abs. 2 EG auszu-

[87] LG Stuttgart ZIP 2000, 1122; OLG Karlsruhe NZI 2002, 387; *Geimer*, IZPR, RdNr. 3408; kritisch aber mit Blick auf den Wortlaut des Art. 102 Abs. 3 S. 2 EGInsO *Lüer*, FS-Uhlenbruck, 843, 845; Nerlich/Römermann-*Mincke*, Art. 102 EGInsO, RdNr. 372; FK-*Wimmer*, Anhang I, RdNr. 393; a.A. *Kindler*, in: MünchKomm-BGB, IntGesR, RdNr. 521; *Lüer*, FS-Uhlenbruck, S. 843, 845 stimmt der Forderung nach einer Niederlassung zwar grundsätzlich zu. Allerdings bedürfe es hierfür eine Gesetzesänderung, so dass er i.E. doch der herrschenden Meinung wohl folgt; *ders.* KölSch, RdNr. 35 f. allerdings mit Hinweis darauf, dass der Gesetzgeber eine derartige Regelung nicht vorgesehen hat und eine „freihändige" Konstruktion eines Niederlassungsgerichtsstandes zumindest bedenklich sei; *Schollmeyer* IPRax 1995, 150, 152.

[88] *Flessner* IPRax 1997, 1, 3 „eigentümlicher Schwebezustand"; *Schack*, Internationales Zivilverfahrensrecht, RdNr. 1050 „ trauriger Rest"; *Geimer*, IZPR, RdNr. 3359a „Torso".

[89] Abgedruckt in ZIP 1997, 2224.

[90] http://www.uncitral.otg/en-index.html (30. April 2002).

[91] *Linke*, FS-Geimer, S. 529, 536; *Wimmer* ZInsO 2001, 97.

gestalten.[92] Verabschiedet wurde sie am 29. Mai 2000.[93] Am 31. Mai 2002 trat sie in Kraft (Art. 47 **EuInsVO**) und bedarf als Verordnung i.S.d. Art. 249 Abs. 2 EG keiner Umsetzung mehr, sondern gilt in den Mitgliedstaaten seither direkt und unmittelbar. Wie im EuInsÜ gilt der lex-fori-concursus-Grundsatz (Art. 4 Abs. 1 EuInsVO). Ausnahmen sehen die Artt. 5-15 EuInsVO vor. Neben dem Hauptinsolvenzverfahren, für das die internationale Zuständigkeit bei den Gerichten des Staates gegeben ist, in dem sich der Mittelpunkt der hauptsächlichen Interessen befindet (Art. 3 Abs. 1 EuInsVO), ist die Eröffnung eines sekundären (Art. 3 Abs. 3 EuInsVO) oder eines unabhängigen Partikularinsolvenzverfahrens (Art. 3 Abs. 4 EuInsVO) möglich. Für die internationale Zuständigkeit zur Eröffnung eines Partikularinsolvenzverfahrens wird an das Vorhandenseion einer Niederlassung in dem Eröffnungsstaat angeknüpft (Art. 3 Abs. 2 EuInsVO). Ausländische Insolvenzverfahren sind weitgehend im Inland anzuerkennen und entfalten dort Wirkungen (Artt. 16 f. EuInsVO).

Am 16. Januar 2003 wurde das **deutsche Internationale Insolvenzrecht** als Elfter Teil der InsO (§§ 335-358 InsO) verabschiedet. Am 20. März 2003 trat es in Kraft.[94] Sein Inhalt ähnelt den Regelungen der EuInsVO. Für die folgende Untersuchung ist bedeutsam, dass grundsätzlich nur bei einer Niederlassung im Inland ein Partikularinsolvenzverfahren eröffnet werden kann (§ 354 Abs. 1 S. 1 Alt. 1 InsO), was aber durch einen Vermögensgerichtsstand aufgelockert wird (§ 354 Abs. 1 S. 1 Alt. 2 InsO), wobei die Antragsbefugnis eines Gläubigers für ein solches Nebenverfahren nur gegeben ist, wenn der Schuldner glaubhaft machen kann, ein besonderes Interesse an der Verfahrenseröffnung zu haben (§ 354 Abs. 2 InsO).

§ 2 Anwendungsbereich der EuInsVO und des Elften Teils der InsO

Angesichts des Nebeneinanders der europäischen und der autonomen Regelung des Internationalen Insolvenzrechts stellt sich die Frage, welche von ihnen im Einzelfall anwendbar ist.

[92] *Duursma*, in: Duursma-Kepplinger/Duursma/Chalupsky, EuInsVO, 1. Abschnitt, Teil 1, RdNr. 8 ff.; *Paulus* NZI 2001, 505, 506; FK-*Wimmer*, Anhang I zu Art. 102 EGInsO, RdNr. 61; *ders.* NJW 2002, 2427.
[93] Abl. EG L 160/1.
[94] BT-Drs. 15/16; BT-Drs. 15/323.

Die EuInsVO ist als Verordnung i.S.d. Art. 249 Abs. 2 EG von den EG-Organen geschaffenes, und damit sekundäres Gemeinschaftsrecht. Das Gemeinschaftsrecht genießt Anwendungsvorrang vor dem Mitgliedstaatlichen.[95] Es gilt weder die lex posterior- noch die lex specialis-Regel.[96] Anwendungsvorrang in diesem Sinne bedeutet, dass die nationale Norm lediglich für „ohne weiteres unanwendbar" zu erklären ist. Sie wird überlagert, ist aber nicht schlechterdings nichtig.[97] Der Vorrang kommt allerdings nur zum Tragen, wenn das EG-Recht erstens wirksam zustande gekommen ist, zweitens tatsächlich eine Kollision zwischen dem EG-Recht und dem nationalen Recht vorliegt und drittens die EG-Norm unmittelbare Geltung entfaltet.[98] Die EuInsVO ist sowohl wirksam zustande gekommen und als Verordnung entfaltet sie gem. Art. 249 Abs. 2 EG unmittelbare Geltung. Damit hängt die Frage des Anwendungsvorrangs davon ab, ob im Einzelfall eine entsprechende Kollision zwischen der EuInsVO als EG-Recht und der deutschen Insolvenzordnung als nationales Recht überhaupt vorliegt.

Der sachliche Anwendungsbereich ergibt sich aus Art. 1 Abs. 1 EuInsVO i.V.m. Anhang A, Aussagen zum personellen Anwendungsbereich finden sich in Art. 1 Abs. 2 EuInsVO und der zeitliche Anwendungsbereich ist in Art. 43 EuInsVO geregelt.

I. sachlicher Anwendungsbereich

In sachlicher Hinsicht werden von der Verordnung (EG) Nr. 1346/2000 über Insolvenzverfahren nur diejenigen Verfahren erfasst, die in der *numerus-clausus*-Auflistung von Anhang A[99] genannt sind. Die Möglichkeit ein Verfahren unter die Voraussetzungen des Art. 1 Abs. 1 EuInsVO zu subsumieren, ohne dass es in Anhang A genannt ist,

---

[95] stRspr. EuGH, etwa EuGH Slg. 1968, 364, 373, Rs 34/67; EuGH Slg. 1978, 629, Rs 106/77; LG Wuppertal ZInsO 2002, 1099; *Jarass* DVBl. 1995, 954, 959; *Oppermann*, Europarecht, RdNrn. 632-634; *Röhl*, Allgemeine Rechtslehre, § 73, VI, der den Anwendungsvorrang theoretisch einem Geltungsvorrang gleichsetzt; speziell zur EuInsVO: *von Bar/Mankowski*, IPR, § 5, RdNr. 10; a.A. *Grabitz*, Gemeinschaftsrecht bricht nationales Recht, S. 113, wonach das nationale Recht nichtig sei.

[96] *Jarass* DVBl. 1995, 954, 958.

[97] *Oppermann*, Europarecht, RdNr. 633.

[98] *Jarass* DVBl. 1995, 954, 959.

[99] *Duursma-Kepplinger*, in: Duursma-Kepplinger/Duursma/Chalupsky, EuInsVO, Art. 1 RdNr. 11; Nerlich/Römermann-*Mincke*, Art. 1, RdNrn. 1 f.; *Uhlenbruck*, Insolvenzordnung, Art. 1, RdNr. 1; *Reinhart* in: MünchKomm-InsO, Art. 1, RdNr. 2.

genügt zur Anwendung der Verordnung nicht. Denn die Funktion von Art. 1 Abs. 1 EuInsVO besteht nur darin, Kriterien zur möglichen Erweiterung von Anhang A (Art. 45 EuInsVO) zu schaffen.[100]

II. personeller Anwendungsbereich

In personeller Hinsicht nimmt die Verordnung in Art. 1 Abs. 2 EuInsVO Bereichsausnahmen vor. Sie betreffen die internationalen Insolvenzen von Versicherungsunternehmen,[101] Kreditinstituten,[102] Wertpapierunternehmen, die Dienstleistungen erbringen, welche die Haltung von Geldern oder Wertpapieren Dritter umfassen[103] sowie von Organismen für gemeinsame Anlagen.[104]

III. zeitlicher Anwendungsbereich

Im Hinblick auf den zeitlichen Anwendungsbereich trifft Art. 43 EuInsVO die Regelung, dass die Verordnung nur auf Insolvenzverfahren anzuwenden ist, die nach dem Inkrafttreten der Verordnung eröffnet wurden. Stichtag ist der 31. Mai 2002 (Art. 47 S. 1 EuInsVO).

IV. räumlicher Anwendungsbereich

Für den räumlichen Anwendungsbereich der Verordnung 1346/2000 ergibt sich aus dem Erwägungsgrund Nr. 33 lediglich, dass die Verordnung im Verhältnis zu Dänemark keine Anwendung findet. Im Übrigen steckt die Verordnung den räumlichen Anwendungsbereich nicht näher ab. Eine Eingrenzung auf andere Weise ist daher geboten.

---

[100] *Kemper* ZIP 2002, 1609, 1611; Nerlich/ Römermann-*Mincke*, Art. 1, RdNr. 2.
[101] i.S.d. Richtlinie 92/49/EG des Rates vom 18. Juni 1992 zur Koordinierung der Rechts- und Verwaltungsvorschriften betreffend die Aufnahme und Ausübung der Tätigkeit der Direktversicherung (mit Ausnahme der Lebensversicherung) - zuletzt geändert durch Richtlinie 2002/13/EG, sowie i.S.d. Richtlinie 92/96/EG des Rates vom 10. November 1992 zur Koordinierung der Rechts- und Verwaltungsvorschriften für die Direktversicherung (Lebensversicherung) - zuletzt geändert durch Richtlinie 2002/12/EG.
[102] i.S.d. Richtlinie 2000/12/EG.
[103] Richtlinie 93/22/EG des Rates vom 10. Mai 1993 über Wertpapierdienstleistungen, zuletzt geändert durch Richtlinie 2000/64/EG.
[104] Richtlinie 85/611/EG des Rates vom 20. Dezember 1985 zur Koordinierung der Rechts- und Verwaltungsvorschriften betreffend bestimmte Organismen für gemeinsame Anlagen in Wertpapieren.

Aus dem Anwendungsbereich der EuInsVO auszuscheiden sind zunächst reine Binnensachverhalte. Dies sind insolvenzrechtliche Szenarien, die sich auf den Bereich eines Mitgliedstaates beschränken, also keinen Auslandsbezug aufweisen.[105] Den Auslandsbezug begründende Umstände sind in vieler Hinsicht denkbar. Neben der Belegenheit von Teilen des Schuldnervermögens im Ausland[106] ist auch die Tatsache, dass Gläubiger (auch) einen Sitz im Ausland haben, dazu geeignet, einen Auslandsbezug zu erzeugen.[107] Aber schon dann, wenn der Schuldner oder ein Gläubiger eine ausländische Staatsangehörigkeit, einen Wohnsitz oder gewöhnlichen Aufenthalt im Ausland hat, kann man nicht mehr von einem reinen Binnensachverhalt sprechen.[108] Es sind endlos viele Konstellationen denkbar, bei denen ein Bezug zum Ausland besteht. Auch lassen sich Binnensachverhalte von grenzüberschreitenden Sachverhalten nicht scharf trennen. Es kann im Laufe der Zeit ein Element hinzutreten, das eine Relation zu einem anderen Staat herstellt; umgekehrt kann ein zunächst bestehendes Element auch im Nachhinein fortfallen und den Auslandsbezug beseitigen.[109]

Beurteilen sich auf der einen Seite Sachverhalte, die sich auf das Territorium eines Mitgliedstaates beschränken, nicht nach der Insolvenzverordnung, so stellt sich die Frage nach der Behandlung solcher Fälle, die sich nicht auf den Bereich der Mitgliedstaaten beschränken. Gemeint sind also insolvenzrechtliche Fallkonstellationen, bei denen der Auslandsbezug zu einem **Drittstaat** besteht.[110]

Grundvoraussetzung für die Anwendbarkeit der Verordnung ist, dass der Mittelpunkt der hauptsächlichen Interessen i.S.d. Art. 3 Abs. 1 S. 1 EuInsVO in einem der Mitgliedstaaten liegt. Darüber hinaus ist aber streitig, ob ein Auslandsbezug im Verhältnis zu einem Drittstaat hinreichend ist. Man spricht in diesem Fall von einem „einfachen

---

[105] vgl. Erwägungsgründe Nrn. 2 und 3; *Huber* ZZP 114 (2001), 133, 136; *ders.* EuZW 2002, 490, 491; *Mock/Schildt* ZInsO 2003, 396, 398.
[106] *Huber* EuZW 2002, 490, 491; *Whedeking* DZWiR 2003, 133.
[107] *Whedeking* DZWiR 2003, 133.
[108] *Geimer*, IZPR, RdNr. 10; *Nagel/Gottwald*, Internationales Zivilprozessrecht, § 1 RdNr. 3; einschränkend *Paulus* NZI 2001, 505, 508, wonach nur dann ein grenzüberschreitender Insolvenzfall vorliege, wenn sich Vermögensgegenstände des Schuldners jenseits der Grenzen des Eröffnungsstaates befänden, da das Insolvenzrecht grundsätzlich allein das Vermögen des Schuldners erfasse.
[109] *Geimer*, IZPR, RdNr. 11; *Linke*, IZPR, RdNr. 2.
[110] *Foerste*, Insolvenzrecht, RdNr. 671.

Auslandsbezug", während als „qualifiziert" derjenige Auslandsbezug zu bezeichnen ist, der im Verhältnis zu einem Mitgliedstaat besteht.

1) pro einfachem Auslandsbezug

Aus den Erwägungsgründen, z.B. Nr. 14 und aus dem Wortlaut des Art. 3 Abs. 1 S. 1 EuInsVO, leiten der *High Court of Justice,*[111] sowie *Teile der Literatur*[112] her, dass es nur auf den Mittelpunkt des hauptsächlichen Interesses in einem Mitgliedstaat ankomme, während es eines qualifizierten Auslandsbezuges nicht bedürfe. Auch der Erläuternde Bericht von *Virgos/Schmidt*, insbesondere Rn. 44 bestätige dieses Auslegungsergebnis. Art. 44 Abs. 3 lit. a) EuInsVO ordnet an, dass die EuInsVO nicht eingreift, soweit die Anwendung der Verordnung mit einer Übereinkunft unvereinbar ist, die ein Mitgliedstaat mit einem Drittstaat geschlossen hat. Es wird der Versuch unternommen, hieraus folgenden Umkehrschluss zu ziehen: Nur bei einer ausnahmsweisen Unvereinbarkeit von einem solchen Abkommen mit einem Drittstaat sei die Verordnung nicht anzuwenden, so dass e contratrio grundsätzlich eine Anwendung auf Drittstaatensachverhalte zu bejahen sei.[113] Weil die Verordnung 1346/2000 u.a. das Ziel verfolgt, missbräuchliche Vermögensverlagerungen ins Ausland (forum shopping) zu verhindern,[114] sei es notwendig den Anwendungsbereich der Verordnung soweit wie möglich zu erstrecken, etwa auch durch Einschluss der Drittstaatensachverhalte.[115] Auch aus Praktikabilitätsgründen – nämlich weil zu Beginn eines Insolvenzverfahrens Drittsstaatenbezug nie auszuschließen sei – sei die Annahme eines nur „einfachen Auslandsbezuges" für die räumliche Anwendbarkeit der Verordnung ausreichend.

2) pro qualifiziertem Auslandsbezug

Gegen diese Auffassung wird eingewandt, dass der Wortlaut von Art. 3 Abs. 1 EuIns-VO ebenso wenig über die Anwendbarkeit der Verordnung auf Drittstaatensachverhal-

---

[111] High Court of Justice Leeds ZIP 2003, 813, 815; bestätigt durch High Court of Justice Leeds ZIP 2004, 1769.

[112] *Haubold* IPRax 2003, 34, 35 f.; *Herchen* ZInsO 2002, 742, 744 ff.; *ders.* ZInsO 2004, 825, 830; *Huber* ZZP 114 (2001),133, 139; *Westphal/Wilkens* EWiR 2004, 847.

[113] *Eidenmüller* IPRax 2001, 2, 5.

[114] Erwägungsgrund Nr. 4.

[115] High Court of Justice ZIP 2003, 813, 816.

te aussage, wie die Erwägungsgründe.[116] Dass sich aus Art. 44 Abs. 3 lit. a) EuInsVO e contrario eine grundsätzliche Anwendbarkeit der Verordnung bereits bei einfachem Auslandsbezug herleite, sei nicht ersichtlich. Denn die Norm habe auch dann einen sinnvollen Gehalt, wenn die EuInsVO keine Drittstaatensachverhalte regeln soll.[117] Auch dass die französische Fassung von „procédures d'insolvabilité transfrontralières" und nicht „transfrontier" spreche, sei ein Argument gegen die ihre Erstreckung auf Drittstaatensachverhalte.[118] Ein wesentliches Ziel der EuInsVO bestehe darin, die Einheit des europäischen Wirtschaftsraums zu fördern. Auch dieses Ziel spreche gegen eine Einbeziehung von Drittstaatensachverhalten.[119] Insofern fordert die wo*hl herrschende Ansicht in der Literatur*[120] einen qualifizierten Auslandsbezug.

3) Stellungnahme

Dieser Ansicht ist zuzustimmen. Die Argumente für einen einfachen Auslandsbezug erweisen sich als fruchtlos. Der Versuch, aus dem Wortlaut von Art. 3 Abs. 1 S. 1 EuInsVO ein Argument zu ziehen, scheitert bereits daran, dass diese Norm die internationale Eröffnungszuständigkeit regelt. Insofern sagt sie lediglich aus, dass das Eröffnungskriterium des Hauptinsolvenzverfahrens der Interessenmittelpunkt ist. Die Formulierung „Mitgliedstaat [...], in dessen Gebiet der Schuldner den Mittelpunkt seiner hauptsächlichen Interessen hat" könnte auch so verstanden werden, dass ganz selbstverständlich die EuInsVO nur in den Mitgliedstaaten gilt. Richtigerweise sagt die Norm zum Anwendungsbereich aber wohl gar nichts aus.

---

[116] *Duursma-Kepplinger*, in: Duursma-Kepplinger/Duurmsa/Chalupsky, EuInsVO, Art. 1, RdNr. 52.
[117] *Eidenmüller* IPRax 2001, 2, 5.
[118] *Duursma-Kepplinger*, in: Duursma-Kepplinger/Duurmsa/Chalupsky, EuInsVO, Art. 1, RdNr. 3.
[119] *Duursma-Kepplinger*, in: Duursma-Kepplinger/Duurmsa/Chalupsky, EuInsVO, Art. 1, RdNr. 53.
[120] *Bariatti*, Vortrag am 8. Oktober 2004 auf dem Kongress der DIJV in Dresden; *Becker*, Vortrag am 8. Oktober 2004 auf dem Kongress der DIJV in Dresden; *Duursma-Kepplinger*, in: Duursma-Kepplinger/Duursma/ Chalupsky, EuInsVO, Art. 1 RdNr. 4; *Ehricke/Ries* JuS 2003, 313; *Fritz/Bähr* DZWiR 2001, 221, 222; *Kolmann* The European Legal Forum 2002, 167, 169; *Häsemeyer*, Insolvenzrecht, RdNr. 35.03; *Martini* ZInsO 2002, 905, 907; *Paulus* NZI 2001, 505, 507; *ders.* ZIP 2002, 729, 732; *Virgos/Schmit*, in: Stoll, Vorschläge und Gutachten, RdNr. 11; *Westphal/Wilkens* EWiR 2004, 847, 848; missverständlich aber im Ergebnis wohl auch: *Wimmer* NJW 2002, 2427, 2428, der zwar einerseits betont, dass die EuInsVO Anwendung finde, wenn der Mittelpunkt der hauptsächlichen Interessen in einem Mitgliedstaat liege (ausreichend für einfachen Auslandsbezug), auf der anderen Seite aber hervorhebt, dass die Verordnung nur auf innergemeinschaftliche Sachverhalte Anwendung finde (qualifizierter Auslandsbezug).

Auf den ersten Blick fruchtbarer erschient der Wortlaut von Erwägungsgrund Nr. 14: „Diese Verordnung gilt nur für Verfahren, bei denen der Mittelpunkt der hauptsächlichen Interessen des Schuldners in der Gemeinschaft liegt.“ Aber auch dies erweist sich als Trugschluss. Damit wird lediglich zum Ausdruck gebracht, dass die Verordnung nicht für diejenigen Fälle gilt, wo bereits der Interessenmittelpunkt im Drittstaat liegt. Über diese Mindestanforderung besteht Einigkeit. Nur daraus, dass der Verordnungsgeber nicht die Formulierung getroffen hat „Die Verordnung gilt nur innerhalb der Gebietes der Mitgliedstaaten.“ lässt sich noch kein derartiger Schluss ziehen.

Auch die Berufung auf Art. 44 Abs. 3 lit. b) EuInsVO bleibt in diesem Zusammenhang ohne Erfolg. Denn es ist zutreffend, dass diese Norm ebenso einen Sinn ergibt, wenn man einen Drittstaatenbezug für erforderlich hält. Das zeigt folgendes Beispiel:

Beteiligt sind die beiden Mitgliedstaaten MS 1 und MS 2, sowie der Drittstaat DS. MS 1 und DS schließen ein Insolvenzabkommen, mit dem Inhalt, dass bei Auftreten eines grenzüberschreitenden Insolvenzfalles in den beiden Staaten nur insgesamt ein Insolvenzverfahren eröffnet wird. Ein Partikularinsolvenzverfahren in dem jeweils anderen Staat wird nicht zugelassen. Das Insolvenzverfahren soll in dem Staat eröffnet werden, wo der Schuldner seinen Geschäftssitz hat.

Schuldner S ist zahlungsunfähig. Der Geschäftssitz befindet sich in DS, der Mittelpunkt der hauptsächlichen Interessen liegt allerdings, wegen der Verwaltung der Interessen und der hauptsächlichen wirtschaftlichen Tätigkeit, in MS 1. In MS 1 und MS 2 sind zugleich Niederlassungen i.S.d. EuInsVO.

Aufgrund des Insolvenzabkommens zwischen DS und MS 1 wird nun ein Insolvenzverfahren in DS eröffnet. Die Eröffnung eines Partikularinsolvenzverfahrens ist wie dargestellt ausgeschlossen. Mit Blick auf die EuInsVO gilt nun folgendes: allein die Rechtslage nach der EuInsVO betrachtet, könnte in MS 1 das Hauptinsolvenzverfahren gem. Art. 3 Abs. 1 S. 1 EuInsVO eröffnet werden und in MS 2 danach ein Sekundärinsolvenzverfahren gem. Art. 3 Abs. 3 EuInsVO. Nach dem Übereinkommen zwischen MS 1 und DS ist die Eröffnung eines Insolvenzverfahrens in MS 1 aber gerade untersagt. Somit ist das Übereinkommen mit der EuInsVO unvereinbar. Nach Art. 44

Abs. 3 lit. b) EuInsVO wird die Verordnung nicht zur Anwendung gelangen. Auch dieses Argument scheitert also im Ergebnis.

Das Argument, man müsse aus praktischen Gründen – in concreto zur Verhinderung eines unerwünschten forum shopping – einen möglichst weiten Anwendungsbereich der EuInsVO abstecken, hat seit Inkrafttreten des deutschen autonomen Internationalen Insolvenzrechts am 20. März noch weiter an Stichhaltigkeit eingebüßt. Denn auch diese Neureglung strebt eine Verhinderung des forum shopping an. Sie ist auf Drittstaatensachverhalte anwendbar. Insofern besteht kein Bedarf für eine derartige Ausweitung. Dass auch andere Staaten in naher Zukunft einen derartigen Weg beschreiten werden, steht zu erwarten. Je mehr effektive national-staatliche Regelungen diesbezüglich getroffen werden, um so weniger Bedarf besteht für eine Ausweitung. Also wird im Laufe der Zeit auch dieses nur praktische und ohnehin dogmatisch zweifelhafte Argument immer weiter verblassen.

Nun wird auch noch versucht entstehungsgeschichtlich aus dem Erläuternden Bericht von *Virgos/Schmit* einen Rückschluss zugunsten dieser Ansicht zu finden. Aber selbst der *High Court of Justice* bewertet den Erläuternden Bericht in dieser Hinsicht als neutral.[121] Auch das ist nicht richtig. Vielmehr spricht sich der Erläuternde Bericht gerade zugunsten einer Beschränkung auf Sachverhalte aus, die sich auf den Bereich der Mitgliedstaaten beschränken.[122] Im Ergebnis streitet die Entstehungsgesichte wohl gerade gegen einen Drittstaatenbezug.

Hinzu treten noch folgende Erwägungen für einen qualifizierten Auslandsbezug:

1) Die EuInsVO lässt in ihren einzelnen Regelungen erkennen, dass sie auf einem beträchtlichen Vertrauen der Staaten untereinander aufbaut. Die gegenseitige Anerkennung der im jeweils anderen Staat eröffneten Insolvenzverfahren ohne formelle Anerkennungsverfahren (vgl. Artt. 16, 17 EuInsVO) ist eine Ausprägung des Vertrauens.

2) Weiterhin ist zu bedenken, dass im Grundsatz die Eröffnung nur eines Insolvenzverfahrens angestrebt wird, während in Ausnahmefällen Territorialverfahren eröffnet

---

[121] High Court of Justice ZIP 2003, 813, 816: „It seems to me that these passages are broadly neutral on the point of which I have to consider. They do not contain any indication [...]."

[122] *Virgos/Schmit*, Erläuternder Bericht, RdNr. 11: „Das Übereinkommen regelt lediglich innergemeinschaftliche Wirkungen von Insolvenzverfahren.[...] In bezug auf Drittstaaten hindert das Übereinkommen die Vertragsstaaten nicht daran, geeignete Vorschriften zu treffen."

werden können sollen. Diese Ausnahmefälle liegen vor, wenn eine Niederlassung vorhanden ist (vgl. Art. 3 Abs. 2 EuInsVO). Dieses Niederlassungserfordernis stellt eine verhältnismäßig hohe Hürde zur Eröffnung des Partikularverfahrens auf, bedenkt man, dass alternativ auch die bloße Vermögensbelegenheit als hinreichend hätte erklärt werden können. Dann wäre die Hemmschwelle zur Eröffnung niedriger gewesen, so dass mehrere Verfahren in den Einzelstaaten eröffnet worden wären. Die lex fori concursus des Staates, wo das Partikularinsolvenzverfahren eröffnet wird, wäre anstatt der lex fori concursus generalis zur Anwendung gelangt (vgl. Artt. 4 Abs. 1, 28 EuInsVO). Die Bereitschaft, im eigenen Territorium die Geltung fremden Insolvenzrechts zu akzeptieren ist demnach hoch. Hierfür ist es aber von Bedeutung, dass das fremde Insolvenzrecht gewisse ähnliche Grundzüge mit dem eigenen aufweist. So ist es innerhalb des europäischen Raumes. Dort haben die Insolvenzrechte vergleichbare Züge. Bei Drittstaaten ist der Rahmen der möglicherweise in Betracht kommenden Insolvenzrechte auf diese Weise unüberschaubar. Dies mag auch die Vorstellung der Staaten gewesen sein, als sie sich für die EuInsVO entschieden haben. Eine Ausweitung auf Drittstaatensachverhalte war damit wohl nicht beabsichtigt. Nun könnte die Gegenansicht einwenden, dass auch sie ja als Mindestvoraussetzung das Vorhandensein des Interessenmittelpunktes in einem der Mitgliedstaaten fordert. In jedem Fall wäre das Hauptinsolvenzverfahren von den Gerichten eines Mitgliedstaates zu eröffnen. Auf diese Weise bestehe gar nicht die Gefahr, dass Drittstaateninsolvenzrecht in der Gemeinschaft zur Anwendung komme. Dies erscheint allerdings nur auf den ersten Blick plausibel, denn die EuInsVO sieht in ihren Artt. 5-15 weitreichende Ausnahmen der lex fori concursus-Geltung vor. Nun könnte man sagen, dass dies auch beim deutschen autonomen Internationalen Insolvenzrecht die Folge wäre (§ 336 InsO). Allerdings eröffnet das deutsche IIR bereits die Möglichkeit, im Ausland bei reiner Vermögensbelegenheit im Zusammentreffen mit einem „besonderen Interesse“ (§ 354 Abs. 2 S. 1 InsO) ein Partikularinsolvenzverfahren zu eröffnen. In diesem Fall findet zwar auch drittstaatliches Insolvenzrecht Anwendung, aber angewandt wird es von der dort zuständigen und damit vertrauten Stelle.

3) Bezeichnend ist schließlich noch, dass die in den Anhängen aufgelisteten Verfahren und als „Verwalter" in Betracht zu ziehenden Stellen sich nur auf die Stellen und Verfahren der Mitgliedstaaten beschränken. Drittstaatenverfahren werden nicht genannt, auch nicht als Liquidationsverfahren i.S.d. Art. 2 lit. c) EuInsVO. Gleiches gilt für die Stellen.

Den endgültigen Ausschlag dürfte der Wortlaut des Art. 3 Abs. 2 S. 1 EuInsVO geben: „Hat der Schuldner den Mittelpunkt seiner hauptsächlichen Interessen im Gebiet eines Mitgliedstaates, so sind die Gerichte eines *anderen Mitgliedstaates* [...]". Geregelt werden sollen demnach nur die Beziehungen der Mitgliedstaaten untereinander. Es wird nicht einem Drittstaat die internationale Zuständigkeit zur Eröffnung eines Partikularinsolvenzverfahrens eingeräumt.

Im Ergebnis spricht also vieles dafür, die EuInsVO nicht auf Drittstaatensachverhalte anzuwenden, sondern diesen Bereich den Einzelstaaten zur Regelung anheim zu stellen. Es ist damit ein qualifizierter Auslandsbezug zu fordern.

IV. Zwischenergebnis

Daraus ergibt sich nun folgendes: Die EuInsVO ist in sachlicher Hinsicht auf Insolvenzverfahren i.S.d. Anhanges A zur EuInsVO, in personeller Hinsicht nur auf die in Art. 1 Abs. 2 EuInsVO genannten Unternehmen nicht und in zeitlicher Hinsicht auf Sachverhalte nach dem 31. Mai 2002 anwendbar. Räumlich gilt sie nur, wenn es sich um einen international-insolvenzrechtlichen Fall handelt, d.h. erst bei vorhandenem Auslandsbezug. Und schließlich muss dieser Auslandsbezug qualifiziert sein.

In diesen Fällen kollidiert die Verordnung EG Nr. 1346/2000 mit dem autonomen deutschen Recht und genießt daher Anwendungsvorrang. Im Übrigen besteht Raum für die mitgliedstaatliche Regelung. Dann greift also die InsO ein, wobei diese gewiss auch nur auf Insolvenzverfahren anzuwenden ist.

Praktisch bedeutsam sind für die InsO Fälle, in denen es sich um ein Insolvenzverfahren über ein Schuldnervermögen eines der in Art. 1 Abs. 2 EuInsVO aufgeführten Unternehmen handelt und zweitens in den Fällen mit Drittstaatenbezug.

§ 3 Universalität und Territorialität – Einheit und Vielfalt als Prinzipien im IIR

Bei der international-insolvenzrechtlichen Prinzipiendiskussion[123] stehen sich jeweils die Begriffspaare Universalität/Territorialität und Einheit/Mehrheit gegenüber.[124] Dabei dürfen die Begriffe Universalität und Einheit sowie Territorialität und Mehrheit nicht gleichgesetzt werden.[125]

I. Die Prinzipien

Universalität bedeutet, dass die Eröffnung eines Insolvenzverfahrens Wirkungen auf das Gesamtvermögen des Schuldners und zwar auch jenseits der staatlichen Grenzen zeitigt.[126] Wirkungen in diesem Sinne sind – neben der Eröffnungsentscheidung – der Vermögensbeschlag gegen den Schuldner, die Ernennung des Verwalters, das Verbot individueller Rechtsverfolgung und die Einbeziehung sämtlicher schuldnerischer Vermögensgegenstände (ungeachtet des Belegenheitsortes) in die Masse sowie die Geltung der lex fori concursus.[127]

Aus diesem Universalitätsprinzip folgt das Einheitsprinzip. Einheit bedeutet, dass die gesamte Insolvenzabwicklung in nur einem Verfahren durchgeführt werden soll.[128] Diese Folge leitet sich daraus her, dass im Falle einer Wirkungserstreckung der Inlandsinsolvenz auf das Ausland das gesamte, also günstigstenfalls weltweit vorhande-

---

[123] Kritisch hierzu *Müller-Freienfels*, Auslandskonkurs und Inlandsfolgen, S. 367 f.: „Wer praktische Entscheidungen aus solchen Prinzipien ableitet, setzt sich stets der Gefahr aus, zeitlichen Lösungsformen den Nimbus grundlegender Zauberformeln beizulegen. [...] Sobald aber die Berufung auf sie das Erforschen und Bewerten der Wirklichkeit ersetzt, werden sie aus nützlichen Dienern zu gefährlichen Herren."; zu der allgemeinen Funktion von Rechtsprinzipien, vgl. *Larenz*, Richtiges Recht, S. 24: „Wer die Prinzipien wegen der ihnen hinsichtlich ihrer positiven Funktion noch anhaftenden relativen Unbestimmtheit als ‚Leerformeln' glaubt abtun zu können, unterschätzt ihren gedanklichen Gehalt und übersieht ihre negative Funktion."

[124] *Trunk*, Internationales Insolvenzrecht, S. 10; kritisch *Jahr*, DIK, Anm. 48 f. zu §§ 237, 238, „Auch die Gegenüberstellung von ‚Universalität' und ‚Territorialität' ist schief." Das Gegenstück zur Universalität sei vielmehr die Exterritorialität, wobei er eingesteht, dass es sich dabei um eine „Wortklauberei" handele.

[125] *Hanisch* ZIP 1994, 1, weil dies aber vielfach geschieht – vgl. nur *Schack*, Internationales Zivilverfahrensrecht RdNr. 1044 –, spricht er von einem „Prinzipienwirrwarr".

[126] *Hellmann*, Lehrbuch des Konkursrechts, S. 648; *Meili*, Lehrbuch, S. 56, „Darunter ist zu verstehen die Idee, dass alle Aktiven eines Konkursiten, mögen sie liegen, wo sie wollen, an einem Orte (nämlich in der Regel nach an seinem Domizil) konzentriert, loziert, diskutiert, zur Verteilung gebracht werden."; Mohrbutter/Mohrbutter-*Wenner*, RdNr. XXIII, 20.

[127] *Duursma-Kepplinger*, in: Duursma-Kepplinger/Duursma/Chalupsky, EuInsVO, Art. 17, RdNr. 8.

[128] *Reinhart*, in: MünchKomm-InsO, vor Art. 102 EGInsO, RdNr. 22.

ne schuldnerische Vermögen, von dem einen Insolvenzverfahren erfasst wird. Damit ist für die Eröffnung eines weiteren nur territorial wirkenden Insolvenzverfahrens kein Raum mehr. Denn dieses Verfahren würde sich dann auf das Vermögen in dem eigenen Staat erstrecken, das ja bereits vom Universalverfahren erfasst würde. Man kann also formulieren, dass das Prinzip der Verfahrenseinheit aus dem Prinzip der Universalität folgt.
Der Universalität steht die Territorialität gegenüber; das Gegenstück zur Verfahrenseinheit ist die Verfahrensvielfalt oder -mehrheit.
Unter der Territorialität versteht man, dass das in einem Staat eröffnete Insolvenzverfahren nur in diesem Staat Wirkungen entfaltet und in keinem anderen Staat anerkannt wird.[129] Damit beschränken sich die Wirkungen auf das im Eröffnungsstaat belegene Vermögen. Im Ausland belegenes Schuldnervermögen bleibt demgegenüber unberücksichtigt.[130] Diese Beschränkung ermöglicht nicht nur die Eröffnung mehrerer Verfahren. Vielmehr besteht sogar aus dem Gesichtspunkt der Verwertung des möglichst kompletten Schuldnervermögens ein Bedürfnis zur Eröffnung mehrerer Verfahren, und zwar überall dort, wo Schuldnervermögen vorhanden ist. Nur so kann eine weitgehende Befriedigung der Gläubiger erreicht werden. Demnach folgt aus dem Prinzip der Territorialität die Verfahrenspluralität.
Kurz, die Prinzipien sind nicht identisch, bedingen aber einander.[131]

Dass die hier erwähnten Prinzipien auf eine lange Entwicklungsphase zurückblicken, zeigt bereits die Abwicklung der Ammanati-Bank Anfang des 14. Jahrhunderts durch den Papst. Die Ammanati-Bank hatte zahlreiche Niederlassungen, Agenturen und folglich auch Kunden in ganz Europa. Einer der bedeutsamen Kunden war der Heilige Stuhl. Nach diversen Auseinandersetzungen politischer Art und der Flucht der Ammanati samt ihrer noch vorhandenen Geldmittel nach Pistoia, zog der Papst die Angelegenheit an sich und veranlasste einen Vermögensbeschlag gegen das Ammanati-

[129] *Häsemeyer*, Insolvenzrecht, RdNr. 35.05; *Kohler*, Leitfaden des deutschen Konkursrechts, S. 312; *Meili*, Lehrbuch, S. 55.
[130] *Trunk*, Internationales Insolvenzrecht, S. 10
[131] Nerlich/Römermann-*Mincke*, Art. 102 EGInsO, RdNrn. 23, 28.

Vermögen, ein Verfügungsverbot gegen die Ammatani sowie ein Einzelvollstreckungsverbot gegen die Gläubiger. Es erfolgte eine weltweite Einziehung des Ammanati-Vermögens durch den örtlichen Klerus.[132] Bereits hier zeigten sich die Vorteile eines einheitlichen „Verfahrens", das durch eine zentrale Autorität durchgeführt wird. Im Mittelalter beschäftigte die Frage des Niederlassungskonkurses die italienischen Stadtrechte. Befürwortet wurde eine Zulassung solcher Konkurse namentlich durch *Straccha*.[133] Diese Niederlassungskonkurse standen der Einheitlichkeit des Verfahrens entgegen. Die Frage, ob die Eröffnung eines inländischen Konkursverfahrens in einem anderen Land Wirkungen entfalten sollte, wurde erst später problematisiert.[134]

Die Diskussion um die Einheit oder Mehrheit des Verfahrens bzw. die Universalität und Territorialität zieht sich bis heute wie ein roter Faden durch die Geschichte des Internationalen Insolvenzrechts. In seiner sog. Wendeentscheidung aus dem Jahre 1985 schloss sich der Bundesgerichtshof[135] dem Universalitätsprinzip an. Aber auch bei der Schaffung der Verordnung (EG) Nr. 1346/2000 über Insolvenzverfahren und einer Neuregelung des IIR im autonomen Recht spielten diese Grundsätze wieder eine wichtige Rolle.

II. Vor- und Nachteile der Universalität und Einheit

Für die Universalität spricht v.a., dass durch die Erfassung des gesamten Schuldnervermögens und die Wirkungserstreckung i.Ü., insbesondere durch die Geltung nur eines materiellen Insolvenzrechts in allen Staaten, eine Gleichbehandlung der Gläubiger (par conditio creditorum) erfolgt wie sie durch mehrere Territorialverfahren nicht erreicht werden kann.[136] Die Abwicklung durch nur einen Verwalter ermöglicht – je nach Zielrichtung – eine Liquidation des Gesamtunternehmens, ohne dass hierdurch einzelne Teile getrennt und unkoordiniert aufgelöst werden,[137] bzw. besteht auf der anderen Seite eine abgestimmte Sanierung der einzelnen Unternehmensteile in einem

[132] *Hanisch*, FS-Merz, S. 159, 160 ff.
[133] *Hanisch*, FS-Merz, S. 159, 164.
[134] *Hanisch*, FS-Merz, S. 159, 164.
[135] BGHZ 95, 256, 260, 267.
[136] Cour de Cassation Journal du droit international 2003, 132, 134 ; *Häsemeyer*, Insolvenzrecht, RdNr. 35.08 ; *Wimmer* ZIP 1998, 982, 984.
[137] *Wimmer* ZIP 1998, 982, 984.

Sanierungsverfahren.[138] *Bloching* weist allerdings darauf hin, dass die Existenz nur eines Verwalters nicht stets vorteilhaft sei, weil nicht ohne Weiteres unterstellt werden könne, dass er überall dieselbe Akzeptanz habe wie ein „heimischer" Verwalter. Zudem müsse ein Einheitsverwalter über ein viel breit gefächerteres Wissen verfügen.[139] Die Schuldentilgung wird durch einen einheitlichen Verwaltungsschlüssel erstens gerechter[140] aber auch praktisch einfacher.[141] Ist nur ein Verwalter vorhanden und hat dieser umfassende Kompetenzen, so dass er auch in anderen Staaten befugt ist Maßnahmen zu ergreifen, ist es möglich, eine z.T. weit verstreute Masse an sich zu ziehen und effektiv, schnell und kostengünstig zu verwerten.[142] Spricht die Gerechtigkeitserwägung, Gleiches gleich zu behandeln für die Universalität und Einheit des Verfahrens, so sind es vorwiegend praktische Hindernisse, die der Verwirklichung dieses Ideals entgegenstehen.[143] *Wimmer* bezeichnet diesen Zustand als „ein Leuchten am Horizont, auf das wir zustreben, das wir aber nicht ganz erreichen werden."[144] So kann es beispielsweise in der Praxis zu der ungünstigen Konstellation kommen, dass in zwei unterschiedlichen Staaten ein Insolvenzverfahren mit universellem Geltungsanspruch über dasselbe, nämlich weltweite Schuldnervermögen eröffnet wird. Demnach sind dann auch zwei Insolvenzverwalter vorhanden, die um die Verwertung desselben Vermögens bemüht sind.[145] Konflikte können auch dann auftreten, wenn einige Staaten die Eröffnung und die Wirkungen des im Ausland eröffneten Insolvenzverfahrens anerkennen, andere aber nicht.[146] Dann tritt zu der ungleichen Behandlung der Gläubiger in einem Staat gegenüber den Gläubigern in einem anderen Staat auch noch eine erheblich Rechtsunsicherheit: es ist nicht ohne weiteres ersichtlich ist, wo das Insol-

---

[138] *Häsemeyer*, Insolvenzrecht, RdNr. 35.08; *Wimmer* ZIP 1998, 982, 984.
[139] *Bloching*, Pluralität und Partikularinsolvenz, S. 86.
[140] *Meili*, Lehrbuch, S. 56 „Das Prinzip der Territorialität birgt eine Reihe von Ungerechtigkeiten in sich, und es wird deswegen nicht in seiner Reinheit durchgeführt."; *Müller-Freienfels*, Auslandskonkurs und Inlandsfolgen, S. 384, „Diskriminierend ist es, wenn verschiedene Klassen von Gläubigern aus engstirnigem, nationalem Egoismus aufgrund örtlicher und nationaler Unterschiede gebildet werden, mit der Folge, daß, obgleich alle materiell gleichberechtigt, die eine Gruppe nur eine dürftige Dividende erhält, während die andere voll befriedigt wird."
[141] *Wimmer* ZIP 1998, 982, 984.
[142] *Geimer*, IZPR, RdNr. 3383; *Wimmer* ZIP 1998, 982, 984.
[143] *Hanisch* ZIP 1994, 1.
[144] *Wimmer* ZIP 1998, 982, 984.
[145] *Geimer*, IZPR, RdNr. 3383 f.
[146] *Geimer*, IZPR, RdNr. 3383 f.

venzverfahren Wirkungen zeitigt und wo nicht. Die Rechtsverfolgung im Ausland bringt große Schwierigkeiten mit sich.[147] Fremdes Insolvenzrecht gelangt zur Anwendung, was mit einer teuren Rechtsberatung verbunden ist. Unter Umständen sind die Richter an dem Insolvenzgericht wenig qualifiziert.[148] Auch in der heutigen Zeit sind Sprachbarrieren keineswegs zu vernachlässigen.[149] Die Kommunikation mit der ausländischen Behörde und dem Verwalter erfolgt in ausländischer Sprache.[150] Handelt es sich bei dem Gläubiger um ein Unternehmen, das über entsprechende Mittel verfügt, um diese Sprachbarrieren zu überwinden, v.a. wenn es selbst in ausländischen Märkten tätig ist, ergibt sich hieraus nur ein geringes Problem. Dasselbe gilt, wenn die Amtssprachen der betroffenen Staaten weit verbreitete sind. Anders liegt der Fall, wenn der Gläubiger beispielsweise ein deutscher Verbraucher ist, der über keinerlei fremdsprachliche Kenntnisse verfügt, die Amtssprache des Eröffnungsstaates kaum verbreitet ist und er dann seine Ansprüche in diesem fremden Land in der jeweiligen Sprache geltend machen muss.

III. Vor- und Nachteile der Territorialität und Vielfalt

Diese Aspekte vor Augen geführt, gelangt man zu der Erkenntnis, dass auch die territoriale Wirkungsbeschränkung eines Insolvenzverfahrens und die daraus resultierende Vielfalt von Insolvenzverfahren Vorteile mit sich bringt. Insbesondere inländischen und v.a. den sog. „Kleingläubigern“ kommt ein besserer Schutz zu.[151] Denn wird in ihrem Staat ein Insolvenzverfahren über das Schuldnervermögen eröffnet, das sich im Inland befindet, so können sie ihre Forderungen im eigenen Land bei den ihnen bekannten Behörden[152] in ihrer Sprache anmelden. Sie können sich rechtsanwaltlich oh-

---

[147] *Bloching*, Pluralität und Partikularinsolvenz, S. 74, unter Verweis auf die teils hohen formellen Anforderungen bei der Forderungsanmeldung im Ausland.

[148] *Bloching*, Pluralität und Partikularinsolvenz, S. 74; problematisch sei insbesondere, dass das ausländische Insolvenzrecht, die Privilegien des deutschen materiellen Rechts nicht kenne, S. 81.

[149] *Häsemeyer*, Insolvenzrecht, RdNr. 35.05.

[150] *Bloching*, Pluralität und Partikularinsolvenz, S. 75, 82; *Wimmer* ZInsO 2002, 897, 902.

[151] OLG Köln ZInsO 2001, 622, 624; *Gottwald*, Insolvenzrechts-Handbuch, § 128, RdNr. 8; *Hahn*, Motive KO, 403 f.; *Fritz/Bähr* DZWiR 2001, 221, 230; FK-*Wimmer*, Art. 102, Anhang I, RdNr. 32; *ders.* ZInsO 2001, 97, 101; *ders.* ZInsO 2002, 897, 902.

[152] *Flessner* ZIP 1989, 749.

ne Schwierigkeiten beraten lassen. Hinzu kommt die räumliche Nähe.[153] Nicht zu vernachlässigen ist auch der Zugang zu örtlichen Informationsquellen. Diese werden oft zu einer „weiteren und wiederholten Veröffentlichung" i.S.d. § 9 Abs. 2 S. 1 InsO herangezogen (z.B. Print-Medien, die Gerichtstafel oder Rundfunk und Fernsehen).[154] Auf diese Art der Veröffentlichung sind gerade lokale Gläubiger angewiesen, die selten Veranlassung haben, regelmäßigen Zugriff auf die öffentlichen Bekanntmachungsquellen i.S.d. § 9 Abs. 1 S. 1 InsO zu nehmen. Vielmehr sind sie auf die „zufällige" Kenntniserlangung durch öffentliche Medien angewiesen. Solche sind ihnen bei der universellen Auslandsinsolvenz außerdem kaum zugänglich. Die öffentliche Bekanntmachung im Internet ist zwar in § 9 Abs. 1 S. 1 InsO vorgesehen. Für ausländische Insolvenzverfahren ist dies allerdings keineswegs per se vorauszusetzen.[155] Auch ist Kleingläubigern nicht ohne weiteres zumutbar, hierauf regelmäßig Zugriff zu nehmen.[156] Es besteht im Ergebnis stets die Gefahr, dass bei nur einem ausländischen Insolvenzverfahren ohne Territorialverfahren, lokale Gläubiger noch nicht einmal Kenntnis von der Verfahrenseröffnung erlangen, was zu einer ernsthaften Gefährdung ihrer Ansprüche führen kann.[157] Durch die Zulassung paralleler Territorialverfahren werden organisationsrechtliche Probleme vermieden.[158] Bei Großinsolvenzen ist das Schuldnervermögen verschachtelt und die rechtlichen Beziehungen sind komplex. In derartigen Fällen kann gerade die Aufteilung in mehrere dezentrale Territorialverfahren eine praktikablere Lösung darstellen als der Versuch, die Abwicklung in nur einem Verfahren zu bewältigen.[159]

Andererseits ist die Vielfalt von Insolvenzverfahren kostspielig.[160] Auch sieht sich diese Vorgehensweise dem Vorwurf der Ineffizienz ausgesetzt, wenn Unternehmensanteile, über die mehrere Verfahren eröffnet werden, nur zusammen überlebensfähig sind.

---

[153] *Bloching*, Pluralität und Partikularinsolvenz, S. 75.
[154] Braun-*Kießner* § 9, RdNr. 13; Nerlich/Römermann-*Becker*, § 9, RdNr. 17.
[155] Braun-*Kießner* § 9, RdNr. 13; Nerlich/Römermann-*Becker*, § 9, RdNr. 17.
[156] *Duursma/Duursma-Kepplinger* ZInsO 2002, 913, 916.
[157] *Schack*, Internationales Zivilverfahrensrecht, RdNr. 1138.
[158] *Häsemeyer*, Insolvenzrecht, RdNr. 35.05.
[159] *Hanisch*, FS-Jahr, S. 455, 458; *Schack*, Internationales Zivilverfahrensrecht, RdNr. 1138; FK-*Wimmer*, Art. 102 Anhang I, RdNr. 32; *ders.* ZInsO 2002, 897, 902.
[160] *Ehricke*, Aufbruch nach Europa, S. 337, 341; *Schack*, Internationales Zivilverfahrensrecht, RdNr. 1140.

Es erfolgt eine Zerschlagung der Vermögensteile in mehreren Verfahren, während bei einer einheitlichen Abwicklung ein höherer Fortführungswert hätte erlangt werden können.[161] Es gelten dann unterschiedliche nationale Insolvenzrechte nebeneinander. Dabei können die Verteilungsmaßstäbe divergieren,[162] was zu einer Ungleichbehandlung in der Befriedigung der Gläubiger eines Staates gegenüber denen eines anderen führt.[163] Die an sich dogmatisch einheitliche Insolvenzmasse wird aus Gründen der Souveränitätsansprüche der Staaten künstlich aufgeteilt.[164] Je nach der konkreten Ausgestaltung des nationalen Insolvenzrechts kann es dazu kommen, dass gewisse Vermögensteile von keinem der Territorialverfahren erfasst werden, so dass die Gläubiger in ungerechtfertigter Weise schlechter gestellt werden.[165] Dies kann etwa geschehen, weil das Insolvenzrecht des einen Staates die Eröffnungsvoraussetzungen in einem Fall verneint, die nach dem Insolvenzrecht eines anderen Staates vorliegen. Auch der Missbrauch zu Lasten der Gläubiger wird gefördert. In Europa ist es etwa aufgrund der Warenverkehrsfreiheit problemlos möglich, das in einem Staat belegene Vermögen in einen anderen Staat zu verlagern. Dies kann gezielt bei anstehender Insolvenzverfahrenseröffnung für Vermögensverschiebungen ausgenutzt werden, um sie nicht in die Masse eines bloß territorial wirkenden Verfahrens fallen zu lassen (sog. forum shopping).[166] Zu bedenken ist auch, dass es von Zufälligkeiten abhängen kann, welches Insolvenzrecht zur Anwendung kommt.[167]

IV. Abwägung

Universalität und Einheit sowie Territorialität und Vielfalt bringen Vor- und Nachteile mit sich. Welches System vorteilhafter ist, ist situationsabhängig. Es kommt auf die konkrete Konstellation an. Weisen die möglicherweise zur Anwendung kommenden Insolvenzrechte keine starke Abweichung voneinander auf, spricht dies eher für Universalität und Einheit.

---

[161] *Meyer-Löwy/Poertzen* ZInsO 2004, 195, 196.
[162] Mohrbutter/Mohrbutter-*Wenner*, XXIII 28.
[163] *Schack*, Internationales Zivilverfahrensrecht, RdNr. 1138.
[164] *Ehricke*, Aufbruch nach Europa, S. 337, 341.
[165] *Häsemeyer*, Insolvenzrecht, RdNr. 35.06.
[166] *Leible/Staudinger* KTS 2000, 533, 534; *Lüderitz* JZ 1986, 93, 95.
[167] Mohrbutter/Mohrbutter-*Wenner*, RdNr. XXIII, 30 f.

Bei einer Verschachtelung des Schuldnervermögens in verschieden zT. „fernen“ Ländern und der Beteiligung besonders schutzwürdiger inländischer „Kleingläubiger“ spricht einiges für Territorialität und Vielfalt bei der Insolvenzabwicklung.
Die neuen gesetzlichen Grundlagen zum IIR, also die EuInsVO und der Elfte Teil der Insolvenzordnung, gehen beide von einer kombinierten Lösung aus. Keines der Prinzipen gilt ausschließlich. Dabei wird der Universalität der Vorrang eingeräumt, die Territorialität kommt ausnahmsweise zum Zuge. Diese Kombinationslösung bezeichnet man als „kontrollierte Universalität“.
In concreto äußert sich dies etwa wie folgt:
Grundsätzlich wird ein Insolvenzverfahren an dem Ort eröffnet, wo der Schuldner den Mittelpunkt seiner hauptsächlichen Interessen hat (Art 3 Abs. 1 S. 1 EuInsVO). Wirkungen entfaltet dieses Verfahren über die Staatsgrenzen hinaus (Art. 17 Abs. 1 EuInsVO). (Universalität/Einheit). Ausnahmsweise werden aber bei Vorhandensein einer Niederlassung (Art. 3 Abs. 2 EuInsVO/ § 354 Abs. 1 InsO) oder Vermögensbelegenheit und hinzutretendem besonderem Interesse (§ 354 Abs. 1 Alt. 2, Abs. 2 S. 1 InsO) Partikularverfahren zugelassen. (Territorialität/Mehrheit).
Im Grundsatz gilt das Recht des Staates der Verfahrenseröffnung (Art. 4 EuInsVO, § 335 InsO) (Universalität/Einheit), ausnahmsweise greift aus Vertrauensschutzaspekten ein anderes Insolvenzrecht (Artt. 5-15 EuInsVO, §§ 336-342 InsO)[168] (Territorialität/Mehrheit).

Dass das Verhältnis zwischen Universalität und Territorialität, zwischen Einheit und Mehrheit der Verfahren Gegenstand einer dauerhaften Diskussion bildet, zeigen die folgenden Zitate. Inhaltlich kommen sie sich sehr nahe, zeitlich aber liegen sie mehr als 90 Jahre auseinander:

---

[168] *Bloching*, Pluralität und Partikularinsolvenz, S. 83 kritisiert das System der Sonderanknüpfungen als ein „unüberschaubares Netz“.

Meili, Lehrbuch des internationalen Konkursrechts, Zürich 1909:
„Das Prinzip der Territorialität birgt eine Reihe von Ungerechtigkeiten in sich, und es wird deswegen nicht in seiner Reinheit durchgeführt."[169]

Erwägungsgrund Nr. 11 zur EuInsVO, In-Kraft-Treten: 31. Mai 2002:
„Die Verordnung geht von der Tatsache aus, daß aufgrund der großen Unterschiede im materiellen Recht ein einziges Insolvenzverfahren mit universaler Geltung für die gesamte Gemeinschaft realisierbar ist. Die ausnahmslose Anwendung des Rechts des Staates der Verfahrenseröffnung würde vor diesem Hintergrund zu Schwierigkeiten führen."

Bundestagsdrucksache zum Elften Teil der Insolvenzordnung, In-Kraft-Treten 20.3.2003:
„Die Regelungen des Gesetzesentwurfs gehen in Übereinstimmung mit dem geltenden Internationalen Insolvenzrecht vom Grundsatz der Universalität aus [...]. Insbesondere im Interesse lokaler Gläubiger aber auch zum Schutz des inländischen Rechtsverkehrs, kann eine vollständige Universalität nicht zugelassen werden[170].

Bei diesen Zitaten wird das Problem einmal aus dem Blickwinkel des einen, einmal aus dem des anderen Prinzips gesehen. Beide Male gelangt man zu dem Ergebnis, dass die Wahrheit „dazwischen" liege. Diese Wahrheit lässt sich auf die Frage zuspitzen, wie hoch die Voraussetzung ist, damit neben dem universellen Hauptverfahren noch ein Territorialverfahren eröffnet werden kann.

Die Prinzipien selbst sind, wie *Larenz* zutreffend formuliert, „bloß leitende Gedanken einer (möglichen oder bestehenden) rechtlichen Regelung, die selbst noch keine der ‚Anwendung' fähige Regeln sind, die aber in solche umgesetzt werden können."[171]

Die Aufstellung einer Eröffnungsvoraussetzung für ein Nebenverfahren hat also die Funktion die o.g. Rechtsprinzipien in geltendes Recht umzusetzen. Zugleich bildet es die Feinabstimmung zwischen den widerstreitenden Positionen.

---

[169] *Meili*, Lehrbuch, S. 56.
[170] BT-Drs. 15/16, S. 25.
[171] *Larenz*, Richtiges Recht, S. 23.

§ 4 Partikularinsolvenzverfahren

Das Partikularinsolvenzverfahren ist wie dargestellt eine wesentliche Ausprägung des Territorialitätsprinzips. Als solche entfaltet es seine Wirkungen allein im Eröffnungsstaat.

Sowohl die EuInsVO als auch der Elfte Teil der Insolvenzordnung, sehen die mögliche Existenz derartiger Verfahren vor (Art. 3 Abs. 2 EuInsVO, § 354 Abs. 1 InsO).

Diese gesetzlichen Grundlagen unterscheiden zwei Arten der Partikularinsolvenzverfahren. Erstens kann ein solches beantragt werden, wenn bereits das Hauptverfahren eröffnet wurde. In diesem Fall spricht man von dem sekundären Partikularverfahren (Artt. 3 Abs. 2 und 3, 28 ff. EuInsVO, §§ 356 ff. InsO). Funktional handelt es sich dabei um einen von Hauptverfahren ausgegliederten Teil, der aber der Haftungsverwirklichung des Gesamtvermögens dient.[172] Zweitens kann ein Territorialverfahren auch eröffnet werden, wenngleich kein oder noch kein Hauptverfahren existiert. Dann handelt es sich um ein sog. unabhängiges Partikularverfahren (Art. 3 Abs. 2 und 4 EuInsVO, § 354 Abs. 1 InsO). Letzteres ist wegen der angestrebten Universalität nach Möglichkeit zu vermeiden,[173] da in diesen Fällen wegen des fehlenden Hauptverfahrens nicht das im Ausland befindliche Vermögen einer Verwertung zugänglich ist. So stellt der Verordnungsgeber in diesen Fällen besondere Voraussetzungen auf, die die Eröffnung eines unabhängigen Verfahrens erlauben (Art. 3 Abs. 4 EuInsVO). Nach ihrer Funktion ist zwischen unabhängigem und sekundärem Partikularverfahren zu unterscheiden. Die Bedeutung des unabhängigen Partikularverfahrens wird deutlich, wenn man sich die besonderen Eröffnungsvoraussetzungen des Art. 3 Abs. 4 EuInsVO ansieht.

---

[172] *Ehricke*, Aufbruch nach Europa, S. 337, 342; *ders.* ZInsO 2004, 633; *Staak* ZInsO 2004, 480 hebt die dominierende Rolle des Hauptverfahrens gegenüber dem Sekundärverfahren hervor.

[173] *Leible/Staudinger* KTS 2000, 533, 548.

Es ist erforderlich, dass das Hauptverfahren entweder nicht eröffnet werden kann (lit. a))[174] oder zwar eröffnet werden könnte, aber nicht eröffnet wird (lit. b)).[175] Durch das unabhängige Partikularverfahren wird dann ermöglicht, dass zumindest ein Teil des Schutzes gewährt wird, der ansonsten über das Hauptverfahren geleistet würde. Ihm kommt eine Ersatzfunktion zu.[176] Ebenfalls dem Schutz inländischer Gläubiger dient das Sekundärinsolvenzverfahren.[177] Die Schutzfunktion wird hier durch die Anwendung der lex fori particularis anstatt der lex fori generalis gewährleistet. Die Gläubiger sollen vor der Anwendung eines fremden materiellen Insolvenzrechts bewahrt werden, da sie aufgrund bestimmter Umstände berechtigt darauf vertraut haben, dass sich der Insolvenzfall nach dem „eigenen" Insolvenzrecht beurteilt.[178] Das Sekundärinsolvenzverfahren geht aber über die Schutzfunktion hinaus, indem es etwa bei einer Verschachtelung und Verstreutheit des Schuldnervermögens in diversen Staaten, dazu verhilft, die Insolvenzabwicklung zu strukturieren.[179] Die hierfür erforderliche Koordination zwischen den parallel laufenden Verfahren,[180] wird durch entsprechende Vorschriften (Artt. 31, 33 bis 37 EuInsVO, § 357 InsO) abgesichert. Dem Sekundärverfahren kommt also eine Hilfsfunktion zu.[181]

Das unabhängige Partikularverfahren hat eine Ersatz-, das sekundäre Verfahren hat eine Schutz- und Hilfsfunktion.

[174] *Virgos/Schmit*, Erläuternder Bericht, RdNr. 30.

[175] In den Fällen des lit. b) wird den Gläubigern mit besonderem Inlandsbezug (Alt. 1) oder im Falle der besonderen Inlandsbezogenheit der Forderung ein Antragsrecht eingeräumt, damit diese nicht schutzlos gestellt würden. Die Verordnung hat hier Fälle vor Augen, bei denen zwar die Möglichkeit einer Verfahrenseröffnung gegeben ist, das Verfahren aber nicht eröffnet wird. Die besondere Schutzbedürftigkeit kann sich insbesondere daraus ergeben, dass die lex fori generalis keine Antragsbefugnis für die Auslandsgläubiger vorsieht, vgl. *Duursma-Kepplinger*, in: Duursma-Kepplinger/Duurmsa/Chalupsky, EuInsVO, Art. 3, RdNr. 93.

[176] vgl. auch Erwägungsgrund Nr. 17; *Duursma-Kepplinger*, in: Duursma-Kepplinger/Duursma /Chalupsky, EuInsVO, Art. 27, RdNr. 8; *Lüke* ZZP 111 (1998), 275, 299

[177] Erwägungsgründe Nrn. 18, 19; *Fritz/Bähr* DZWIR 2001, 221, 230; *Lehr* KTS 2000, 577, 578.

[178] *Duursma-Kepplinger*, in: Duursma-Kepplinger/Duursma/Chalupsky, EuInsVO, Art. 27, RdNr. 10.

[179] Erwägungsgrund Nr. 19.

[180] Erwägungsgrund Nr. 20.

[181] Vgl. *Duursma-Kepplinger*, in: Duursma-Kepplinger/Duursma/Chalupsky, EuInsVO, Art. 27, RdNr. 11; *Fritz/Bähr* DZWIR 2001, 221, 230; *Lüke* ZZP 111 (1998), 275, 293; *Rayak*, S. 71, 76, „Secondary bankruptcies operate to assist the primary benkruptcy [...]".

§ 5 Eröffnungsvoraussetzungen

Das Partikularinsolvenzverfahren ist als Ausprägung der Territorialität und Vielfalt im System der kontrollierten oder gemäßigten Universalität die Ausnahme.[182] Zur Durchführung dieses Regel-Ausnahme-Prinzips wird die Eröffnung eines Partikularinsolvenzverfahrens an bestimmte Voraussetzungen geknüpft. Diese divergieren zwischen den gesetzlichen Grundlagen.

I. Partikularinsolvenzverfahren nach der EuInsVO

Die Voraussetzungen zur Eröffnung von Partikularverfahren nach der Verordnung (EG) Nr. 1346/2000 über Insolvenzverfahren leiten sich aus Artt. 3 Abs. 2-4, 27 ff. EuInsVO ab:

1) Verfahren i.S.d. Art. 2 lit. a) EuInsVO i.V.m. Anhang A (Art. 1 Abs. 1 EuIns-VO)
2) internationale Zuständigkeit (Art. 3 Abs. 2 S. 1 EuInsVO)
   a) Mittelpunkt der hauptsächlichen Interessen innerhalb der Gemeinschaft
   b) Mittelpunkt der hauptsächlichen Interessen liegt in einem anderen Mitgliedstaat
   c) Niederlassung im Eröffnungsstaat
3) örtliche Zuständigkeit ([für Deutschland:] Art. 102 § 1 Abs. 2 EGInsO)
4) sachliche Zuständigkeit (Art. 28 EuInsVO, [für Deutschland: § 2 InsO)[183]
5) [*nur für Sekundärinsolvenzverfahren*:] Hauptverfahren bereits eröffnet (Art. 3 Abs. 3 EuInsVO)

---

[182] Bezogen auf die EuInsVO: Erwägungsgrund Nr. 11: „Diese Verordnung geht von der Tatsache aus, dass aufgrund der großen Unterschiede im materiellen Recht ein einziges Insolvenzverfahren mit universaler Geltung für die gesamte Gemeinschaft nicht realisierbar ist. Die *ausnahmslose* Anwendung des Rechts der Verfahrenseröffnung würde vor diesem Hintergrund häufig zu Schwierigkeiten führen. [...] Zum anderen sollten neben dem Hauptinsolvenzverfahren mit universaler Geltung auch innerstaatliche Verfahren zugelassen werden [...]"; Erwägungsgrund Nr. 12: „Zum Schutz der unterschiedlichen Interessen *gestattet* die Verordnung die Eröffnung von Sekundärinsolvenzverfahren parallel zum Hauptverfahren." Bezogen auf das autonome Recht BT-Drs. 15/16, S. 11: „Die Verordnung wird deshalb vom Grundsatz der gemäßigten Universalität beherrscht." BT-Drs. 15/16, S. 25: „Solche Partikularverfahren werden *zumindest* dann *weitgehend akzeptiert*, *wenn* der Schuldner im Inland eine Niederlassung betreibt."

[183] Art. 28 EuInsVO gilt trotz seiner systematischen Stellung auch für partikulare Insolvenzverfahren, vgl. *Virgos/Schmit*, Erläuternder Bericht, RdNr. 89.

6) sonstige innerstaatliche Eröffnungsvoraussetzungen (Artt. 28, 29 EuInsVO)

[für Deutschland:]

a) Insolvenzfähigkeit (§ 11 f. InsO)

b) Antrag (§ 13 f. InsO)

c) [beim unabhängigen Partikularverfahren:] Insolvenzgrund (§§ 16 ff. InsO)

7) Antragsbefugnis

➚ beim Sekundärverfahren: Art. 29 EuInsVO

↳ Verwalter des Hauptverfahrens (Art. 29 lit. a) EuInsVO)

↳ jede Person oder Stelle der nach der lex fori secundariae ein Antragsrecht zukommt (Art. 29 lit. b) EuInsVO)

➘ beim unabhängigen Partikularverfahren (Art. 3 Abs. 4 EuInsVO)

↳ wenn keine Eröffnung des Hauptverfahrens im Staat des Mittelpunktes der hauptsächlichen Interesse: jede Person, die nach der lex fori particularis antragsbefugt ist

↳ wenn Eröffnung des Hauptverfahrens im Staat der hautsächlichen Interessen möglich, aber noch nicht stattgefunden hat:

➊ jeder Gläubiger, der seinen Wohnsitz/ gewöhnlichen Aufenthalt/ Sitz in dem MS hat, in dem sich die Niederlassung befindet

➋ jeder Gläubiger, dessen Forderung auf einer sich aus dem Betrieb dieser Niederlassung ergebenden Verbindlichkeit beruht

II. Partikularinsolvenzverfahren nach der InsO

Ist das Partikularinsolvenzverfahren nach der InsO zu eröffnen, weil die EuInsVO nicht zur Anwendung gelangt,[184] so beurteilen sich die Eröffnungsvoraussetzungen nach §§ 354, 356 InsO

1) Insolvenzverfahren i.S.d. Insolvenzordnung

2) internationale Zuständigkeit (§ 354 Abs. 1 InsO)

a) keine Zuständigkeit zur Eröffnung eines Insolvenzverfahrens über das gesamte Vermögen

---

[184] Vgl. oben § 2.

b) Niederlassung oder Vermögen im Eröffnungsstaat

3) örtliche Zuständigkeit (§ 354 Abs. 3 InsO)

4) sachliche Zuständigkeit (§ 2 InsO)

5) [bei Sekundärinsolvenzverfahren:] Hauptinsolvenzverfahren bereits eröffnet

6) Insolvenzfähigkeit (§§ 11 f. InsO)

7) Antrag (§ 13 InsO)

8) [beim Partikularinsolvenzverfahren] Insolvenzgrund (§§ 16 ff. InsO)[185]

9) Antragsbefugnis

a) nur der Gläubiger[186]

b) rechtliches Interesse i.S.d. § 14 InsO

c) bei reiner Vermögensbelegenheit: besonderes Interesse i.S.d. 354 Abs. 2 S. 1 InsO

---

185 Arg e contrario § 356 Abs. 2 InsO.
186 Arg e § 354 InsO, der nur den Gläubigerantrag vorsieht, vgl. BT-Drs. 15/16, S. 25.

§ 6 Internationale Zuständigkeit

Näher zu betrachten sind hier die Aspekte der internationalen Zuständigkeit als Eröffnungsvoraussetzung des Nebenverfahrens.

I. Bedeutung und Inhalt

Damit stellt sich zunächst die Frage nach Bedeutung und Inhalt der internationalen Zuständigkeit im Allgemeinen.

Es handelt sich hierbei um die Abgrenzung der Zuständigkeiten zwischen den Staaten. In diesem Rahmen wird eine Entscheidung darüber getroffen, ob deutsche Gerichte zur Entscheidung berufen sind.[187] Man unterscheidet zwischen der *compétence directe* und der *compétence indirecte.* Erstere meint die Entscheidungszuständigkeit. Es geht nur um die Frage, ob den Gerichten des betreffenden Staates die Entscheidung zugewiesen wird. Demgegenüber ist die internationale Zuständigkeit auch bei der Anerkennung einer ausländischen Gerichtsentscheidung zu prüfen. Bei der *compétence indirecte* der betreffenden Gerichte handelt es sich dann um eine Anerkennungsvoraussetzung.

Jeder Staat bestimmt selbst darüber, wann seine Gerichte zur Entscheidung berufen sein sollen, wobei das Völkerrecht Grenzen für die Ausübung der Staatsgewalt zieht.[188] So ist jeder Staat frei, gleich und souverän.[189] Es dürfen folglich hoheitliche Maßnahmen eines anderen Staates nicht auf dem Gebiet des ersteren stattfinden (*Territorialitätsprinzip*).[190] Ein Staat darf nicht für alle Rechtsstreitigkeiten der Welt die internationale Zuständigkeit seiner Gerichte beanspruchen. Vielmehr bedarf es eines zumindest minimalen Inlandskontaktes. Welcher Gestalt dieser sein muss, ist streitig.[191] Der Inlandsbezug ergibt sich aus den Anknüpfungsmomenten der jeweiligen Zuständigkeitsnorm, z.B. Wohnsitz des Beklagten oder satzungsmäßiger Sitz der Gesellschaft.

---

[187] *Batiffol/Lagarde*, Bd. 2, RdNr. 667; *von Bar/Mankowski*, IPR, § 5, RdNr. 123; *Kropholler* in: HdB-IZVR, Bd. I, Kap. III, RdNr. 4.

[188] *Von Hoffmann*, IPR, § 3, RdNr. 33.

[189] *Von Hoffmann*, IPR, § 3, RdNr. 19.

[190] *Geimer*, IZPR, RdNrn. 371-372a m. w. Nachw.; *Schack*, Internationales Zivilverfahrensrecht, RdNrn. 20, 133.

[191] *Geimer*, IZPR, RdNrn. 126-128b, 377, 383.

II. Parteiinteressen

Von der Frage der internationalen Zuständigkeit sind zum einen die Interessen der Parteien, andererseits aber auch öffentliche Interessen betroffen.[192] Jede Partei hat ein Interesse an einem möglichst umfassenden Rechtsschutz. Gewährt wird er am besten durch das Aufstellen geringer Voraussetzungen zur Begründung der internationalen Zuständigkeit, wie etwa dem bloßen Aufenthalt in einem Staat. Durch eine geringe Anforderung an die Gerichtsstandsbegründung oder durch die Möglichkeit einer Wahl des Gerichtsstandes wird zudem ermöglicht, dass der Rechtssuchende die Entscheidung zwischen mehreren Rechtsordnugen treffen kann und er sich die für ihn günstigste heraussuchen kann.[193] Die Parteien haben ferner ein Interesse an einem aus ihrer Sicht naheligenden Forum.[194] Betrachtet man das Verhältnis der Parteien zueinander, so gilt die Maxime „actor sequitur forum rei".[195] Sie besagt, dass der angreifende Kläger sich auf den Gerichtsstand des Beklagten einlassen muss. Dies ist ein Gebot prozessualer Fairness[196] und rechtfertigt sich aus der vom Beklagten zu tragenden Verteidigungslast. Dennoch ist dieses Interesse keineswegs immer, sondern nur in der Regel vorrangig und kann durchaus verdrängt werden.[197] Verallgemeinernd lässt sich formulieren, dass dieses Prinzip v.a. dann zugunsten des Klägers zurückgedrängt wird, wenn er die „schwächere" Partei ist, anders gesagt strukturell unterlegen ist.[198] Zu bedenken ist auch, dass die fremde Gerichtssprache und die Unsicherheit über Prozesskosten und Prozessausgang in einem anderen Land die Verweisung eines Inländers zu einem ausländischen Gericht unzumutbar werden lassen können.[199] Die Durchführung des Prozesses am räumlichen Schwerpunkt der Streitigkeit, liegt im Interesse beider Parteien.[200]

---

[192] *Von Hoffmann* IPRax 1982, 217, 218.
[193] *Heldrich*, Internationale Zuständigkeit, S. 106, 109.
[194] *Heldrich*, Internationale Zuständigkeit, S. 106, 109.
[195] *Geimer*, IZPR, RdNr. 1127; *Schack*, Internationales Zivilverfahrensrecht, RdNr. 189.
[196] *Von Hoffmann* IPRax 1982, 217, 218 f.
[197] *Geimer*, IZPR, RdNr. 1127; *Schack*, Internationales Zivilverfahrensrecht, RdNr. 192; Ausnahmen stellen etwa im autonomen deutschen Recht aufgrund der besonderen Schutzbedürftigkeit des Klägers Ehe-, Kindschafts- und Lebenspartnerschaften dar, vgl. §§ 606a Abs. 1, 640a Abs. 2, 661 Abs. 3 ZPO.
[198] Man denke hierbei etwa an die Arbeitnehmer und Verbraucher.
[199] *Von Hoffmann* IPRax 1982, 217, 219.
[200] *Von Hoffmann* IPRax 1982, 217, 218.

III. öffentliche Interessen

Daneben spielen bei der internationalen Zuständigkeit öffentliche Interessen eine Rolle. Das sind auf der einen Seite die positiven Interessen des Staates im eigentlichen Sinn, wie die Verteidigung, das außenwirtschaftliche Gleichgewicht und gesellschaftliche Werte. Es muss dem Staat aber auch daran gelegen sein, Rechtsfrieden und Rechtssicherheit zu bieten. Sein Interesse an der Gewährleistung des Gerichtsschutzes sinkt mit abnehmendem Grad des Inlandsbezuges. Bei geringem Inlandsbezug sind Rechtsfrieden und Rechtssicherheit des Inlandes kaum betroffen.[201] Zum Schutz seiner Bürger wird der Staat geneigt sein, ihnen eine Art „gerichtliche Heimatzuflucht" zu bieten. Berühmte Beispiele sind Artt. 14, 15 Code Civil.[202] Der Staat kann zum anderen aber auch ein Interesse daran haben, dass die internationale Zuständigkeit gerade nicht bei seinen Gerichten liegt. Denn durch jeden Prozess wird der Justizapparat belastet. Damit sind fiskalische Gesichtspunkte verbunden. Allerdings ist im Zweifel das Parteiinteresse höher zu bewerten als das staatliche.[203] Ein öffentliches Interesse besteht aber auch darin, ein neutrales Forum möglicherweise fern von den eigenen Staatsinteressen zu finden.[204] Andererseits kann es dem Staat auch darum gehen, die Anwendung ausländischen Rechts mit seinen „missliebigen" Vorschriften durch eine entsprechende Wahl der internationalen Zuständigkeit zurückzudrängen. Diese Bestrebung ist v. a. bei einem Gleichlauf der internationalen Zuständigkeit und des anwendbaren Rechts besonders groß.[205]

III. Partei- und öffentliche Interessen

Sowohl im öffentlichen als auch im Parteiinteresse liegt es, durch die **„richtige" Anknüpfung** im Rahmen der internationalen Zuständigkeit zu erreichen, dass die Effektivität des Prozesses gefördert und die Durchsetzung des Anspruchs ermöglicht wird. Doppelte Prozesse sollen vermieden werden.[206] Ebenso in beiderlei Interesse liegt die

---

[201] *Kropholler*, in: HdB-IZVR, Bd. I, Kap. III, RdNr. 17.
[202] *Heldrich*, Internationale Zuständigkeit, S. 108.
[203] *Kropholler* in: HdB-IZVR, Bd. I, Kap. III, RdNr. 18.
[204] *Von Hoffmann* IPRax 1982, 217, 218.
[205] *Heldrich*, Internationale Zuständigkeit, S. 127.
[206] *von Hoffmann* IPRax 1982, 217, 219 f.

Zuständigkeitskonzentration bei einem Gericht, wenn es um mehrere komplexe Sachverhalte geht. Um dies umzusetzen, ließe sich für die Zuständigkeitsbegründung das Kriterium des „Sachzusammenhanges" aufstellen.[207] Durch eine solche Zuständigkeitskonzentration würde ferner die Gefahr widersprüchlicher Entscheidungen gemindert.[208]

Rechtsquellen für die internationale Zuständigkeit können das autonome Recht, ein Staatsvertrag oder ein Gemeinschaftsrechtsakt sein. Steht keine spezielle Norm zur Verfügung sind die Vorschriften über die örtliche Zuständigkeit analog anzuwenden (*Doppelfunktionalität*).[209] Grundsätzlich zulässig sind im IZPR Gerichtsstandsvereinbarungen, die einen materiell-rechtlichen Vertrag über prozessrechtliche Beziehungen darstellen.[210] Im Internationalen Insolvenzrecht kommen als Vertragsparteien nur der Schuldner bzw. der Insolvenzverwalter und die Gläubiger in Betracht. Im Insolvenzfall sind schon wegen der Funktion des Insolvenzverfahrens mehrere Gläubiger vorhanden (Gesamtvollstreckung). All diese müssten also den Gerichtsstandsvereinbarungsvertrag mit dem Schuldner/ Verwalter schließen. Eine Person, die in der Lage ist die Gläubigergesamtheit zu vertreten, existiert indes nicht.[211] Somit ist im Internationalen Insolvenzrecht eine Gerichtsstandsvereinbarung verfehlt.

In den U.S.A. dient die sog. *forum non conveniens*-Doktrin zur Begrenzung der dort sehr weit gefassten internationalen Zuständigkeit. Dabei handelt es sich um ein Instrument, mit dessen Hilfe die amerikanischen Gerichte die Möglichkeit haben, bei an sich bestehender amerikanischer internationaler Zuständigkeit sie dennoch zu verneinen, wenn die Zuständigkeit auch bei einem anderen Staat besteht. Voraussetzung ist daneben aber, dass diese ausländischen Gerichte „besser geeignet" für die Durchführung des Rechtsstreits sind.[212] In Deutschland ist die Einführung der *forum non conve-*

---

[207] *Heldrich*, Internationale Zuständigkeit, S. 118.
[208] *Heldrich*, Internationale Zuständigkeit, S. 124.
[209] *Von Hoffmann*, IPR, § 3, RdNr. 38; a.A. *Schack*, Internationales Zivilverfahrensrecht, RdNr. 236, wonach die internationale Zuständigkeit aus der örtlichen Zuständigkeit folgt.
[210] BGH NJW 1997, 2885.
[211] *Geimer*, IZPR, RdNr. 3463.
[212] Piper Aircraft Co v. Renyo, 454 US 235 (US Supreme Court); *Juenger* in FS-Schütze, S. 317-336; *Schack*, Internationales Zivilverfahrensrecht, RdNr. 496.

niens-Lehre nicht erforderlich, weil die Vorschriften über die internationale Zuständigkeit dort hinreichend differenziert sind.[213]

Im Einzelfall kann es zu Kompetenzkonflikten kommen. Dabei differenziert man zwischen positiven und negativen Kompetenzkonflikten. Ein positiver liegt vor, wenn die Gerichte mehrerer Staaten jeweils die internationale Zuständigkeit bejahen. Bei negativen Konflikten hält sich im Gegenteil kein Staat für international zuständig.[214] Wenn zwei Staaten die internationale Zuständigkeit beanspruchen, liegt der Vorrang bei dem Staat, in dessen Gebiet ein Gericht zuerst ein Verfahren über die Rechtsstreitigkeit eröffnet (*Prioritätsprinzip*).[215] Im gegenteiligen Fall ist wegen Art. 6 Abs. 1 MRK die Notzuständigkeit deutscher Gerichte anzunehmen.[216]

Bei alle dem muss man sich immer bewusst sein, dass die internationale Zuständigkeit nicht von der Frage des anwendbaren Rechts unabhängig ist. Sie ist immer mit der Herrschaft der lex fori verbunden.[217]

---

[213] *Von Hoffmann*, IPR, § 3, RdNr. 68; *Linke*, IZPR, RdNrn. 198 f.; *Schack* RabelsZ 58 (1994), 40, 44.
[214] *Von Hoffmann*, IPR, § 3, RdNr. 29.
[215] *Geimer*, IZPR, RdNr. 2697; *Linke*, IZPR, RdNr. 201.
[216] AG Groß-Gerau FamRZ 1981, 51.
[217] *Heldrich*, Internationale Zuständigkeit, S. 14 m. Fn. 1.

Zweiter Teil. Internationale Eröffnungszuständigkeit bei Partikularinsolvenzverfahren

§ 7 Mögliche Anknüpfungsmomente für die internationale Eröffnungszuständigkeit bei Partikularinsolvenzverfahren

Das Gesetz sieht unterschiedliche Anknüpfungsmomente für die internationale Zuständigkeit vor. Die Vielfalt der Möglichkeiten eröffnet sich bei einem Blick in die ZPO, die EuGVVO oder das Lugano-Übereinkommen über die gerichtliche Zuständigkeit und die Vollstreckung gerichtlicher Entscheidungen in Zivil- und Handelssachen (im folgenden LugÜ).[218] Legt man die internationale Zuständigkeit fest, ist zu beachten, dass die zur Entscheidung berufenen nationalen Gerichte in der Lage sein sollen, zwischen den Parteien über den Sachverhalt aufgrund des Gesetzes ihre Entscheidung zu treffen. Das Kriterium, an das die internationale Zuständigkeit angeknüpft wird, muss also den drei Leitkriterien **(1) Parteinähe, (2) Sachverhaltsnähe** und **(3) Nähe zum anwendbaren Recht** genügen. Dabei muss die Wirksamkeit und Vollstreckbarkeit der Entscheidung im Auge behalten werden.[219]

Die **Parteinähe** wird durch die Staatsangehörigkeit, den Aufenthalt und den Wohnsitz, sowie den Sitz einer juristischen Person als Äquivalent zum Wohnsitz bei den natürlichen Personen gewährleistet. Beim Wohnsitz kommen der des Beklagten (§§ 12, 13 ZPO, Art. 2 Abs. 1 EuGVVO, Art. 2 Abs. 1 LugÜ) oder des Klägers (§ 23a ZPO) in Betracht. Im Sonderfall der erbrechtlichen Streitigkeit ist der des Erblassers maßgeblich (§§ 27, 28 ZPO). Unter dem Gesichtspunkt der strukturellen Unterlegenheit wird auch an den Wohnort des „Schwächeren" (insbesondere Verbraucher oder Versicherter) angeknüpft (Artt. 16 Abs. 1, 9 Abs. 1 lit. b) EuGVVO, Artt. 14 Abs. 2, 8 Nr. 2 LugÜ). Beim Sitz einer juristischen Person (§§ 12, 17 ZPO, Art. 2 EuGVVO, Art. 2 Lu-

---

[218] Das LugÜ hatte zunächst die Funktion eines Parallelübereinkommens zum EuGVÜ, wobei sich die EFTA-Staaten dem EuGVÜ-System anschließen wollten. Heute – nach Inkrafttreten der EuGVVO – ist das LugÜ für das Verhältnis zur Schweiz, Norwegen und Island von Bedeutung, wo die EuGVVO keine Geltung entfaltet, vgl. *von Bar/Mankowski*, IPR, § 5 RdNr. 13.

[219] *Heldrich*, Internationale Zuständigkeit, § 7; *von Hoffmann* IPRax 1982, 217, 221; *Kropholler* in: HdB-IZVR, Bd. I, Kap. III, RdNr. 19.

gÜ)[220] kann entweder der tatsächliche Verwaltungssitz oder der satzungsmäßige Sitz entscheidend sein.[221] Ebenfalls zur Parteinähe zu zählen ist das Anknüpfungsmoment der Niederlassung (§ 21 ZPO, Art. 5 Nr. 5 EuGVVO, Art. 5 Nr. 5 LugÜ). Parteibezug hat auch der ggf. durch eine Parteivereinbarung festgelegte Ort (Art. 23 EuGVVO, Art. 17 LugÜ). Dasselbe gilt für den Fall der rügelosen Einlassung in den Regelungen der § 39 ZPO, Art. 24 EuGVVO, Art. 18 LugÜ. Ebenfalls Parteibezug weist der Belegenheitsort einer unbeweglichen Sache, der Klagegegenstand ist, auf (§§ 23 S. 1 Alt. 2, 24, 29a ZPO, Art. 22 Nr. 1 EuGVVO, Art. 16 Nr. 1 LugÜ). Entsprechendes gilt für den Gerichtsstand der Vermögensbelegenheit (§ 23 S. 1 Alt. 1 ZPO).[222]
Durch **Sachverhaltsnähe** zeichnen sich demgegenüber die Merkmale des Erfüllungsortes (§ 29 ZPO, Art. 5 Nr. 1 EuGVVO, Art. 5 Nr. 1 LugÜ) und des Ortes, an dem das schädigende Ereignis einer unerlaubten Handlung eintritt oder einzutreten droht (Art. 5 Nr. 3 EuGVVO, Art. 5 Nr. 3 EuGVVO) bzw. der Begehungsort (§ 32 ZPO) aus. Wiederum wegen struktureller Unterlegenheit einer Vertragspartei, in diesem Fall des Arbeitnehmers, wird vereinzelt auf den Ort abgestellt, wo der Arbeitnehmer regelmäßig gewöhnlich seine Arbeit verrichtet (Art. 19 Nr. 2 lit. b) EuGVVO).
Unter den Gesichtspunkt des Sachzusammenhangs fallen die Anknüpfungen der Artt. 6 EuGVVO und 21 LugÜ, sowie Artt. 5 Nr. 4 EuGVVO, 5 Nr. 4 LugÜ.
Zu erwähnen sind schließlich noch zwei Besonderheiten. Zum einen gewährt der französische Gesetzgeber den Franzosen gem. Art. 14 Code Civil stets die Klagemöglichkeit vor inländischen Gerichten. Die zweite Besonderheit besteht darin, dass das Gericht konkret-fallbezogen die Zuständigkeit anhand aller Umstände des Einzelfalles ermittelt.[223]

---

[220] Art. 2 EuGVVO und dem gemäß auch der wortlautidentische Art. 2 LugÜ gilt für Gesellschaften entsprechend mit der Maßgabe, dass es auf den Sitz der Gesellschaft ankommt, vgl. für die EuGVVO *Schlosser*, Eu-ZPR, Art. 2 RdNr. 2.

[221] Vgl. nur *von Hoffmann*, IPR, § 3 RdNr. 42.

[222] *Schütze*, FS-Ishikawa, S. 494, 497, „Die Bindung des Menschen an sein Vermögen ist mindestens so stark wie die Bindung an den Wohnsitz."; a.A. *von Hoffmann* IPRax 1982, 217, 219, der davon ausgeht, dass die Anknüpfung des Vermögens weder Bezug zur Streitsache noch zu einer der Parteien hat.

[223] *Von Hoffmann* IPRax 1982, 217, 222.

Auf die Eröffnungszuständigkeit eines Partikularinsolvenzverfahrens bezogen bieten sich potentiell drei Möglichkeiten der Anknüpfung. Das strengste Anknüpfungsmoment ist das der Niederlassung. Ein geringere Hürde ist die Belegenheit von Vermögenswerten. Schließlich bleibt die Variante, die Entscheidung über das Vorliegen der internationalen Zuständigkeit einzelfallabhängig in das Ermessen der Gerichte zu stellen. Entscheidungsgrundlage der Gerichte ist dabei, vor welchem Gericht das Verfahren am zweckmäßigsten und schnellsten durchgeführt werden kann.
Diese Anknüpfungsmerkmale sind mit Vor- und Nachteilen verbunden, die im folgenden näher darzustellen sind:

I. Richterliches Ermessen[224]

Die Frage der internationalen Zuständigkeit von einer Ermessensentscheidung des Gerichts abhängig zu machen, ist der Weg, den das US-Recht bei den *ancillary proceedings* beschreitet (*forum convenient*). Gem. 11 U.S.C. § 304 hat der Richter zu prüfen, ob das US-Hilfsverfahren zu einer wirtschaftlich zweckmäßigen und raschen Insolvenzabwicklung führen wird.[225] Der Unterschied zur *forum non conveniens*-Regel besteht in folgendem: Nach ihr wird bei an sich bestehender internationaler Zuständigkeit das Verfahren ausnahmsweise nicht eröffnet, wenn der Richter nach seiner Ermessensentscheidung zu dem Ergebnis gelangt, dass ein anderes Gericht deutlich besser zur Verfahrensdurchführung geeignet ist. Bei der *forum convenient*-Regel muss der Richter bereits positiv nach seinem Ermessen entscheiden, ob die internationale Zuständigkeit gegeben ist. Gemein ist beiden Varianten, dass letztlich das richterliche Ermessen für die Verfahrenseröffnung den Ausschlag gibt.
Positiv bei richterlichen Ermessensentscheidungen ist die Einzelfallbezogenheit, die den Weg für flexible[226] und im konkreten Fall eventuell gerechtere Lösungen ebnen kann.[227] Im Ergebnis wiegt dieser vermeintliche Vorteil die Nachteile allerdings nicht

---

[224] *Nadelmann* 59 Harvard Law Review 1025ff. 1041 ff. zum Ermessenspielraum amerikanischer Gerichte in der Frage der Eröffnung eines Parallel-Konkurses.
[225] Vgl. zu den zu berücksichtigenden Faktoren: *Mankowski* IPRax 1999, 155, 156.
[226] *Wimmer* ZIP 1998, 982, 985.
[227] *Wahl*, Die verfehlte internationale Zuständigkeit, S. 126; *Pfeiffer*, Internationale Zuständigkeit, S. 414.

auf. Die angestrebte Einzelfallgerechtigkeit kann genau dadurch verfehlt werden, dass „lästige" Auslandsfälle „abgeschoben" werden könnten, indem eine entsprechend restriktive Handhabung dieses Ermessensinstruments der Richter vorgenommen wird.[228] Das Spiegelbild einer solchen Flexibilität ist Rechtsunsicherheit. Niemand kann in concreto sicher vorhersehen, wo im Ergebnis tatsächlich das Verfahren eröffnet wird.[229] Das deutsche Prozessrecht räumt der Rechtssicherheit deshalb den Vorrang vor der Einzelfallgerechtigkeit ein.[230] Bedenken ergeben sich ferner aus der Vereinbarkeit dieser Doktrin mit dem Justizgewährungsanspruch und dem Anspruch auf den gesetzlichen Richter (Art. 101 Abs. 1 S. 2 GG).[231]

Weder die *forum convenient* noch die *forum non conveniens* sind daher geeignet, bei der Beurteilung der internationalen Zuständigkeit bei Insolvenzverfahren eine Rolle zu spielen.

II. Vermögen als Anknüpfungsmoment

Als möglicher Anknüpfungspunkt für die internationale Eröffnungszuständigkeit bei Partikularinsolvenzverfahren ist zunächst die Vermögensbelegenheit zu nennen. Anders als bei der ZPO, die zwischen dem Aufenthaltsort eines Gegenstandes (§ 23 S. 1 Alt. 2 ZPO) und der Belegenheit des Vermögens (§ 23 S. 1 Alt. 1 ZPO) differenziert, ist in diesem Zusammenhang der Vermögensbegriff weit zu fassen und beinhaltet demzufolge beides.[232]

Das Anknüpfungsmoment ‚Vermögensbelegenheit' stellt im Vergleich zur Niederlassung eine geringe Hürde zur Eröffnung des Verfahrens auf. Er verlangt keinerlei Tätigkeit des Schuldners. Lässt man eine solch geringe Anforderung genügen, wird die Eröffnung des Verfahrens erleichtert. Das wiederum führt dazu, dass insgesamt mehr Insolvenzverfahren in den verschiedenen Staaten eröffnet werden können. Positiv dar-

[228] *Pfeiffer*, Internationale Zuständigkeit, S. 407, der bereits von einem Anreiz zum Missbrauch in diesem Zusammenhang spricht.

[229] *Geimer*, IZPR, RdNr. 1075; *Kubis*, Internationale Zuständigkeit bei Persönlichkeits- und Immaterialgüterverletzungen, S. 141.

[230] *Schütze* ZZP 88 (1975), 478.

[231] *Geimer*, IZPR, RdNr. 1076; *Pfeiffer*, Internationale Zuständigkeit, S. 410 f.

[232] Dieses Verständnis ergibt sich etwa aus Art. 2 lit. g) EuInsVO, der das „Vermögen" als Oberbegriff für körperliche Gegenstände, Gegenstände und Rechte, bei denen das Eigentum und die Rechtsinhaberschaft in ein öffentliches Register einzutragen ist und schließlich Forderungen ansieht.

an ist, dass die Gefahr eines insolvenzfreien Vermögens durch die Lückenlosigkeit der Verfahren eingedämmt wird. Denn wenn das in einem Staat belegene Vermögen nicht von einem Hauptverfahren mit universaler Wirkung erfasst wird, können die Gläubiger jedenfalls ihre Forderungen in dem leicht zu eröffnenden Partikularinsolvenzverfahren geltend machen.[233] Fordert man für die internationale Zuständigkeit dagegen eine Niederlassung, so kann es geschehen, dass das in einem Staat befindliche Vermögen, etwa die Finca in Spanien, weder vom Hauptverfahren erfasst wird, noch dass ein Partikularinsolvenzverfahren über das in diesem Land befindliche Vermögen eröffnet werden kann, weil die Finca keine Niederlassung darstellt.[234] Noch offensichtlicher wird dies bei einem Bankkonto in Luxemburg. Auch hier handelt es sich dem Wortlaut nach nicht um eine Niederlassung. Trotz eines möglicherweise hohen Wertes des Bankguthabens, wäre es dem Zugriff der Gläubiger entzogen, weil erst bei einer Niederlassung das Partikularinsolvenzverfahren eröffnet werden könnte.

Die Eröffnung von Partikularverfahren durch geringe Voraussetzungen zu erleichtern, hat zudem den Vorteil, dass die inländischen Gläubiger wegen der Anwendung der lex fori nicht mit einem fremden materiellen Insolvenzrecht konfrontiert werden. Auf den Insolvenzfall ist vielmehr das Insolvenzrecht des „eigenen" Staates anwendbar, das den eigenen Gerechtigkeitsempfindungen in aller Regel am nächsten kommt und „Überraschungen" vermeidet.[235] Dies ist insbesondere wichtig, wenn das ebenfalls als anwendbar in Betracht kommende fremde Insolvenzrecht inhaltlich stark von dem Insolvenzrecht des Gläubigerheimatstaates abweicht. Innerhalb Europas sind wegen der allgemeinen Tendenz zur Rechtsangleichung und einer ähnlichen Rechtskultur derartige Abweichungen weniger zu befürchten. Je inhaltsferner das fremde Insolvenzrecht von dem eigenen ist, umso stärker ist also das Bedürfnis zur Eröffnung eines inländischen Insolvenzverfahrens. Hier erweist sich die geringe Voraussetzung der Vermögensbelegenheit als vorteilhaft.

---

233 *Huber* ZZP 114 (2001), 133, 156 f.

234 Vgl. *Paulus* ZIP 2002, 729, 735.

235 *Wimmer* ZIP 1998, 982, 985.

Auch ist zu bedenken, dass bereits bei der Vermögensbelegenheit in einem Staat komplexe und lokal verwurzelte Rechtsverhältnisse bestehen können. Dies offenbart sich beispielsweise bei Sicherungsrechten.[236]

Allerdings ist das Kriterium der Vermögensbelegenheit in diesem Zusammenhang auch erheblicher Kritik ausgesetzt und wird bisweilen als unverhältnismäßig[237] und systemfremd[238] bezeichnet. Die EuGVVO schließt in ihrem Art. 3 Abs. 2 i.V.m. Anhang I aus diesem Grunde die Anwendung exorbitanter Gerichtsstände aus.[239] Dabei nennt Anhang I Spiegelstrich 2 den Vermögensgerichtsstand des § 23 ZPO. Zutreffend ist, dass die Anknüpfung an bewegliches Vermögen stets die Gefahr der Vermögensverlagerung in sich birgt. Das schutzwürdige Vertrauen, das von einer beweglichen Sache ausgeht, ist daher geringer als jenes, das durch eine Niederlassung mit ihrer Verwurzelung mit dem Geschäftsverkehr des betreffenden Staates, begründet wird.[240] Der Aspekt der Vermögensverschiebung hat angesichts des grenzüberschreitenden Finanz-, Waren- und Wirtschaftsverkehrs erheblich an Bedeutung gewonnen.[241] Das führt dazu dass das Schuldnervermögen recht weit verstreut sein kann. Lässt man dann bereits bei der Vermögensbelegenheit die Eröffnung von Nebenverfahren zu, besteht wegen der Vielzahl der Verfahren die Gefahr einer Unübersichtlichkeit und einer Zerfaserung der Insolvenzabwicklung.

III. Niederlassung als Anknüpfungsmoment

Als weitere Anknüpfungsmöglichkeit kommt das Merkmal der Niederlassung in dem Eröffnungsstaat in Betracht.

Hierfür spricht, dass es durch sie zu sozialen und rechtlichen Verflechtungen kommt. Denn zum Betrieb einer Zweigniederlassung werden Arbeitnehmer eingestellt, Geschäftsräume angemietet oder gekauft sowie ausgestattet. Verkäufer haben Waren unter Eigentumsvorbehalt geliefert, Banken wurden Sicherheiten zur Gewährung eines

236 *Hanisch* ZIP 1994, 1, 7.

237 *Wimmer* ZIP 1998, 982, 985.

238 *Lüer* KTS 1990, 377, 397.

239 Vgl. auch *Kroppholler*, EuZPR, Art. 3, RdNr. 3 ff.; *Linke*, IZPR, RdNr. 129; *Schlosser*, Eu-ZPR, Art. 3, RdNr. 2.

240 Mohrbutter/Mohrbutter-*Wenner*, RdNr. XXIII.27.

241 *Lüer* in FS-Uhlenbruck, S. 843, 850.

Kredits eingeräumt.[242] Durch derartige Verflechtungen wird ein Vertrauen des Gläubigers dahingehend begründet, dass er im Insolvenzfall gegen den Schuldner im Inland unter Anwendung des eigenen nationalen Insolvenzrechts vorgehen und dort seine Befriedigung suchen kann.[243] Da er Geschäftspartner „der Niederlassung" ist, soll es ihm erspart bleiben, seine Befriedigung im Ausland, in fremder Sprache unter Anwendung eines fremden Insolvenzrechts zu suchen, wo er zudem die zuständigen Stellen nicht kennt.[244]

Jedenfalls bei dem Vorhandensein einer Niederlassung wird also ein starkes Vertrauen hervorgerufen, das die internationale Eröffnungszuständigkeit für Partikularinsolvenzverfahren begründet.[245]

IV. bisherige Lösungswege von der Konkursordnung bis zur EuInsVO und InsO

Im Laufe der neueren Geschichte des Konkurs- bzw. Insolvenzrechts fielen die Entscheidungen des Gesetzgebers teils zugunsten des Niederlassungs- teils zugunsten des Vermögensgerichtsstandes aus. Auslegungsvorschläge und denkbare Analogieschlüsse aus Rechtsprechung und Lehre kamen zum Zuge, wenn der Gesetzgeber sich seinerseits einer Entscheidung für eine der beiden Lösungswege enthielt bzw. die von ihm getroffene Lösung als unbefriedigend angesehen wurde.

---

[242] *Hanisch* ZIP 1994, 1, 3; *ders.* in Stoll, Vorschläge und Gutachten, S. 202, 207; FK-*Wimmer*, Art. 102, Anhang I, RdNr. 32; *ders.* ZIP 1998, 982, 983.

[243] *C.L. von Bar*, Bd. II, „[...] führt [...] zu der Lösung der weiteren Frage, ob nicht dann mehrere Concourse berechtigt sind, wenn Jemand in verschiedenen Ländern Handelsniederlassungen besitzt [...]. Die Frage ist zu bejahen. Die Gläubiger, die dies im Hinblick auf ein bestimmtes Handelsetablissement geworden sind, können billiger Weise verlangen, dass ihnen dieses mit seinem Zubehör zunächst für ihre Forderungen hatte; es würde unbillig sein, sie, welche die gesamte Abwicklung ihrer Forderungen bei diesem inländischen Geschäfte erwarten durften, an ein auswärtiges vielleicht sehr entferntes Gericht zu verweisen, und wenn man bedenkt, dass nicht selten eine und dieselbe Person bei Handelsgesellschaften (Firmen) in verschiedenen untereinander sehr entfernten Ländern beteiligt ist, so wird man in solchen Fällen die Eröffnung mehrerer Concourse als allein praktisch betrachten müssen; würden doch, wenn man den Concours allein an das Forum domicilii ziehen wollte, gerade in solchen Fällen nicht leicht Zweifel darüber entstehen, wo dann in Wahrheit das Domizil der Person sei, und ist doch letzteres zuweilen, z.B. Jemand der Gesundheit wegen an einem anderen Orte mit seiner Familie lebt, geschäftlich ohne Belang."; *Flessner* ZIP 1989, 749.

[244] Vgl. *Kindler*, FS-Ulmer, S. 305, 319.

[245] *Herchen*, Übereinkommen, S. 51 kritisiert hingegen selbst das Niederlassungskriterium als ungeeignet zur Gewährleistung der Universalität. Die universelle Vermögenserfassung werde praktisch die Ausnahme bleiben.

1) Konkursordnung

Der Gesetzgeber der Konkursordnung vom 10. Februar 1877 entschied sich für das Niederlassungskriterium (§§ 71 Abs. 1, 238 Abs. 1 KO).

In der Rechtslehre wurde allerdings teilweise eine Ausdehnung auf Betriebsstätten oder „verwaltetes Vermögen" vorgeschlagen.[246]

Andere sprachen sich für eine analoge Anwendung des Niederlassungsbegriffs auf die Vermögenszuständigkeit aus.[247] Begründet wurde dies beispielsweise damit, dass es bei einem Niederlassungsgerichtsstand zu einem Wertungswiderspruch komme. So könnte die internationale Zuständigkeit nach § 238 Abs. 2 S. 1 KO bejaht werden, wenn es sich bei dem mit Wohn- und Wirtschaftsgebäuden verbundenen Gut i.S.d. § 238 Abs. 2 KO um ein „bescheidenes Exemplar" handele. Andererseits würde aber die internationale Zuständigkeit bei einem recht umfangreichen Vermögen ablehnt, nur weil dieses kein „mit Wohn- und Wirtschaftsgebäuden versehenes Gut sei".[248]

Ferner sei zu bedenken, dass die Fälle eines mit Wohn- und Wirtschaftsgebäuden versehenen Gutes durch den Wandel der gesellschaftlichen Umstände abnähmen, während in der neueren Zeit Vermögensanlagen im Ausland eher Apartmenthäuser, Ferienhäuser oder auch Bankkonten seien.

Auch bestehe nicht die Gefahr, dass bei einem Vermögensgerichtsstand wegen nur geringwertiger Vermögenswerte ein Verfahren eröffnet werde. Dies verhindere die Norm des § 107 Abs. 1 KO.[249] Damit begegnet diese Ansicht dem Argument, dass die Eröffnung des Verfahrens wegen des bloßen Vorhandenseins von Vermögenswerten unverhältnismäßig sei,[250] weil eventuell die Verfahrenskosten gar nicht gedeckt seien.

---

[246] Zu den Nachweisen vgl. *Kuhn/Uhlenbruck-Lüer*, §§ 237, 238, RdNr. 51; *Pielorz*, Auslandskonkurs und Disposition über Inlandsvermögen, S. 69 für Analogie für verwaltetes Vermögen; a.A. *Trunk*, Internationales Insolvenzrecht, S. 237.

[247] *Hanisch* ZIP 1983, 1289 f.; *ders.*, FS-Bosch, S. 381, 387, wo er bereits das Vorhandensein eines Bankguthabens genügen lässt; *Pielorz*, Auslandskonkurs und Disposition über Inlandsvermögen, S. 69 f.; *Weber* KTS 1965, 95, 109; a.A. Trunk, Internationales Insolvenzrecht, S. 237; *Thieme* RabelsZ 37 (1973), 682, 698.

[248] *Pielorz*, Auslandskonkurs und Disposition über Inlandsvermögen, S. 69.

[249] *Pielorz*, Auslandskonkurs und Disposition über Inlandsvermögen, S. 69.

[250] Dies wird insbesondere für den Fall einzelner verstreuter geringwertiger Gegenstände angeführt, vgl. etwa *Thieme* RabelsZ 37 (1973), 682, 697, der aber auch die Vorschrift des § 107 KO als eine taugliche Begrenzung der an sich gebotenen Ausweitung des § 238 Abs. 1 KO ansieht.

Als Vorteil einer erleichterten Eröffnung von Partikularverfahren wurde zudem angesehen, dass auf diese Weise das inländische Parallelverfahren an die Stelle vieler Einzelzwangsvollstreckungsmaßnahmen trat.[251]

Weber verweist darauf, dass eine erleichterte Eröffnung eines Parallelverfahrens und die damit verbundene Vielzahl von Verfahren in den verschiedenen Ländern eine der – zu diesem Zeitpunkt in der Tat noch kaum verwirklichten – Universalität nahe kommende Wirkung habe.[252]

Die Gegner der Analogie beriefen sich auf die fehlende Regelungslücke, denn der Gesetzgeber habe sich bewusst ausdrücklich für das Niederlassungskriterium und gegen das Vermögensmerkmal entschieden.[253] Für die Lückenhaftigkeit des Gesetzes wird aber ins Feld geführt, der Gesetzgeber habe lediglich die zugunsten der Niederlassungsanknüpfung getroffene Regelung der PreußKO für die KO übernommen. Über eine andere Anknüpfungsmöglichkeit habe er sich überhaupt keine Gedanken gemacht. Daher handele es sich gar nicht um eine bewusste Entscheidung des Gesetzgebers gegen den Vermögensgerichtsstand.[254] Die Befürworter des Vermögensgerichtsstands führten hierfür an, dass erst durch die Niederlassung und den damit verbundenen geschäftlichen Kontakten zu inländischen Gläubigern ein schützenswertes Interesse für die Eröffnung eines Sonderverfahrens eingreife.[255] Dem wurde entgegengehalten, dass der Gesamtkonkurs allen Gläubigern zur Durchsetzung ihrer Ansprüche diene und nicht nur denen, die in einem geschäftlichen Kontakt zu der Niederlassung ständen oder gestanden hätten.[256]

Ferner handele es sich bei der Vermögensbelegenheit um ein sehr praktikables und leicht erkennbares Anknüpfungsmoment, wenn das belegene Vermögen etwa ein

---

[251] *Ebenroth* ZZP 101 (1988), 121, 130 f., unter Hinweis darauf, dass es sich zudem um eine Rückkehr zum Territorialitätsprinzip handele; *Thieme* RabelsZ 37 (1973), 682, 697; a.A. *Baumgärtel* AWD 1971, 557, 565, der der Auffassung anhängt, durch eine ausdehnende Anwendung der §§ 238 Abs. 1 und Abs. 2 KO beraube man den Gläubiger seiner Einzelzwangsvollsteckungsmöglichkeit. Dies ist bereits deshalb unzutreffend, weil bei einer Mehrheit von Gläubigern die Gesamtvollstreckung an die Stelle des Einzelzwangsvollstreckungssystems tritt, vgl. § 1 S. 1 InsO.

[252] *Weber* KTS 1965, 95, 96.

[253] *Trunk*, Internationales Insolvenzrecht, S. 237, Fn. 581, mit dem Hinweis auf die Regelung des § 22 Abs. 2 Gesamtvollstreckungsordnung.

[254] *Weber* KTS 1965, 95, 96, mit Verweis auf *Hahn*, Motive Band IV, §§ 207, 208, RdNr. 458.

[255] *Baumgärtel* AWD 1971, 557, 560.

[256] *Hanisch*, FS-Bosch, S. 381, 385 f.; *Weber* KTS 1965, 95, 110-112.

Grundstück sei.[257] Mit dem Gegenteil, nämlich der schwierigen Handhabbarkeit des „verwalteten Vermögens“ argumentierte die Gegenansicht. Jedes Vermögen müsse verwaltet werden. Das Kriterium der „Verwaltung“ sei entsprechend nicht zur Einschränkung eines letztlich ausufernden Vermögensgerichtsstandes geeignet.[258]

2) Vergleichsordnung

Am 26. Februar 1935 trat die Vergleichsordnung in Kraft. Ihr Zweck war, wie aus § 1 VglO zu entnehmen ist, die Abwendung des Konkurses. Dieses Ziel sollte durch den Abschluss eines Vergleichs zwischen dem Vergleichsschuldner und den Vergleichsgläubigern erreicht werden.[259] Die Eröffnungsvoraussetzungen entsprachen gem. § 2 Abs. 1 S. 3 VglO denen des Konkursverfahrens. Dies galt auch bei einem inländischen Vergleichsverfahrens über inländisches Vermögen, wenn bereits im Ausland ein Konkurs- oder konkursabwendendes Schuldenregelungsverfahren eröffnet worden war oder mangels Masse undurchführbar war.[260] Für das Partikularverfahren bedurfte es gem. § 2 Abs. 1 S. 3 VglO i.V.m. § 238 Abs. 1 KO einer gewerblichen Niederlassung oder nach § 2 Abs. 1 S. 3 VglO i.V.m. § 238 Abs. 2 KO eines mit Wohn- und Wirtschaftsgebäuden versehenes Gutes.

Die Vermögensbelegenheit genügte entsprechend nur zur Eröffnung eines Sonderverfahrens, wenn man eine dahingehende Analogie schon bei der Konkursordnung bejahte.

3) EG-Konkursabkommen (Entwurf 1980)

Die 1963 eingesetzte Sachverständigenkommission zur Förderung der in Art. 220, 4. Spiegelstrich des Vertrages zur Gründung der EWG (EWGV) genannten Ziele, hatte bis 1970 einen Entwurf vorgelegt, der bis 1980 überarbeitet wurde.[261] Auch dieser Entwurf knüpfte an das Merkmal der Niederlassung an (Artt. 4, 10 des Entwurfs). Da-

---

[257] *Hanisch*, FS-Bosch, S. 381, 386.
[258] *Trunk*, Internationales Insolvenzrecht, S. 237.
[259] *Böhle-Stamschräder/Kilger*, VglO, § 1, RdNr. 1.
[260] *Bley/Mohrbutter*, VglO I, § 2, RdNr. 62.
[261] Abgedruckt in ZIP 1980, 582 ff., 811 ff.; vgl. auch Bericht von *Lemontey* zum Entwurf des EG-Konkursabkommens ZIP 1981, 547.

bei geht es aber nicht um die Eröffnung eines Nebenverfahrens. Der Entwurf legt die strenge Einheit und Universalität zugrunde und kennt die Existenz von Nebenverfahren insoweit nicht (vgl. Art. 2 des Entwurfs). Für die Begründung des Konkursverfahrens ist gem. Art. 3 Abs. 1 des Entwurfs in erster Linie das Geschäftszentrum entscheidend. Art. 4 des Entwurfs hat die Funktion, eine Hilfszuständigkeit zur Eröffnung *des* Konkurses für den Fall zu begründen, dass das Geschäftszentrum nicht in dem Hoheitsgebiet einer der Vertragsstaaten liegt (Art. 4 Abs. 1 Hs. 1 des Entwurfs).[262] Das Konkursverfahren kann in dem Staat eröffnet werden, wo die Niederlassung liegt. Diese wird in Art. 4 Abs. 2 des Entwurfs legaldefiniert.

Dabei ist indes zu berücksichtigen, dass hierdurch nicht eine reine Partikularkonkurszuständigkeit begründet wurde. Vielmehr konnte die Niederlassung auch als Merkmal für die Eröffnung des Universalverfahrens herangezogen werden.

4) Gesetz zu dem Vertrag vom 25.5.1979 zwischen der Bundesrepublik Deutschland und der Republik Österreich auf dem Gebiet des Konkurs- und Vergleichs-(Ausgleichs-)Rechts

Der am 25. Mai 1979 geschlossene „Vertrag zwischen der Bundesrepublik Deutschland und der Republik Österreich auf dem Gebiete des Konkurs- und Vergleichs-(Ausgleichs-)Rechts" (DöKV),[263] der am 17. Januar 1985 durch die Ratifikation zu verbindlichem Recht wurde (DöKVG),[264] sieht nur ein Konkursverfahren im Verhältnis der beiden Staaten zueinander vor (Art. 1 DöKVG). Ein Nebenverfahren in dem jeweils anderen Staat konnte also nicht eröffnet werden. Dennoch wurde hier auf der letzten Stufe im Rahmen einer *Kegel'schen Leiter*[265] gem. Artikel 2 Abs. 3 DöKVG an das Vorhandensein einer Niederlassung als Eröffnungskriterium angeknüpft, wenn der Gemeinschuldner weder den Mittelpunkt seiner wirtschaftlichen Betätigung (vgl. Art.

[262] Vgl. auch *Thieme* RabelsZ 45 (1981), 459, 471 m. Fn. 61, 496, der diese Regelung als „theoretisch und praktisch ganz unbefriedigend" ansieht.
[263] Abgedruckt in ZIP 1980, 483 ff.
[264] Vgl. hierzu BT-Drs. 10/2682; ZIP 1985, 251, siehe dort auch das Ausführungsgesetz zum deutsch-österreichischen Konkursvertrag (DtöKoVtrAG), das ebenfalls am 17. Januar 1985 beschlossen wurde.
[265] *Von Hoffmann*, IPR, § 5, RdNr. 119; oder auch Kasskadenanknüpfung/ step-by-step-approach, vgl. *von Bar/Mankowski*, IPR, § 7, RdNr. 95; gemeint ist die subsidiäre Anknüpfung.

2 Abs. 1 DöKVG), noch seinen Sitz oder gewöhnlichen Aufenthalt in einem der beiden Vertragsstaaten hatte (vgl. Art. 2 Abs. 2 DöKVG). Besaß der Gemeinschuldner in einem solchen Fall eine Niederlassung in einem der beiden Staaten, so war *das* Konkursverfahren in diesem Staat zu eröffnen.

5) Gesamtvollstreckungsordnung

Einen anderen Weg als den des § 238 KO wählte die Gesamtvollstreckungsordnung[266]. Die „Verordnung über die Gesamtvollstreckung" trat in der Deutschen Demokratischen Republik im Jahre 1975 an die Stelle der Konkurs- und Vergleichsordnung[267] und enthielt zunächst keine Vorschriften, die sich auf die Lösung grenzüberschreitender Gesamtvollstreckungen bezogen. Nach der Wiedervereinigung schien angesichts der Entwicklungen des Referentenentwurfs zur Insolvenzordnung eine Wiedereinführung der Konkurs- und Vergleichsordnung unangebracht. Statt dessen wurde die Gesamtvollstreckungsverordnung neu gefasst und trat als formelles Gesetz am 1. Juli 1990 in Kraft.[268] Diese Neufassung enthielt mit ihrem § 22 erstmals auch eine Regelung, die sich mit der Behandlung grenzüberschreitender Insolvenzen befasste. Bei der abermaligen Neufassung der Verordnung, bei der sie zu einem formellen Gesetz wurde, blieben die Regelungen des § 22 Abs. 1-3 unverändert. Damit war das Insolvenzrecht eines der wenigen Rechtsgebiete, für das das bisherige Recht der DDR im Gebiet der neuen Bundesländer fortgalt, während in den alten Bundesländern die KO und die VglO zur Anwendung kamen.[269]

§ 22 Abs. 2 GesO besagt, dass im Inland ein gesondertes Gesamtvollstreckungsverfahren eröffnet wird, das nur das im Inland befindliche Vermögen erfasst. Wenngleich

---

[266] „Verordnung über die Gesamtvollstreckung – Gesamtvollstreckungsverordnung –" vom 6. Juni 1990, GBl. Teil I Nr. 32, S. 285, geändert durch § 10 der zweiten Verordnung über die Gesamtvollstreckung – Unterbrechung des Verfahrens – vom 25. Juli 1990, GBl. Teil I Nr. 45, S. 782, ist durch den Einigungsvertrag (Anlage II Kapitel III Sachgebiet A Abschnitt II Nr. 1) erneut geändert und unter dem Titel „Gesamtvollstreckungsordnung" zum formellen Gesetz erhoben worden. Vgl. die Erläuterungen der Bundesregierung zu den Anlagen zum Einigungsvertrag, BT-Drs. 11/7817, S. 8, 59 ff. Die Gesamtvollstreckungsordnung wurde durch das Gesetz von 22. März 1991 (BGBl. 776) erneut geändert und am 23. Mai 1991 bekannt gemacht (BGBl. I 1185).

[267] GBl. 1976 Teil I Nr. 1, S. 5.

[268] GBl. Teil I Nr. 32, S. 285.

[269] Vgl. zur geschichtlichen Entwicklung *Landfermann*, in Stoll: Stellungnahmen und Gutachten, S. 314 ff.

ferner hervorgehoben wird, dass hiervon nur das im Inland befindliche Schuldner*vermögen* erfasst wird, lässt sich daraus nicht ohne weiteres schließen, dass die Vermögensbelegenheit auch die Eröffnungsvoraussetzung ist. Andererseits nennt § 22 Abs. 2 GesO eben keine Voraussetzung zur Eröffnung eines Nebenverfahrens. Hätte ein derartiges Erfordernis aufgestellt werden sollen, hätte der Gesetzgeber dies wohl genannt, v.a. mit Blick auf die westdeutsche Parallelvorschrift des § 238 KO, die gerade dies macht. Wegen des bestehenden Referentenentwurfs wurde mit dem § 22 GesO nur eine Übergangsregelung bis zur Neuordnung des Insolvenzrechts geschaffen. Er ging in seinem Art. 14 Abs. 1 vom Erfordernis der Vermögensbelegenheit aus. Somit ist aus entstehungsgeschichtlicher Sicht davon auszugehen, dass auch der Gesetzgeber der Übergangsregelung des § 22 GesO diesem Lösungsweg anschließen wollte, von dem er vermutete, dass es der zukünftigen insolvenzrechtlichen Regelung entspreche.[270]

6) Istanbuler Übereinkommen

Das Istanbuler Übereinkommen[271] von 1990 sah neben dem Hauptverfahren die Eröffnung eines sog. „Nebenkonkursverfahrens" vor (Art. 16 IstÜb). Für die Begründung der internationalen Eröffnungszuständigkeit dieses Verfahrens war zwar zunächst das Vorhandensein einer Firmenniederlassung im Eröffnungsstaat vorgesehen (Art. 17 S. 1 IstÜb). Daneben genügte allerdings auch die reine Vermögensbelegenheit (Art. 17 S. 2 IstÜb.). Aus dem Wortlaut „gleichermaßen" lässt sich auch kein Subsidiaritätsprinzip entnehmen. Insofern dürfte die Niederlassungszuständigkeit keine herausragende Rolle gespielt haben. Kurz, das IstÜb hatte die Entscheidung zugunsten des Vermögensgerichtsstandes getroffen.

7) Entwurf zur Insolvenzordnung

Der Regierungsentwurf zum autonomen Internationalen Insolvenzrecht vom 21. November 1991 sah vor, das deutsche IIR in dem „Neunten Teil" (§§ 379-399 EInsO) zu regeln. In seinem Dritten Abschnitt waren die Voraussetzungen zur Eröffnung eines

[270] Vgl. auch *Landfermann*, in Stoll, Stellungnahmen und Gutachten, S. 314, 319; *Trunk*, Internationales Insolvenzrecht, S. 348; a.A. *Thieme* IJVO 1995/1996, S. 44, 70.
[271] Abgedruckt in FK-*Wimmer*, Anhang I zu Art. 102 EGInsO.

Sonderinsolvenzverfahrens genannt (§ 393 EInsO). Diese Vorschrift sah die Zuständigkeit deutscher Gerichte für das Sonderverfahren vor, wenn nicht die Zuständigkeit für die Eröffnung des Hauptverfahrens gegeben, dafür aber eine Niederlassung oder sonstiges Vermögen im Inland vorhanden war (§ 393 Abs. 1 S. 1 InsO). Angeknüpft wurde also alternativ an das Merkmal der Niederlassung oder des Vermögens. Die Schöpfer des Gesetzesentwurfes begründeten dies mit der Zweckmäßigkeit und dem Schutz inländischer Interessen.[272] Auch forderten sie bei der reinen Vermögensbelegenheit keine weiteren Voraussetzungen.[273] Die besondere Antragsbefugnis (§ 396 Abs. 2 EInsO) bezog sich auf beide Fälle, den Niederlassungs- und den Vermögensgerichtsstand. Ein besonderer Umfang des belegenen Vermögens sollte dabei nicht erforderlich sein.[274] In diesem Zusammenhang gelte allein die Kostendeckungsschranke des § 30 Abs. 1 S. 1 des Entwurfs (heute § 26 Abs. 1 S. 1 InsO).

8) Einführungsgesetz zur Insolvenzordnung in der Fassung vom 5. Oktober 1994

Weil der Gesetzgeber das Inkrafttreten des EU-Insolvenzübereinkommens erwartete, entschied er sich zunächst gegen eine solche umfassende Regelung,[275] zumal er davon ausging, dass in dem Zustimmungsgesetz des Übereinkommens auch die Geltung gegenüber Nichtvertragsstaaten normiert würde.[276] Daher kam es zu dem „Platzhalter"[277] des Art. 102 EGInsO. Im dritten Absatz dieser Vorschrift war vorgesehen, dass trotz der Anerkennung eines ausländischen Insolvenzverfahrens ein gesondertes Insolvenzverfahren eröffnet werden konnte. Es erfasste nur das inländische Vermögen (Art. 102 Abs. 3 S. 1 EGInsO). Zu den Voraussetzungen zur Eröffnung eines Partikularinsolvenzverfahrens äußerte die Norm sich hingegen nicht. Somit wurde insbesondere kon-

---

[272] BT-Drs. 12, 2443, S. 245.

[273] Der heutige § 354 InsO stellt dagegen in seinem Abs. 2 für diesen Fall das Erfordernis des „besonderen Interesses" auf. Zwar spricht auch der Entwurf von einem „besonderen Interesse", vgl. § 396 Abs. 2 EInsO. Dieses „besondere Interesse" bezieht sich aber nicht auf die Vermögensbelegenheit. In diesem Fall geht es vielmehr darum, dass bei bereits laufendem Hauptverfahren, der Gläubiger nur dann die Eröffnung eines Sonderverfahrens beantragen kann, wenn er ein besonderes Interesse an der Eröffnung eines weiteren Verfahrens hat.

[274] BT-Drs. 12/2443, S. 245.

[275] Vgl. BT-Drs. 15/16, S. 13.

[276] BT-Drs. 12/7303, S. 117.

[277] Vgl. BT-Drs. 15/16, S. 13.

trovers diskutiert, ob für die internationale Zuständigkeit das Niederlassungs- oder ob das Vermögenskriterium maßgeblich sein soll. Die herrschende Meinung sprach sich vor allem wegen des Wortlautes der Norm[278] für das Genügen der Vermögensbelegenheit aus.[279] Die Gegenansicht forderte mit Verweis auf § 393 Abs. 1 EInsO und Artt. 3 Abs. 2, 27 EuInsÜ das Vorhandensein einer Niederlassung für die internationale Zuständigkeit in Bezug auf das Partikularinsolvenzverfahren.[280]

9) EU-Insolvenzübereinkommen

Wie bereits oben dargestellt, knüpfte das EuInsÜ für die Begründung der internationalen Zuständigkeit zur Eröffnung des Partikularinsolvenzverfahrens ebenfalls an das Merkmal der Niederlassung an (Art. 3 Abs. 2 S. 1 EuInsÜ). Die Niederlassung wurde in Art. 2 lit. h) EuInsÜ legaldefiniert.

10) Verordnung EG 1346/2000 über Insolvenzverfahren

In der Eu-Insolvenzverordnung ist die Regelung des Insolvenzübereinkommens übernommen worden, so dass ebenfalls gem. Art. 3 Abs. 2 S. 1 EuInsVO das Vorhandensein einer Niederlassung maßgeblich ist. Auch die Legaldefinition wurde wörtlich übernommen (Art. 2 lit. h) EuInsVO).

11) Elfter Teil der Insolvenzordnung

Die am 31. März 2003 in Kraft getretene Neuregelung der Insolvenzordnung, die mit dem eingefügten Elften Teil international-insolvenzrechtliche Regelungen vorsieht, knüpft zwar zunächst an die Niederlassung für die Eröffnung eines Sonderverfahrens

---

[278] *Lüer*, FS-Uhlenbruck, S. 843, 845.

[279] *Geimer*, IZPR, RdNr. 3408; *Haameyer/Wutzke/Förster*, Handbuch, RdNr. 138; *Habscheid*, Grenzüberschreitendes Insolvenzrecht, S. 425; FK-*Wimmer* (1999), Anhang I zu Artikel 102 EGInsO, RdNr. 394, allerdings mit der Forderung, dass bei reiner Vermögensbelegenheit ein „erhebliches Interesse" bestehen müsse, das auch darin bestehen könne, dass eine Niederlassung in dem Eröffnungsstaat vorhanden sei.

[280] *Kindler*, in: MünchKomm-BGB, IntGesR, RdNr. 521; *Lüer* stimmt der Forderung nach einer Niederlassung zwar grundsätzlich zu. Allerdings bedürfe es hierfür einer Gesetzesänderung, so dass er i.E. doch der herrschenden Meinung wohl folgt vgl. *Lüer*, FS-Uhlenbruck, S. 843, 845; *ders.* in KölSch, RdNrn. 35 f. allerdings mit Hinweis darauf, dass der Gesetzgeber eine derartige Regelung nicht vorgesehen habe und eine „freihändige" Konstruktion eines Niederlassungsgerichtsstandes zumindest bedenklich sei; *Schollmeyer* IPRax 1995, 150, 152.

an (§ 354 Abs. 1 Alt. 1 InsO), lässt aber die Vermögensbelegenheit ausreichen, wenn zugleich ein „besonderes Interesse“ gegeben ist. Insofern besteht kein bedeutender Unterschied zum Regierungsentwurf aus dem Jahr 1991 hat ein „besonderes Interesse“ gefordert. Allerdings musste dies sowohl im Fall des Niederlassungs- als auch des Vermögensgerichsstandes vorliegen (§ 396 Abs. 2 RegE-InsO).

12) Zwischenergebnis

Anhand dieser Darstellung lässt sich erkennen, dass die Entscheidungen zugunsten des einen oder des anderen Gerichtsstandes unterschiedlich ausfielen. Es fällt aber auf, dass das autonome Recht dazu neigt, zur Eröffnung eines Nebeninsolvenzverfahrens an die geringere Vermögensbelegenheit anzuknüpfen. So möchte es bewirken, dass die Rechtsdurchsetzung der heimischen Gläubigergemeinschaft zu ihren Gunsten erleichtert wird. Bei Staatsverträgen und Gemeinschaftsrecht wurde überwiegend eher eine Niederlassung gefordert.

§ 8 Bedeutungsinhalt des Niederlassungsmerkmals i.S.d. Art. 3 Abs. 2 S. 2 lit. h) EuInsVO)

Im Folgenden konzentrieren wir uns zunächst auf die Betrachtung der Niederlassung. Dabei geht es nun um den Bedeutungsinhalt des Begriffs, wie ihn der Verordnungsgeber in Art. 3 Abs. 2 S. 1 EuInsVO bzw. der deutsche Gesetzgeber bzw. § 354 Abs. 1 1. Alt. InsO verwendet.

I. Bedeutungsinhalt nach dem allgemeinen Sprachgebrauch

Dem allgemeinen Sprachgebrauch zufolge versteht man unter einer Niederlassung den ständigen Wohn- oder Geschäftssitz. Bei mehreren Niederlassungen eines Unternehmens spricht man von einer Haupt- (Leitung des Unternehmens) und einer Zweigniederlassung. Der Niederlassung entspricht bei Handelsgeschäften ihr Sitz, den die Satzung bestimmen muss.[281]

II. Bedeutungsinhalt in anderen gesetzlichen Grundlagen

Der Niederlassungsbegriff ist Tatbestandsmerkmal verschiedener Normen. Davon sind insbesondere die §§ 7 Abs. 3, Abs. 1, 269 Abs. 2, 270 Abs. 2 BGB, § 21 ZPO, Art. 5 Nr. 5 EuGVVO (früher Art. 5 Nr. 5 EuGVÜ), Art. 28 Abs. 2 S. 2 EGBGB, § 13 HGB, § 24 UWG, § 48 VVG und § 238 KO, § 42 Abs. 2 GewO zu nennen. Will man den international-insolvenzrechtlichen Bedeutungsinhalt erfassen, kann es hilfreich sein, den Blick auf den Niederlassungsbegriff in diesen gesetzlichen Grundlagen zu richten. Dabei muss man sich bewusst sein, dass diese Begriffe nicht deckungsgleich sind. Der Bedeutungsinhalt muss für jede Einzelvorschrift gesondert ermittelt werden.[282] Insofern sind die Gemeinsamkeiten der jeweiligen Niederlassungsbegriffe zu sammeln und die Unterschiede gegenüberzustellen.

---

[281] *Brockhaus*, http://lexika.tanto.de/artikel.php?TANTO_SID=20b53bfffe8a89a9c4d7a1ef11feb83a&TANTO_KID=digibib&TANTO_AGR=45588&shortname=b24&artikel_id=15058407.

[282] *Patzina*, in: MünchKomm-ZPO § 21, RdNr. 5.

Rechtsgebietsübergreifend bedarf es einer **„Stelle"**.[283] Sie wird unterschiedlich beschrieben, nämlich als äußere Einrichtung,[284] Zentrale, Betriebsstelle, wobei dies zumindest ein Raum oder ein Grundstücksteil sein müsse,[285] Geschäftsräume,[286] Außenstelle (eines Stammhauses),[287] abgegrenzter Teil,[288] Unterkunft,[289] Raum für den Betrieb eines Gewerbes,[290] Zentralstelle für den Geschäftsverkehr,[291] Geschäftsstelle[292] oder Betriebsstätte[293].

In all den genannten Rechtsgebieten wird ferner für das Bestehen dieser Stelle eine **gewisse Dauerhaftigkeit** gefordert.[294]

---

[283] Zu § 7 Abs. 3 BGB: Palandt-*Bassegne*, § 6 UKlaG, RdNr. 5; *Schmitt*, in: MünchKomm-BGB, § 7, RdNr. 20; Soergel-*Fahse*, § 7 RdNr. 12; Staudinger-*Habermann/Weick*, § 7, RdNr. 12; zu § 13 HGB: *Bokelmann*, in: MünchKomm-HGB, § 13, RdNr. 7; Ebenroth/Boujong/Joost-*Pentz*, § 13, RdNr. 15; Ensthaler-*Achilles*, § 13, RdNr. 6; Heidelberger Kommentar-HGB-*Ruß*, § 13, RdNr. 2; Heymann-*Sonnenschein/Weitemeyer*, § 13, RdNr. 7; *Hopt/Baumbach/Duden*, § 13, RdNr. 3; Koller/Roth/Morck-*Koller*, § 13, RdNr. 6; Staub-*Würdinger*, § 13, Anm. 1 ; zu Art. 28 Abs. 2 S. 2 EGBGB: Soergel-*von Hoffmann*, Art. 28, RdNr. 67; *von Bar/Mankowski*, § 7, RdNr. 37; *von Hoffmann*, IPR, § 10, RdNr. 51; zu § 21 ZPO: Baumbach/Lauterbach-*Hartmann*, § 21, RdNr. 6; *Musielak*-Smid, § 21, RdNr. 2; *Patzina*, in: MünchKomm-ZPO, § 21, RdNr. 4; Stein/Jonas-*Roth*, § 21, RdNr. 12; Thomas/Putzo-*Putzo*, § 21, RdNrn. 3 f.; Röhricht/von Westphalen-*Ammon*, § 13, RdNr. 4; Wieczorek/Schütze-*Hausmann*, § 21, RdNr. 5; *Zimmermann*, § 21, RdNr. 1; zu Art. 5 Nr. 5 EuGVVO: EuGH NJW 1977, 490 (De Bloos); EuGH RIW 1979, 56 (Somafer); *Geimer/Schütze*, Europäisches Zivilverfahrensrecht, 229 ff.; *Kropholler*, EuZPR, Art. 5, RdNr. 84; *Schlosser*, Eu-ZPR, Art. 5, RdNr. 23; zu §§ 71, 238 KO: Hess-*Goetsch*, § 238, RdNrn. 3 f.; *Weber* KTS 1965, 95, 104 f.

[284] Zu § 7 Abs. 3 BGB Palandt-*Bassegne*, § 6 UKlaG, RdNr. 5; zu § 13 HGB: *Hopt/Baumbach/Duden*, § 13, RdNr. 3; zu § 21 ZPO: Baumbach/Lauterbach-*Hartmann*, § 21, RdNr. 6; Wieczorek/Schütze-*Hausmann*, § 21, RdNr. 5; zu § 24 UWG: *Baumbach/Hefermehl*, § 24, RdNr. 3; HK-UWG-*Ekey*, § 24, RdNr. 13; Köhler/Piper-*Köhler*, § 24, RdNr. 7.

[285] Zu § 21 ZPO: Thomas/Putzo-*Putzo*, § 21, RdNrn. 3 f.; Stein/Jonas-*Roth*, § 21, RdNr. 12.

[286] Zu § 238 KO: *Weber* KTS 1965, 95, 104 f.; zu Art. 28 Abs. 2 S. 2 EGBGB: Soergel-*von Hoffmann*, Art. 28, RdNr. 67 „räumliches und persönliches Substrat".

[287] Zu § 13 HGB: Ensthaler-*Achilles*, § 13, RdNr. 6; zu Art. 5 Nr. 5 EuGVVO: *Geimer/Schütze*, Europäisches Zivilverfahrensrecht, S. 229 ff.

[288] Zu § 21 ZPO Stein/Jonas-*Schumann* (21. Auflage), § 21, RdNr. 11.

[289] Soergel-*Fahse*, § 7 RdNr. 12, wobei zu bedenken ist, dass es bei § 7 BGB um den Wohnsitz einer natürlichen Person und nicht um den Geschäftssitz eines Unternehmens geht.

[290] § 42 Abs. 2 GewO, wobei die baulichen Anforderungen an den Raum streitig sind, OLG Braunschweig GewArch 1956, 187 verlangt einen umbauten Raum, nach *Fröhler/Kormann*, § 42, RdNr. 5 genügt ein abgegrenztes Grundstück. Friauf-*Heß* § 42, RdNr. 11, Tettinger/Wank-*Tettinger*, § 42, RdNr. 7 lassen eine räumlich bestimmte Fläche genügen.

[291] Staudinger-*Habermann/Weick*, § 7, RdNr. 12.

[292] Zu § 21 ZPO: *Patzina*, in: MünchKomm-ZPO, § 21, RdNr. 4; Zöller-*Vollkommer*, § 21, RdNr. 6.

[293] Zu § 238 KO: Hess-*Goetsch*, § 238, RdNrn. 3 f..

[294] Zu § 7 BGB: BGH NJW 1983, 2771; Erman-*Westermann*, § 7, RdNr. 5; Palandt-*Bassegne*, § 7, RdNr. 4, § 269, RdNr. 17, § 6 UKlaG, RdNr. 5; zu Art. 28 EGBGB: Soergel-*von Hoffmann*, Art. 28, RdNr. 67; Staudinger-*Habermann/Weick*, § 7, RdNr. 9, wobei dies nicht ununterbrochene Anwesenheit bedeute; Staudinger-*Magnus*, Art. 28, RdNr. 87; zu § 21 ZPO: Baumbach/Lauterbach-*Hartmann*, § 21, RdNr. 5; Musielak-*Smid*, § 21, RdNr. 2; *Patzina*, MünchKomm-ZPO, § 21, RdNr. 2;

Teilweise (21 ZPO,[295] §§ 71, 238 KO)[296] wird eine **Gewinnerzielungsabsicht** verlangt. In Bezug auf Art. 5 Nr. 5 EuGVVO[297] und Art. 28 Abs. 2 S. 2 EGBGB[298] bedarf es dagegen einer beruflichen oder geschäftlichen Tätigkeit. Für den Zweigniederlassungsbegriff des § 13 HGB ist die Gewinnerzielungsabsicht nicht erforderlich. Sie muss allenfalls hinsichtlich des Gesamtbetriebes vorliegen, und dies auch nur dann, wenn man nicht mit der *herrschenden Lehre* eine entgeltliche Tätigkeit am Markt genügen lässt.[299]

Für die Niederlassung i.S.d. §§ 71, 238 KO[300], § 13 HGB[301] und Art. 28 Abs. 2 S. 2 EGBGB[302] ist erforderlich, dass die betreffende Einrichtung **mit sachlichen und personellen Mitteln ausgestattet** ist.

Gefordert wird insbesondere im Rahmen der Vorschriften von § 21 ZPO,[303] § 13 HGB,[304] §§ 71, 238 KO,[305] Art. 28 Abs. 2 S. 2 EGBGB,[306] und § 24 UWG[307] dass die Einrichtung für **zumindest einen Tätigkeitsbereich den Mittelpunkt bildet**.

Stein/Jonas-*Roth*, § 21, RdNr. 11; Thomas/Putzo-*Putzo*, § 21, RdNr. 3 f.; Zöller-*Vollkommer*, § 21, RdNr. 6; zu Art. 5 EuGVVO: *Geimer/Schütze*, Europäisches Zivilverfahrensrecht, S. 229 ff.; zu § 13 HGB: *Bokelmann*, MünchKomm-HGB, § 13, RdNr. 3; Ensthaler-*Achilles*, § 13, RdNr. 9; Heymann-*Sonnenschein/Weitemeyer*, § 13, RdNr. 5; *Hopt/Baumbach/Duden*, § 13, RdNr. 3; Koller/Roth/Morck-*Roth*, § 13, RdNr. 6; Röhricht/von Westphalen-*Ammon*, § 13, RdNr. 4; Staub-*Würdinger*, § 13, Anm. 5; zu § 238 KO: *Kuhn/Uhlenbruck*, § 238, RdNr. 96; § 42 Abs. 2 GewO, gemäß *Tettinger/Wank*, § 42, RdNr. 13 bedürfe es einer ununterbrochenen Nutzung und eine gewissen Mindestdauer, wobei allerdings keine ganzjährige Nutzung erforderlich sein solle; zu § 24 UWG: *Baumbach/Hefermehl*, § 24, RdNr. 3; HK-UWG-*Ekey*, § 24, RdNr. 13; Köhler/Piper-*Köhler*, § 24, RdNr. 7.

[295] Musielak-*Smid*, § 21, RdNr. 3; *Patzina*, in: MünchKomm-ZPO, § 21, RdNr. 5, a.A.: Baumbach/Lauterbach/Hartmann-*Hartmann*, § 21, RdNr. 4, der explizit nur ein Erwerbsunternehmen im weiteren Sinne fordert unter Einbeziehung der Freiberufler.

[296] *Weber* KTS 1965, 95, 107.

[297] EuGH RIW 1979, 56; *Schlosser*, Eu-ZPR, Art. 5 EuGVVO, RdNr. 23.

[298] Soergel-*von Hoffmann*, Art. 28, RdNr. 58 f., v.a. mit Blick auf freiberufliche Tätigkeiten, ausgeschieden werden dagegen Tätigkeiten mit reiner ideeller Zielsetzung; Staudinger-*Magnus*, Art. 28, RdNr. 87.

[299] Heidelberger Kommentar-HGB-*Ruß*, § 13, RdNr. 3, wonach für die Zweigniederlassung allgemein nicht die Voraussetzungen für einen kaufmännisch eingerichteten Geschäftsbetrieb vorliegen müssten. Ob die Gewinnerzielungsabsicht für das Gewerbe konstitutiv ist, ist streitig: die Rspr. bejaht dies, vgl. BGH NJW 1961, 725, BGHZ 66, 48, 49, BGHZ 83, 382, 386; die herrschende Ansicht in der Literatur lässt hingegen eine entgeltliche Tätigkeit am Markt genügen *Canaris*, Handelsrecht, § 2, RdNr. 14; Ebenroth/Boujong-*Kindler*, § 1, RdNr. 26; *K. Schmidt*, Handelsrecht, § 9 IV 2. d).

[300] *Kuhn/Uhlenbruck*, §§ 237, 238, RdNr. 96; *Weber* KTS 95, 107;.

[301] Ebenroth/Boujong/Joost-*Pentz*, § 13, RdNr. 30; Ensthaler-*Achilles*, § 13, RdNr. 11; Heidelberger Kommentar-HGB-*Ruß*, § 13, RdNr. 2 und lässt damit etwa reine Lagerhallen außen vor; Heymann-Sonnenschein/Weitemeyer, § 13, RdNr. 11; Koller/Roth/Morck-*Roth*, § 13, RdNr. 6; unbeeinflusst bleibt der handelsrechtliche Zweigniederlassungsbegriff durch die RiLi EG 88/666/EG ABl. EG Nr. L. 395, S. 36, vgl. *Kindler* NJW 1993, 3301, 3303.

[302] Soergel-*von Hoffmann*, Art. 28, RdNr. 67; Staudinger-*Magnus*, Art. 28, RdNr. 87.

Bei der **„Selbständigkeit"** muss zunächst zwischen der **geschäftlichen** und der **rechtlichen Selbständigkeit** unterschieden werden. Eine „gewisse Selbständigkeit" wird für die geschäftliche Betätigung unstreitig für erforderlich gehalten.[308] Auf der anderen Seite kann die rechtliche Selbständigkeit die Eigenschaft als Zweigniederlassung beseitigen. Relevant wird diese Frage für Konzernunternehmen. Im Konzernrecht geht es darum, dass Unternehmen bei fortdauernder **rechtlicher Selbständigkeit** der sie tragenden Gesellschaften in wirtschaftlicher Abhängigkeit stehen.[309] Muss eine Niederlassung rechtlich unselbständig sein, scheiden Tochtergesellschaften aus. Für die Niederlassungsbegriffe der unterschiedlichen gesetzlichen Grundlagen wird diese Frage differenziert bewertet. Im Hinblick auf § 21 ZPO,[310] Art. 5 Nr. 5 EuGVVO[311] und Art. 28 Abs. 2 S. 2 EGBGB[312] ist die rechtliche Selbständigkeit allein für das Vorliegen

---

303 Musielak-*Smid*, § 21, RdNr. 6.

304 Ensthaler-*Achilles*, § 13, RdNr. 12, wonach der Leiter der Zweigstelle für den *ihm zugewiesenen Aufgabenbereich* Vertreter ist; Koller/Roth/Morck-*Roth*, § 13, RdNr. 6.

305 *Kuhn/Uhlenbruck*, §§ 237, 238, RdNr. 96; *Weber* KTS 1965, 95, 107.

306 Soergel-*von Hoffmann*, Art. 28, RdNr. 67.

307 „Zum Betriebe eine Fabrik, einer Handlung oder eines anderen Gewerbes": *Baumbach/Hefermehl*, § 24, RdNr. 3; HK-UWG-*Ekey*, § 24, RdNr. 12.

308 Zu § 13 HGB: Entshaler-*Achilles*, § 13, RdNr. 11 „organisatorische Verselbständigung"; Heidelberger Kommentar-HGB-*Ruß*, § 13, RdNr. 2 „gewisse Selbständigkeit"; Heymann-*Sonnenschein/Weitemeyer*, § 13, RdNr. 8 „schließt die Geschäfte mit gewisser Selbständigkeit ab"; *Hüffer*, AktG, Anhang 45, § 13 HGB, RdNr. 4 „der dauerhaft und selbständig Geschäfte schließt und in sachlicher und personeller Hinsicht die dafür notwendige Organisation aufweist"; Koller/Roth/Morck-*Roth*, § 13, RdNr. 6 „Geschäfte selbständig abschließen", Röhricht/von Westphalen-*Ammon*, § 13, RdNr. 4 „weitgehend selbständiger Teil des Unternehmens"; Staub-*Würdinger*, § 13, Anm. 6 „gewisse Selbständigkeit [, die nicht soweit gehen darf,] dass die Nachordnung verschwindet"; zu Art. 28: Soergel-*von Hoffmann*, Art. 28, RdNr. 67 „gewisse geschäftliche Selbständigkeit"; zu § 21 ZPO: Baumbach/Lauterbach/Hartmann-*Hartmann*, § 21, RdNr. 7 „selbständige Leitung"; Musielak-*Smid*, § 21, RdNr. 5 „unmittelbar und eigenverantwortlich Geschäfte geschlossen werden können"; Stein/Jonas-*Roth*, § 21, RdNr. 14, „eine solche Selbständigkeit [...], dass sie unmittelbar Geschäfte abschließen kann."; Zöller-*Vollkommer*, § 21, RdNr. 6, „aus eigener Entscheidung zum Geschäftsabschluss und Handeln berechtigte Geschäftsstelle"; zu § 24 UWG: *Baumbach/Hefermehl*, § 24, RdNr. 3, „eine wesentlich selbständige Vertretung mit dem Recht eigener Entschließung"; HK-UWG-*Ekey*, § 24, RdNr. 13.

309 *Hüffer*, GesR, § 35 1. a).

310 Stein/Jonas-*Roth*, § 21, RdNr. 18; Zöller-*Vollkommer*, § 21, RdNrn. 4, 6.

311 EuGH Slg. 1987, 4905, 4920, RdNr. 15, Rs. 218/86 (Parfumes Rothschild); *Geimer/Schütze*, Art. 5, RdNr. 234; so bereist *Linke* IPRax 1982, 46, 48 mit Blick auf die Niederlassungsdefinition nach EuGH IPRax 1982, 64, 66, die eine solche Interpretation „nicht grundsätzlich ausschließt"; *Schlosser*, EuZPR, Art. 5, RdNr. 23.

312 Soergel-*von Hoffmann*, Art. 28, RdNr. 67, auch bei rechtlicher Selbständigkeit handele es sich noch um eine Niederlassung, wenn die Tochtergesellschaft die Leistung erbringe, zu der die Muttergesellschaft verpflichtet sei, da sie aufgrund des Konzernverhältnisses insoweit der Aufsicht der Muttergesellschaft unterliege.

einer Niederlassung unschädlich. Anders fällt die Beurteilung dagegen im Rahmen des § 13 HGB aus. Hat ein Unternehmen eine eigene Rechtspersönlichkeit, ist es keine Niederlassung.[313] Dasselbe gilt für § 238 KO. Diese Norm sollte keine Konzerninsolvenzen erfassen. Selbständige Unternehmen waren damit aus dem Anwendungsbereich der Norm ausgeschlossen.[314] Auch für den Niederlassungsbegriff des § 48 VVG ist eine rechtliche Unselbständigkeit erforderlich.[315]

Näher zu beleuchten ist schließlich die Frage, ob für die Niederlassungsbegriffe der hier genannten Normen eine reine **Vermögensbelegenheit** ausreicht. Ausdrücklich diskutiert wird diese Frage allein im Rahmen des § 238 KO,[316] wo eine analoge Anwendung des Niederlassungsbegriffs auf die Vermögensbelegenheit vorgeschlagen wurde. Für die übrigen gesetzlichen Grundlagen genügte eine bloße Vermögensbelegenheit nicht. Insbesondere die Forderung nach dem Einsatz personeller Mittel und der geschäftlichen Selbständigkeit lassen darauf schließen, dass Aktivitäten von der „Stelle“ ausgehen müssen. Dafür spricht auch, dass dieser Ort zumindest für einen Tätigkeitsbereich den Mittelpunkt darstelle soll. Dies geht über das Vorhandensein von Vermögenswerten hinaus.

Aus den hier betrachteten Vermögensbegriffen der verschiedenen gesetzlichen Grundlagen lassen sich zusammenfassend die folgenden gemeinsamen Kriterien benennen:

Eine Niederlassung ist eine mit sachlichen und personellen Mitteln ausgestattete Stelle von gewisser Dauer, der eine geschäftliche Selbständigkeit gegenüber dem Stammhaus zukommt. Sie muss für einen Tätigkeitsbereich den Mittelpunkt bilden.

Aber es ergeben sich folgende Fragen, die auch im Internationalen Insolvenzrecht zu beantworten sind:

Ist eine Niederlassung auf Gewinnerzielung gerichtet oder muss sie entgeltlich am Markt tätig werden?

---

[313] BGHZ 4, 62, 65; OGH IPRax 1997, 126, 127 für das österreichische Recht; Ensthaler-*Achilles*, § 13, RdNr. 12; Heidelberger-Kommentar-HGB-*Ruß*, § 13, RdNr. 3; Heymann-*Sonnenschein/Weitemeyer*, § 13, RdNr. 5; Röhricht/von Westpahlen-*Ammon*, § 13, RdNr. 7;

[314] *Ebenroth* ZZP 101 (1988), 121, 143; *Thieme*, in Stoll: Stellungnahmen und Gutachten, S. 212, 217, der aber zugleich hervorhebt, dass für die Einbeziehung der Konzernunternehmen in den Niederlassungsbegriff einiges spreche, es hierfür aber eines gesonderten Niederlassungsbegriffs bedürfe.

[315] *Bruck/Möller*, § 48, Anm. 19.

[316] S.o. § 7 IV 1.

Kann eine Niederlassung rechtlich selbständig sein?

Genügt die Vermögensbelegenheit?

III. Bedeutungsinhalt nach der Verordnung (EG) Nr. 1346/2000 über Insolvenzverfahren

In der Verordnung (EG) Nr. 1346/2000 über Insolvenzverfahren wird der Begriff der Niederlassung näher definiert, und zwar in Art. 2 lit. h) EuInsVO. Danach versteht man hierunter einen Tätigkeitsort, an dem der Schuldner einer wirtschaftlichen Aktivität von nicht vorübergehender Art nachgeht, die den Einsatz von Personal und Vermögenswerten voraussetzt.

Mit der oben aufgestellten Definition, die aus den Gemeinsamkeiten der Niederlassungsbegriffe in anderen gesetzlichen Grundlagen, herausgebildet wurde, sind die Kriterien des Ortes, der gewissen Dauerhaftigkeit,[317] des Einsatzes von Personal- und Sachwerten identisch.

Während andere Normen bisweilen eine Gewinnerzielungsabsicht oder wenigstens eine berufliche oder geschäftliche Tätigkeit fordern, verlangt diese Legaldefinition eine wirtschaftliche Tätigkeit.

Der Aspekt der Selbständigkeit fehlt in Art. 2 lit. h) EuInsVO.

Auch nicht explizit geklärt ist die Frage, ob die reine Vermögensbelegenheit aus dem Anwendungsbereich der Norm ausscheiden soll.

1) Vermögensbelegenheit als Niederlassung

Beispiel 1: Der französische Schachfigurenhersteller *Échec et Mat Société à Responsabilité Limitée*, befindet sich im Zustand der cessation des paiements i.S.d. Art. L. 621-1 Code de Commerce. Über sein Vermögen wird in Frankreich, wo der Mittelpunkt der hauptsächlichen Interessen nach Art. 3 Abs. 1 S. 1 EuInsVO liegt, das Hauptinsolvenzverfahren eröffnet. In Deutschland befindet sich eine Kiste mit stark beschädigten Schachfiguren. Ihr Wert beträgt 10,50 ,- Euro. Sind die deutschen Gerichte zur Eröffnung eines Sekundärinsolvenzverfahrens in Deutschland international zuständig?

Abwandlung: Ändert sich etwas, wenn die Figuren unbeschädigt und aus Platin sind, wobei ihr Wert bei 1.000.000,- Euro liegt?

---

[317] Hier negativ formuliert als „nicht nur vorübergehend“.

Beispiel 2: Die Fluggesellschaft *L'Aile Cassée S.A. (LAC)* hat ihren satzungsmäßigen Sitz in Marseille (Frankreich), wo auch die Unternehmensverwaltung angesiedelt ist. Die *LAC* befindet sich seit Beginn des Jahres 2001 in einer wirtschaftlichen Krise. Terroranschläge im Laufe des Jahres lassen die Passagierzahlen weiter sinken. Als im November 2003 eine Maschine wegen Wartungsmängeln über Belgien abstürzt, wird die *LAC* kurz darauf zahlungsunfähig. Das zuständige französische Gericht eröffnet das Hauptinsolvenzverfahren über das schuldnerische Vermögen.
Die *LAC* ist Eigentümerin eines in München (Deutschland) befindlichen Hausgrundstückes.
Sind die deutschen Gerichte zur Eröffnung eines Sekundärinsolvenzverfahren international zuständig?
Abwandlung 1: Ändert sich etwas, wenn ein Hausmeister eingestellt wurde, der auf dem Hausgrundstück Wartungsarbeiten und manchmal Gartentätigkeiten ausführt. Im Winter erfüllt er für die *LAC* die Streupflicht.
Abwandlung 2: Ist es für die internationale Zuständigkeit für das Nebenverfahren bedeutsam, wenn auf diesem Hausgrundstück ein Warenlager eröffnet wird, in dem Catering-Material aufbewahrt wird.
Dabei ist

a) einmal davon auszugehen, dass es sich um ein reines Lager handelt.
b) zweitens zu unterstellen, dass Personal eingestellt wurde, das dafür Sorge trägt, dass das Material gekühlt wird und zum Flughafen verbracht wird.

Abwandlung 3: Wie ist der Fall zu beurteilen, wenn auf dem besagten Grundstück ein Reisebüro betrieben wird, das v.a. Flugtickets an deutsche Kunden für Flüge zur Côte d'Azur mit der *LAC*.

Pielorz hatte bereits im Zusammenhang mit § 238 Abs. 1, Abs. 2 S. 1 KO für eine Einbeziehung des „verwalteten Vermögens" in die internationale Zuständigkeit plädiert, weil es zahlreiche andere Vermögenspositionen gebe, die den Zwecken einer Niederlassung in manchmal sogar größerem Maße entsprächen.[318]

a) direkte Anwendung der Artt. 2 lit. h), 3 Abs. 2 EuInsVO

Zunächst stellt sich die Frage, ob sich die reine Belegenheit von Vermögenswerten bereits unter den Niederlassungsbegriff subsumieren lässt. Das ist im Wege der Auslegung zu klären.

[318] *Pielorz*, Auslandskonkurs und Disposition über Inlandsvermögen, S. 70; vgl. auch *Kübler*, in FS-Gerhardt, S. 527, 530, der auch für den Niederlassungsbegriff des Art. 3 Abs. 2 S. 1 EuInsVO andeutet, dass eine Vermögensbelgeneheit genügen kann.

aa) Methodische Vorgaben

Die EuInsVO ist als Verordnung i.S.d. Art. 249 EG Bestandteil des europäischen Sekundärrechts. Das bedeutet, dass die Auslegungsregeln und -besonderheiten zu berücksichtigen sind, die sich für den unionalen Rechtsbestand entwickelt haben. Autoritativer Ausleger europäischer Rechtsgrundlagen ist der Europäische Gerichtshof. Das leitet sich aus Art. 220 EG[319] her, wonach der EuGH die Wahrung des Rechts bei der Auslegung und Anwendung des Vertrages sichert.[320] Ein besonderes Augenmerk ist im Folgenden daher auf sein methodisches Vorgehen zu richten. An dieser Stelle sei vorausgeschickt, dass für die Auslegung von Europarecht grundsätzlich dasselbe gilt wie für die Auslegung deutschen Rechts.[321] Der EuGH stützt sich bei der „Interpretation“[322] im Wesentlichen auf dieselben Methoden, wie sie im einzelstaatlichen Recht üblich sind.[323] Insbesondere ist auf den Auslegungskanon von *Savigny*[324] zurückzugreifen.[325] Die Besonderheiten der Gesetzesinterpretation werden an den jeweils relevanten Stellen erläutert.

bb) Wortlaut

Das erste Kriterium, das *Savigny* bei der Auslegung heranzieht, ist das grammatikalische Element. Entscheidend sei das Wort als Übergang aus dem Denken des Gesetzgebers in unser Denken.[326] Es geht bei der Betrachtung des Wortlauts um die Ermittlung des allgemeinen oder soweit feststellbar des besonderen Sprachgebrauchs, der sog. „juristischen Kunstsprache“.[327] Durch den Wortlaut wird die Auslegung in zwei Richtungen begrenzt. Der Grundsatz „Cum in verbis nulla ambiguitas est, non debet admitti voluntatis quaestio“,[328] der heute als Sens-Clair-Regel bezeichnet wird, besagt,

---

[319] Früher auch: Art. 136 EAGV, Art. 31 EGKSV.
[320] Vgl. Streinz-*Huber*, Art. 220, RdNr. 11 f.
[321] *Kochs*, in: Schulze, Auslegung europäischen Privatrechts, S. 211, 214.
[322] Darunter versteht er sowohl die Auslegung als auch die Rechtsfortbildung, vgl. *Kohler-Gering* JA 1998, 807, 810.
[323] *Beisse* StVj 1992, 43.
[324] *Von Savigny*, Römisches Recht I, S. 212 ff.
[325] Palandt-*Heinrichs*, Einleitung, RdNrn. 50 ff.
[326] *Von Savigny*, Römisches Recht I, S. 213 f.
[327] *Larenz*, Methodenlehre, S. 323.
[328] Digeste 32, 25, § 1 (Paulus oder Neraz); siehe auch Digeste 33, 10, 7, § 2 (Celsus) – Wenn die Worte unzweideutig sind, darf nach dem Gemeinten nicht gefragt werden.

dass bei eindeutigem Wortlaut kein Raum mehr für eine Auslegung bleibt.[329] Zweitens ist durch den Wortlaut die Grenze zwischen Auslegung und Rechtfortbildung zu ziehen. Wird die Barriere des Wortlauts überschritten, handelt es sich – auch mit Blick auf die Rechtssicherheit –[330] nicht mehr um eine Auslegung, sondern um eine Umdeutung und damit Rechtsfortbildung.[331]

Diese Regeln gelten für die Auslegung des Wortlautes im nationalen Recht.

Auch im Gemeinschaftsrecht ist für die Gesetzesinterpretation der Wortlaut zu ermitteln. Man muss beachten, dass es sich dabei um einen gemeinschaftsrechtlichen technischen Wortlaut handelt, der von dem autonom-rechtlichen abweichen kann.[332] Ebenso wie im autonomen Recht gilt auch hier die sog. Sense-Claire-Doktrin. Bei eindeutigem Wortlaut ist auf die übrigen Auslegungsgesichtspunkte nicht mehr zurückzugreifen.[333] Probleme ergeben sich daraus, dass es anders als im autonomen Recht, Fassungen in mehreren Sprachen gibt. Der Wortlaut der Fassung in der einen Sprache kann von dem in den anderen Sprachen abweichen. Es muss also eine Synthese der sprachlichen Fassungen gefunden werden.[334] Aufgrund dieser Problematik komme dem Wortlautargument nach Auffassung des EuGH eine andere, weniger entscheidende Bedeutung zu. Das wirke sich auf die Grenze des Wortlauts zur Rechtsfortbildung aus. Sie soll dem EuGH zufolge nicht existieren.[335] Er unterscheidet nicht zwischen Auslegung und Rechtfortbildung, sondern kennt allein die „Interpretation“.[336] Hiermit lehnt er sich an die französische Doktrin an, die die Analogie lediglich als Untergattung der Auslegung bezeichnet (interprétation par analogie).[337]

---

[329] Vgl. *Röhl*, Allgemeine Rechtslehre, § 76 I 2.
[330] *Scheffler* Jura 1996, 505, 506.
[331] *Larenz*, Methodenlehre, S. 322.
[332] *Kohler-Gering* JA 1998, 807, 809.
[333] EuGH Slg. 1987, 611, 619, Rs. 79/77.
[334] EuGH Slg. 1988, 3845, 3871, Rs 55/77; *Meyer* Jura 1994, 455, 456; *Oppermann*, RdNr. 683.
[335] EuGH Slg. 1973, 215, 244 f., Rs. 6/72.
[336] *Beisse* StVj 1992, 42; *Dänzer-Vanotti* RIW 1992, 733, 734; *Olbertz* StVj 1992, 37; *Schweitzer/Hummer*, Europarecht, RdNr. 451; *Streinz*, Europarecht, RdNr. 495.
[337] Zur französischen Doktrin: *Fikentscher*, Methoden des Rechts I, S. 546.

Allerdings wird im Folgenden mit *Franzen*[338] die Differenzierung zwischen Auslegung und Rechtsfortbildung beibehalten. Dies ist in praktischer Hinsicht bereits für die logische Abschichtung der hier aufgeworfenen Fragen vorteilhaft. Darüber hinaus ist dies aber auch deshalb geboten, weil Auslegung und Rechtsfortbildung unterschiedlichen verfassungsrechtlichen und methodischen Anforderungen unterliegen. Sie sind zwar nicht wesensverschieden, stellen aber unterschiedliche Stufen des Verfahrens dar.[339] Fraglich ist, wo die Grenze zwischen der Auslegung und der Rechtsfortbildung zu ziehen ist. Im deutschen Recht beginnt die Rechtsfortbildung, wo der noch mögliche Wortlaut überschritten wird.[340] *Wank* weist darauf hin, dass die Wortlautgrenze im Gemeinschaftsrecht kein taugliches Kriterium sein könne, weil die Ausfertigungen in allen Sprachen verbindlich seien, so dass nicht nur auf eine Amtssprache zurückgegriffen werden dürfe, sondern alle Amtssprachen heranzuziehen seien. Ausschlaggebend sei die Ausrichtung des Wortlautes am Zweck und an den Zielen der Vorschrift.[341] Das bedeutet aber auch, dass nichts dagegen einzuwenden sein kann, von einer Überschreitung der Auslegungsgrenze auszugehen, wenn nach dem Wortlaut aller oder nahezu aller sprachlichen Fassungen der noch mögliche Wortlaut überschritten ist.
Es ist also nun zu untersuchen, ob es noch mit dem Wortlaut „Niederlassung" vereinbar ist, hierunter auch die reine Vermögensbelegenheit zu verstehen.
Nach dem allgemeinen Sprachgebrauch handelt es sich dabei um den ständigen Wohn- oder Geschäftssitz. Bei mehreren Niederlassungen eines Unternehmens spricht man von der Haupt- und der Zweigniederlassung.[342] Ob der umgangssprachliche Wortlaut auch die bloße Vermögensbelegenheit erfasst, ist nicht eindeutig. Dagegen sprechen die Präfixe „*Wohn-*" oder „*Geschäfts-*". Dies deutet das Erfordernis der Anwesenheit des Bewohners bzw. des Vorstandes an. Bestätigung findet dies bei *Kant*, der für die

---

[338] *Franzen*, Rechtsangleichung durch die Europäische Gemeinschaft, § 17 I 1, vor § 9; Moss/Fletcher/Isaacs, RdNr. 2.25, „Even a teleological interpretation intra legem rather than extra legem or contra legem. As a result the interpretation has to be compatible with the wording of the community law prevision."
[339] *Franzen*, aaO., vor § 9.
[340] *Larenz*, Methodenlehre, S. 322.
[341] *Wank*, FS-Stahlhacke, S. 633, 634 f.
[342] *Brockhaus*, http://lexika.tanto.de/artikel.php?TANTO_SID=20b53bfffe8a89a9c4d7a1ef11feb83a&TANTO_KID=digibib&_TANTO_AGR=45588&shortname=b24&artikel_id=15058407.

Niederlassung neben dem „fortdauernden Privatbesitz" „die Gegenwart des Subjekts auf demselben" fordert.[343] Die Anwesenheit wiederum spricht für gewisse Aktivität oder „Lebhaftigkeit", die bei der Vermögens*belegenheit* gerade nicht gegeben ist. Eine solche Lebhaftigkeit liegt nur vor, wenn der Bewohner sich an dem Ort aufhält. Damit ist die Brücke vom Wohnsitz zum Aufenthalt geschlagen. Der entscheidende Unterschied ist, dass eine Person mehrere Wohnsitze,[344] aber nur einen Aufenthaltsort haben kann.[345] Sie hält sich also teilweise an Wohnort A, teilweise an Wohnort B auf, hat ihren Wohnsitz aber an beiden Orten. Daraus können wir schließen, dass die – in einem solchen Fall zwangsläufige – vorübergehende Abwesenheit, die gewiss nicht zu lange anhalten darf, den Wohnsitz nicht aufhebt. Das bedeutet aber, dass während der Abwesenheit des Bewohners von einem Wohnort, dort nur seine Gegenstände vorhanden sind. Hinzu tritt der Wille, an den Ort zurückzukehren. Letzteres schafft die subjektive Verbindung zwischen dem Ort und der Person.

Aus diesen Überlegungen folgt, dass das Vorhandensein von Vermögenswerten ein wichtiges Kriterium für die Annahme einer Niederlassung ist. Allerdings müssen weitere Aspekte hinzutreten. Der betreffende Ort muss einen gewissen Lebensschwerpunkt darstellen. Das Suffix „*-sitz*" weist darauf hin, dass gewisse Räumlichkeiten vorhanden sein müssen, etwa ein Haus, ein Zimmer, ein Hotel oder Gasthaus. Vergleichbares gilt für den Geschäftssitz. Nach dem allgemeinen Sprachgebrauch erwartet man hierfür Räumlichkeiten, etwa ein Fabrikgelände, Büroräume oder ähnliches. Kurz um, nach dem allgemeinen Sprachgebrauch kann man auch dann eine Vermögensbelegenheit als Niederlassung einstufen, wenn das Vermögen aus Räumlichkeiten besteht. Darüber hinaus muss eine Verknüpfung zwischen der Person und der Stelle bestehen. Sie ist subjektiver Art und kann in der Rückkehrabsicht bestehen. Nach dem umgangssprachlichen Bedeutungsinhalt kann die Vermögensbelegenheit also unter gewissen Umständen für die Annahme einer Niederlassung ausreichen.

---

343 *Kant*, Metaphysik der Sitten, S. 251.

344 Vgl. auch § 7 Abs. 2 BGB.

345 *Kant*, Metaphysik der Sitten, S. 253 f.: „[...] derjenige der die fortwährende Besetzung dieses Platzes durch meine Person zur Bedingung machen wollte, ihn als das meine zu haben, muss entweder behaupten, es sei gar nicht möglich, etwas Äußeres als das Seine zu haben [...], oder er verlangt, daß um dieses zu können, ich in zwei Orten zugleich sei; welches dann aber soviel sagt als: ich solle an einem Orte sein, und auch nicht sein, wodurch er sich selbst widerspricht."

Es kann geschehen, dass der Gesetzgeber, die Rechtsprechung und/oder die Literatur die umgangssprachliche Bedeutung eines Wortes einengt. Diese Autoritäten können sogar eine Bedeutungsvariante wählen, die mit dem umgangssprachlichen Verständnis nicht vereinbar ist.[346] Dann handelt es sich um einen fachsprachlichen Ausdruck. Das ist beispielsweise der Fall, wenn der Gesetzgeber einen umgangssprachlichen Ausdruck verwendet und ihn durch eine Definition präzisiert.[347] In der Verordnung 1346/2000 ist dies für den Niederlassungsbegriff durch die Legaldefinition des Art. 2 lit. h) EuInsVO geschehen. Danach ist eine Niederlassung jeder Tätigkeitsort, an dem der Schuldner einer wirtschaftlichen Aktivität von nicht vorübergehender Art nachgeht, die den Einsatz von Personal und Vermögenswerten voraussetzt. Der VO-Geber verwendet die Worte: „*Tätigkeits*ort",[348] „wirtschaftliche *Aktivität*"[349], „Einsatz von *Personal*"[350], v.a. aber auch „*Einsatz*[351] von [...] Vermögenswerten" (Art. 2 lit. h) EuInsVO). Noch enger als der Wortlaut der deutschen Fassunng ist derjenige der englischen. Mit dem fachsprachlichen Wortlaut ist es unvereinbar, bereits die Vermögensbelegenheit als Niederlassung zu betrachten.[352] Dort ist nicht von Vermögenswerten die Rede, sondern sogar von Gütern. Damit fallen Forderungen heraus.[353]

Für die Abgrenzung zwischen Auslegung und Rechtsfortbildung ist wie angesprochen die Wortlautgrenze entscheidend. Da der umgangs- und der fachsprachliche Wortlaut auf diese Weise auseinanderfallen, ist zu klären, welcher Wortsinn hierfür entscheidend ist. Von dem Begriff „möglicher Wortsinn" als entscheidende Grenze wird im folgenden Abstand genommen, weil er unterschiedlich verwendet wird. Teilweise wird

---

346 *Wank*, Auslegung, § 5 I 1 und 2.

347 *Wank*, Begriffsbildung, S. 22, unter Nennung des § 1 HGB.

348 Entsprechendes ergibt sich aus den anderen sprachlichen Fassungen der Verordnung: engl.: „place of operations", franz.: „lieu d'opérations"; ital. „luogo di operazioni"; span.: "local de operações".

349 Engl.: „economic activity"; franz.: „activité économique"; ital.: „attivita economica"; span.: „actividade económica".

350 Engl.: „with human means"; franz.: „avec des moyens humains"; ital.: „con mezzi umani" ; span.: „a meios humanos".

351 Und nicht bloß Belegenheit.

352 So auch *Thieme* IJVO 1995/1996, 44, 83 mit. Fn. 248, 249; *Wessels*, International Jursidiction do open Insolvency Proceedings in Europe in particular against (Groups of) Companies, http://www.iiiglobal.org/country/european_union/InernJurisdictionCompanies.pdf, S. 11, gleichgültig wie viel: 50 Cent-Münze, Koffer im Bahnhofsschließfach oder Konto.

353 Vgl. *Moss*, ILA Conference Brussels, 16 March 2002, RdNr. 19, http://www.iiiglobal.org/country/european_union/EUReg_Conference.pdf, er schlägt stattdessen vor, darunter mehr zu verstehen: "property", „assets".

in den möglichen Wortlaut der fachsprachliche einbezogen.[354] An anderer Stelle wird hierunter nur der alltägliche Wortlaut verstanden.[355]

Die Theorie von der Wortsinngrenze knüpft an die ordinary-language-Philosophie an und hält den Alltagssprachgebrauch für entscheidend.[356] Dagegen spricht aber, dass zwischen der Rechts- und der Alltagssprache kein direkter Bezug besteht.[357] So muss sich der fachsprachliche Wortsinn nicht im Rahmen der verstehbaren alltagssprachlichen Bedeutungen halten.[358] Vielmehr kann er einem Begriff des täglichen Lebens durch eine Legaldefinition eine ganz andere Bedeutung zukommen lassen, die unter keinen Umständen von dem allgemeinen Sprachgebrauch erfasst wird.[359] Zudem ist Theorie von der Wortsinngrenze nicht mit der praktischen Gesetzesanwendung vereinbar.[360] Außerdem hat der Gesetzgeber die Beachtung seines Willens für so entscheidend gehalten, dass er den weiten alltagssprachlichen Begriff gezielt durch eine Legaldefinition verengt hat. Somit ist es unangebracht, diesen zum Ausdruck gebrachten Willen an dieser Stelle zu ignorieren und ihn ggf. erst in der entstehungsgeschichtlichen Auslegung in die Waagschale zu legen.[361] Im Ergebnis ist also die Theorie des Wortsinngrenze abzulehnen. Stattdessen ist für die Grenze zwischen Auslegung und Rechtsfortbildung mit der Gesetzessinntheorie[362] die fachsprachliche Bedeutung entscheidend.

Die Grenze der Auslegung wird also durch die fachsprachliche Niederlassungsbedeutung des Art. 2 lit. h) EuInsVO gezogen. Diese schließt es aus, unter der Niederlassung das bloße Vorhandensein von Vermögenswerten zu verstehen, da eine *Aktivität* wirtschaftlicher Art durch den Einsatz von Personal gefordert wird. Damit ist die Grenze

---

[354] *Larenz*, Methodenlehre, S. 322.
[355] *Bydlinski*, Methodenlehre, S. 496.
[356] *Roxin*, Strafrecht AT I, § 5, RdNr. 28.
[357] *Wank*, Begriffsbildung, S. 17.
[358] *Wank*, Auslegung, § 5 I 2.
[359] So kann z.B. der Gesetzgeber die Frau als Mann im Sinne des Gesetzes definieren.
[360] *Wank*, Auslegung, § 5 I 2, der als Beispiel den Urkundsbegriff des § 267 StGB ins Feld führt; von der technischen Definition wird etwa auch der Bierdeckel erfasst, was mit dem allgemeinen Sprachgebrauch wohl nicht mehr vereinbar ist. Dennoch wird dort kein Verstoß gegen das Analogieverbot des Art. 103 Abs. 2 GG gesehen.
[361] *Wank*, Begriffsbildung, S. 32.
[362] *Fikentscher*, Methoden des Rechts IV, S. 303; *Larenz*, Methodenlehre, S. 322; *Wank*, Begriffsbildung, S. 32; *Wank*, Auslegung, § 5 I 2.

der Auslegung überschritten.[363] Mit dem Wortlaut vereinbar ist es hingegen, eine Niederlassung anzunehmen, wenn das belegene Vermögen „gepflegt“ wird und hierfür Personal eingesetzt wird. Das Kriterium „wirtschaftliche Aktivität“ ist daher erfüllt, wenn es sich nicht um eine rein private Angelegenheit handelt, sei es die Pflege einer Sommerresidenz oder die Betreuung der Kinder.[364] Will man für die internationale Zuständigkeit zur Nebenverfahrenseröffnung die Vermögensbelegenheit genügen lassen, käme allenfalls eine analoge Anwendung der Artt. 3 Abs. 2, 2 lit. h) EuInsVO in Betracht, die im folgenden zu prüfen ist.

In Beispiel 1 sind die deutschen Gerichte nicht zur Eröffnung des Sekundärinsolvenzverfahrens international zuständig. Bei der Abwandlung zu Beispiel 1 ändert sich nichts, weil die Tatsache, dass die Vermögensbelegenheit keine Niederlassung ist, vom Wert der Sache unabhängig ist.
Das Sekundärinsolvenzverfahren über das in Deutschland belegene Vermögen der *LAC* kann wegen der internationalen Zuständigkeit – die Erfüllung der übrigen Voraussetzungen vorausgesetzt – in den Abwandlungen 2b und 3 zum Beispielfall 2 eröffnet werden. Im Ausgangsfall und in Abwandlung 2a ist nur Vermögen vorhanden, das an sich keine Niederlassung darstellt. Bei der Abwandlung 1 ist die Schwelle von der Vermögensbelegenheit zum Vorhandensein der Niederlassung bereits überschritten, so dass in diesem Fall schon die internationale Zuständigkeit zu bejahen ist.

b) analoge Anwendung der Artt. 2 lit. h), 3 Abs. 2 EuInsVO

aa) methodische Vorgaben

Wie dargelegt wird in der deutschen Methodenlehre zwischen der Auslegung und der Rechtsfortbildung getrennt, wenngleich *Larenz* von zwei unterschiedlichen Stufen

---

[363] *Moss/Fletcher/Isaacs*, RdNr. 8.27, unter Hinweis darauf, dass bei Gütern in einem Warenhaus oder bei einem Ferienhaus gerade keine wirtschaftliche Aktivität gegeben sei; ebenso *Smid*, Deutsches und Europäisches Internationales Insolvenzrecht, Art. 3, RdNr. 28 für eine hochseetaugliche Yacht des Schuldners vor Anker.

[364] *Smid*, Deutsches und Europäisches Internationales Insolvenzrecht, Art. 3, RdNrn. 28 f.

desselben gedanklichen Vorgehens spricht.[365] Die Grenze verläuft dort, wo sich das „Interpretationsergebnis“ nicht mehr mit dem noch möglichen Wortlaut vereinbaren lässt. Bei der Rechtsfortbildung ist zwischen der gesetzesimmanenten und der gesetzesüberschreitenden zu unterscheiden. Die gesetzesimmanente Rechtsfortbildung ist nur möglich, wenn das Gesetz eine Lücke aufweist,[366] während die gesetzesüberschreitende zwar keine Lücke, aber eine Rechtsfrage fordert.[367] Ferner müssten schwerwiegende Gründe die gesetzesübersteigende Rechtsfortbildung erfordern.[368] Aus den oben dargelegten Gründen soll – anders als nach der Vorgehensweise des EuGH – die Trennung zwischen Auslegung und Rechtsfortbildung hier beibehalten werden. Das gilt auch für die Trennung zwischen gesetzesimmanenter und gesetzesüberschreitender Rechtsfortbildung.[369]

aa) Ermächtigung zur Rechtsfortbildung

Die Interpretation europäischer Normen erfolgt durch den EuGH. Seine Berechtigung zur Rechtsfortbildung leitet sich aus Art. 220 EG her, wonach er die „Wahrung des Rechts bei der Auslegung und Anwendung des Vertrages“ sichern soll, eine mit Art. 20 Abs. 3 GG vergleichbare Formel.[370]

bb) Voraussetzungen der gesetzesimmanenten Rechtsfortbildung

Für die gesetzesimmanente Rechtsfortbildung bedarf es einer „Lücke“ im Gesetz.[371] Ein rechtspolitischer Fehler ist nicht ausreichend. Der EuGH bezeichnet die Lücke als „Fehlen ausdrücklicher Bestimmungen“ oder „Schweigen der Vorschriften“ und löst dieses Problem dann „aus dem System und der Zielsetzung“ des Rechtsaktes.[372]

---

[365] *Larenz*, Methodenlehre, S. 366.
[366] *Larenz*, Methodenlehre, S. 370, mit Fußnote 9.
[367] *Larenz*, Methodenlehre, S. 370, mit Fußnote 9.
[368] *Larenz*, Methodenlehre, S. 366 f.
[369] *Franzen*, Rechtsangleichung durch die Europäische Gemeinschaft, § 17 I 1.
[370] Vgl. *Everling* JZ 2000, 217, 221.
[371] *Canaris*, Lücken, § 14; *Larenz*, Methodenlehre, S. 368.
[372] EuGH Slg. 1970, 1055, Rs. 23/68.

(1) Lücke im Europarecht

Auf der europäischen Ebene ergibt sich das Problem, dass die Gemeinschaftsrechtsordnung jung und daher noch im Aufbau, also notwendig lückenhaft ist. Daher muss die Lösung erst mit Hilfe des nationalen Rechts gesucht werden. Wegen dieser Besonderheit unterscheidet man zwischen internen und externen Lücken. Eine interne Lücke entspricht dem Lückenbegriff im innerstaatlichen Recht. Externe Lücken verweisen auf das national-staatliche Recht.[373] Um interne Lücken handelt es sich insbesondere dann, wenn der Rechtsakt Anspruch auf Vollständigkeit erhebt.[374] Dass die Insolvenzverordnung im Bestreben der Vollständigkeit geschaffen worden ist, ergibt sich aus den Erwägungsgründen.[375] Wenn man dort also eine Lücke ausmachen sollte, wird es sich in der Regel um eine interne Lücke handeln.

(2) interne Lücke

Eine Lücke liegt vor, wenn weder das Gesetz innerhalb der Grenzen seines möglichen Wortlautes noch das Gewohnheitsrecht eine Regelung enthält, obwohl die Rechtsordnung in ihrer Gesamtheit eine solche fordert.[376] Ob dies der Fall ist, hängt von einer Wertung ab:[377]

(a) Fälle, in denen eine Lücke ausscheidet

Keine Lücke liegt bei einem beredten Schweigen des Gesetzgebers vor.[378]

Ferner sind die Fälle auszuscheiden, in denen er nur Regelbeispiele nennt. Auch bei Generalklauseln und einer gewohnheitsrechtlichen Lösung, ist eine Lücke eher abzulehnen.[379]

---

[373] *Franzen*, Rechtsangleichung durch die Europäische Gemeinschaft, § 17 IV, 2, a).
[374] *Franzen*, Rechtsangleichung durch die Europäische Gemeinschaft, § 17 IV, 2, b), bb).
[375] V.a. Erwägungsgründe Nrn. 1-5.
[376] *Canaris*, Lücken, § 29.
[377] *Canaris*, Lücken, § 20; *Röhl*, Allgemeine Rechtslehre, S. 615 ff.
[378] *Canaris*, Lücken, §§ 29 ff., namentlich wenn es sich um einen rechtsfreien Raum oder ein argumentum e contrario handelt; *Röhl*, Allgemeine Rechtslehre, S. 615 ff.
[379] *Canaris*, Lücken, §§ 12, 16, 18.

(b) positive Feststellung einer Lücke

Ob eine Lücke vorliegt oder nicht, ist von dem „Geist der Rechtsordnung" aus zu beurteilen.[380] Für die Abgrenzung zwischen Lücke und rechtspolitischem Fehler, kommt es darauf an, dass das Fehlen der Regelung nicht nur vom Rechtssuchenden oder Rechtsanwendenden subjektiv als unbefriedigend empfunden wird, sondern objektiv aus Sicht der Gesamtrechtsordnung eine planwidrige Unvollständigkeit darstellt.[381] Dabei muss eine Regelungsbedürftigkeit nicht bloß vermutet werden; die Klärung des Falles ist regelrecht zu vermissen.[382]

Als Maßstab für die objektiv planwidrige Unvollständigkeit dient der Gleichheitssatz. Die Ähnlichkeit entscheidet darüber, ob „vom Boden des geltenden Rechts aus" ein vergleichbarer Fall vorliegt.[383] Damit stellt sich wiederum die Frage, wann eine Ähnlichkeit zwischen dem geregelten und dem nicht geregelten Fall vorliegt.

Hierfür ist auf allgemeine Rechtsprinzipien zurückzugreifen und damit die ratio iuris aufzuspüren,[384] die im Wege eines Induktionsschlusses gefunden werden kann. Darunter versteht man den Schluss vom Besonderen auf das Allgemeine. Aus verschiedenen Einzelnormen des positiven Rechts wird mit Hilfe ihrer ratio auf ein dahinter stehendes allgemeines Rechtsprinzip geschlossen.[385] Dabei ist darauf Acht zu geben, dass die Normen nicht bloß Sondertatbestände sind, hinter denen sich kein allgemeines Rechtsprinzip verbirgt.[386] Die zweite Möglichkeit, ein Rechtsprinzip herauszuarbeiten, ist seine Herleitung aus einer Rechtsidee.[387] Schließlich lässt sich das allgemeine Rechtsprinzip auch noch aus der Natur der Sache herleiten.[388]

(3) Lücke bei Art. 3 Abs. 2 S. 1 EuInsVO

Der Verordnungsgeber hat im Sinne der „kontrollierten Universalität" für die Eröffnungszuständigkeit von Partikularinsolvenzverfahren das Niederlassungskriterium

---

[380] *Canaris*, Lücken, § 20; *Larenz*, S. 370 ff.
[381] *Canaris*, Lücken, § 65.
[382] *Engisch*, Einführung, Kapitel VII, I. 2.
[383] *Canaris*, Lücken, § 69.
[384] *Canaris*, Systemdenken, S. 46.
[385] Vgl. *Zippelius*, Juristische Methodenlehre, § 11 II b).
[386] *Canaris*, Lücken, §§ 90 ff.
[387] *Canaris*, Lücken, §§ 99, 106.
[388] *Canaris*, Lücken, §§ 107 ff.

gewählt.[389] Auf der Grundlage dieser methodischen Vorgaben ist nun die Frage zu beantworten, ob die Regelung des Art. 3 Abs. 2 S. 1 EuInsVO dahingehend lückenhaft ist, dass nicht schon bei der Vermögensbelegenheit ein Partikularinsolvenzverfahren eröffnet werden kann. Maßstab hierfür ist die Ähnlichkeit der in Betracht kommenden Merkmale Niederlassung und Vermögen. Dabei ist auf das hinter Art. 3 Abs. 2 S. 1 EuInsVO stehende Rechtsprinzip zurückzugreifen. Der Verordnungsgeber wollte die inländischen Interessen schützen. Daneben zielt die Verordnung durch die Zulassung von Sekundärverfahren auf die praktisch vorteilhafte Untergliederung von Untermassen ab.[390] Diese Überlegungen gehen über reine Zweckmäßigkeitserwägungen hinaus. Denn sie sind Ausprägungen der Territorialität und der Pluralität. Als Rechtsprinzipien sind diese Bestandteile der Rechtsordnung und somit für die Lückenbewertung maßgeblich.[391]

Fraglich ist daher, ob zur Verwirklichung der Pluralität und Vielfalt, schon dann die Eröffnung eines Nebenverfahrens zuzulassen ist, wenn Vermögensgegenstände ohne Niederlassungsqualität in dem Eröffnungsstaat liegen. Dafür spricht, dass die Verfahrensvielfalt optimal gefördert würde, wenn man die Schwelle zur Eröffnung eines Nebenverfahrens möglichst gering ansetzt, in dem Fall also durch das bloße Kriterium einer Vermögensbelegenheit.

Allerdings steht dem Pluralitätsprinzip das der Verfahrenseinheit gegenüber. Der Verordnungsgeber musste sie gegeneinader abwägen. Mit Hilfe eines tauglichen Kriteriums, war der Schwerpunkt letztlich auf eines der beiden Prinzipien zu legen. Mit dem Niederlassungsmerkmal als hoher Voraussetzung für die internationale Zuständigkeit zur Eröffnung von Nebenverfahren, hat er den Schwerpunkt letztlich auf die Verfahrenseinheit gelegt. Diese Entscheidung kann man zwar als rechtspolitischen Fehler ansehen, weil man selbst der Verfahrensvielfalt den Vorzug geben würde. Selbst wenn

---

[389] Vgl. oben § 3, § 7 II.

[390] Erwägungsgrund Nr. 19 S. 2.

[391] Vgl. *Larenz*, Methodenlehre, S. 169 f. Dabei handelt es sich nicht um Rechtssätze im „wenn...dann“-Schema, oftmals wird ihr Sinngehalt erst im Zusammenspiel mit anderen Prinzipien deutlich. Sie bedürfen der Konkretisierung durch Unterprinzipien und Einzelwertungen; *Alexy*, „Der Unterschied [zwischen Wert und Prinzip] besteht darin, daß die Lösung einer Prinzipienkollision eine Antwort darauf ist, was definitiv gesollt ist, während die Lösung einer Wertekollision darauf antwortet, was definitiv besser ist.“ ARSP Beiheft 25 (1985), 13, 25; *Dworkin* The University of Chicago Law Review, 35 (1967-1968), 14, 23;

eine gesetzgeberische Entscheidung wirtschafts- oder gesellschaftspolitisch verfehlt ist, ist der Rechtsakt aber nicht lückenhaft.[392] Eine Lücke ergibt sich hier also nicht, denn die Entscheidung zugunsten des Niederlassungskriteriums und gegen den Vermögensgerichtsstand entspricht der expliziten Regelungsabsicht des Verordnungsgebers. Zwar hatten mehrere Vertragsstaaten den Wunsch geäußert, das Vorhandensein von Vermögenswerten ausreichen zu lassen. Letztlich hat man sich aber im Interesse einer generellen Einigung über das Insolvenzübereinkommen auf das Niederlassungskriterium verständigt, das im Gegenzug weit auszulegen ist.[393]

c) gesetzesübersteigende Rechtsfortbildung

Beispiel 3: Der Autohersteller *Le Frein Défectueux SNC (Société en nom collectif*[394]*) (LFD SNC)* hat den Mittelpunkt seiner hauptsächlichen Interessen in Brüssel (Belgien). Die Gesellschaft ist Eigentümerin eines Hausgrundstücks in der Düsseldorfer Innenstadt (Deutschland) im Wert von 1.000.000,- Euro. Die *Nobelbank AG* hat einen Anspruch auf Zahlung von 10.000,- Euro aus einem Darlehen gem. § 488 Abs. 1 S. 2 BGB gegen die *LFD SNC*. Zur Sicherung dieses Anspruchs wurde ihr ein Sicherungsnießbrauch an dem Hausgrundstück gem. § 1030 BGB eingeräumt.[395] In Belgien wird das Hauptinsolvenzverfahren über das Vermögen der *LFD SNC* eröffnet. Abgesehen von dem in Düsseldorf belegenen Grundstück, ist die Insolvenzmasse gering. Der Insolvenzverwalter versucht auf das in Deutschland belegene Grundstück zuzugreifen. Dem stellt sich die *Nobelbank AG* entgegen.

---

[392] *Larenz*, Methodenlehre, S. 373 f.; a.A. *Binder*, Philosophie des Rechts, S. 925.

[393] *Virgos/Schmit*, Erläuternder Bericht, RdNr. 70; so auch *Moss/Fletcher/Isaacs*, RdNr. 3.20, „deliberate decision".

[394] Diese Gesellschaftsform entspricht der deutschen offenen Handelsgesellschaft, vgl. *Sonnenberger/Autexier*, Einführung in das französische Recht, RdNr. 132.

[395] Der Sicherungsnießbrauch ist der Sache nach mit einem Nutzungspfandrecht vergleichbar, der nicht im BGB geregelt ist. Der Nießbrauch ist dabei auflösend bedingt durch die Tilgung der Forderung. Zwar bestehen mit Blick auf den numerus clausus der Sachenrechte Bedenken gegen die Zulässigkeit des Sicherungsnießbrauchs. Dennoch wird er von der Rechtsprechung und der Literatur hingenommen, vgl. RGZ 67, 378 ff.; *Baur/Stürner*, Sachenrecht, § 32, I, 3, b); Palandt-*Bassenge*, § 1030, RdNr. 7; *Schreiber*, ImmobilienR, S. 834.

In der Literatur wird bisweilen kritisiert, dass durch die Vorschrift des Art. 5 Abs. 1 EuInsVO ein „insolvenzrechtliches Schlupfloch" eröffnet werde.[396] Trifft dies zu, ist an eine gesetzesübersteigende Rechtsfortbildung zu denken.

aa) Bedürfnis für eine gesetzesübersteigende Rechtsfortbildung

Eine Rechtsfortbildung extra legem greift nur ein, wenn eine Rechtsfrage besteht. Das ist eine Frage, die eine rechtliche Antwort verlangt.[397] So liegt der Fall, wenn tatsächlich wie behauptet ein insolvenzrechtliches Schlupfloch dadurch vorhanden ist, dass Teile der Masse in einer bestimmten Konstellation bei der Befriedigung der Gläubiger außer Betracht bleiben, ohne dass hierfür ein überragendes Interesse eines anderen besteht.

Ob und wenn ja, in welchen Konstellationen dies der Fall ist, soll zunächst untersucht werden.

(1) Unbilligkeit hinsichtlich des dinglichen Sicherungsrechtes

Als erstes könnte sich eine Unbilligkeit in Bezug auf das dingliche Sicherungsrecht selbst ergeben. Gem. Art. 5 Abs. 1 EuInsVO wird das dingliche Recht eines Gläubigers oder eines Dritten an dem Gegenstand nicht berührt.

(a) Artt. 5 und 7 EuInsVO als Sachnormen

Wie dies zu verstehen ist, ist umstritten. Der **Wortlaut** „unberührt" könnte einerseits darauf hinweisen, dass die dinglichen Rechte bzw. der Eigentumsvorbehalt von der Insolvenzverfahrenseröffnung überhaupt nicht beeinträchtigt werden (dann: Sach-

---

[396] Vgl. Braun-*Liersch*, § 351, RdNr. 22, „In Staaten ohne eine Niederlassung des Schuldners kann ein gesicherter Gläubiger dort belegenes Sicherungsgut im Wege der Zwangsvollstreckung verwerten, ohne daß der Verwalter dies im Hinblick auf eine positive Fortführungsprognose verhindern kann."; *Leible/Staudinger* KTS 2000, 533, 552 f.; ebenso: *Duursma-Kepplinger*, in: Duursma-Kepplinger/Duursma/Chalupsky, EuInsVO, Art. 5, RdNr. 26: „Gefahr, dass der Schuldner in allen Ländern der EU, in denen er keine Niederlassung hat, insbesondere Vermögen horten kann"; *Taupitz* ZZP 1998 (111), 315, 337 f.: „gewisse Lücke im Masseschutz".

[397] *Larenz*, Methodenlehre, S. 426.

norm).[398] Andererseits könnte man annehmen, die Insolvenzverordnung und nicht das -verfahren solle das dingliche Recht und den Eigentumsvorbehalt unberührt lassen (dann: Kollisionsnorm).[399] Die Beantwortung dieser Frage ist von entscheidender Bedeutung: Sieht man die Vorschriften als Sachnormen, bleibt das Sicherungsrecht bzw. der Eigentumsvorbehalt von der Verfahrenseröffnung verschont. Handelt es sich aber um Kollisionsnormen bedeutet dies, dass das Sicherungsrecht (der Eigentumsvorbehalt) sehr wohl durch die Verfahrenseröffnung Beeinträchtigungen erleiden kann. Dann würden sich die Art und Weise der Beeinträchtigung lediglich nach der lex rei sitae und nicht der lex fori concursus generalis beurteilen.

Ein Schluss zugunsten der Kollisionsnormtheorie könnte sich aus der **äußeren Systematik** herleiten. Art. 4 EuInsVO ist die Grundsatzkollisionsnorm. Die Artt. 5-15 EuInsVO könnten alle samt Ausnahmekollisionsnormen darstellen, die man in zwei Gruppen einteilen könnte, zum einen die Artt. 5-8 EuInsVO, die eine bestimmte anwendbare Rechtsordnung benennen und andererseits die Artt. 8-15 EuInsVO, die die anzuwendende Rechtsordnung nicht bezeichnen.[400] Dem steht aber die **innere Systematik** der Artt. 5 und 7 EuInsVO gegenüber. Gem. Artt. 5 Abs. 4 und 7 Abs. 3 EuInsVO ist neben den Anordnungen der Artt. 5 Abs. 1, 7 Abs. 1 EuInsVO die lex fori concursus für die Nichtigkeit, Anfechtbarkeit oder relative Unwirksamkeit gem. Art. 4 Abs. 2 S. 2 lit. m) EuInsVO anzuwenden. Der Verweis auf die Grundsatzkollisionsnorm spricht dafür, dass es sich hierbei um eine Rückausnahme der Artt. 5 Abs. 1 und 7 Abs. 1 EuInsVO handeln soll, die als Sachnormen die Insolvenzfestigkeit der dinglichen Rechte und des Eigentumsvorbehaltes normieren.[401]

Die im Rahmen der **entstehungsgeschichtlichen Betrachtung** heranzuziehenden Äußerungen des Erläuternden Berichts zum Insolvenzübereinkommen lassen auch keinen eindeutigen Schluss zugunsten der einen oder anderen Betrachtungsweise zu. Dort ist auf der einen Seite die Rede davon, dass sich die Begründung, die Gültigkeit und die

---

[398] *Bariatti*, Vortrag am 8. Oktober 2004 auf dem Kongress der DIJV in Dresden; *Fritz/Bähr*, DZWiR 2001, 221, *Herchen* ZInsO 2002, 345, 347; *Leible/Staudinger* KTS 2000, 533; *Kolmann*, Kooperationsmodelle, S. 308; *Taupitz* ZZP 1998 (111), 315, 335.

[399] *Becker*, Vortrag am 8. Oktober 2004 auf dem Kongress der DIJV in Dresden; *Flessner*, FS-Drobnig, S. 277, 278.

[400] *Flessner*, FS-Drobnig, S. 277, 278.

[401] *Taupitz* ZZP 1998 (111), 315, 335.

Tragweite eines solchen dinglichen Rechts nach der lex rei sitae beurteilen sollen.[402] Unter der „Tragweite“ könnte man die Durchsetzungskraft im Insolvenzfall verstehen.[403] Dies spricht für die kollisionsrechtliche Betrachtungsweise. Andererseits weisen *Virgos/Schmit* im Sinne einer Sachnorm an anderer Stelle darauf hin, dass nur im Rahmen eines Sekundärinsolvenzverfahrens ein Eingriff in das dingliche Recht erfolgen kann.[404]

Auskunft über die **ratio** der Vorschriften erteilen die der Verordnung vorgelagerten Erwägungsgründe. Für die Einordnung der Artt. 5 Abs. 1 und 7 Abs. 1 EuInsVO als Kollisionsnormen könnte streiten, dass in Erwägungsgrund Nr. 25 S. 3 erwähnt ist, dass der Inhaber des dinglichen Rechts weiterhin ab- bzw. aussonderungsberechtigt sein soll.[405] Auf der anderen Seite betont Erwägungsgrund Nr. 25 S. 2, dass die Anwendung der lex rei sitae nur „regelmäßig“ eingreife, Ausnahmen seien also denkbar, was dafür sprechen könnte, in den Artt. 5 Abs. 1 und 7 Abs. 1 EuInsVO Sachnormen zu erblicken.[406]

Im **Ergebnis** sprechen die besseren Gründe aber wohl für die Sachnormqualität. Die vollständige Formulierung lautet „wird von der Eröffnung *des Verfahrens* nicht berührt“ (Art. 5 Abs. 1 a.E. EuInsVO) bzw. „Die *Eröffnung eines Insolvenzverfahrens* [...] lässt die Rechte des Verkäufers aus einem Eigentumsvorbehalt unberührt.“ (Art. 7 Abs. 1 EuInsVO). Daher ist die Interpretation, dass das dingliche Recht bzw. der Eigentumsvorbehalt von der gesamten Verordnung unberührt bleibt, nicht mit dem Wortlaut der Normen vereinbar. Für die Kollisionsnormtheorie die äußere Systematik anzuführen, erscheint ebenso erfolglos. Denn dass es sich bei den Artt. 5-15 EuInsVO um Ausnahmevorschriften zu Art. 4 EuInsVO handelt, bedeutet nicht zwingend, dass diese Normen kollisionsrechtlicher Natur sind. Diese Tatsache hat also keinerlei Aussagekraft. Auch aus der Entstehungsgeschichte lässt sich allenfalls höchst mittelbar ein kollisionsrechtlicher Ansatz entnehmen. Denn hierzu ist zunächst erforderlich, das

---

402 Vgl. *Virgos/Schmit*, Erläuternder Bericht, RdNr. 95.
403 *Flessner* IPRax 1997, 1, 7 f.
404 *Virgos/Schmit*, Erläuternder Bericht, RdNr. 98; vgl. auch *Duursma-Kepplinger*, in: Duursma-Kepplinger/Duursma/Chalupsky, EuInsVO, Art. 5, RdNr. 18.
405 *Fritz/Bähr* DZWiR 2001, 221, 228.
406 *Duursma-Kepplinger*, in: Duursma-Kepplinger/Duursma/Chalupsky, EuInsVO, Art. 5, RdNr. 18.

Wort „Tragweite“ überhaupt in dem Sinne zu verstehen, dass auch die Insolvenzwirkungen hierunter zu subsumieren sind. Selbst wenn man dem aber noch zustimmen sollte, gilt die Anwendung der lex rei sitae aber nur „in der Regel“. Hierauf ein Bekenntnis zur Kollisionsnormtheorie zu stützen, ist daher an sich schon fraglich. Viel naheliegender erscheint es dagegen, auf die direkteren Äußerungen von *Virgos/Schmit* abzustellen, die für die Sachnormtheorie sprechen. So differenziert der Bericht ganz explizit zwischen den Artt. 5, 6 und 7 EuInsVO, in denen das Übereinkommen die davon betroffenen Rechte von den Wirkungen des Insolvenzverfahrens ausschließt und den Artt. 8, 9, 10, 11, 14 und 15 EuInsVO. Hierdurch fallen bestimmte Wirkungen des Insolvenzverfahrens nicht in den Anwendungsbereich des Rechts des betreffenden Staates, sondern in den Anwendungsbereich des betreffenden Staates. Dies klingt eindeutig danach, dass der Verordnungsgeber mit den Artt. 5 und 7 EuInsVO Sachnormen schaffen wollte. Dass Art. 6 EuInsVO mit den Artt. 5 und 7 EuInsVO in einer Reihe genannt wird, ist insofern ein Versehen des Berichts. Denn an anderer Stelle ist davon die Rede, dass das Recht anwendbar sein soll, das für die Forderung selbst gilt.[407] Auch wenn all diese Argumente keinen zwingenden Schluss zulassen sollten, gibt die ratio der Artt. 5 und 7 EuInsVO den entscheidenden Ausschlag. Bei dinglichen Sicherungsrechten besteht die Besonderheit, dass sie zur Gewährung von Krediten von erheblicher Bedeutung sind.[408] Für den Kreditgeber ist es von besonderer Bedeutung, dass er die Vorteile seines Sicherungsrechts auch noch im Insolvenzzustand genießen kann. Das bringt der Verordnungsgeber durch die Formulierung „Ein besonderes Bedürfnis [...]“ in Erwägungsgrund Nr. 25 S. 1 zum Ausdruck. Diesem Bedürfnis wollte er dadurch Rechnung tragen, dass er die Insolvenzfestigkeit in den Artt. 5 und 7 Abs. 1 EuInsVO normierte. Dies ist im Übrigen im Zusammenhang mit Art. 7 Abs. 2 EuInsVO zu sehen, wo der Verordnungsgeber zugunsten des Anwartschaftsrechts festlegt, dass eine Auflösung und Beendigung des Kaufvertrages aufgrund der Insolvenz nicht in Betracht kommt. Auch hier hat er sich nicht mit einer Kollisionsnorm begnügt.

---

[407] Vgl. *Virgos/Schmit*, Erläuternder Bericht, RdNr. 108.
[408] Erwägungsgrund Nr. 25 S. 1.

Damit ist festzuhalten, dass der Verordnungsgeber das Wort „unberührt" gezielt gewählt hat, um auf diese Weise eine Sachnorm zu treffen und nicht nur willkürlich von der Formulierung der Artt. 8, 9, 10, 11, 14 und 15 abgewichen ist.

(b) Konsequenzen

Das bedeutet, dass ein dingliches Sicherungsrecht nicht in das Hauptverfahren einbezogen werden kann.

Das hat die Konsequenz, dass der Sicherungsgläubiger sich wie bei einem Aussonderungsrecht unabhängig von dem Insolvenzverfahren befriedigen kann. Diese Lösungsvariante, die die Insolvenzverordnung an dieser Stelle wählt, stimmt nicht mit den Lösungen der Mitgliedstaaten überein. Für die Inhaber dinglicher Sicherungsrechte ist, wie §§ 50, 166 ff. InsO zeigen, bisweilen lediglich eine abgesonderte Befriedigung vorgesehen. Die Folge nach Art. 5 Abs. 1 EuInsVO ist, dass Sicherungsgläubiger eine selbständige Befriedigung anstreben können, während Insolvenzgläubiger den Nachteil der Quotenbefriedigung tragen. Faktisch kommt es oft zu einer Ungleichbehandlung. In Beispiel 3 wird das dingliche Nießbrauchsrecht der *Nobelbank AG* gem. Art. 5 Abs. 1 EuInsVO nicht berührt, so dass sie sich unabhängig von dem Insolvenzverfahren befriedigen kann. Damit hat sie größere Chancen auf eine vollständige Befriedigung als die übrigen Gläubiger, die in diesen Genuss nur kommen, wenn die Masse ausreicht, um alle Insolvenzgläubiger zu befriedigen.

Diese Ungleichbehandlung zwischen dem dinglichen Sicherungsgläubiger und dem Insolvenzgläubiger hat der Verordnungsgeber aber gezielt getroffen. Hintergrund dessen ist die große Bedeutung der Sicherungsrechte für die Gewährung von Krediten.[409] Nur wenn man den Sicherungsgeber in eine sicherere Position hebt als die übrigen Gläubiger, wird er bereit sein, einen Kredit zu gewähren, der für das Fortbestehen des Unternehmens entscheidend sein kann. Somit ist die Ungleichbehandlung sachlich gerechtfertigt und liefert keinen Anlass zu einer Korrektur extra legem.

[409] Erwägungsgrund Nr. 25.

(2) Unbilligkeit hinsichtlich des Sicherungsgegenstandes

Eventuell treten aber Unbilligkeiten auf, weil der Sicherungsgegenstand (und nicht nur das Sicherungsrecht) selbst nicht in die Masse einbezogen werden kann, weil das dingliche Sicherungsrecht nicht berührt werden darf. Das wäre in dem o.g. Beispiel etwa der Fall, wenn das Grundstück in Düsseldorf deshalb nicht zur Befriedigung der Gläubiger verwendet werden kann, weil die *Nobelbank* einen Sicherungsnießbrauch hieran hat.

Sowohl Art. 5 Abs. 1 als auch Art. 7 Abs. 1 EuInsVO sprechen ihrem Wortlaut nach nicht davon, dass der Gegenstand selbst von der Eröffnung des Insolvenzverfahrens unangetastet bleibt: „Das *dingliche Recht* [...] wird [...] nicht berührt.“[410] (Art. 5 Abs. 1 EuInsVO). „[...] lässt die Rechte des Verkäufers [...] unberührt.“ (Art. 7 Abs. 1 EuIns-VO). Der Sicherungsgegenstand wird also zunächst sehr wohl in das Insolvenzverfahren einbezogen.[411] Daraus könnte man schließen, dass der Gegenstand selbst auch nur in der Höhe der dinglichen Sicherheit insolvenzfrei sein soll.[412] Zu prüfen ist aber im Folgenden, welche Möglichkeiten tatsächlich bestehen, den Sicherungsgegenstand für die Verwertung zu verwenden.

(a) Einbeziehung in das Partikularinsolvenzverfahren

Denkbar ist zunächst, dass die Einbeziehung des Sicherungsgegenstandes in das Partikularinsolvenzverfahren erfolgt. Jeder Gläubiger kann seine Forderung sowohl im Haupt- als auch in jedem Sekundärinsolvenzverfahren anmelden (Art. 32 Abs. 1 EuInsVO). Auch die ausländischen Gläubiger können auf diese Weise an der Befriedigung durch das Vermögen im Nebenverfahren partizipieren.

Um ein solches eröffnen zu können, ist eine Niederlassung in dem Eröffnungsstaat erforderlich. Hierfür ist ein Tätigkeitsort erforderlich, an dem der Schuldner einer

---

[410] Hervorhebung hinzugefügt.

[411] *Bariatti*, Vortrag am 8. Oktober 2004 auf dem Kongress der DIJV in Dresden, „In diesem Zusammenhang wird zwischen dem *dinglichen Recht* als solches unterschieden, das von dem in einem anderen Staat als jedem der Belegenheit des Gegenstandes eröffneten Insolvenzverfahren ausgeschlossen bleibt, und dem *Gegenstand*, der vom Verwalter des Hauptverfahrens, das sich auf alle Vermögenswerte des Schuldners erstreckt, und zwar unabhängig davon, wo sie sich befinden, in das Verfahren mit einbezogen werden kann.“; *Kolmann* The European Legal Forum 2002, 167, 175.

[412] So *Duursma-Kepplinger*, in: Duursma-Kepplinger/Duursma/Chalupsky, EuInsVO, Art. 5, RdNr. 27; *Kolmann*, Kooperationsmodelle, S. 305.

wirtschaftlichen Aktivität von nicht vorübergehender Art nachgeht, die den Einsatz von Personal und Vermögenswerten voraussetzt (Art. 2 lit. h) EuInsVO). Die bloße Vermögensbelegenheit genügt nicht. Auch das in dem Beispiel erwähnte Hausgrundstück wird dafür nicht ausreichen, um eine Niederlassung zu begründen, zumindest wenn man unterstellt, dass kein Personal für die Verwaltung oder die Durchführung von Reparaturen eingesetzt wird. Daher scheitert bereits die Eröffnung eines Nebenverfahrens, so dass das Grundstück in ein solches auch nicht einbezogen werden kann.

(b) Einbeziehung in das Hauptinsolvenzverfahren

Das Vermögen im Ausland fällt zunächst bei Nichteröffnung eines inländischen Partikularverfahrens in die Hauptmassse (Art. 16 Abs. 1 EuInsVO). Nun stellt sich aber die Frage nach der tatsächlichen Verwertungschance. Es bleibt nur die Möglichkeit, den Sicherungsgegenstand im Rahmen des Hauptverfahrens für die Gläubigerbefriedigung zu verwenden. Ist dies nicht möglich, würde der mit einem Sicherungsrecht belastete Gegenstand der kollektiven Verwertung, wie *v. Wilmowsky* ausführt, ganz entzogen.[413]

(aa) Sicherungsgegenstand im Ausland zur Masse des Hauptverfahrens ziehen

Zunächst könnte man daran denken, dass der Verwalter des Hauptverfahrens den Sicherungsgegenstand nach Art. 18 Abs. 1 S. 2 EuInsVO zur Masse des Hauptverfahrens zieht und ihn gem. Art. 18 Abs. 3 EuInsVO verwertet. Bei näherem Hinsehen ergeben sich aber im Einzelfall einige Probleme.

Erstens ist die Verbringung von Gegenständen in das Land des Hauptverfahrens nur möglich, wenn es sich um bewegliche handelt.[414] Bei einem unbeweglichen Gegenstand wie in Beispiel 3 – und das sind die Fälle, in denen besonders wertvolle Vermögensgegenstände betroffen sind – scheidet diese Vorgehensweise also aus.

Zweitens steht der praktischen Ausführung Art. 18 Abs. 3 S. 2 EuInsVO entgegen, wonach Zwangsmaßnahmen im Gebiet eines anderen Staates untersagt sind. Hier

[413] *Von Wilmowksy* EWS 1997, 295, 298.
[414] *Von Wilmowksy* EWS 1997, 295, 298.

bleibt dem Verwalter nur die Möglichkeit, die innerstaatlichen Behörden zur Ausübung innerstaatlicher Zwangsmaßnahmen nach dem „eigenen" Recht zu ersuchen.[415] Schließlich ist drittens noch bedeutsam, dass gem. Art. 18 Abs. 1 S. 2 EuInsVO diese Befugnis nur vorbehaltlich der Artt. 5 und 7 EuInsVO gilt. D.h. durch die Entfernung des Gegenstandes darf das dingliche Sicherungsrecht und auch der Eigentumsvorbehalt nicht beeinträchtigt werden. Was die dinglichen Sicherungsrechte anbelangt, kann durchaus die Entfernung des Sicherungsgegenstandes je nach Ausprägung des Sicherungsrechtes das Recht beeinträchtigen. Hierbei denke man an den verdinglichten Fruchtgenuss wie das in Beispiel 3 beschriebene Nießbrauchsrecht.[416] In diesem Fall ist der Hauptverwalter auf die Zustimmung des dinglich Berechtigten angewiesen. Da er jedoch in der günstigen aussonderungsähnlichen Position ist, wird er seine Zustimmung naturgemäß verweigern.
Es zeigt sich, dass es Schwierigkeiten bereiten kann, den Gegenstand zur Hauptmasse zu ziehen. Dann ist eine Verwertung im Belegenheitsstaat in Erwägung zu ziehen.

(bb) Verwertung des Gegenstandes im Belegenheitsstaat

Nach Art. 18 Abs. 1 S. 1 EuInsVO darf der Verwalter alle Befugnisse ausüben, die ihm das Recht des Eröffnungsstaates einräumt. Aus dem Wort „insbesondere" in Art. 18 Abs. 1 S. 2 EuInsVO lässt sich schließen, dass neben der Verbringung der Sicherungsgegenstandes in das Gebiet des Eröffnungsstaates auch andere Maßnahmen denkbar sind. Dazu kann auch die Verwertung des Sicherungsgegenstandes im Belegenheitsstaat zählen. Bedeutsam ist dies v.a. für Grundstücke, die nicht in das Land des Hauptverfahrens verbracht werden können (Art. 18 Abs. 1 S. 2 EuInsVO). Das deutsche Recht sieht hierfür die Zwangsverwaltung und -verwertung vor.[417]
Erstens richtet sich diese Verwertung jedoch nicht nach dem Recht des Eröffnungsstaates, sondern nach der lex rei sitae (Art. 18 Abs. 3 S. 1 EuInsVO). Der Belegenheitsstaat aber wird zugunsten des in seinem Territorium belegenen Vermögens nur

---

[415] *Duursma-Kepplinger/Chalupsky*, in: Duursma-Kepplinger/Duursma/Chalupsky, EuInsVO, Art. 18, RdNr. 18.
[416] *Duursma-Kepplinger/Chalupsky*, in: Duursma-Kepplinger/Duursma/Chalupsky, EuInsVO, Art. 18, RdNr. 10; *Virgos/Schmit*, Erläuternder Bericht, RdNr. 161.
[417] *Von Wilmowksy* EWS 1997, 295, 298 f., FN. 25.

sehr eingeschränkt eine Verwertungsmöglichkeit zulassen. Das wirkt sich dann wieder zu Lasten der ausländischen Masse aus. Zweitens steht wie dargelegt Art. 18 Abs. 3 S. 2 EuInsVO entgegen, wonach die selbständige Anwendung von Zwangsmaßnahmen ausgeschlossen ist. Auch hier kann der Weg nur über ein Ersuchen der Behörden des Belegenheitsstaates führen.[418] Denn selbst, wenn das Recht des Belegenheitsstaates Zwangsmaßnahmen vorsieht, darf der Hauptverwalter sie wegen Art. 18 Abs. 3 EuInsVO nicht ergreifen.[419]

Uhlenbruck ist zwar der Auffassung, diese Einschränkungen würden sich in der Praxis nicht nachteilig auswirken, weil sich an der Zuordnung der im Ausland belegenen Gegenstände zum Hauptverfahren nichts ändere.[420] Das ist aber deshalb unzutreffend, weil jedenfalls faktisch die Verwertung erheblich erschwert werden kann, da sie letztlich von der Kooperation ausländischer Behörden und dementsprechenden Vorschriften im Recht des Belegenheitsstaates abhängt. Das gilt für die Anwendung von Zwangsmaßnahmen im Allgemeinen.[421] Die Entscheidung, ob die begehrte Rechtshilfe geleistet wird, liegt bei der Verwaltung (Art. 32 Abs. 1 GG).[422] Es besteht – mangels zwischenstaatlicher Regelung – keine grundsätzliche Verpflichtung zur Zusammenarbeit der Staaten auf dem Gebiet der Zivilrechtspflege, vielmehr handelt es sich um eine reine courtoisie.[423] Daran kann auch das In-Kraft-Treten der EuInsVO nichts ändern. Aus der Anerkennung ausländischer Urteile kann nicht entnommen werden, dass die Mitgliedstaaten sich generell zur Rechtshilfe bereit gefunden haben.[424] Die Beteiligten und Parteien haben, keinen Anspruch auf die Vornahme von Rechtshilfehandlungen (auch nicht aus Art. 20 Abs. 3 GG), sondern nur auf eine ermessensfehlerfreie Entscheidung (§§ 23 ff. EGGVG), wobei der Ermessensspielraum groß ist.[425] Die Durch-

---

[418] *Reinhart*, in: MünchKomm-InsO, Art. 18, RdNr. 4; *Virgos/Schmit*, Erläuternder Bericht, RdNr. 164.

[419] FK-*Wimmer*, Artikel 102 EGInsO, Anhang I, RdNrn. 82 f.

[420] *Uhlenbruck*, Insolvenzordnung, Art. 18, RdNr. 3

[421] *Virgos/Schmit*, Erläuternder Bericht, RdNr. 164.

[422] BGHZ 87, 385, 389; *Geimer* RabelsZ 57 (1993), 746, 750; krit. *Linke*, IZPR, RdNr. 581, S. 100; *Schack*, Internationales Zivilverfahrensrecht, RdNr. 171.

[423] *Geimer*, IZPR, RdNr. 3631; *Nagel* ZZP 75 (1962), 408, 444; *Schack*, Internationales Zivilverfahrensrecht, RdNr. 170.

[424] A.A. Nerlich/Römermann-*Mincke*, Art. 18, RdNr. 5.

[425] *Geimer*, IZPR, RdNr. 3637; *Schack*, Internationales Zivilverfahrensrecht, RdNr.172.

führung der Rechtshilfe wird innerhalb der Mitgliedstaaten zwar durch die EuZVO und die EuBVO erleichtert.[426] An der Möglichkeit, die Rechtshilfe zu verweigern, ändert sich dadurch aber nichts. Selbst wenn die Rechtshilfe gewährt würde, muss man sich aber stets vor Augen halten, dass die Erledigung von Rechtshilfeersuchen sehr viel Zeit in Anspruch nimmt, teilweise mehr als zwei Jahre;[427] Zeit die gerade im Insolvenzverfahren sehr kostbar ist. Also kann sich auch die Verwertung im Belegenheitsstaat als problematisch erweisen.

(cc) Freikaufen des Gegenstandes

Als weitere Maßnahmen, den Wert des Sicherungsgegenstandes abzüglich des gesicherten Betrages für die Befriedigung der Gläubiger heranzuziehen, könnte sich hinter dem „insbesondere" i.S.d. Art. 18 Abs. 1 S. 2 EuInsVO die Möglichkeit des Freikaufens mit den Mitteln der Masse verbergen.[428] Die Forderung des Sicherungsgläubigers würde dann befriedigt oder das dingliche Recht abgelöst. Die Befugnis zum Freikaufen des Sicherungsgegenstandes ergibt sich daraus, dass er zur Masse gehört und der Verwalter an die Stelle des Schuldners tritt. Diese Maßnahme bietet sich insbesondere auch bei dinglichem Fruchtgenuss wie etwa dem Sicherungsnießbrauch an. Fällt die gesicherte Forderung weg, so ergibt sich das weitere Schicksal daraus, was die Parteien zuvor vereinbart haben. Haben sie die Einräumung des Nießbrauchs mit einer auflösenden Bedingung getroffen, so erlischt der Nießbrauch mit Zahlung hierauf, andernfalls besteht ein Anspruch auf seine Löschung.[429]

Hier ergibt sich folgende Schwierigkeit: Der Gegenstand kann nur mit Mitteln der Masse freigekauft werden. Man denke aber an die Konstellation, dass das Vermögen im Eröffnungsstaat zu gering ist, um das Sicherungsrecht abzulösen. Dennoch würde

[426] Dies ist ein erheblicher Fortschritt, vgl. noch *C.L. von Bar,* Bd. II, Fn. 3 zu RdNr. 467, „Die Rechtshilfe wird aber nicht bedingungslos, vielmehr nur unter bestimmten Voraussetzungen gewährleistet."

[427] *Schack*, Internationales Zivilverfahrensrecht, RdNr. 184.

[428] *Duursma-Kepplinger*, in: Duursma-Kepplinger/Duursma/Chalupsky, EuInsVO, Art. 5, RdNr. 29; *Herchen* ZInsO 2002, 345, 349; *Huber*, ZZP 114 (2001), 133, 158 f.; *Kolmann*, Kooperationsmodelle, S. 305; *Virgos/Schmit*, Erläuternder Bericht, RdNr. 99; vgl. für das deutsche Recht Braun-*Liersch*, § 351, RdNr. 11; *ders.* NZI 2003, 302, 308.

[429] *Petzoldt*, in: MünchKomm-BGB, vor § 1030, RdNr. 21; Soergel-*Stürner*, § 1030, RdNr. 20; Staudinger-*Frank*, § 1030, RdNrn. 67 f.

es sich wegen der Hochwertigkeit des Gegenstandes, an dem es besteht, rentieren, einen weiteren Kredit aufzunehmen. Allein ist es bei der Vermögensinsuffizienz schwierig Kredite zu bekommen.

(dd) Insolvenzanfechtung

Denkbar ist außerdem, den Sicherungsgegenstand dadurch der Verwertung zugänglich zu machen, dass die Einräumung des dinglichen Rechts bzw. des Eigentumsvorbehaltes angefochten wird. Möglicherweise ist die Einräumung auch relativ unwirksam oder nichtig. Wegen Art. 5 Abs. 4, Art. 7 Abs. 3 EuInsVO stehen Art. 5 Abs. 1 und Art. 7 Abs. 1 und 2 EuInsVO der Nichtigkeit, Anfechtbarkeit und relativen Unwirksamkeit einer Rechtshandlung nach Art. 4 Abs. 2 S. 2 lit. m) EuInsVO nicht entgegen.

Problematisch ist das Verhältnis von Art. 5 Abs. 4 EuInsVO zu Art. 5 Abs. 1 EuInsVO.[430] Die Unklarheit ergibt sich daraus, dass es bei den in Artt. 5 Abs. 4, 2 lit. m) EuInsVO behandelten Rechtshandlungen um solche geht, durch die die Gesamtheit der Gläubiger benachteiligt wird. Art. 5 Abs. 1 EuInsVO betrifft den Fall, dass einem Gläubiger oder einem Dritten ein dingliches Recht an einem Gegenstand eingeräumt wird, der zur Insolvenzmasse des Hauptverfahrens gehört. Hierdurch erlangt er die Privilegierung, dass sein dingliches Recht von der Eröffnung des Hauptinsolvenzverfahrens unberührt bleibt und er sich unabhängig von dem Verfahren aus dem Recht befriedigen kann (s.o.). Er wird damit besser gestellt als die Insolvenzgläubiger. Das würde zwangsläufig bedeuten, dass die Einräumung eines dinglichen Rechts nach Art. 5 Abs. 1 EuInsVO immer eine die Gesamtheit der Gläubiger benachteiligende Handlung wäre, denen der Sicherungsgegenstand zumindest bis zur Höhe der gesicherten Forderung zu Verwertung entzogen wäre. Dann käme bei der Einräumung des dinglichen Rechts stets Art. 5 Abs. 4 EuInsVO zum Zuge. Die Anwendungsbereiche der Absätze 1 und 4 wären immer identisch. Diese Lösung macht jedoch keinen Sinn. Vielmehr handelt es sich bei Abs. 4 um eine Rückausnahme zu der Ausnahmeregelung von Abs. 1. Daraus folgt, dass der Anwendungsbereich von Abs. 4 in jedem Fall enger sein muss als der von Abs. 1.

---

[430] Die folgenden Ausführungen gelten entsprechend für das Verhältnis zwischen Art. 7 Abs. 3 EuInsVO zu Art. 7 Abs. 1 EuInsVO.

Die Lösung ist folgende: Art. 5 Abs. 1 EuInsVO greift ein, wenn die Gläubigerbenachteilung durch die Einräumung des dinglichen Rechts sich als bloße Begleiterscheinung darstellt. Art. 5 Abs. 4 EuInsVO kommt dagegen zum Zuge, wenn die Einräumung des dinglichen Rechts sich als schädlich mit einer tendenziell fraudulösen Tendenz herausstellt.[431] Das wird man v.a. annehmen, wenn in concreto ein Schädigungswille der Beteiligten bei der Einräumung des dinglichen Rechts zu erkennen ist. Neben den Fällen der fraudulösen Tendenz, kommen für die Insolvenzanfechtung solche in Betracht, bei denen das dingliche Recht unentgeltlich eingeräumt wurde.[432]

(3) Zwischenergebnis

Betrachtet man nun die Fälle, in denen die Gläubigermehrheit einen Nachteil dadurch erleidet, dass ein Sicherungsrecht an dem Gegenstand eingeräumt worden ist, stellt sich heraus, dass die Fälle, in denen man von einer „Lücke im Masseschutz" sprechen kann, äußerst gering sind:

Zunächst beziehen sich diese Fälle nur auf den Massegegenstand und nicht auf das dingliche Sicherungsrecht. Dann darf ferner keine Niederlassung in dem Staat liegen, wo sich der betreffende Sicherungsgegenstand befindet, so dass kein Nebenverfahren eröffnet werden kann. Drittens muss eine Einbeziehung in das Hauptverfahren ausscheiden, weil der Gegenstand weder zur Masse gezogen, noch freigekauft werden kann, noch der Anwendungsbereich des Art. 5 Abs. 4 EuInsVO eröffnet ist. Somit ist nur noch für wenige Einzelfälle eine Lücke im Masseschutz denkbar.

So ist es etwa in Beispiel 3 (S. 67): Eine Eröffnung über das in Deutschland belegene Vermögen und damit auch über das Hausgrundstück ist nicht möglich, weil sich dort keine Niederlassung der *LFD SNC* befindet. Damit könnte es für die Verwertung im Rahmen des Hauptverfahrens herangezogen werden. Grundsätzlich gilt dabei die lex fori concursus (Art. 4 EuInsVO). Besteht wie in dem Beispiel das dingliche Recht eines Dritten in diesem Fall der *Nobelbank AG*, bleibt dieses gem. Art. 5 Abs. 1 EuIns-

[431] *Duursma-Kepplinger*, in: Duursma-Kepplinger/Duursma/Chalupsky, EuInsVO, Art. 5, RdNr. 28 und Fn. 152; hinsichtlich der Grundzüge des Insolvenzanfechtungsrechts bestehen viele Gemeinsamkeiten in den europäischen Rechtsordnungen, *Flessner* ZEuP 2004, 887, 903.

[432] Nerlich/Römermann-*Mincke*, Art. 14, RdNr. 4.

VO unberührt. Das ist zutreffend so zu verstehen, dass es generell von der Verfahrenseröffnung nicht beeinträchtigt wird. Zwar wird hierdurch nur der Sicherungsnießbrauch der *Nobelbank AG* geschützt und nicht das Hausgrundstück selbst. Damit ist grundsätzlich die Einbeziehung des Grundstücks in die Verwertung möglich. Der Gegenstand kann schon deshalb nicht in den Eröffnungsstaat gezogen werden, weil es sich um einen unbeweglichen handelt. Hinzu kommt, dass der Sicherungsnießbrauch an das Grundstück gebunden ist und durch eine Entfernung des Gegenstandes zwangsläufig beeinträchtigt würde, was durch Art. 18 Abs. 1 S. 2 EuInsVO zu verhindern ist. Die Verwertung des Gegenstandes im Belegenheitsstaat ist denkbar, bringt aber den Nachteil mit sich, dass sie sich nicht mit Hilfe von Zwangsmaßnahmen durchführen lässt (Art. 18 Abs. 3 EuInsVO). Der Verwalter ist insofern auf die Hilfe deutscher Behörden angewiesen. Ist diese nicht gewährleistet, könnte er noch daran denken, den Sicherungsgegenstand freizukaufen. Dieser Versuch scheitert schon, wenn keine hinreichenden Massemittel vorhanden sind und sich keine Kredite erlangen lassen. Die Einräumung des Sicherungsrechtes hat keine fraudulöse Tendenz und war auch nicht unentgeltlich. Eine Insolvenzanfechtung nach Artt. 5 Abs. 4, 4 Abs. 2 lit. m) EuInsVO, §§ 129 ff. InsO scheidet mithin aus.

Die Lösung bis zu diesem Punkt hätte zur Folge, dass erhebliche Vermögensteile den Gläubigern vorenthalten bleiben. V.a. ist auch denkbar, dass in einem solchen Fall der Schuldner und der Inhaber des dinglichen Rechts gezielt zu Lasten der Gläubiger zusammenwirken. Derartige Konstellationen sind auch bei absehbarer Insolvenzverfahrenseröffnung denkbar. Gewiss darf diese Absicht nicht nachweisbar sein, denn dann käme die oben ausgeschlossene Insolvenzanfechtung zum Zuge. Ein Ziel der Verordnung bestand in der Verhinderung des forum shopping.[433] Dieses Ziel scheint in derartigen Konstellationen nicht sicher realisiert. Eine gewisse Umgehungsanfälligkeit lässt sich damit nicht leugnen.

---

[433] Vgl. Erwägungsgrund Nr. 4.

bb) Korrektur

Fraglich ist, ob und wenn ja, wie man derartige Gerechtigkeitsdefizite korrigieren kann.

In Betracht kommt in derartigen Fällen den Niederlassungsbegriff auf die Vermögensbelegenheit auszudehnen. Die Lösung des Problems im Wege der Auslegung und Analogie scheiden wie gezeigt aus. Es steht nur noch der Weg der gesetzesübersteigenden Rechtsfortbildung, also einer Rechtsfortbildung extra legem aber intra ius offen. Diese orientiert sich dann nicht mehr an der ratio legis selbst, sondern an einem darüber hinausgreifenden Rechtsgedanken.[434] Die nun eine rechtliche Lösung fordernde Frage reicht nicht für die Rechtsfortbildung extra legem. *Larenz* stellt drei Fallgruppen auf, die den Weg einer Rechtsfortbildung zulassen. Die erste ist das unabweisbare Bedürfnis des Rechtsverkehrs. Ferner kann sie aus der „Natur der Sache“ geboten sein. Und schließlich kann es darum gehen, einen Verstoß gegen ein rechtsethisches Prinzip zu verhindern.[435]

(1) unabwendbares Bedürfnis

Ein unabweisbares Bedürfnis des Rechtsverkehrs besteht hier nicht, da es in diesem Fall nicht um praktische Probleme der Rechtsanwendung, sondern um Gerechtigkeitsdefizite geht.

(2) Natur der Sache

Aus der Natur der Sache lässt sich das Erfordernis einer gesetzesübersteigenden Rechtsfortbildung herleiten, wenn das Gebot Gleiches gleich und Ungleiches ungleich zu behandeln, verletzt ist.[436] Die Niederlassung und die Vermögensbelegenheit unterscheiden sich durch den Aspekt der Tätigkeit. Übt jemand in einem fremden Staat eine Betätigung, insbesondere wirtschaftlicher Art aus, so ist die geschäftliche Verflechtung mit dem ausländischen Markt erheblich stärker als bei einer bloßen Vermögens-

---

[434] *Larenz*, Methodenlehre, S. 413 f.
[435] *Larenz*, Methodenlehre, S. 413 ff.
[436] *Larenz*, Methodenlehre, S. 420.

belegenheit. Daher lassen sich Vermögensbelegenheit und Niederlassung nicht als „Gleiches" bezeichnen.

(3) Verstoß gegen ein rechtsethisches Prinzip

Rechtsethische Prinzipien sind richtunggebende Maßstäbe rechtlicher Normierungen, die vermöge ihrer eigenen Überzeugungskraft rechtliche Entscheidungen zu rechtfertigen vermögen. Von Zweckmäßigkeitsgründen unterscheiden sie sich durch ihren materialen Gerechtigkeitsgehalt.[437]

Im Folgenden ist nun zweistufig zu prüfen: Zunächst ist die Frage zu beantworten, ob ein Verstoß gegen ein rechtsethisches Prinzip vorliegt und wenn ja, dann zweitens, ob dieser Verstoß genügt, um eine gesetzesübergreifende Rechtsfortbildung vornehmen zu können. Ist auch dies der Fall, ist herauszuarbeiten, auf welche Weise die gesetzesübersteigende Rechtsfortbildung vorzunehmen ist.

Zunächst stellt sich die Frage, gegen welches rechtsethische Prinzip verstoßen worden sein könnte. Die Gerechtigkeitsdiskussion ist vielschichtig. Diverse Konzepte über die Ausfüllung des Gerechtigkeitsbegriffs stehen nebeneinander.[438] Bis heute gültig[439] ist die von *Aristoteles* getroffene Differenzierung zwischen der iustitia distributiva (austeilende Gerechtigkeit) und der iustitia commutatvia (ausgleichende Gerechtigkeit).[440] Die austeilende Gerechtigkeit betreffe die Verteilung von öffentlichen Anerkennungen, Geld und sonstigen Werten, die den Bürgern eines geordneten Gemeinwesens zustünden. Die iustitia commutativa bezöge sich auf den Bereich der vertraglichen Beziehungen von Mensch zu Mensch.[441] Im Zusammenhang mit dem zu Tage getretenen Problem wird die austeilende Gerechtigkeit fokussiert. Hinter ihr steht die Maxime „Iustitia est contans et perpetua voluntas suum cique tribuenta" (Gerechtigkeit ist der stetige und fortwährende Wille, jedem das Seine zu gewähren)[442]. Die Wahrheit der in

---

[437] *Larenz*, Methodenlehre, S. 421.
[438] *Jansen*, Strukturen der Gerechtigkeit, S. 15, 19.
[439] *Bydlinsky*, Methodenlehre, S. 335 ff.; *Dreier* JuS 1996, 580; *Henkel*, Rechtsphilosophie, S. 403 „Diese Unterscheidung ist zum dauernden, gültigen und unerschütterlichen Besitzstand der Gerechtigkeitslehre geworden."; *Radbruch*, Rechtsphilosophie, § 4; *Röhl*, Allgemeine Rechtslehre, S. 309.
[440] *Aristoteles*, Nikomachische Ethik, Buch 5, 5.
[441] *Aristoteles*, Nikomachische Ethik, Buch 5, 5.
[442] Dig. 1, 1, 10 pr. (Pseudo-Ulpian) = Inst. 1, 1 pr. S.a. Nr. 177, 129 u. 89.

diesem Satz gefundenen Ausprägung der Gerechtigkeit leuchtet aus sich selbst heraus ein. Auch handelt es sich nicht um reine Zweckmäßigkeitserwägungen, sondern um ein rechtsethisches Prinzip.[443] Das Gebot „jedem das Seine" zu gewähren, ist unbestimmt, weil es bei der Bewertung „das Seine" darauf ankommt, was dem Einzelnen zusteht. Entscheidend ist hierfür wiederum, welchen Verteilungsmaßstab man wählt. Festgelegt wird der Maßstab vom positiven Recht. Als Verteilungsmaßstab kommt dreierlei in Betracht: das Proportionalitätsprinzip, das Gleichheits- und schließlich das Bedürfnisprinzip.[444] Das Proportionalitätsprinzip knüpft bei der Verteilungsfrage an die Leistung an.[445] Nach dem Gleichheitsprinzip erfolgte eine Pro-Kopf-Verteilung. Jeder erhält das Gleiche, einen gleichen Anteil vom insgesamt zu Verteilenden.[446] Das Bedürfnisprinzip stellt bei der Verteilung auf die Bedürfnisse der Empfänger ab.[447] Auch wenn es sich nicht um einen typischen Fall der „öffentlichen Verteilung" handelt,[448] weil es nicht um die Verteilung öffentlicher Mittel geht, ist auch der Insolvenzfall einer der sich nach den Maßstäben der austeilenden Gerechtigkeit richten muss.[449] Das gilt unabhängig davon, ob er sich innerhalb der Staatsgrenzen hält oder einen Auslandsbezug aufweist. Es ist eine Insolvenzmasse vorhanden. Diese genügt aber in aller Regel nicht, um die Forderungen aller Gläubiger zu befriedigen. Daher müssen gesetzliche Maßstäbe gefunden werden, wie diese Masse möglichst gerecht zu verteilen ist. Ein erster Schritt besteht darin, dass die Einzelzwangsvollstreckung durch die Gesamtvollstreckung verdrängt wird. Der Wettlauf der Gläubiger wird beendet und es erfolgt grundsätzlich eine Gleichbehandlung der Gläubiger (vgl. § 89 InsO). Im Grundsatz gilt also der Verteilungsmaßstab „Jedem das Gleiche". Dennoch werden hiervon einige Ausnahmen gemacht. Man denke an die aus- und abgesonderte Befriedigung (vgl. §§ 47 ff. InsO) oder an die in § 209 InsO festgelegte Rangordnung bei der

---

443 *Dworkin* The University of Chicago Law Review, 35 (1967-1968), 14, 23; *Henkel*, Rechtsphilosophie, S. 396.
444 *Dreier* JuS 1996, 580, 582; *Henkel*, Rechtsphilosophie, S. 404 ff.; *Röhl*, Allgemeine Rechtslehre, S. 312.
445 *Dreier* JuS 1996, 580, 582.
446 *Dreier* JuS 1996, 580, 582; *Röhl*, Allgemeine Rechtslehre, S. 312.
447 *Dreier* JuS 1996, 580, 582; *Röhl*, Allgemeine Rechtslehre, S. 312.
448 *Kaufmann*, Über Gerechtigkeit, S. 31 ordnet die iustitia commutativa dem öffentlichen und dem Privatrecht zu.
449 Vgl. auch *Windel* Jura 2002, 230, 231.

Befriedigung der Gläubiger. In diesen Fällen greifen also das Proportionalitäts- und das Verteilungsprinzip des Gleichheitsprinzips ein.

Aber es muss nicht immer um die Verteilung von Mitteln gehen. Stattdessen gilt das Prinzip der austeilenden Gerechtigkeit auch bei der Privilegierung einzelner Personengruppen durch Gesetze. Auch die EU-Insolvenzverordnung verfolgt den Grundsatz der Gläubigergleichbehandlung.[450] Ausprägungen hiervon finden sich in Artt. 4, 20, 35, 32, 39 EuInsVO. Die Artt. 5-15 EuInsVO sehen Ausnahmen davon vor, wodurch bestimmte Gläubigergruppen privilegiert behandelt werden. Hinter der ausnahmsweisen Verweisung auf das Recht, das auf den Arbeitsvertrag anzuwenden ist (Art. 10 EuIns-VO) anstatt der lex fori concursus (Art. 4 EuInsVO), steht das Bedürfnisprinzip.[451] Die Artt. 5 Abs. 1 und 7 Abs. 1 EuInsVO haben ebenso das Ziel, dem besonderen Bedürfnis der Inhaber dinglicher Rechte und des Eigentumsvorbehaltsverkäufers Rechnung zu tragen.[452] Das Bedürfnis ergibt sich daraus, dass dingliche Rechte für die Gewährung von Krediten von erheblicher Bedeutung sind.[453] Die dinglichen Rechte und der Eigentumsvorbehalt an einem Gegenstand, der in einem anderen als dem Eröffnungsstaat besteht, werde durch die Eröffnung des Insolvenzverfahrens nicht berührt (Artt. 5 Abs. 1, 7 Abs. 1 EuInsVO). Dass der Verordnungsgeber hier nach dem Bedürftigkeitsprinzip vorgeht, ist an sich nicht zu beanstanden.

Das Problem ist aber wie angesprochen, dass bei einer Konstellation wie in Beispiel 3 der Gegenstand, an dem das Sicherungsrecht besteht, dauerhaft der Befriediung inländischer Gläubiger entzogen werden könnte. Dies gilt unabhängig davon, wie hoch der Wert des Gegenstandes und wie gering die Forderung des Inhabers des dinglichen Rechts ist.

Mit dem Grundsatz „Jedem das Seine" ist es jedenfalls unvereinbar, dass eine Vielzahl von Gläubigern zu Gunsten eines Einzelnen selbst bei einem vielleicht geringen Bedürfnis nicht befriedigt wird.

---

450 Erwägungsgrund Nr. 21 S. 2.
451 Erwägungsgrund Nr. 27 S. 1: „Zum Schutz der Arbeitnehmer [...]".
452 Vgl. Erwägungsgrund Nr. 25 S. 1.
453 Vgl. Erwägungsgrund Nr. 25 S. 1.

Fraglich ist sodann, ob dieses Gerechtigkeitsdefizit für eine gesetzesübersteigende Rechtsfortbildung ausreichen kann. Notwendig hierfür ist, dass auch das erforderliche Minimum relativer Gerechtigkeit unterschritten wird. Das ist bei willkürlicher und krasser Abweichung gesetzlicher Regeln von anerkannten Gerechtigkeitsmaßstäben der Fall.[454] Diese Entscheidung orientiert sich an der Fundamentalität der Betroffeneninteressen: von welchem quantitativen Gewicht ist die Verschiedenbehandlung? Auch die Evidenz des Verstoßes und das Verhältnis des Verstoßes gegen die Sozialmoral sind in die Waagschale zu legen.[455]

Demnach besteht ein Bedürfnis zur Rechtsfortbildung contra legem in den Fällen, wo im Eröffnungsstaat das Vermögen zur Befriedigung aller Insolvenzgläubiger nicht ausreicht, in einem anderen Staat als dem der Verfahrenseröffnung Vermögen aber keine Niederlassung i.S.d. Art. 2 lit. h) EuInsVO vorhanden ist und an diesem Vermögensgegenstand ein dingliches Recht besteht oder die Sache unter Eigentumsvorbehalt steht. Dabei muss der Wert des Gegenstandes hoch und derjenige der durch das dingliche Recht besicherten Forderung gering sein. Im Falle eines bestehenden Eigentumsvorbehaltes muss ein Großteil der Raten bereits an den Eigentumsvorbehaltsverkäufer gezahlt worden sein.

Fest steht, dass in diesen Fällen eine gesetzesübersteigende Rechtsfortbildung vorgenommen werden muss. Damit fragt sich nun noch allein, in welcher Form dies geschehen soll. Die Gerechtigkeit gebietet es in derartigen Fällen das im Ausland belegene Vermögen der Befriedigung der Insolvenzgläubiger zur Verfügung zu stellen. Hierfür kommen nur zwei Möglichkeiten in Betracht, nämlich zum einen die Einbeziehung in das Hauptinsolvenzverfahren und zum anderen die Möglichkeit, trotz nicht vorhandener Niederlassung auch in dem Staat der Vermögensbelegenheit ein Partikularinsolvenzverfahren zu eröffnen.

Die Eröffnung eines Sonderinsolvenzverfahrens in derartigen Fällen fügt sich auch in das System der Insolvenzverordnung ein. Erwägungsgrund Nr. 19 S. 1 sieht vor, dass ein Nebenverfahren dem Schutz der inländischen Interessen dient. Schützenswert sind die inländischen Interessen v.a., wenn ein Bezug des Gemeinschuldners zu dem Staat

---

[454] *Bydlinski*, Methodenlehre, S. 498.
[455] *Bydlinski*, Methodenlehre, S. 351.

besteht, der als Nebenverfahrenseröffnungsstaat in Betracht kommt. Einen solchen Inlandsbezug hat der Verordnungsgeber bei Bestehen einer Niederlassung bejaht (vgl. Art. 3 Abs. 2 EuInsVO). Aber auch in den hier diskutierten Fällen könnte man einen Inlandsbezug annehmen. *Hanisch* erblickt ihn bei Vorrechten oder Masseverbindlichkeiten, die sich auf das im Inland befindliche Vermögen beziehen und bei schwierigen grundstücksrechtlichen Verhältnissen.[456] Ein Vorrecht kann sich aus dem dinglichen Recht an dem Gegenstand ergeben, der nicht in dem Staat des Hauptverfahrens belegen ist. Ein solches Recht kann gem. § 47 InsO zur Aussonderung oder gem. § 50 InsO zur abgesonderten Befriedigung berechtigen.

cc) Zwischenergebnis

Damit ist folgende Formel aufzustellen:

Wenn ein Insolvenzverfahren in einem Mitgliedstaat eröffnet wurde, in einem anderen Mitgliedstaat, wo sich keine Niederlassung aber hochwertiges Vermögen befindet, an dem ein Sicherungsrecht besteht und dieses nicht in die Verwertung einbezogen werden kann, weil es nicht zur Masse gezogen werden kann, eine Verwertung im Belegenheitsstaat ausscheidet, die Mittel zum Freikaufen des dinglichen Rechts nicht ausreichen und eine Insolvenzanfechtung nicht eingreift, ist dieses als niederlassungsgleiches Vermögen zu bewerten, das die Eröffnung eines Partikularinsolvenzverfahrens rechtfertigt.

Auch *Liersch* ist der Auffassung, dass in Konstellationen, wo die Verwertung des Gegenstandes scheitert, die Möglichkeiten zur Eröffnung von Partikularinsolvenzverfahren erweitert werden müssen. Er diskutiert dies für die parallele Problematik im autonomen deutschen Internationalen Insolvenzrecht. Dort sind die Eröffnungsmöglichkeiten zwar aufgrund des Vermögensgerichtsstandes (§ 354 Abs. 1 Alt. 2 InsO) größer. Jedoch werden sie durch strenge Anforderungen an die Antragsbefugnis (§ 354 Abs. 2 InsO) begrenzt. Antragsbefugt sind danach nur Gläubiger, die ein „besonderes Interesse" an der Partikularverfahrenseröffnung geltend machen können. Für die Konstellationen, in denen aufgrund der Insolvenzfestigkeit des Sicherungsrechts (§ 351 InsO,

---

[456] *Hanisch* ZIP 1992, 1125, 1132, 1139.

vergleichbar mit Artt. 5, 7 EuInsVO) der Sicherungsgegenstand nicht verwertet werden kann, erweitert *Liersch* die Antragsbefugnis beim Vermögensgerichtstand zugunsten des Insolvenzverwalters (§ 354 Abs. 2 InsO analog).[457]

2) Vermögensbelegenheit als Niederlassung, wenn die Niederlassung aufgelöst wurde

Beispiel 4: Der italienische Mobilfunknetzbetreiber *Telecom Sicilia società per azioni* (*TS s.p.a.*) hat den Mittelpunkt seiner hauptsächlichen Interessen in Catania (Italien). Die *TS s.p.a.* unterhält in Bochum Wattenscheid (Deutschland) ein Lager mit einer angeschlossenen Vertriebsstelle. Dort werden Mobilfunkverträge abgeschlossen, Handys und SIM-Karten des Netzanbieters verkauft.
Die *Deutsche Telefon AG* schließt mit der *TS s.p.a.* einen Mietvertrag über einen in der Niederlassung eingesetzten Gabelstapler; die *TS s.p.a.* hat die letzten zwei Monatsmieten nicht gezahlt. Die *CO_2 GmbH* hat einen Anspruch auf Übereignung von 3.000 Mobiltelefonen gegen die *TS s.p.a.* Den Kaufvertrag hat ein Vertreter der *CO_2 GmbH* am 25. März 2003 mit einem in der Niederlassung tätigen Mitarbeiter abgeschlossen. *Herr Kaiser* hat am 10. Dezember 2003 bei der zu der Niederlassung gehörenden Verkaufsstelle einen Bausatz für ein Mobilfunktelefon gekauft. Wegen Montageproblemen wird der Bausatz und das Werkzeug von *Herrn Kaiser* zerstört. Der Grund dafür ist die fehlerhafte Übersetzung der Beschreibung vom Italienischen ins Deutsche. Erbost formuliert er am 23. Dezember 2003 ein Schreiben, in dem er Ersatz für den ihm entstandenen Schaden fordert. Die „Mahnwache" – zwei ehemalige Mitarbeiter, die sich an einer Mülltonne aufwärmen – auf dem Gelände der ehemaligen Niederlassung macht ihn zwar stutzig. Dennoch wirft er den Brief in den Briefkasten der ehemaligen Niederlassung ein.
Die *TS s.p.a.* wird zahlungsunfähig i.S.d. Art. 5 Abs. 1 i.V.m. Abs. 2 fall. In Italien wird daraufhin am 2. Januar 2004 das Hauptinsolvenzverfahren eröffnet.
Zum 14. Dezember 2003 wurden die Mitarbeiter gekündigt und der Betrieb eingestellt. Das Grundstück und die dort befindlichen beweglichen Gegenstände stehen indes weiter im Eigentum der *TS s.p.a.*
Am 5. Januar 2003 beantragen die *Deutsche Telefon AG*, die *CO_2 GmbH* und *Herr Kaiser* die Eröffnung eines Sekundärinsolvenzverfahrens über das in Deutschland belegene Vermögen der *TS s.p.a.* beim AG Bochum.
Sind die deutschen Gerichte zur Eröffnung des Partikularinsolvenzverfahrens international zuständig?

Deutsche Gerichte sind gem. Art. 3 Abs. 2 S. 1 EuInsVO zur Eröffnung eines Partikularinsolvenzverfahrens international zuständig, wenn der Schuldner eine Niederlassung im Gebiet dieses Mitgliedstaates hat. Problematisch ist im o.g. Fall, dass im Zeitpunkt

[457] Braun-*Liersch*, § 354, RdNr. 13.

der Antragsstellung auf Eröffnung des Nebenverfahrens keine Niederlassung in dem betreffenden Mitgliedstaat bestanden hat, sondern dort nur noch Vermögen belegen war. Einen Vermögensgerichtsstand kennt die EuInsVO hingegen nicht. *Fritz/Bähr* halten aber die Möglichkeit zur Eröffnung eines Partikularinsolvenzverfahrens auch dann für erforderlich, wenn eine Niederlassung einmal existiert hat und noch in dem betreffenden Mitgliedstaat Vermögenswerte vorhanden sind, die aus der Niederlassung stammen.[458]

a) Auslegung

Ob dem zuzustimmen ist, ist zunächst mit Hilfe der Auslegung zu ermitteln. Hier stellt sich zuerst die Frage, ob sich eine derartige Auslegungsvariante innerhalb der Wortlautgrenze des Gesetzes[459] hält. Art. 3 Abs. 2 Abs. 1 EuInsVO ist eindeutig in der Gegenwartsform formuliert: „Hat der Schuldner den Mittelpunkt seiner hauptsächlichen Interessen im Gebiet eines Mitgliedstaates, so sind die Gerichte eines anderen Mitgliedstaats nur dann zur Eröffnung eines Insolvenzverfahrens befugt, wenn der Schuldner eine Niederlassung im Gebiet eines anderen Mitgliedstaates *hat*."[460] Gem. Art. 2 lit. f) EuInsVO kommt es auf das Wirksamwerden der Eröffnungsentscheidung an. Spiegelbildlich ist bei fehlender Niederlassung der Zeitpunkt maßgeblich, in dem die ablehnende Entscheidung wirksam wird. Aufgrund dieser eindeutigen Formulierung ist es mit dem Wortlaut der Vorschrift unvereinbar, das frühere Bestehen einer Niederlassung für die Eröffnung eines Partikularinsolvenzverfahrens ausreichen zu lassen.

b) Rechtsscheinhaftung

Weiterhin könnte man diese Frage über die Grundsätze der Rechtsscheinhaftung lösen. Die allgemeine Rechtsscheinlehre besagt, dass derjenige, der zurechenbar einen Rechtsscheintatbestand gesetzt hat, sich von gutgläubigen Dritten, die im Vertrauen hierauf disponiert haben, sich an diesem Rechtsscheintatbestand festhalten lassen

---

[458] *Fritz/Bähr* DZWiR 2001, 221, 231.
[459] Vgl. zu den methodischen Vorgaben § 8 III 1, a), aa).
[460] Hervorhebung hinzugefügt.

muss.[461] Die Voraussetzungen im Einzelnen sind, dass der Haftende einen Vertrauenstatbestand geschaffen und ihn nicht wieder beseitigt hat. Der zu Schützende ist gutgläubig und hat Kenntnis vom Vertrauenstatbestand. Er disponiert aufgrund des Vertrauenstatbestandes, ist schutzwürdig und der Vertrauenstatbestand ist zurechenbar. Als Rechtsfolge gilt: der Fall ist so zu behandeln als bestünde die angenommene Lage.[462] So könnte man annehmen, dass sich der Insolvenzschuldner nach der aufgegebenen Niederlassung und fortbestehendem Vermögen so behandeln lassen muss als würde sie fortbestehen.

Die Rechtsscheinhaftung vermag aber den Kern des Problems nicht zu lösen. Dies lässt sich anhand des Beispiels 4 erkennen. *Herr Kaiser* hat zwar den Kaufvertrag mit der *TS s.p.a.* geschlossen. Allerdings bestand der geschäftliche Kontakt zwischen ihm und der Niederlassung der Gesellschaft in Bochum Wattenscheid. Damit ist er auch – wenngleich nicht bewusst – davon ausgegangen, dass er sich im Insolvenzfall an diese Niederlassung halten kann. Denn allein sie ist für ihn nach außen in Erscheinung getreten. Für ihn liegen die Voraussetzungen der Rechtsscheinhaftung nicht vor. Denn er ist nicht hinsichtlich des Bestehens der Niederlassung gutgläubig. Er hat in dem Beispielsfall die Mahnwache wahrgenommen. Dadurch hatte er Zweifel an dem Bestehen der Niederlassung.

Die Gutgläubigkeit ist aber nicht der Grund für seine Schutzwürdigkeit. Die Insolvenzverordnung verfolgt mit dem Sekundärinsolvenzverfahren das Ziel, inländische Interessen zu schützen.[463] Das Merkmal der Niederlassung soll dabei dem Vertrauensschutz des Gläubigers aufgrund des besonderen Inlandsbezuges Rechnung tragen.[464] Ziel ist also, das Vertrauen darauf zu schützen, dass der Gläubiger sich im Insolvenzfall an die Niederlassung halten kann, ohne seine Ansprüche im fernen Ausland, unter Heranziehung einer fremden Rechtsordnung in einer fremden Sprache und ohne die regionalen Informationsmittel geltend machen zu müssen. Dieses Vertrauen ist zwar auch dann schutzwürdig, wenn die Niederlassung zunächst bestanden hat, dann aber

---

[461] BGHZ 22, 235, 238; *Canaris*, Vertrauenshaftung, S. 490 ff.; Ebenroth/Boujong/Joost-*Kindler*, § 5 RdNr. 50.

[462] *Canaris*, Vertrauenshaftung, S. 492 ff.

[463] Erwägungsgrund Nr. 19 S. 1.

[464] *Duursma-Kepplinger*, in: Duursma-Kepplinger/Duursma/Chalupsky, EuInsVO, Art. 3, RdNr. 68.

aufgelöst wurde. Genau dieser Aspekt wird aber von der Rechtsscheinhaftung nicht erfasst. Sie bezieht sich nur auf eine angeblich bestehende Lage, nicht aber auf den Eintritt zukünftiger Ereignisse oder das Bestehenbleiben der aktuellen Lage.
Damit verfehlt die Rechtsscheinhaftung das in diesem Fall angesprochene Problem.

c) Analogie

In Betracht zu ziehen ist demnach eine analoge Anwendung des Art. 3 Abs. 2 S. 1 EuInsVO auf den hier angesprochenen Fall, dass eine Niederlassung in dem Mitgliedstaat bestanden hat und nun nur noch Niederlassungsvermögen dort belegen ist.
Voraussetzung für die analoge Anwendung ist das Vorliegen einer Lücke. Das ist grundsätzlich[465] der Fall, wenn weder das Gesetz noch das Gewohnheitsrecht eine Regelung enthalten, obwohl die Rechtsordnung ihrem „Geist" nach eine solche fordert.[466] Deshalb kommt es darauf an, die Ähnlichkeit zwischen dem in der Rechtsordnung geregelten und dem nicht geregelten Fall herauszustellen. Dabei gilt: wesentlich Gleiches ist gleich zu behandeln.[467] Entscheidungshilfe für die Frage, ob ein ähnlicher Fall vorliegt, liefert der hinter der gesetzlichen Regelung stehende Rechtsgrundsatz[468] (hier das Territorialitätsprinzip mit seinem Schutzgedanken für den inländischen Rechtsverkehr).[469] Die Teilnehmer ein und desselben Marktes, die mit der Niederlassung einer ausländischen Gesellschaft geschäftlich verkehrt haben, vertrauen auf die Anwendung der Rechtsordnung des Staates und die Möglichkeit der Rechtsverfolgung in dem Land, wo sich die Niederlassung befindet.[470] Das gilt auch und gerade für den Insolvenzfall. D.h. das Schutzbedürfnis besteht fort. Es wird auch nicht dadurch beseitigt, dass der Gläubiger im Zeitpunkt der Anspruchsgeltendmachung wusste oder hätte wissen müssen, dass die Niederlassung nicht mehr existiert. Das schutzwürdige Vertrauen

[465] Zu hier nicht einschlägigen Ausnahmen vgl. *Canaris*, Lücken, §§ 20 ff.
[466] *Canaris*, Lücken, § 29.
[467] *Canaris*, Lücken, § 69.
[468] *Zippelius*, Juristische Methodenlehre, § 11 II b).
[469] Vgl. oben § 3 II.
[470] *Duursma-Kepplinger*, in: Duursma-Kepplinger/Duursma/Chalupsky, EuInsVO, Art. 3, RdNr. 68; *Wimmer* ZIP 1998, 982, 983; *Bloching*, Pluralität und Partikularinsolvenz, S. 74 f. meint hingegen, dass kein Gläubiger darauf vertrauen dürfe, dass ein einmal im Inland belegenes Vermögen immer als Vollstreckungsgrundlage diene, andererseits gesteht er ein, dass die Rechtsverfolgung im Ausland eine besondere Härte bedeuten würde, so dass die inländischen Gläubiger schutzbedürftig seien.

wird nämlich im Zeitpunkt des geschäftlichen Kontaktes gesetzt, als *Herr Kaiser* das Mobiltelefon an der Verkaufsstelle der Niederlassung gekauft hat. Dieser Fall wird aber nicht vom Wortlaut der Norm berücksichtigt. Somit ist eine Regelungslücke vorhanden. Dabei handelt es sich um eine sog. „offene" Lücke.[471] Zur Schließung einer solchen kommt v.a. die Übertragung eines Tatbestandes auf einen nicht gesetzlich geregelten in Betracht (Analogie). Ähnlich heißt, dass die Tatbestände in einigen aber nicht in allen Gesichtspunkten übereinstimmen. Die Schutzbedürftigkeit ist jedoch wie dargelegt in beiden Fällen identisch. Damit ist eine analoge Anwendung des Art. 3 Abs. 2 S. 1 EuInsVO auf den Fall anzunehmen, dass im Zeitpunkt der Anspruchsbegründung eine Niederlassung bestanden hat, diese zwischenzeitlich aufgegeben wurde und nun nur noch Vermögenswerte aus der Niederlassung vorhanden sind.[472] Dann ist die Sekundärverfahrenseröffnung nach Art. 3 Abs. 2 S. 1 EuInsVO analog möglich. Ablehnend steht *Wessels* dieser Ansicht gegenüber. Dennoch erkennt auch er die Schutzbedürftigkeit in diesen Fällen. Seiner Auffassung nach sollten die Gerichte die Niederlassungsschließung ignorieren, wenn es sich um einen Fall des forum shopping handele.[473] Damit würde den Gerichten die Entscheidung im Einzelfall anheim gestellt. Es wird im Einzelfall kaum feststellbar sein, wann es sich bei der Schließung der Niederlassung um forum shopping-Fall handelt und wann die Schließung eine Auswirkung der wirtschaftlichen Misere ist. Aufschluss könnte allein die Einlassung des Schuldners gewähren. Dann würde aber derjenige Insolvenzschuldner privilegiert, der seine wahren Absichten gezielt verschleiert. Der Ansicht *Wessels* ist daher nicht zu folgen.

3) bewegliche Stelle als Niederlassung

Beipsiel 5: Die *Society GmbH* (Interessenmittelpunkt in Berlin, Deutschland) organisiert Veranstaltungen. Die *TeleVision Ltd* (Interessenmittelpunkt in London, Großbritannien) schließt mit der *Society GmbH* einen Vertrag über die Ausrichtung einer Präsentationsveranstaltung in Berlin. Nachdem die *Society GmbH* ihren Teil des Vertra-

---

[471] Vgl. *Larenz*, Methodenlehre, S. 377.
[472] So auch *Fritz/Bähr* DZWiR 2001, 221, 231.
[473] *Wessels*, International Jursidiction to open Insolvency Proceedings in Europe in particular against (Groups of) Companies, http://www.iiiglobal.org/country/european_union/InternJurisdictionCompanies.pdf, S. 12.

ges erfüllt hat, wird über ihr Vermögen in Großbritannien das Hauptinsolvenzverfahren eröffnet. In Deutschland befindet sich ein LKW, der mit elektronischen Geräten beladen ist. Dieser Lastkraftwagen wird zu Verkaufszwecken verwendet. Denn der Fahrer, ein Angestellter der *TeleVision Ltd.*, fährt seit langer Zeit Orte an, wo er Geräte verkauft. Dabei hält er stets zur selben Zeit an denselben Orten und hat sich so eine Stammkundschaft aufgebaut. Er selbst ist als Angestellter der Gesellschaft unselbständig für die *TeleVision Ltd.* tätig. Mangels Niederlassung im Übrigen, stellt sich der Geschäftsführer der *Society Ltd.* angesichts seiner offenen Forderung gegen den die *TeleVision Ltd.* die Frage, ob es sich bei dem umherfahrenden LKW um eine Niederlassung i.S.d. Art. 2 lit. h) EuInsVO handeln könnte. Dann wäre die internationale Zuständigkeit zur Eröffnung eines Sekundärinsolvenzverfahren (Art. 3 Abs. 2 S. 1 EuInsVO) begründet.

a) Auslegung

Die bewegliche Stelle könnte zunächst bereits im Rahmen der Auslegung als Niederlassung einzuordnen sein. Dies scheidet im Ergebnis aber aus. Nach dem allgemeinen Sprachgebrauch ist eine Niederlassung ist ein ständiger Wohn- oder Geschäftssitz.[474] Zwei Elemente aus dieser Definition sprechen dagegen, für die Niederlassung einen Gegenstand ausreichen zulassen, der einer Ortsveränderung zugänglich ist, insbesondere wenn von dieser Möglichkeit Gebrauch gemacht wird: erstens widerspricht dies dem Merkmal Wohn*sitz* oder Geschäfts*sitz*. Wer sitzt, bewegt sich nicht. Und zweitens wird das Attribut „ständig" hinzugefügt. Hierdurch wird das Konstanzerfordernis zum Ausdruck gebracht. Allerdings ist das Adjektiv selbst unbestimmt und dehnbar. Für die Ständigkeit könnte es genügen, dass wie in dem o.g. Beispiel der bewegliche Gegenstand sich regelmäßig an einem bestimmten Ort aufhält.

Aber auch der dem allgemeinen vorgehende juristische Sprachgebrauch[475] (Art. 2 lit. h) EuInsVO) ist einer solchen Auslegung nicht zugänglich. Während die deutsche Fassung lediglich fordert, dass die betreffende Stelle „nicht vorübergehender Art" sein darf, ist der Wortlaut der englischen und französischen Fassung deutlicher. Hier ist die Rede von „non-transistory" bzw. „non transistoire". Das lässt sich einerseits zwar e-

---

[474] *Brockhaus*, http://lexika.tanto.de/artikel.php?TANTO_SID=20b53bfffe8a89a9c4d7a1ef11feb83a&TANTO_KID=digibib&TANTO_AGR=45588&shortname=b24&artikel_id=15058407.
[475] *Larenz*, Methodenlehre, S. 324.

benfalls mit „nicht vorübergehend" übersetzen. Andererseits heißt dies auch „nicht unterwegs" oder „nicht auf dem Transport".[476]
Damit ist der Wortlaut eindeutig überschritten.

b) Analogie

Auch an dieser Stelle ergäbe sich die Möglichkeit einer Analogie. Hierfür ist eine Lücke erforderlich. Eine solche liegt vor, wenn die Rechtsordnung in ihrer Gesamtheit eine Regelung fordern würde, die mit dem bestehenden Wortlaut nicht zu vereinbaren ist.[477] Ob die Rechtsordnung eine entsprechende Regelung fordert, muss sich vom Geist der Verordnung ausgehend beurteilen. Wie sich aus dem Erwägungsgrund Nr. 19 zur EuInsVO herleitet, hat das Partikularinsolvenzverfahren eine Schutz- und Unterstützungsfunktion. Schutzfunktion bedeuet: Für die Wirtschaftsteilnehmer, die auf demselben Markt teilnehmen, sollen dieselben Anforderungen und damit auch dieselben Insolvenznormen gelten. Dies kommt den Gläubigern als Markteilnehmer zu Gute. Wer auf demselben Markt tätig wird, hat denselben Informationsbedarf und trägt dasselbe rechtliche Risiko.[478]
Auf dieser Erkenntnis aufbauend, ist nun für die Lückenfeststellung ein typisierender Fallvergleich vorzunehmen. Es ist zu fragen, ob der sicher unter den gesetzlichen Tatbestand zu subsumierende mit dem nicht davon erfassten Fall gleich zu behandeln ist, weil es sich um wesentlich gleiche Sachverhalte handelt. Die beiden zu vergleichenden Sachverhalte sind: die unbewegliche und die bewegliche Stelle. Zu klären ist zunächst, ob die beiden Sachverhalte wesentlich gleich sind. Die Basis für die Beurteilung bilden die o.g. Erwägungen des Verordnungsgebers. Die Sachverhalte einander gegenübergestellt, sind die Gemeinsamkeiten und die Unterschiede herauszuarbeiten. Sodann ist zu klären, ob die Unterschiede so gravierend sind, dass entsprechend der gesetzlichen Regelung auch eine unterschiedliche Behandlung erfolgen muss.[479]

---

[476] Vgl. auch *Moss/Fletcher/Isaacs*, RdNr. 3.20, „Thus a purely occasional or temporary place of operations could not be classified as an establishment [...]."; RdNr. 8.30, "A lorry or truck, operated by a Belgian and on its way through France to Belgium does not constitute a place."
[477] *Canaris*, Lücken, § 29.
[478] *Virgos/Schmit*, Erläuternder Bericht, RdNr. 71.
[479] Vgl. zu den methodischen Vorgaben, *Zippelius*, Juristische Methodenlehre, §§ 11 f.

Gemein ist den beiden hier relevanten Sachverhalten, dass der Schuldner in regelmäßigen Abständen, an demselben Ort auf demselben Markt tätig geworden ist. Der Unterschied liegt darin, dass ein beweglicher Gegenstand jederzeit entfernt werden kann. Der im Beispiel genannte umherfahrende LKW ist zwar bislang regelmäßig zur selben Zeit an denselben Ort gekommen. Aber er ist dort nie dauerhaft geblieben. Somit kann das In-Erscheinung-Treten auch jederzeit beendet werden. Dies erfordert noch nicht einmal einen bürokratischen Aufwand. Ein Abriss von Räumlichkeiten ist nicht nötig. Es bleibt lediglich die Rückkehr an den Ort aus. Grundlegend anders ist dies bei der festen Stelle, etwa einem Verkaufsbüro. Dort sind Räumlichkeiten vorhanden. Eine Zweigniederlassung begründet etwa Eintragungspflichten in öffentliche Register (vgl. § 13 HGB). Sie kann demnach auch nicht von einem Tag auf den anderen aufgelöst werden, ohne dass „der Markt", auf dem der Schuldner tätig, war hiervon Kenntnis nimmt. Gerade dieser Gesichtspunkt zeigt aber eine Beständigkeit, die ein Vertrauen des Marktes begründet, nämlich ein Vertrauen dahingehend, dass auch die „heimischen" Insolvenznormen auch im Insolvenzfall anzuwenden sind.

Damit ist die Vertrauensgrundlage eine ganz andere. Von wesentlich gleichen Sachverhalten kann somit keine Rede sein. Damit ist keine Lücke gegeben.

c) Zwischenergebnis

Bewegliche Gegenstände eignen sich nicht zur Annahme einer Niederlassung. Eine analoge Anwendung des Art. 3 Abs. 2 S. 1 EuInsVO findet nicht statt.

4) Tochtergesellschaft als Niederlassung

Beispiel 6: Über den spanischen Fußballclub *Descenso Madrid Sociedad Anónima* mit Sitz in Madrid (Spanien) wird das Hauptinsolvenzverfahren eröffnet. *D. Madrid S. A.* unterhält 100% der Anteile der *D. Madrid Deutschland GmbH* mit Sitz in München (Deutschland), deren Betätigung v.a. in dem Vertrieb von Fanartikeln besteht. Die Tochtergesellschaft erwirtschaftet anders als ihre Mutter seit Jahren einen hohen Gewinn. Der spanische Insolvenzverwalter stellt beim AG München einen Antrag auf Eröffnung eines Sekundärinsolvenzverfahren. Sind deutsche Gerichte international zuständig?

Deutsche Gerichte sind zur Eröffnung eines Sekundärinsolvenzverfahrens zuständig, wenn die *D. Madrid S. A.* den Mittelpunkt ihrer hauptsächlichen Interessen im Gebiet eines Mitgliedstaates hat und eine schuldnerische Niederlassung in Deutschland liegt (Art. 3 Abs. 2 S. 1 EuInsVO). Da der Mittelpunkt der hauptsächlichen Interessen in Madrid (Spanien) und damit einem Mitgliedstaat liegt, kommt es darauf an, ob die in Deutschland vorhandene Tochtergesellschaft als Niederlassung eingeordnet werden kann. Unter einer Niederlassung versteht man gem. Art. 2 lit. h) EuInsVO jeden Tätigkeitsort, an dem der Schuldner einer wirtschaftlichen Aktivität nachgeht, die den Einsatz von Personal und Vermögenswerten voraussetzt.

a) Problemaufriss und Stand der Diskussion

In der Literatur ist die Frage, ob es sich – in Anlehnung an die Auslegung des Niederlassungsbegriffs des Art. 5 Nr. 5 EuGVVO –[480] auch bei einer Tochtergesellschaft um eine Niederlassung handelt, umstritten.

Die *ganz herrschende Meinung* lehnt eine solche Interpretation ab.[481] Sie verweist dabei v.a. auf die eigene Rechtspersönlichkeit der Tochtergesellschaft.[482] Die Gegenansicht missachte diese rechtliche Selbständigkeit und habe erhebliche Auswirkungen auf die Haftungsverfassung im Konzern.[483] Ferner sei es auch die Absicht der Verordnung, die Konzerninsolvenz nicht zu regeln.[484] Außerdem komme es zu einer großen Zahl von Sonderinsolvenzen, wenn man jede Tochtergesellschaft als Niederlassung betrachte.[485]

---

[480] Vgl. oben § 8 II.

[481] *Duursma-Kepplinger*, in: Duursma-Kepplinger/Duursma/Chalupsky, EuInsVO, Art. 2, RdNr. 29; *Duursma-Kepplinger/Duursma* IPRax 2003, 505, 509 m. Fn. 56 u. 57; *Ehricke/Ries* JuS 2003, 313, 314; *Eidenmüller* NJW 2004, 3455, 3458; *Gottwald*, Insolvenzrechts-Handbuch, § 128, RdNr. 84; *Huber* ZZP 114 (2001), 133, 143; *Mankowski* ZIP 1995, 1650, 1659; *Meyer-Löwy/Poertzen* ZInsO 2004, 195, 196; Nerlich/Römermann-*Mincke*, Art. 3, RdNr. 8; wohl auch *Reinhart*, in: MünchKomm-InsO, Art. 102 EGInsO, RdNr. 382; *Schack*, Internationales Zivilverfahrensrecht, RdNr. 1064; *Wimmer* ZIP 1998, 982, 986; offen gelassen AG Köln ZInsO 2004, 216, 217.

[482] *Wimmer* ZIP 1998, 982, 986.

[483] *Kolmann*, Kooperationsmodelle, S. 329; so allgemein gegen ein einheitliches Konzerninsolvenzrecht *K.Schmidt*, Wege zum Insolvenzrecht, S. 221 „Ein Prinzip, ein Konzern, ein Gemeinschuldner, eine Masse lässt sich juristisch nicht umsetzen und geht auch an den Bedürfnissen der Praxis vorbei."

[484] *Duursma-Kepplinger*, in: Duursma-Kepplinger/Duursma/Chalupsky, EuInsVO, Art. 2, RdNr. 29; *Huber* ZZP 114 (2001), 133, 143.

[485] *Schack*, Internationales Zivilverfahrensrecht, RdNr. 1064.

Vereinzelt wird dagegen – wenn auch vorsichtig – angedacht, den Niederlassungsbegriff der Insolvenzverordnung auch auf Tochtergesellschaften zu erstrecken.[486] Vorteilhaft sei dabei die sodann mögliche Koordinierung der Verfahren gem. Art. 31 EuInsVO, ohne dass diese beiden Verfahren selbständig und unverbunden nebeneinander stünden.[487] Dass es sich bei einer Niederlassung stets um ein rechtlich unselbständiges Gebilde handeln müsse, wird bestritten.[488] Außerdem halte der Schuldner des Hauptverfahrens Anteile an der Tochter, so dass es sich bei dem Personal i.S.d. Art. 2 lit. h) EuInsVO der Tochter mittelbar auch um das Personal der Muttergesellschaft handele.[489] Zudem könne die Verknüpfung zwischen der Mutter und der Tochter so eng sein, dass ohne weiteres eine Subsumtion der Tochter unter den Niederlassungsbegriff möglich sei.[490] Vorteilhaft sei auch, dass auf diese Weise die Tochter zusammen mit der Mutter reorganisiert werden könne.[491] Zu bedenken sei schließlich, dass sich bei dem Niederlassungsbegriff um einen rechtspolitischen Kompromiss handele, der daher weit auszulegen sei, sich also auch auf rechtlich selbständige Gebilde erstrecke.[492]

b) Eigenschaften einer Tochtergesellschaft

Bevor in dem darauf folgenden Schritt untersucht werden soll, ob sich im Wege der Auslegung des Niederlassungsbegriffs auch die Tochtergesellschaft erfasst wird, soll zunächst das Gebilde der Tochtergesellschaft näher betrachtet werden. Der Begriff der Tochter ist dem Konzernrecht zuzuordnen. Ein Konzern zeichnet sich dadurch aus, dass die Unternehmen zwar rechtlich, nicht aber wirtschaftlich selbständig sind.[493] Von großer Bedeutung ist in diesem Zusammenhang § 17 AktG. Nach seinem Abs. 1

[486] *Gottwald*, Grenzüberschreitende Insolvenzen, S. 21 ff., mit Hinweis darauf, entsprechende Tendenzen der amerikanischen Rechtsprechung, hundertprozentige oder mehrheitlich beherrschte Tochterunternehmen als Niederlassung zu qualifizieren; *Paulus* NZI 2001, 505, 514, der vorschlägt, den Wortlaut umzuinterpretieren, dabei aber zweifelt.
[487] *Huber* ZZP 114 (2001), 133, 143; *Kolmann*, Kooperationsmodelle, S. 329, „blind nebeneinander".
[488] *Paulus* ZIP 2002, 729, 730.
[489] *Paulus* ZIP 2002, 729, 730.
[490] *Paulus* ZIP 2002, 729, 730.
[491] *Paulus* ZIP 2002, 729, 730.
[492] *Paulus* ZIP 2002, 729, 730.
[493] *Hüffer*, GesellschaftsR, § 35, 1a); *Immenga*, Internationales Konzernrecht, „Konzernrecht behandelt Unternehmensverbindungen zwischen rechtlich selbständig bleibenden Gesellschaften, die jedoch wirtschaftlich zu einer führen.", S. 117.

sind abhängige Unternehmen rechtlich selbständige, auf die ein anderes Unternehmen (herrschendes Unternehmen) unmittelbar oder mittelbar einen beherrschenden Einfluss hat. Wann ein solcher herrschender Einfluss vorliegt, ist teilweise gesetzlich geregelt. Gem. § 17 Abs. 2 AktG wird eine Beherrschung widerlegbar fingiert, wenn das abhängige Unternehmen unter Mehrheitsbesitz steht. Es sind darüber hinaus weitere Fälle denkbar, in denen eine Abhängigkeit i.S.d. § 17 Abs. 1 AktG besteht. Das ist etwa der Fall, wenn das herrschende Unternehmen über gesicherte rechtliche Möglichkeiten verfügt, dem abhängigen Unternehmen Konsequenzen für den Fall anzudrohen, dass es dem Willen des herrschenden Unternehmens nicht Folge leistet, so dass sich das abhängige Unternehmen letztlich dem Einfluss nicht zu entziehen vermag.[494] Von besonderer Bedeutung ist dabei der Einfluss auf die Personalpolitik der fraglichen Gesellschaft. Gemeint sind die Konstellationen, wo sichergestellt ist, dass sich die Verwaltung der Tochter in Zweifelsfällen schon im Interesse der Wiederwahl, nach seinen Vorstellungen richten wird.[495] In jedem Fall ist eine Abhängigkeit gegeben, wenn sie gesellschaftsrechtlich untermauert ist.[496] Indes lässt sich aus dem Wortlaut keine Begrenzung auf diese Fälle entnehmen.[497] Nach *herrschender Meinung* genügt andererseits ein rein wirtschaftliches Druckpotential jedenfalls nicht.[498] Bei einer Beherrschung aufgrund Vertrages ist zu differenzieren. Ein Beherrschungsvertrag gem. § 291 Abs. 1 S. 1 AktG ist für eine Abhängigkeit hinreichend.[499] In Bezug auf die Verträge i.S.d. §§ 291 Abs. 1 S. 2, 292 AktG ist dies streitig.[500]

Vergleichbares gilt auch für das Konzernrecht der anderen Mitgliedstaaten. Etwa sind auch im französischen Konzern (*groupes de sociétés*) die einzelnen Teilunternehmen

---

494 BGHZ 121, 137, 146.

495 BAGE 53, 187; OLG Düsseldorf AG 1994, 36, 37; OLG München AG 1995, 383; *E/S/H*, KonzernR, S. 46.

496 *Kuhlmann/Anis*, KonzernR, S. 34, RdNr. 37.

497 So aber RGZ 167, 40, 49 f.; LG Oldenburg ZIP 1992, 1632; *Nagel/Ries/Theiss* DB 1989, 1505, 1508.

498 Vgl. zum Streitstand *Bayer*, in: MünchKomm-AktG, § 17, RdNr. 29.

499 BGHZ 62, 193, 196; *Bayer*, in: MünchKomm-AktG, § 17, RdNr. 64; *Emmerich/Habersack*, Aktien- und GmbH-Konzernrecht, § 17, RdNr. 15; *Hüffer*, AktG, § 17, RdNr. 12; *K.Schmidt*, GesellschaftsR, § 17 III 2.

500 Vgl. zum Streitstand *Bayer*, in: MünchKomm-AktG, § 17, RdNr. 66.

des Konzerns rechtlich selbständig. Andererseits zeichnet sich der Konzern gerade dadurch aus, dass ein Konzernunternehmen ein anderes beherrscht (*domination*).[501] Dies ist der kleinste gemeinsame Nenner der verschiedenen Rechtsordnungen in diesem Punkt. Im Einzelnen sind die Regelungen aber durchaus unterschiedlich. Teilweise finden sich keinerlei Kodifikationen.[502]

c) Auslegung

Zunächst könnte sich die Tochtergesellschaft bereits im Wege der Auslegung unter den Niederlassungsbegriff subsumieren lassen. Dann muss sich diese Deutungsmöglichkeit im Rahmen des noch möglichen Wortlautes halten. Er stellt die Grenze der Auslegung zur Umdeutung dar.[503] Unter dem noch möglichen Wortlaut ist alles zu verstehen, was nach dem allgemeinen oder dem jeweils als maßgeblich zu erachtenden Sprachgebrauch des Gesetzgebers – wenn auch vielleicht nur unter besonderen Umständen – noch als mit dem Ausdruck gemeint verstanden werden kann.[504]

aa) allgemeiner Sprachgebrauch

Als Maßstab für die Wortlautauslegung soll zunächst der allgemeine Sprachgebrauch dienen. „Niederlassung" steht in einer Wortfamilie mit dem Verb „niederlassen". „Niederlassen" lässt sich mit einem Tun assoziieren. Es hat also einen faktischen Charakter; anders als das Verb „gründen", das eher formeller und damit rechtlicher Natur ist. Diese Überlegungen deuten für die Niederlassung auf einen Handlungsort ohne eigenständige rechtliche Relevanz hin; auf ein rein faktisches Gebilde also. Eine Tochter hat demgegenüber wegen ihrer rechtlichen Selbständigkeit einen Ort, wo sie selbst ihre Hauptgeschäftsstelle errichtet. Sie gründet sich, sie lässt sich nicht nieder.

Die englische („establishment" – to establish), die französische („établissement" – établir bzw. s'établir) und die niederländische („vestiging" – vestigen) Fassung der

---

[501] Vgl. hierzu *Cozan/Viandier/Deboissy*, Droit des sociétés, RdNr. 1947; *Sonnenberger*, Französisches Handels- und Wirtschaftsrecht, III 112.
[502] Vgl. *Ehricke* EWS 2002, 101, 102.
[503] *Larenz*, Methodenlehre, S. 322.
[504] *Larenz*, Methodenlehre, S. 322.

Verordnung ist je etwas weiter formuliert und könnte auch als „gründen“ verstanden werden. Das wäre mit dem Verständnis „Tochter“ als Establishment/ Établisement/ Vestiging noch vereinbar.

In eine andere Richtung weist demgegenüber der italienische Wortlaut („dipedenza“). Die „Abhängigkeit“ in diesem Sinne spricht dagegen, die Tochter als Niederlassung zu verstehen.

bb) besonderer Sprachgebrauch

Hat der Gesetz- bzw. der Verordnungsgeber für den jeweiligen Begriff eine besondere Bedeutungsvariante geschaffen, geht diese dem allgemeinen Sprachgebrauch vor.[505]

Gem. Art. 2 lit. h) EuInsVO handelt es sich bei einer Niederlassung um „jeden *Tätigkeitsort*, an dem der *Schuldner* einer wirtschaftlichen Aktivität von nicht vorübergehender Art nachgeht.“[506]

Aufschluss über die Auslegung geben v.a. zwei Elemente dieser Legaldefintion: „Tätigkeitsort“ und „Schuldner“.

Das Element „Tätigkeitsort“ (engl. „place of operations“; frz. „lieu d'opérations“; span. „lugar de operaciones“ ; port. „local de operações"; it. „luogo di operazioni“; ndl. „plaats van handeling“) weist ebenfalls darauf hin, dass hier nur von einem tatsächlichen Gebilde ohne rechtliche Selbständigkeit ausgegangen werden soll. Ein Tätigkeitsort ist lediglich eine Stelle, wo bestimmte Handlungsweisen vorgenommen werden. Diese können auch auf Anweisung einer Verwaltung erfolgen, die sich an einem fernern Ort befindet. Denn „Tätigkeit“ schließt mechanische Handlungen ohne eigenständige Planung nicht aus. Auch eine Tochtergesellschaft zeichnet sich durch Tätigkeiten aus. Sie hat aber eine eigene Verwaltung, die Vorgehensweisen selbst plant. Die Tochter ist also mehr als nur ein Tätigkeitsort.

Aufschlussreich ist außerdem die Wendung „wo der Schuldner“ (engl. „where the debtor“; frz. „où le débiteur“; span. „en quel que el deudor“; port. „em que o devedor"; it. „in cui il debitore“; ndl. „waar de schuldenaar“). Es muss sich also um einen Tätigkeitsort des *Schuldners* selbst handeln. Erforderlich ist die Personenidentität zwischen

[505] *Larenz*, Methodenlehre, S. 322, 324.
[506] Hervorhebung hinzugefügt.

dem an dem Ort Tätigen und dem Schuldner. Eine Tochtergesellschaft hat aber eine eigene Rechtspersönlichkeit. Sie ist eine eigene juristische Person und damit selbst Träger von Rechten und Pflichten.[507] Die Tochtergesellschaft des Schuldners ist nicht der Schuldner selbst.

Die „Niederlassung" ist keine Tochtergesellschaft. Ein derartiges Verständnis würde daher gegen den noch möglichen Wortlaut verstoßen.

Im Wege der Auslegung lässt sich jedenfalls nicht ein Partikularinsolvenzverfahrens wegen des Vorhandenseins einer Tochtergesellschaft eröffnen.

d) Analogie

Möglicherweise ist der Begriff der Niederlassung analog auf die Tochtergesellschaft anzuwenden.

Hierzu bedarf es zunächst einer Lücke. Das ist eine planwidrige Unvollständigkeit des positiven Rechts (also des Gesetzes innerhalb der Grenzen des möglichen Wortsinns und des Gewohnheitsrechts).[508] Die Verordnung enthält zwar keine Regelung zu den internationalen Konzerninsolvenzen. Aber nicht immer, wenn keine gesetzliche Regelung vorhanden ist, kann daraus geschlossen werden, dass es sich um eine Regelungslücke handelt. Das ist nämlich stets dann nicht der Fall, wenn das Schweigen des Gesetzgebers beredt ist. Hierfür kommen insbesondere zwei Fälle in Betracht, nämlich einerseits der „rechtfreie Raum" und andererseits die Annahme eines argumentum e contrario.[509] Somit bedarf es einer Abgrenzung voneinander zwischen: einerseits der Lücke, zweitens dem rechtsfreien Raum und drittens dem argumentum e contrario.

Die Abgrenzung erfolgt dabei auf diese Weise:[510]

---

[507] Palandt-*Heinrichs*, Einf. V. § 21 RdNr. 1; *Raiser* AcP 199 (1999), 104, 108.
[508] *Canaris*, Lücken, § 19.
[509] *Canaris*, Lücken, § 29.
[510] *Canaris*, Lücken, §§ 34, 36.

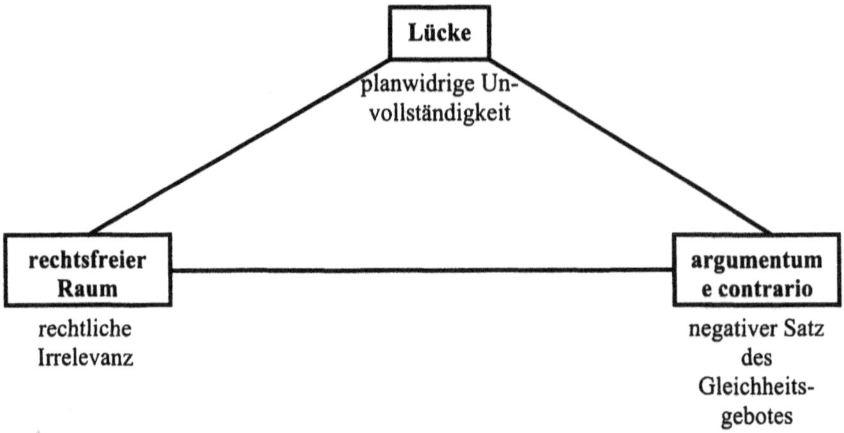

Ein rechtsfreier Raum ist also anzunehmen, wenn der betroffene Bereich rechtlich irrelevant ist. *Canaris* nennt hierfür die Beispiele: Religion, Liebe, Freundschaft oder gesellschaftliches Leben.[511]

Um eine Lücke handelt es sich, wie bereits dargestellt, im Falle einer planwidrigen Unvollständigkeit.[512]

Ein argumentum e contrario ist dagegen der negative Aspekt des Gleichheitssatzes und ist dann zu wählen, wenn zwischen dem geregelten und dem nicht geregelten Fall eine Ungleichheit besteht.[513]

Damit stellt sich für die zu untersuchende Problematik folgendes Schema bilden:

[511] *Canaris*, Lücken, § 30.
[512] Zu den methodischen Vorgaben s.o. § 8 III 1), a), aa).
[513] *Canaris*, Lücken, § 36.

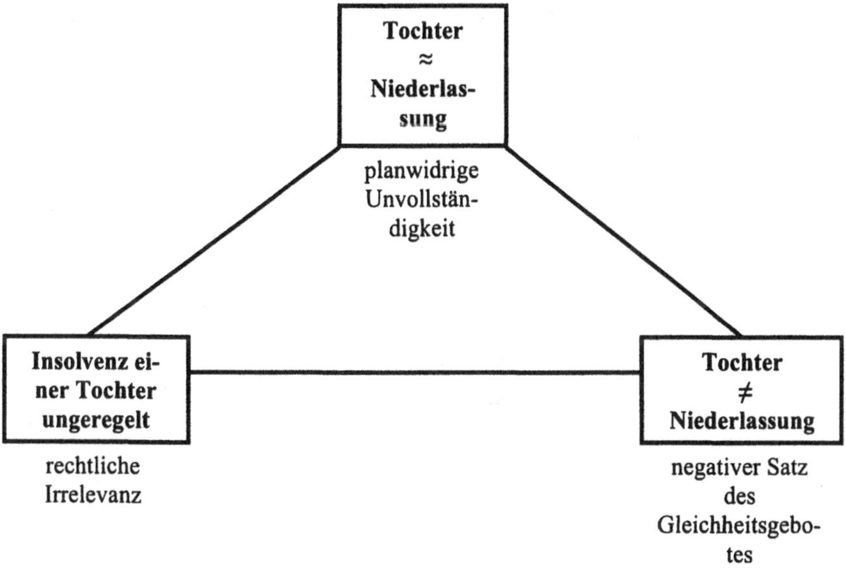

aa) rechtsfreier Raum

Zunächst könnte die internationale Konzerinsolvenzproblematik in einen rechtsfreien Raum fallen. Das ist so, wenn sie rechtlich nicht relevant ist. Dass dies nicht zutrifft ergibt sich schon aus den zahlenmäßig zunehmenden Fällen grenzüberschreitender Konzerninsolvenzen. Durch die rechtlichen Beziehungen zwischen der Mutter und der Tochter und den jeweiligen Gläubigern zu ihrem Schuldner und ggf. der Mutter bzw. der Tochter des Schuldners zeigt sich, dass diese Problematik von erheblicher rechtlicher Bedeutung ist und einer Regelung bedarf. Die Annahme eines rechtsfreien Raumes scheidet damit aus.

bb) Umkehrschluss oder Lücke

Somit bleibt eine Abgrenzung zwischen der planwidrigen Regelungslücke und dem Umkehrschluss. Man könnte aus der Nichtregelung der Konzerninsolvenzproblematik schließen, dass der Gesetzgeber kein Sonderverfahren über die Tochtergesellschaft zulassen wollte, wie dies bei der Niederlassung der Fall ist.

Hierfür ist die Frage entscheidend, ob der geregelte und der nicht geregelte Fall einander ähnlich oder unähnlich sind. Zur Beantwortung dessen sind die hinter den Vorschriften stehenden Ziele zu betrachten. Art. 3 Abs. 2 S. 1 EuInsVO eröffnet die Möglichkeit eines Sekundärinsolvenzverfahrens für den Fall, dass im Eröffnungsstaat eine Niederlassung vorhanden ist. Wie bereits dargelegt dient dies dem Schutz der inländischen Interessen und der Gleichbehandlung der Personen, die auf ein und demselben Markt tätig werden. Für sie besteht der gleiche Informationsbedarf.[514] Der wesentliche Unterschied besteht darin, dass es sich bei der Tochtergesellschaft wegen ihrer rechtlichen Selbständigkeit nicht um *„den Schuldner"* handelt. Aus verschiedenen Stellen der Verordnung lässt sich aber entnehmen, dass sich der Verordnungsgeber in Bezug auf die Niederlassung stets auf den Schuldner selbst bezieht und nicht auf ein von diesem wirtschaftlich abhängigen, aber rechtlich eigenständigen Unternehmen. Gem. Art. 27 S. 1, 1. Hs. EuInsVO etwa bedarf es nicht mehr der Prüfung der Insolvenz der Niederlassung, wenn in einem anderen Mitgliedstaat ein Sekundärinsolvenzverfahren eröffnet werden soll. Das deutet darauf hin, dass sie ein in jeder Hinsicht abhängiger Teil des Schuldners sein muss. Art. 32 Abs. 1 EuInsVO ermöglicht es dem Schuldner seine Forderung in jedem der laufenden Insolvenzverfahren anzumelden, d.h. im Haupt- und Nebenverfahren. Auch dies wäre widersinnig, wenn es sich bei der Hauptstelle und der Niederlassung im Sinne der Verordnung um zwei unterschiedliche Personen handeln würde. Dann würde nämlich die rechtlich selbständige Niederlassung – also Tochtergesellschaft – mit den Gläubigern eines ganz anderen Unternehmens konfrontiert und müsste diesen befriedigen. Auch aus Art. 3 Abs. 4 EuInsVO lassen sich entsprechende Schlüsse ziehen. Art. 3 Abs. 4 lit. a) EuInsVO stellt fest, dass ein unabhängiges Partikularinsolvenzverfahren nur ausnahmsweise eröffnet werden kann, wenn die Rechtsvorschriften in dem Staat des schuldnerischen Interessenmittelpunktes keine Eröffnung eines Hauptverfahrens zulassen. Damit wird zum Ausdruck gebracht, dass es nur einen schuldnerischen Interessenmittelpunkt gibt. Die Tochtergesellschaft hingegen hat einen eigenen Geschäftssitz und einen eigenen *centre d'affaires*. Aussagekräftig ist außerdem Art. 3 Abs. 3 S. 2 EuInsVO, wonach das Sekundärinsolvenzverfahren nur ein

[514] *Virgos/Schmit*, Erläuternder Bericht, RdNr. 71.

auf Liquidation abzielendes Verfahren sein kann. Würde man in der Tochtergesellschaft eine Niederlassung erblicken, so müsste sie zwangsläufig liquidiert werden, wenngleich sie eventuell wirtschaftlich „gesund“ und selbständig lebensfähig wäre. Stets käme es zu einem unliebsamen Domino-Effekt. Dies läuft der allgemeinen Tendenz entgegen, das schuldnerische Unternehmen zu sanieren und war vom Verordnungsgeber wohl nicht gewollt.[515]

Dabei ist davon auszugehen, dass der Verordnungsgeber in den Niederlassungsbegriff nicht auch Tochtergesellschaften einbeziehen wollte. Das ist auch im Erläuternden Bericht mit dem Satz zum Ausdruck gebracht worden: „Das Übereinkommen enthält keine Vorschriften über Unternehmenszusammenschlüsse (in der Form von Mutter- und Tochtergesellschaften). Für die Eröffnung oder Verbindung von Insolvenzverfahren gegen ein einem Zusammenschluss angehörendes Unternehmen als Hauptschuldner oder Gesamtschuldner gilt grundsätzlich die allgemeine Regel, daß für jeden der betroffenen Schuldner mit eigener Rechtspersönlichkeit die Zuständigkeit nach dem Übereinkommen gegeben ist.“[516] Auch in der Praxis wird man für jede Tochter ein Hauptinsolvenzverfahren eröffnet.

Damit lässt sich als Zwischenergebnis feststellen, dass keine Lücke besteht. Der Grund für die unterbliebene Regelung ist in der Unterschiedlichkeit der einzelnen Mitgliedstaatlichen konzernrechtlichen Regelungen zu suchen.[517]

e) Rechtsfortbildung contra legem

Man könnte schließlich daran denken, im Wege einer Rechtsfortbildung contra legem eine Tochtergesellschaft einer Niederlassung gleichzustellen.

Die Voraussetzung für eine Rechtsfortbildung contra legem ist das Bestehen einer Frage, die eine rechtliche Antwort verlangt.[518] Zwar handelt es sich bei dem hier aufgeworfenen Problem zunächst um eine Frage. Es liegt aber keine Rechtsfrage mehr vor, wenn sie durch Auslegung, Analogie oder dem Umkehrschluss zu beantworten

---

[515] Vgl. auch *Ehricke* EWS 2002, 101, 105 ff.; *ders.* DZWiR 1999, 353, 357.
[516] *Virgos/Schmit*, Erläuternder Bericht, RdNr. 76.
[517] *Ehricke* EWS 2002, 101, 102.
[518] *Larenz*, Methodenlehre, S. 426.

ist.[519] Die Nichtregelung der Konzerninsolvenz stellt sich hier als bewusst getroffene Entscheidung des Verordnungsgebers dar. Im Wege eines Umkehrschlusses ist die Tochtergesellschaft gerade nicht als Niederlassung i.S.d. Art. 3 Abs. 2 S. 1 EuInsVO anzusehen. Sie ist ggf. eine eigenständige Insolvenzschuldnerin. Die Beurteilung erfolgt gesondert gem. Art. 3 Abs. 1 EuInsVO. Somit liegt auch keine Rechtsfrage mehr vor, die im Wege einer Rechtsfortbildung contra legem zu beantworten wäre.

Unabhängig davon ist festzustellen, dass es auch keine dringenden Gerechtigkeitsgesichtserwägungen gebieten, eine Gesetzeskorrektur vorzunehmen. Ein Verstoß gegen das Prinzip der austeilenden Gerechtigkeit liegt vor, wenn einzelne Gläubiger zu Lasten anderer Gläubiger benachteiligt werden. Auf den ersten Blick könnte man daran denken, dass bei in Aussicht stehender Eröffnung eines Insolvenzverfahrens über das Vermögen der Mutter, Vermögensteile auf die Tochtergesellschaft übertragen werden.[520] Durch die Masseverkürzung könnten dann die Gläubiger der Mutter benachteiligt werden. Gerade hierfür besteht aber das Instrument der Insolvenzanfechtung.[521]

Zu Ungerechtigkeiten würde wohl im Gegenteil die Verfahrenseinheit über mehrere rechtlich selbständige Unternehmen führen. Denn in diesem Fall würden die Gläubiger eines Tochterunternehmens mit denjenigen der Mutter konfrontiert. Dies würde sich negativ auf ihre Befriedigungsquote auswirken und wäre mit dem Grundsatz der austeilenden Gerechtigkeit nicht vereinbar.

f) Lösung de lege ferenda

Eine Auslegung, Analogie und Rechtsneubildung scheidet aus. Damit hat allein der Gesetzgeber die Möglichkeit, die geltende Rechtslage zu ändern.[522] Das ist auch im Erläuternden Bericht angedeutet worden: „Diese Lage könnte sich natürlich ändern,

---

[519] Vgl. *Fikentscher,* Methoden des Rechts IV, S. 300.

[520] Zum umgekehrten Fall, der drohenden Vermögensverschiebung von der Tochter auf die Mutter, vgl. *Freslev*, Anm. zu OLG Frankfurt, Urteil vom 11. November 2003 – 11 U 40/30, EWiR 2004, 679.

[521] Nach deutschem Verständnis ist der Begriff der anfechtbaren Rechtshandlung weit auszulegen, denn darunter fallen auch Realakte, vgl. *Pape/Uhlenbruck*, Insolvenzrecht, RdNr. 675.

[522] *Eidenmüller* NJW 2004, 3455, 3458, der vorschlägt, für Gesellschaften auf die Eröffnungszuständigkeit am Mittelpunkt der hauptsächlichen Interessen zu verzichten und allein auf den Mitgliedsstaat abzustellen, nach dessen Recht die Gesellschaft erkennbar organisiert ist.

wenn europäische Rechtsvorschriften für Unternehmenszusammenschlüsse ausgearbeitet werden."[523]

In Betracht kommt insoweit ein einheitliches Konzerninsolvenzverfahren.

Für eine solche Lösung sprechen zunächst ökonomische Gesichtspunkte und eine Verkürzung der Verfahrensdauer, wenn die Abwicklung in nur einem Verfahren abläuft. Wird nur ein Verfahren eröffnet, ist nur ein Richter und nur ein Verwalter mit der Abwicklung befasst. Das schmälert die Gerichts- und Verwaltungskosten. Kooperationsbedarf zwischen mehreren Richtern und Verwaltern besteht nicht, was sich erheblich zeitsparend auswirkt. Und der Zeitfaktor ist gerade im Insolvenzverfahren und umso mehr in einem Verfahren mit Auslandsbezug von besonderer Bedeutung. Das wirkt sich unmittelbar positiv auf die Verfahrensbeteiligten, v.a. die Gläubiger aus, mittelbar aber auch auf den Wirtschaftsverkehr insgesamt. Bedenken muss man dabei auch, dass eine Konzerninsolvenz wegen der zahlreichen beteiligten Personen komplex ist. Daher ist es vorteilhaft, wenn sich möglichst wenige Personen in die Thematik einarbeiten müssen, um die Abwicklung effektiv zu gestalten. Auch das spricht für nur ein Insolvenzverfahren.

Piepenburg stellt die Vorteile einer zentralen Verwaltung am Beispiel der *Babcock Borsig AG* dar. Diese börsennotierte Gesellschaft mit 360 Tochtergesellschaften stellte am 3. Juli 2003 den Insolvenzantrag. Als Auffanggesellschaft wurde die *Babcock Borsig Power System GmbH* eingesetzt. Das Stammkapital von 30 Mio. Euro war ihr von der *Babcock Borsig AG* zur Verfügung gestellt worden. Sie erwarb mehrere Gesellschaften. Als Verwalter über den Gesamtkonzern wurde *Dr. Helmut Schmitz* eingesetzt. *Piepenburg* war zu dieser Zeit Vorstandsvorsitzender der insolventen *Babcok Borsig AG*. Die einheitliche Verwaltung, so *Piepenburg*, hätte dazu geführt, dass sowohl die Tochtergesellschaft als auch die Mutter fortgeführt werden konnten. Zudem sei kein Gläubiger geschädigt worden. Auch habe hierdurch ein Mehrwert für die Gesamtgruppe entstehen können, was die Quotenerwartung der Gläubiger für eine Vielzahl von Gesellschaften erhöht habe. Die *Babcock Borsig AG* hatte außerdem den Auftrag zum Bau eines Kraftwerkes in der Türkei erhalten. Der Gesamtvollstreckungs-

---

[523] *Virgos/Schmit*, Erläuternder Bericht, RdNr. 76.

schuldner habe diese Verpflichtung nach außen nur wegen der einheitlichen Verwaltung weiterhin tragen können. Denn eine einzelne Untergesellschaft hätte die Fortführung eines solchen Vertrages nicht leisten können.[524] Heute hält der *Hitatchi Ltd.* alle Anteile der *Babcock Power Systems GmbH*, die in *Babcock-Hitatchi Europe GmbH* umfirmiert wurde mit Sitz in Oberhausen (Deutschland). Die Arbeiten an dem türkischen Kraftwerk schreiten derweil voran.[525]

Aber die Nachteile des Einheitsverfahrens dürfen nicht außer Acht gelassen werden. Die Zentralisierung birgt den Nachteil der fehlenden Ortsnähe in sich. Die Kommunikationswege sind größer. Es ist leichter, die Zuständigkeit des Insolvenzgerichts und damit verbunden auch das anwendbare Insolvenzrecht zu manipulieren. Unliebsames forum shopping wird ermöglicht.[526] V.a. aber haben die Konzerntöchter eigene wirtschaftliche Interessen, die mit den Gläubigerinteressen der Gesamtkonzerngläubiger nicht in Einklang stehen bzw. diesen widersprechen. Das gilt etwa, wenn die Tochter liquidiert werden muss, um den Gesamtkonzern zu sanieren.[527] Die Interessen der Gläubiger würden dadurch geschützt, dass man ihnen ein eigenes Verfahren gewährt. Aus Gerechtigkeitsgesichtspunkten erscheint ist es geboten, kein Einheitsverfahren über das Vermögen eines gesamten Konzerns vorzusehen.

Auf der anderen Seite sprechen einige praktische Erwägungen dafür, gesetzliche Regelungen zu treffen, die die Effizienz der Konzerninsolvenzabwicklung steigern. Es scheint sinnvoll, mit Artt. 31 ff. EuInsVO vergleichbare Regelungen für die Konzerninsolvenz zu treffen.

g) Zwischenergebnis

Die Tochtergesellschaft ist keine Niederlassung und kann einer solchen auch nicht gleichgestellt werden.

In Beispiel 6 sind deutsche Gerichte nicht zur Eröffnung eines Sekundärinsolvenzverfahrens über das Vermögen der *D. Madrid Deutschland GmbH* international zuständig.

---

[524] *Piepenburg* NZI 2004, 231.
[525] Vgl. http://www.babcock-hitatchi.de.
[526] Vgl. hierzu insgesamt *Ehricke* DZWiR 1999, 353, 354 ff.
[527] *Freslev* Anm. zu OLG Frankfurt, Urteil vom 11. November 2003 – 11 U 40/30, EWiR 2004, 679.

Die internationale Zuständigkeit kann sich allein aus Art. 3 Abs. 1 EuInsVO für ein Hauptinsolvenzverfahren ergeben. Der Eröffnung eines solchen Verfahrens steht aber entgegen, dass kein Eröffnungsgrund gem. §§ 16 ff. InsO vorliegt. Allerdings fallen die Anteile, die die Muttergesellschaft an ihrer Tochter hält in die Insolvenzmasse und können daher verwertet werden.

5) Gewinnerzielungsabsicht/ entgeltliche Tätigkeit auf dem Markt

***Beispiel** 7*: In Wien (Österreich) befindet sich der Mittelpunkt der hauptsächlichen Interessen des Bergtourveranstalters *Wanderstock GmbH.* Das Unternehmen unterhält in Augsburg (Deutschland) ein Büro mit fünf Angestellten. Diese sind mit dem Versenden von Werbematerialien für die Bergtouren befasst. Teilweise betreiben sie Sonderveranstaltungen. Dabei verteilen sie in in verschiedenen Innenstädten Broschüren. Verträge schließen die Mitarbeiter des Büros nicht ab. Zu diesem Zweck muss sich der interessierte Kunde mit dem österreichischen Stammhaus in Verbindung setzen. Das deutsche Büro ist nicht darauf angelegt, Gewinn zu erzielen, sondern wirbt auf diese Weise lediglich Kunden und bereitet die Vertragsabschlüsse vor. Die *Wanderstock GmbH* unterhält in Deutschland mehrere Konten. Als in Österreich das Hauptinsolvenzverfahren über das Vermögen der *Wanderstock GmbH* eröffnet wird, fragen sich einige deutsche Gläubiger, ob deutsche Gerichte zur Eröffnung eines Sekundärinsolvenzverfahrens international zuständig sind.

Auch in diesem Fall ist entscheidend, ob eine Niederlassung in Deutschland vorhanden ist. Eine Niederlassung im Sinne dieser Vorschrift, die in dem deutschen Büro bestehen könnte, liegt vor, wenn es sich um einen Tätigkeitsort handelt, an dem der Schuldner einer wirtschaftlichen Aktivität von nicht vorübergehender Art nachgeht, die den Einsatz von Personal und Vermögenswerten voraussetzt (Art. 2 lit. h) EuInsVO). Ob es sich um eine wirtschaftliche Tätigkeit handelt, ist zweifelhaft, weil das deutsche Büro lediglich ein Tätigkeitsort ist, wo eine Gewinnerzielung weder erfolgt noch angestrebt wird. Entscheidend ist demnach, ob eine Gewinnerzielungsabsicht für den Niederlassungsbegriff erforderlich ist.

a) Bedeutungsinhalt von „Gewinnerzielungsabsicht"/ „Tätigkeit am Markt"

Zunächst ist näher zu beleuchten, was unter einer Gewinnerzielungsabsicht bzw. einer Tätigkeit am Markt überhaupt zu verstehen ist. Zur Ausfüllung dieser Begriffe kann auf das deutsche Handelsrecht zurückgegriffen werden.

Eine Gewinnerzielungsabsicht liegt danach vor, wenn zumindest langfristig die Absicht besteht (erstmalig oder wieder) in die Gewinnzone zu gelangen, was bei Unternehmen der Privatwirtschaft generell vermutet wird. Gewinnmaximierung muss nicht angestrebt werden, es genügt, dass ein wirtschaftlicher Erfolg erstrebt wird, der den Aufwand wenigstens in bescheidenem Maße übersteigt.[528]

Teilweise wird für den Kaufmannsbegriff lediglich eine entgeltliche Tätigkeit am Markt gefordert.[529] Ob die Tätigkeit entgeltlich ist, soll sich nach wirtschaftlichen Gesichtspunkten ermitteln lassen.[530] Ein Entgelt ist gegeben, wenn die Tätigkeit nicht kostenlos und durch Abschluss von Rechtsgeschäften erfolgt, wobei die Eingehung eines Verpflichtungsgeschäftes ausreicht. Dabei müssen Waren angeboten werden. Ein bloßer Ankauf genügt nicht, da dies einer Endverbraucherposition gleichkäme.[531]

b) Ansichten in der Literatur

Teilweise wird in der Literatur ausdrücklich hervorgehoben, dass es einer Gewinnerzielungsabsicht für das Vorliegen einer Niederlassung nicht bedarf.[532] *Fritz/Bähr* sprechen davon, dass es sich bei der wirtschaftlichen Tätigkeit i.S.d. Art. 2 lit. h) EuInsVO um eine kommerzielle, industrielle oder auch freiberufliche Tätigkeit handeln kann.[533] Da Freiberuflern oft die Gewinnerzielungsabsicht abgesprochen wird,[534] wäre sie demnach auch für die Niederlassung nicht erforderlich sein soll.

c) Auslegung

aa) Wortlaut

Im Rahmen der Wortlautauslegung soll mit Hilfe lexikalischer Definitionen und Prädikatoren die Bedeutung des Textes erschlossen werden. Dabei sind zunächst alle

---

[528] BGHZ 95, 155, 158 f.; *K.Schmidt*, HandelsR, 9 II, S. 289; Röhricht/von Westphalen-*Röhricht*, vor §§ 1-7, RdNr. 24.
[529] E/J/B-*Kindler*, § 1, RdNr. 29 m. w. Nachw.
[530] *K.Schmidt*, HandelsR, S. 289.
[531] *Canaris*, Handelsrecht, § 2, RdNr. 4.
[532] Vgl. *Huber* ZZP 114 (2001), 133, 142; *Lüke* ZZP 111 (1998), 275, 299; *Smid*, Deutsches und Europäisches Internationales Insolvenzrecht, Art. 27, RdNr. 12.
[533] *Fritz/Bähr* DZWiR 2001, 221, 230.
[534] *Stober* NJW 1981, 1529, 1534.

möglichen Bedeutungen und Bedeutungsvarianten zu ermitteln, die durch den Ausdruck noch in irgendeiner Weise gedeckt sind. Der Niederlassungsbegriff hat zwar durch die Legaldefinition des Art. 2 lit. h) EuInsVO einen fachsprachlichen, den allgemeinen Sprachgebrauch verdrängenden Bedeutungsinhalt erlangt. Das dieser Definition immanente Element „wirtschaftliche Aktivität" hat seinerseits keinen fachsprachlichen Bedeutungsinhalt erlangt, so dass hierfür eine Interpretation nach dem allgemeinen Sprachgebrauch eingreift.

Der Begriff „Wirtschaft" hat sowohl eine objektive als auch eine subjektive Bedeutungsvariante. Objektiv versteht man unter der Wirtschaft den Inbegriff aller Opfer, Bemühungen, Institutionen und Maßnahmen, die der Überwindung der Spannungen zwischen Bedarf und Deckung dienen. Nach subjektivem Verständnis handelt es sich um wirtschaftliche Handlungen und Tätigkeiten mit dem *Ziel*, auf der Grundlage des Vergleichs von Kosten und Nutzen, von Aufwand und Ertrag, die naturgemäße Knappheit von Gütern zu verringern.[535]

Nach dem Wortlaut kann man also die rein objektive Aktivität als auch die von einer Gewinnerzielungsabsicht getragene Tätigkeit verstehen.

bb) Entstehungsgeschichte

Entstehungsgeschichtlich ist Erwägungsgrund Nr. 12 S. 3 zur Insolvenzverordnung aufschlussreich. Danach dient die Eröffnung eines Sekundärinsolvenzverfahrens dem Schutz der inländischen Interessen. Die Schutzbedürftigkeit wird dadurch begründet, dass der Schuldner auf dem Markt seiner Gläubiger tätig geworden ist und dort mit ihnen in Kontakt getreten ist. Der Erläuternde Bericht untermauert dies. Danach sollen für ausländische Wirtschaftsteilnehmer, die eine inländische Niederlassung betreiben, dieselben Insolvenzvorschriften gelten wie für inländische Wirtschaftsteilnehmer. Ausreichend sei dabei jede Tätigkeit des Schuldners, die *„zum Markt hin, d.h. nach außen hin"* erfolge.[536]

---

[535] *Brockhaus*, http://lexika.tanto.de/artikel.php?TANTO_SID=f4e6882b4866dddb9de0ae1e30126d3&TANTO_KID=digibib& TANTO_AGR=45588&shortname=b24&artikel_id=23023903.

[536] *Virgos/Schmit*, Erläuternder Bericht, RdNr. 71.

Abgestellt wird dabei somit nur auf das Verhalten des Schuldners und nicht auf seine innere Gesinnung, also seinen Willen, Gewinne zu erzielen oder nicht.
Abschließend sei noch erwähnt, dass es sich bei dem Niederlassungsbegriff um eine Kompromisslösung handelt, nachdem für einen Vermögensgerichtsstand kein rechtspolitischer Konsens gefunden werden konnte.[537] Der Niederlassungsbegriff ist aber weit auszulegen. Dem würde die Forderung nach einer Gewinnerzielungsabsicht widersprechen.

cc) Systematik

Als Sekundärrechtsakt ist die Verordnung im Lichte des Primärrechts auszulegen.[538] Die primärrechtliche Grundlage für die EuInsVO ist Art. 65 EG.[539] Danach können Maßnahmen im Bereich der justitiellen Zusammenarbeit in Zivilsachen mit grenzüberschreitenden Bezügen getroffen werden, soweit sie für das reibungslose Funktionieren des Binnenmarktes erforderlich sind. Eingeschlossen sind gem. Art. 65 lit. c) EG Maßnahmen, die auf die Beseitigung der Hindernisse für eine reibungslose Abwicklung von Zivilverfahren gerichtet sind. Will man diesem Ziel gerecht werden, muss man für die internationale Zuständigkeit zur Eröffnung von Verfahren an praktikable Kriterien anknüpfen. Das sind aber nur solche, die nach außen in Erscheinung treten und damit auch für den Rechtsverkehrs ersichtlich werden. Dies ist zwar bei dem geschäftlichen Auftreten des Schuldners auf einem Markt der Fall. Das Abstellen auf seine innere Absicht, mit diesem Auftritt Gewinne zu erzielen, ist als Kriterium für die Eröffnung eines Verfahrens unbrauchbar, weil kaum nachweisbar, und kann daher auch nicht die reibungslose Abwicklung von Zivilverfahren erleichtern.
Die systematische Auslegung spricht gegen die Gewinnerzielungsabsicht.

---

[537] *Virgos/Schmit*, Erläuternder Bericht, RdNr. 70; vgl. auch Stellungnahme des Wirtschafts- und Sozialausschusses ABl. EG 2000/C75/01, S. 1.
[538] EuGH Slg. 1969, 43, 51, Rs 23/68; *Kohler-Gering* JA 1998, 807, 810.
[539] Vgl. Erwägungsgrund Nr. 1.

dd) Teleologie

Die Niederlassung ist international-zuständigkeitsbegründend für die Eröffnung von Partikularinsolvenzverfahren. Diese Verfahren haben insbesondere eine Schutz- und eine Hilfsfunktion.[540] Schutzbegründend ist das nach außen tretende Verhalten des Schuldners und nicht dessen innere Gesinnung, Gewinne auf dem Markt des Gläubigers zu erzielen oder nicht. Diese Absicht wird der Gläubiger im Zweifel niemals erfahren. Auch dies spricht gegen das Erfordernis der Gewinnerzielungsabsicht.

Abschließend sei noch der europäische Effektivitätsgrundsatz erwähnt. Bei dem sog. *effet utile* geht es um eine einheitliche und effektive Geltung und Wirkung der Bestimmungen des Europarechts.[541] Wie schon angedeutet sind subjektive, nach außen nicht in Erscheinung tretende Kriterien für den Rechtsverkehr nicht brauchbar. Das gilt insbesondere, wenn es um die Eröffnung des Verfahrens geht.

ee) Zwischenergebnis

Entstehungsgeschichte, Systematik und die Teleologie sprechen gegen die Gewinnerzielungsabsicht bei dem Betrieb der Niederlassung. Ausreichend ist, wie aus dem Erläuternden Bericht hervorgeht eine Tätigkeit nach außen zum Markt hin. Nicht genügend ist – entgegen der Auffassung *Pielorz'*[542] – das sog. „verwaltete" Vermögen. Hierbei denke man an eine mallorcinische Finca[543] mit einem Gärtner. Die Tätigkeit muss zwar geschäftlicher Natur sein. Wegen der kompromissbedingten weiten Auslegung des Niederlassungsbegriffs reicht aus, dass sie nur Vertragsanbahnungen zum Gegenstand hat, wobei die Verträge selbst erst mit dem Stammhaus abgeschlossen werden. Denn schon in diesen Fällen verlässt der Schuldner seinen eigenen Markt und betritt die „Sphäre" des Gläubigers. Hierin aber kann der Gläubiger darauf vertrauen, dass im Insolvenzfall die Insolvenzvorschriften seines Staates eingreifen.

Im Beispiel 7 ist also die internationale Zuständigkeit zur Eröffnung eines Partikularinsolvenzverfahrens in Deutschland gegeben.

---

[540] Vgl. oben § 4.

[541] *Kohler-Gering* JA 1998, 807, 810.

[542] *Pielorz*, Auslandskonkurs und Disposition über Inlandsvermögen, S. 70.

[543] A.A. *Gottwald*, Grenzüberschreitende Insolvenzen, S. 22, der ein Ferienhaus mit Hausmeister genügen lässt.

6) verbotene und sittenwidrige Tätigkeit

Beispiel 8: Die *Spaß ohne Grenzen GmbH*, mit ihrem Interessenmittelpunkt in Wien (Österreich) unterhält in Paderborn (Deutschland) das Tanzlokal „Die Ostwestfälin“. Dort bieten Prostitutierte ihre Dienste an.[544] Das Personal besteht allein aus Schwarzarbeitern[545] und an jedem Abend wird eine Peep-Show[546] geboten. Nachdem in Österreich das Hauptinsolvenzverfahren über die Gesellschaft eröffnet wurde, stellt der langjährige Kunde und Gläubiger des Tanzlokals *Eduard R.* einen Antrag auf Eröffnung eines Sekundärinsolvenzverfahrens in Deutschland. Fraglich ist, ob die internationale Zuständigkeit zur Eröffnung eines solchen Verfahrens vorliegt.

Der internationalen Zuständigkeit zur Eröffnung eines Partikularinsolvenzverfahrens kann entgegenstehen, dass es sich nicht um eine Niederlassung handelt, weil die Tätigkeit, die an dieser Stelle ausgeübt wird, verboten oder sittenwidrig ist. Fraglich ist, ob die Einordnung des Tanzlokals als Niederlassung hierdurch gehindert wird.

a) Auslegung

Dies könnte sich zunächst im Wege der Auslegung ergeben. Für die Wortlautauslegung kommt es – soweit vorhanden – auf den fachsprachlichen Sprachgebrauch an.[547] Fachsprachlich versteht man unter einer Niederlassung gem. Art. 2 lit. h) EuInsVO einen Tätigkeitsort, an dem der Schuldner einer wirtschaftlichen Aktivität von nicht vorübergehender Art nachgeht, die den Einsatz von Personal und Vermögenswerten voraussetzt. Daraus ergibt sich nicht ohne weiteres der Ausschluss von sitten- oder gesetzeswidrigen Rechtsgeschäften.

Möglicherweise ist eine einschränkende Auslegung vorzunehmen. Einschränkend ist diejenige Auslegungsvariante, die auf dem Willen des Gesetzgebers basierend[548] im Verhältnis zu einer anderen einen engeren Anwendungsbereich hat. Aber auch die einschränkende ist als eine besondere Form der Auslegung an die Wortlautgrenze gebun-

[544] Das Gesetz zur Neuregelung der Rechtsverhältnisse der Prostituierten bewirkt allein, dass sich ein zunächst unwirksamer Vertrag nach Erbringung der Leistung durch die Prostituierte in einen wirksamen Vertrag wandelt. Vor Erbringung der Leistung, ist die Willenserklärung der Prostituierten zum Abschluss des Vertrages wie zuvor gem. § 138 BGB nichtig, vgl. *Larenz/Wolf*, BGB AT, § 41, RdNr. 47; *Medicus*, BGB AT, RdNr. 701.

[545] Verträge mit Schwarzarbeitern sind gem. § 134 BGB unwirksam, vgl. BGHZ 85, 39; 111, 308, 311; einschränkend BGH ZIP 2001, 202; *Medicus*, BGB AT, RdNr. 651.

[546] Die Sittenwidrigkeit einer Peep-Show leitet sich schon aus § 33a GewO her.

[547] *Larenz*, Methodenlehre, S. 324.

[548] *Larenz*, Methodenlehre, S. 354.

den. Aus der Legaldefinition des Art. 2 lit. h) EuInsVO lässt sich allein entnehmen, dass die Betätigung *wirtschaftlicher* und nicht *bloß vorübergehender* Art sein muss. Eine Beschränkung auf ein Erlaubtsein und eine Konformität mit den guten Sitten ist dieser Definition nicht zu entnehmen. Durch ein Ausklammern des verbotenen oder sittenwidrigen Verhaltens würde man dann eine zusätzliche Voraussetzung hinzufügen, was mit dem Wortlaut nicht zu vereinbaren wäre. Eine einschränkende Auslegung scheidet daher aus.

b) teleologische Reduktion

Eine teleologische Reduktion ist vorzunehmen, wenn eine gesetzliche Regel entgegen ihrem Wortlaut einer Einschränkung bedarf, die im Gesetzestext nicht enthalten ist. Dahinter steht das Gebot der Gerechtigkeit, Ungleiches ungleich zu behandeln.[549] Bei der teleologischen Reduktion handelt es sich um eine Form der Rechtsfortbildung. Vorzunehmen ist sie, wenn eine Lücke besteht. Im Fall der teleologischen Reduktion liegt die Lücke in dem Fehlen eines Ausnahmetatbestandes.[550] Ob dies der Fall ist, ist im Wege einer Wertung zu ermitteln und zwar vom Standpunkt des geltenden Rechts aus.[551]

Das Sekundärinsolvenzverfahren bezweckt den Schutz inländischer Interessen.[552] Dieser Schutz bezieht sich allein auf die Auswirkungen von Insolvenzverfahren aus anderen Mitgliedstaaten und darauf, dass die inländischen Gläubiger ihre Forderungen nicht in einem fremden Verfahren geltend machen müssen. Es geht dabei nicht darum, die Rechtsordnung an sich vor sittenwidrigen oder verbotenen Geschäften zu schützen. Auch wird nicht bezweckt einzelne Beteiligte vor einer Benachteiligung aus solchen Geschäften zu bewahren. Hierfür stehen zum einen die Verbotsgesetze selbst zur Verfügung, aus denen sich bisweilen auch eine Nichtigkeitsfolge direkt ergibt,[553] und zum anderen Regelungen wie im deutschen Recht die §§ 134, 138 BGB, die eine Nichtigkeitsfolge anordnen. § 134 BGB schafft eine Verbindung zwischen dem Verbotsgesetz

---

[549] *Larenz*, Methodenlehre, S. 392.
[550] *Canaris*, Lücken, § 74.
[551] *Canaris*, Lücken, § 77.
[552] Vgl. Erwägungsgrund Nr. 19 S. 1.
[553] § 32 SGB, vgl. auch *Medicus*, BGB AT, RdNr. 644.

selbst und der Nichtigkeitsfolge. Insofern bedarf es also keines Schutzes durch das Internationale Insolvenzrecht, das selbst ganz andere Ziele verfolgt. Daher lässt sich auch keine Lücke entnehmen. Auch eine teleologische Reduktion scheidet somit aus.

c) Zwischenergebnis

Die Tätigkeit kann verboten oder sittenwidrig sein, ohne dass sich dies auf die Einordnung als Niederlassung auswirkt.

7) Hauptsitz als Niederlassung

Beispiel 9 (ISA-Gruppe): Es existiert das folgende Konzerngebilde: In Großbritannien befindet sich der Sitz der *Daisytek-ISA Ltd*, Tochterunternehmen der *Daisytek International Corporation*. Die *Daisytek-ISA Ltd.* hat zwei Töchter. Eine davon, *die ISA Daisytek SAS*, hat ihren Sitz in Cergy Saint Christophe (Frankreich) und die andere, die *PAR Beteiligungs GmbH,* in Neuss (Deutschland). Bei der *PAR Beteiligungs GmbH* handelt es sich um eine Holding, die ihrerseits zwei Töchter hat, erstens die *Supplies Team GmbH* und zweitens die *ISA Deutschland GmbH.* Beide haben ihren Sitz ebenfalls in Neuss (Deutschland). Der High Court of Justice Leeds eröffnet „ein" Hauptverfahren über jede dieser Gesellschaften. Sind französiche Gerichte international zuständig zur Eröffnung des Sekundärinsolvenzverfahrens über die *ISA Daisytek SAS*? Kann über das in Deutschland vorhandene Vermögen der *Daisytek-ISA Ltd.* wegen der *Supplies Team GmbH* bzw. der *ISA Deutschland GmbH* ein Sekundärinsolvenzverfahren eröffnet werden?

In Art. 3 Abs. 1 EuInsVO ist die internationale Zuständigkeit zur Eröffnung des Hauptinsolvenzverfahrens geregelt. Als Anknüpfungspunkt ist der „Mittelpunkt seiner [der des Schuldners] hauptsächlichen Interessen" bezeichnet. Art. 3 Abs. 2 S. 1 EuInsVO normiert dagegen die internationale Zuständigkeit zur Eröffnung eines Sekundärinsolvenzverfahrens. Hierzu muss eine Niederlassung vorhanden sein. Der Verordnungsgeber hat in Art. 2 lit. h) EuInsVO eine Legaldefinition hierfür vorgesehen.
Die Frage, die sich nun stellt ist, ob der Hauptsitz einer Gesellschaft, der die Voraussetzungen des Interessenmittelpunktes im Sinne des Art. 3 Abs. 1 EuInsVO erfüllt, auch eine Niederlassung darstellt.

a) Das Szenario

aa) noch kein Hauptinsolvenzverfahren eröffnet

Zunächst ist zu klären, wann diese Frage überhaupt zu beantworten ist.

Wenn noch kein Hauptverfahren eröffnet ist, stellt sich diese Frage nicht. Dann kommt es allein darauf an, wo der Schuldner den Mittelpunkt seiner hauptsächlichen Interessen hat. Dort liegt die internationale Zuständigkeit zur Eröffnung des Hauptinsolvenzverfahrens. Die Eröffnung eines Partikularinsolvenzverfahrens scheidet dann aus.

bb) Hauptinsolvenzverfahren ist eröffnet – aber die internationale Zuständigkeit wurde fälschlich in Anspruch genommen

In Betracht zu ziehen ist dagegen die Eröffnung eines Sekundärinsolvenzverfahres über das inländische Vermögen, wenn in Mitgliedstaat A das Hauptinsolvenzverfahren eröffnet worden ist und sich später herausstellt, dass diese Entscheidung falsch war. Denn der Interessenmittelpunkt befand sich tatsächlich in Mitgliedstaat B. Also hätte auch dort das Hauptverfahren eröffnet werden müssen.

In derartigen Fällen wird zunächst diskutiert, ob das fälschlich eröffnete Hauptverfahren überhaupt in den anderen Staaten anzuerkennen ist (Art. 16 Abs. 1 S. 1 EuInsVO). Ist das nicht der Fall, könnten die Gerichte in B die ausländische Hauptverfahrenseröffnung ignorieren und stattdessen ihrerseits das Hauptverfahren eröffnen.[554] Als rechtliche Grundlage für die Nichtanerkennung genügt nicht die fälschliche Inanspruchnahme der internationalen Zuständigkeit selbst. Eine solche Anerkennungsvoraussetzung existiert in der EuInsVO nicht. Anders ist dies im autonomen deutschen Recht (vgl. § 343 Abs. 1 S. 2 Nr. 1 InsO). Will man also im Rahmen des Eu-Insolvenzrechts die Anerkennung verhindern, bleibt allein der Weg über den ordre public-Verstoß (Art. 26 EuInsVO). So entschieden sich in Beispiel 9 nach der Eröffnung der Hauptverfahren über alle Tochtergesellschaften durch den *High Court of*

---

[554] Wird das Eröffnungsurteil dagegen anerkannt, kann kein Hauptverfahren eröffnet werden. Denn es kann nur einen Mittelpunkt des hauptsächlichen Interesses geben, *Herchen* ZInsO 2004, 61, 62.

Justice Leeds („ISA I")[555] die *Tribunal de commerce de Pontoise* und das *AG Düsseldorf* („ISA II")[556].

Durchgesetzt hat sich diese Auffassung aber nicht. Sowohl das zuständige französische Berufungsgericht, die *Cour d'Appel de Versailles* („ISA III"),[557] als auch das *AG Düsseldorf* („ISA IV"),[558] sprachen sich für die Anerkennung der ausländischen Hauptinsolvenzverfahrenseröffnung aus. Diese Sichtweise hat im Wesentlichen Zustimmung in der *Literatur* gefunden.[559] Dem ist im Ergebnis auch zuzustimmen. Für das deutsche Recht ergibt sich dies bereits ausdrücklich aus Art. 102 § 3 Abs. 1 S. 1 EGInsO. Das ist eine Ausprägung des Prioritätsprinzips und dem dahinter stehenden Vertrauensgrundsatz. Zutreffend ist dies aber auch außerhalb des Anwendungsbereichs der EGInsO. Dort ergibt sich das Verbot der Eröffnung eines weiteren Insolvenzverfahrens aus dem Prioritätsprinzip und dem in Erwägungsgrund Nr. 22 benannten Vertrauensgrundsatz direkt. Hierfür sprechen auch die Äußerungen im Erläuternden Bericht, der drei Lösungsmöglichkeiten zur Bewältigung eines positiven Kompetenzkonfliktes nennt: erstens über den Grundsatz des Vertrauens, zweitens durch ein Vorabentscheidungsverfahren und drittens mit Hilfe der allgemeinen Verfahrensgrundsätze, die sich auch aus den anderen Übereinkommen der Gemeinschaft ergeben.[560] Das Vorabentscheidungsverfahren scheidet in der Konstellation eines bereits eröffneten Insolvenzverfahrens aus. Und der Vertrauensgrundsatz sowie die Verfahrensgrundsätze unterstützen die Anerkennung der Verfahrenseröffnung. Zu den allgemeinen Verfah-

---

[555] High Court of Justice Leeds („ISA I") ZIP 2003, 1362 = NZI 2004, 219 = ZIP 2004, 963.

[556] AG Düsseldorf („ISA II") DZWiR2003, 437.

[557] Cour d'Appel de Versailles („ISA III"), http://www.iiiglobal.org/country/european_union/Daisytek_CA_Versailles_French.pdf.

[558] AG Düsseldorf („ISA IV") ZIP 2004, 623 = EWiR 2004, 459 m. Anm. *Herweg/Tschaubner* = NZI 2004, 269 = EuZW 2004, 307.

[559] *Duursma/Duursma-Kepplinger* DZWiR 2003, 447, 448 ff.; *Oberhammer* ZInsO 2004, 761, 768; *Sabel* NZI 2004, 126, 127; Kritisch *Mankowski* Anm. zu CA Versailles, EWiR 2003, 1239, 1240, der versucht eine Anerkennungssperre aus dem Merkmal des „zuständigen Gerichts" in Art. 16 EuInsVO zu ziehen; *Paulus* weist darauf hin, dass sich eine Ausnahme der Anerkennung aus Art. 26 EuInsVO v.a. wegen der Verletzung des rechtlichen Gehörs ergeben kann, Anm. zu High Court of Justice Leeds (Companies Court), EWiR 2003, 709, 710; *Sabel*, bei der Veranstaltung zu grenzüberschreitenden Insolvenzen in der Insolvenzpraxis in Köln, NZI 2004, 194, 195 mitgeteilt von *Leithaus*; vgl. auch Tagung zur Europäischen Insolvenzverordnung an der Europäischen Rechtsakademie in Trier, wo einstimmig mitgeteilt wurde, dass die englische Eröffnungsentscheidung von deutschen Gerichten inhaltlich nicht überprüft werden dürfe, EuZW 2004, 230 mitgeteilt von *Haubold*.

[560] *Virgos/Schmit*, Erläuternder Bericht, RdNr. 79.

rensgrundsätzen zählen auch Art. 28 EuGVÜ/Art. 35 EuGVVO, wonach das Zweitgericht nicht die Zuständigkeit des Erstgerichts überprüfen darf.
Fraglich ist nun, ob nach der Anerkennung der Hauptinsolvenzverfahrenseröffnung im Inland wenigstens ein Sekundärinsolvenzverfahren in die Wege geleitet werden kann.

b) Hauptsitz als Niederlassung?

Die Eröffnung des Sekundärinsolvenzverfahrens setzt gem. Art. 3 Abs. 2 S. 1 EuIns-VO voraus, dass in dem Eröffnungsstaat eine Niederlassung i.S.d. Art. 2 lit. h) EuIns-VO vorhanden ist. Ob es sich bei dem Hauptsitz um eine Niederlassung handelt, ist fraglich und durch Auslegung zu ermitteln.

aa) Wortlaut

In Bezug auf die Wortlautauslegung ist hier auf den Niederlassungsbegriff der Artt. 3 Abs. 2 S. 1, 2 lit. h) EuInsVO einzugehen.

(1) Art. 3 Abs. 2 S. 1 EuInsVO: „eines anderen Mitgliedstaates"

Der Staat des schuldnerischen Interessenmittelpunktes und der Niederlassungsstaat müssen, so Art. 3 Abs. 2 S. 1 EuInsVO, unterschiedlich sein. In den hier relevanten Fällen geht es darum, dass der Hauptsitz die Niederlassung sein soll. Der Hauptsitz aber erfüllt regelmäßig die Voraussetzungen des Interessenmittelpunktes. D.h. Interessenmittelpunkt und Niederlassung liegen faktisch in demselben Staat, und das widerspricht eben dem Art. 3 Abs. 2 S. 1 EuInsVO.
Wie bereits ausgeführt, darf aber wegen des Vertrauensgrundsatzes nicht mehr überprüft werden, wo der Interessenmittelpunkt liegt. Die formelle Sichtweise ist entscheidend. D.h. wo der Mittelpunkt der hauptsächlichen Interessen sich befindet, hängt allein von der **Entscheidung des Eröffnungsgerichts** ab. Dann liegen der **formelle Interessenmittelpunkt** und die **tatsächliche Niederlassung** in unterschiedlichen Staaten.

(2) Legaldefinition des Art. 2 lit. h) EuInsVO

Daneben ist es aber auch nach dem fachsprachlichen Wortlaut möglich, den Hauptsitz einer Gesellschaft als Niederlassung zu werten, da die Definition des Art. 2 lit. h) EuInsVO sehr weit ist.[561] Denn auch bei dem Hauptsitz wird es sich in aller Regel um einen Tätigkeitsort handeln, an dem der Schuldner einer wirtschaftlichen Aktivität von nicht vorübergehender Art nachgeht, die den Einsatz von Personal und Vermögenswerten voraussetzt. Das ergibt sich schon daraus, dass die Niederlassung ein „Weniger" gegenüber dem „Mehr" des Interessenmittelpunktes darstellt.

(3) rechtlich selbständiges Gebilde

Probleme können sich lediglich daraus ergeben, dass es sich bei dem Interessenmittelpunkt in der Regel um ein rechtlich und wirtschaftlich selbständiges Unternehmen handeln wird, das grundsätzlich nach dem Wortlaut keine Niederlassung darstellt (s.o.).[562] Auch hier ist aber wieder auf die formelle Sichtweise abzustellen. In Beispiel 9 hat der *High Court of Justice Leeds* den Interessenmittelpunkt der Tochter an dem Ort gesehen, wo sich der Sitz der Konzernmutter befindet und die Konzernleitung die Geschäfte des im Ausland tätigen selbständigen Tochterunternehmens bestimmt und lenkt.[563] Damit hat er der Tochter unzutreffend jegliche Selbständigkeit abgesprochen.[564] Dabei muss bedacht werden, dass es nicht generell unzutreffend ist, den Sitz der Tochtergesellschaft an dem der Mutter zu erblicken. Annehmen lässt sich das aber nur unter sehr strengen Voraussetzungen. So bedarf es erstens der konzernmäßigen Verbundenheit des Unternehmens, zweitens muss die Leitung der Tochtergesellschaft der Mutter unterstellt sein. Drittens muss die Tochtergesellschaft in besonders starkem

---

[561] Anders dagegen für das allgemeine IPR: *Battifol/Lagarde*, Bd. 1, RdNr. 194 sehen: „le siège social est là où se trouvent la 'direction supérieure et le contrôle de la société', et non celui où elle a seulement son expolitation et un direction de caractère secondaire."; Aber nicht nur mit der Legaldefinition, sondern auch mit dem allgemeinen Wortlaut ist es vereinbar, unter einer Niederlassung den Interessenmittelpunkt zu verstehen. Anders fällt die Wertung bei dem Begriff *Zweig*niederlassung aus. Aus diesem Präfix ergibt sich eine Unterordnung unter die Hauptstelle.

[562] *Oberhammer* ZInsO 2004, 761, 771, „Man mag es für seltsam halten, eine deutsche GmbH an ihrem eigenen Sitz als eine Niederlassung ihrer selbst zu behandeln."

[563] *Sabel* NZI 2004, 126.

[564] Vgl. auch Supreme Court of Ireland NZI 2004, 505, 506, der einem solchen Konzerninsolvenzgerichtsstand kritisch gegenübersteht und die Frage dem EuGH zur Vorabentscheidung vorgelegt.

Maße tatsächlich-wirtschaftlich von der Mutter abhängig sein. Die Muttergesellschaft muss schließlich die Leitungsmacht über die Tochter ausüben.[565] Im konkreten Fall lagen diese Voraussetzungen wohl nicht vor. So unrichtig diese Entscheidung sein mag, sie ist mit Blick auf den Vertrauensgrundsatz zu respektieren. Daher ist sie auch für die weitere Beurteilung des Falles entscheidend. Hat das Eröffnungsgericht die Tochter auf diese Weise für unselbständig erklärt, ihr die Selbständigkeit abgesprochen und sie damit wie eine Niederlassung behandelt, ist sie auch von den Gerichten des Sekundärverfahrenseröffnungsstaates als ein solch unselbständiges Gebilde zu erblicken. Aufgrund dieser formellen Sichtweise ist es mit dem fachsprachlichen Wortlaut vereinbar, die Tochter als Niederlassung anzusehen.

bb) Systematik

Aus dem Zusammenspiel der Absätze 1 und 2 von Art. 3 EuInsVO lässt sich lediglich eine Leitfunktion des Hauptverfahrens gegenüber dem Sekundärverfahren entnehmen. Bei der hier zugrunde gelegten formellen Betrachtungsweise, spricht dies aber nicht gegen die Annahme des Hauptsitzes als Niederlassung.

cc) Entstehungsgeschichte

Die Entstehungsgeschichte eröffnet keine Erkenntnisse zur Lösung dieses Problems. Wie sich aus den drei im Erläuternden Bericht aufgezeigten Lösungswegen für die Bewältigung des positiven Kompetenzkonfliktes ergibt,[566] wollten die Väter der Verordnung die Beantwortung der Frage der Lehre und der Praxis überlassen.

---

[565] *Smid*, Deutsches und Europäisches Internationales Insolvenzrecht, Art. 102, § 1, RdNr. 3; *Wehdeking* DZWiR 2003, 133, 135 ff.; inzwischen ergibt sich eine zunehmende Tendenz für eine solche Auslegung, so etwa das AG München ZIP 2004, 962 („Hettlage Österreich"), in diesem Fall handelte es sich bei der *Hettlage AG u. CoKG* (Innsbruck) um eine 100%-ige Tochtergesellschaft der *Hettlage KGaA*. Es befand sich die Vertriebsleitung, die das operative Geschäft verantwortet und die Einkaufsleitung am Geschäftssitz der Muttergesellschaft. Alle Dienstleistungen wie die Personalabrechnung, das Rechnungswesen, das Controlling, die Organisation, die EDV, die Planung, das Vertragswesen, die Versicherungen, der Ladenbau, Bauten und Technik wurden von den Verantwortlichen der Muttergesellschaft erbracht.

[566] *Virgos/Schmit*, Erläuternder Bericht, RdNr. 79.

dd) Sinn und Zweck

Dem Partikularinsolvenzverfahren kommt, wie sich aus Erwägungsgrund Nr. 19 ergibt, eine Schutz- und Unterstützungsfunktion zu. Vor allem mit Blick auf die Schutzfunktion inländischer Gläubiger, erscheint es sinnvoll, bei fälschlicher Inanspruchnahme der internationalen Zuständigkeit, zumindest ein Partikularinsolvenzverfahren in dem Staat des Hauptsitzes zuzulassen. Denn für die Insolvenzabwicklung im fälschlich eröffneten Hauptverfahren kommt das Recht des Eröffnungsstaates (lex fori concursus generalis) zur Anwendung. Durch die Eröffnung des Territorialverfahrens würde zumindest dort die lex fori concursus secundariae zur Anwendung gelangen. Dies ist für den Schutz inländischer Gläubiger essentiell.[567] Bei richtiger Wertung der Tatsachen wäre in ihrem Staat nämlich das Hauptverfahren eröffnet worden.

Daneben wird aber auch durch Art. 32 Abs. 2 EuInsVO die Position der Gläubiger verbessert. Ist das inländische Sekundärinsolvenzverfahren eröffnet, hat der Insolvenzverwalter die Befugnis, ihre Forderungen auch im Hauptverfahren geltend zu machen. Außerdem ist er über Art. 32 Abs. 3 EuInsVO berechtigt, im ausländischen Hauptverfahren wie ein Gläubiger tätig zu werden.

Als nachteilige Folge des Nebenverfahrens wird bezeichnet, dass faktisch das gesamte Vermögen des Schuldners vom Sekundärinsolvenzverfahren erfasst wird. Dadurch könne es zu einer Aushöhlung des Hauptverfahrens kommen.[568] Man muss bedenken, dass der eigentliche Interessenmittelpunkt sich im Sekundärstaat befindet. Daher ist die „Vermögensaushöhlung" zu Lasten des Hauptverfahrens zumindest erträglich, wenn nicht gar wünschenswert. Wäre das Hauptverfahren dort eröffnet worden, hätte es auch das gesamte Vermögen erfasst. Dieses Ergebnis ist jedenfalls der Alternative vorzuziehen, dass bei unterbliebener Eröffnung eines Nebenverfahrens eventuell einzelne Vermögensteile im Staat des Hauptsitzes gar nicht erfasst werden.

Auch stellt die Tatsache, dass es sich bei dem Partikularinsolvenzverfahren um ein Liquidationsverfahren handeln muss (Art. 27 S. 2 EuInsVO) kein erhebliches Hindernis dar. Denn gem. Art. 34 Abs. 1 EuInsVO kann das Sekundärinsolvenzverfahren auch auf Vorschlag des Hauptverwalters durch einen Sanierungsplan beendet werden.

[567] *Duursma/Duursma-Kepplinger* DZWiR 2003, 447, 451.
[568] *Sabel* NZI 2004, 126, 127.

Dazu bedarf es der Zustimmung des Hauptverwalters oder zumindest der Tatsache, dass die Interessen der Hauptverfahrensgläubiger nicht beeinträchtigt werden. Es ist zwar keineswegs selbstverständlich, dass der Hauptverwalter, der in der fälschlichen Inanspruchnahme der internationalen Zuständigkeit oft eine Chance zur Befriedigung der eigenen Gläubiger erblicken wird, dem zustimmt. Und auch würden die Interessen der Gläubiger des Hauptverfahrens durch die Beendigung durch die Beendigung im Wege der Sanierung beeinträchtigt. Eine Sanierung wird tatsächlich oft scheitern. Bei „vernünftigem" Verhalten des Hauptverwalters, v.a. mit Blick auf die besondere Situation, besteht dennoch eine Sanierungsmöglichkeit.
Dies ist ein Beispiel dafür, dass die Eröffnung eines Sekundärinsolvenzverfahrens zwar nicht denselben Effekt hat wie die eines Hauptinsolvenzverfahrens. Das Sekundärverfahren kann aber zur Abfederung der misslichen Folgen einer fälschlichen Inanspruchnahme der internationalen Zuständigkeit dienen.[569] Insofern ist es mit dem Zweck des Sekundärinsolvenzverfahrens vereinbar, es als „Notanker" zur Kompensation der nachteiligen Folgen zu einzusetzen.[570]

b) Zwischenergebnis

Ist wegen fälschlicher Inanspruchnahme der internationalen Zuständigkeit die Eröffnung des Hauptinsolvenzverfahrens in dem Staat des schuldnerischen Hauptsitzes nicht möglich, kann dort zumindest ein Sekundärinsolvenzverfahren eröffnet werden.

---

[569] *Duursma/Duursma-Kepplinger* DZWiR 2003, 447, 451; *Mock/Schildt*, in: Grenzüberschreitende Gesellschaften, § 16, RdNr. 69.
[570] *Duursma-Kepplinger* NZI 2003, 87, 90; *Herchen* ZInsO 2004, 825.

§ 9 Vereinbarkeit mit der Niederlassungsfreiheit

Beispiel 10: In Marseille (Frankreich) hat die *Pétrole de France S.A.* sowohl ihren satzungsmäßigen Sitz als auch ihre Hauptverwaltung. Die Gesellschaft importiert Öl aus Marokko und exportiert es in einige EU-Mitgliedstaaten. Dabei wird das Erdöl zunächst zu unternehmenseigenen Öllagern in verschiedene Hafenstätte verbracht und von dort an die Kunden ausgeliefert. Die Geschäftskontakte laufen ausschließlich über die französische Hauptniederlassung. Auch in Hamburg (Deutschland) befindet sich ein solches Erdöllager. Beschäftigt sind dort zwei Mitarbeiter als Sicherheitspersonal, sowie fünf Tanklastfahrer. Letztere sind mit der Auslieferung des Erdöls befasst. Die Kaufverträge werden auch hier ausschließlich zwischen den deutschen Kunden und der französischen Hauptniederlassung geschlossen. Das Hamburger Personal ist weisungsgebunden und hat keinen eigenen Entscheidungsspielraum.
Als die *Pétrole de France S.A.* ihre Verbindlichkeiten nicht mehr begleichen kann, wird in Frankreich das Hauptinsolvenzverfahren wegen der *cessation de paiements* (Art. 621-1 Code de Commerce) eröffnet. Kurz darauf wird auch in Deutschland ein Insolvenzverfahren über das in Deutschland belegene Vermögen eröffnet, das sich gem. Art. 3 Abs. 2 S. 1 EuInsVO als Sekundärinsolvenzverfahren darstellt. Gem. Artt. 4 Abs. 1, 28 EuInsVO gelangt grundsätzlich[571] deutsches Insolvenzrecht zur Anwendung. Mit der Eröffnung dieses Verfahrens, das gem. Art. 3 Abs. 3 S. 2 EuInsVO auf Liquidation gerichtet ist, verliert die *Pétrole de France S.A.* ihre Verfügungsbefugnis an den deutschen Insolvenzverwalter (§ 80 Abs. 1 InsO, Artt. 4 Abs. 2 S. 2 lit. c), 28 EuInsVO) und ihre Verfügungen sind gem. (§ 81 Abs. 1 S. 1 InsO, Artt. 4 Abs. 2 S. 2 lit. c), 28 EuInsVO) absolut unwirksam.
Es stellt sich die Frage, ob die Eröffnung der deutschen „Niederlassungsinsolvenz" mit Art. 43 EG vereinbar ist.

Abschließend soll zu diesem Niederlassungsgerichtsstand nun beurteilt werden, ob er mit Art. 43 EG vereinbar ist.[572]

I. Tatbestand

1) persönlich

Vom persönlichen Anwendungsbereich werden zunächst EG-angehörige natürliche Personen umfasst. Art. 48 EG stellt Gesellschaften diesen Personen gleich. Voraussetzung dafür ist allerdings, dass sie ihren satzungsmäßigen Sitz, ihre Hauptverwaltung oder ihre Hauptniederlassung innerhalb der Gemeinschaft haben. Die in Beispiel 10

---

[571] Beachte die Ausnahmen der Artt. 5-15 EuInsVO.

[572] Beim unabhängigen Partikularverfahren nach Art. 3 Abs. 4 EuInsVO, müssen noch die dort genannten Voraussetzungen vorliegen.

genannte *Pétrole de France S.A.* kommt demnach als Trägerin der Niederlassungsfreiheit in Betracht.

2) sachlich

Sachlich geschützt wird von der Niederlassungsfreiheit die grenzüberschreitende Aufnahme und Ausübung einer selbständigen Erwerbstätigkeit auf der Grundlage einer festen und ständigen Einrichtung (Art. 43 Abs. 2 EG) sowie die Gründung und Leitung von Unternehmen durch EU-Bürger (Art. 43 Abs. 1 S. 2 EG).[573] Bei der Errichtung der Niederlassung kann ein Fall des Art. 43 Abs. 2 EG vorliegen. Voraussetzung ist, dass es sich um die „Aufnahme und Ausübung einer selbständigen Erwerbstätigkeit auf der Grundlage einer festen und ständigen Einrichtung“ handelt.

a) feste Einrichtung

An die feste Einrichtung sind keine hohen Anforderungen zu stellen. Voraussetzung ist, dass sie die Möglichkeit beinhaltet, in stabiler und kontinuierlicher Weise am Wirtschaftsleben teilzunehmen.[574] Unter einem Tätigkeitsort i.S.d. Art. 2 lit. h) EuInsVO ist ein Ort zu verstehen, an dem wirtschaftliche Aktivitäten kommerzieller, industrieller oder freiberuflicher Art entfaltet werden.[575]

c) ständige Einrichtung

Die Dauerhaftigkeit für den Niederlassungsbegriff i.S.d. Art. 43 EG setzt eine stetige, stabile und kontinuierliche Teilnahme am Wirtschaftsleben im Niederlassungsland voraus.[576] Für die Niederlassung in der Insolvenzverordnung wird lediglich gefordert, dass die Aktivität „von nicht vorübergehender Art“ ist (Art. 2 lit. h) EuInsVO). Der Verordnungsgeber hat eine negative Formulierung gewählt, um zeitliche Mindestanforderungen zu vermeiden. Nicht ausreichend ist also, dass die Tätigkeit nur gelegentlich ausgeübt wird. Positiv formuliert bedarf es lediglich einer „*gewissen* Dauerhaftig-

---

[573] *Oppermann*, RdNr. 1591.
[574] Streinz-*Müller-Graff*, Art. 43, RdNr. 18 m.w.Nachw.
[575] *Virgos/Schmit*, Erläuternder Bericht, RdNr. 71.
[576] EuGH, Slg. 1997, I-3395 RdNr. 24, Rs. C-70/95, (Sodemare).

keit".[577] Bei der Konkretisierung des Merkmals „Niederlassung" ist stets daran zu denken, dass der Niederlassungsbegriff als Kompromisslösung weit auszulegen ist.[578] Die zeitlichen Anforderungen in der EuInsVO sind geringer als jene, die an den Niederlassungsbegriff des EG gestellt werden. Damit kann es vorkommen, dass eine Niederlassung im Sinne des Art. 2 lit. h) EuInsVO nicht in den Schutzbereich des Art. 43 EG fällt, weil es am Kriterium der Dauerhaftigkeit fehlt.

Art. 43 EG verlangt, dass es sich bei der Tätigkeit um eine Erwerbstätigkeit handelt. Darunter versteht man jede Art der wirtschaftlichen, also grundsätzlich entgeltlichen Tätigkeit.[579] Dies entspricht dem Niederlassungsbegriff des Art. 2 lit. h) EuInsVO, für den es auch einer wirtschaftlichen Aktivität bedarf.[580]

d) Selbständigkeit

Schließlich erfasst Art. 43 EG ausschließlich selbständige Erwerbstätigkeiten (vgl. Abs. 2). Dieses Erfordernis dient zur Abgrenzung der Niederlassungsfreiheit von der Arbeitnehmerfreizügigkeit nach Art. 39 EG, wovon abhängige Tätigkeiten erfasst werden.[581] Bei der Niederlassung im Sinne des Art. 2 lit. h) EuInsVO handelt es sich um ein zumindest rechtlich, möglicherweise aber auch wirtschaftlich abhängiges Gebilde. Dies schließt aber nicht aus, dass die Eröffnung einer solchen Niederlassung unter Art. 43 EG fällt. Denn maßgeblich ist, dass der Träger dieser Grundfreiheit, nicht die Niederlassung selbständig ist. Dies ergibt sich daraus, dass Art. 43 Abs. 2 EG auch die Gründung reiner Agenturen und Zweigniederlassungen in die Ausübung der Niederlassungsfreiheit einschließt. In den hier diskutierten Fällen geht es darum, dass sich das Stammhaus auf die Niederlassungsfreiheit beruft.

e) primäre und sekundäre Niederlassungsfreiheit

Aus Art. 43 EG ergibt sich die Trennung zwischen der primären und der sekundären Niederlassungsfreiheit. Bei der primären Niederlassungsfreiheit geht es um die Grün-

---

577 *Virgos/Schmit*, Erläuternder Bericht, RdNr. 71.
578 *Virgos/Schmit*, Erläuternder Bericht, RdNr. 70.
579 Callies/Ruffert-*Bröhmer*, Art. 43, RdNr. 10.
580 Ausreichend ist eine „zum Markt hin gerichtete Tätigkeit", vgl. oben, § 8, III, 5.
581 Schwarze-*Schlag*, Art. 43, RdNr. 23.

dung der Hauptniederlassung. Die sekundäre Niederlassungsfreiheit schützt die Einrichtung von Nebenniederlassungen, wie Tochtergesellschaften, Zweigniederlassungen oder Agenturen (vgl. Art. 43 Abs. 1 S. 2 EG).[582] Eine Nebenniederlassung definiert der *EuGH* – jedenfalls für den Fall des Art. 5 Nr. 5 EuGVVO – als auf Dauer als Außenstelle eines Stammhauses hervortretenden Mittelpunkt geschäftlicher Tätigkeit, der eine Geschäftsführung hat und sachlich so ausgestaltet ist, dass er in gewisser Weise Geschäfte mit Dritten betreiben kann, dass diese, obgleich sie wissen, dass möglicherweise ein Rechtsverhältnis mit dem im Ausland ansässigen Stammhaus begründet wird, sich nicht unmittelbar an dieses wenden brauchen, sondern Geschäfte mit dem Mittelpunkt geschäftlicher Tätigkeit abschließen können.[583] Bei den hier relevanten Fällen steht die sekundäre Niederlassungsfreiheit im Zentrum des Interesses. Denn es geht darum, dass der Konkursit, der in einem Staat den Mittelpunkt seiner hauptsächlichen Interessen hat (vgl. Art. 3 Abs. 1 S. 1 EuInsVO), in einem anderen Staat, eine Nebenniederlassung errichtet.

Geht man von der oben stehenden Nebenniederlassungsdefinition des *EuGH* aus, ist zumindest eine gewisse Eigenständigkeit dieser Stelle erforderlich, wie sich etwa aus der Forderung nach einer eigenen Geschäftsführung ergibt. Dann würden aber gewisse Arten der Nebenniederlassung, nämlich die sog. „subsidiären" Betriebsteile, nicht hierunter fallen. Das sind Hilfsstützpunkte, die zu den Abläufen und Zielen des Gesellschaftszwecks nur mittelbar beitragen.[584] Sie zeichnen sich gerade nicht durch eine eigene Geschäftsführung aus. Dennoch geht die allgemeine Ansicht davon aus, dass von Art. 43 EG auch solche Betriebsteile erfasst werden, denen selbst diese Form der Autonomie fehlt.[585] Somit stellt auch das in Beispiel 10 dargestellte Hamburger Öllager ohne Geschäftsabschlusskompetenz und trotz seiner rechtlichen und wirtschaftlichen Unselbständigkeit eine Niederlassung im Sinne des Art. 43 EG dar.

---

582 Callies/Ruffert-*Bröhmer*, Art. 43, RdNr. 17.
583 EuGH Slg. 1978, 2183, Rs. 33/78 (Somafer).
584 Groeben/*Tiedje-Troberg*, Band 1, Art. 43, RdNr. 38.
585 Callies/Ruffert-*Bröhmer*, Art. 43, RdNr. 18; Groeben/Schwarze-*Tiedje/Troberg*, Band 1, Art. 43, RdNr. 38; Schwarze-*Schlag*, Art. 43, RdNr. 20.

f) Ausübung öffentlicher Gewalt

Nicht in den Schutzbereich dieser Grundfreiheit fallen gem. Art. 45 EG Tätigkeiten, die in einem Mitgliedstaat dauernd oder zeitweise mit der Ausübung öffentlicher Gewalt verbunden sind. Art. 45 EG steht im Zusammenhang mit Art. 39 Abs. 4 EG. Beide Vorschriften betonen die wirtschaftliche Zielrichtung des Vertrages dadurch, dass der öffentliche Sektor vom Anwendungsbereich der Grundfreiheiten zumindest im Kern ausgenommen wird.[586] Es darf sich bei der Tätigkeit nicht um eine der öffentlichen Gewalt zuzuordnen handeln. Beispiele sind der Notar oder einem Veterinär.[587]

II. Eingriff

Sodann muss ein Eingriff in die von Art. 43 EG gewährleistete Niederlassungsfreiheit vorliegen. Hierfür kommt Art. 3 Abs. 2 S. 1 EuInsVO Betracht. Aufgrund der Existenz einer Niederlassung kann ein Partikularinsolvenzverfahren eröffnet werden. Auf dieses Verfahren findet grundsätzlich[588] die lex fori concursus particularis Anwendung.
Art. 43 EG verbietet „Beschränkungen" der freien Niederlassung von Staatsangehörigen eines Mitgliedstaates „nach Maßgabe der folgenden Bestimmungen". Beschränkungen in diesem Sinne sind alle Maßnahmen, die die Ausübung der Niederlassungsfreiheit unterbinden, behindern oder weniger attraktiv machen.[589]

1) Diskriminierungsverbot

Zunächst wurde in Art. 43 EG lediglich ein Diskriminierungsverbot gesehen. D.h. wer in einem anderen Mitgliedstaat eine Haupt- oder Zweigniederlassung errichten will, darf nicht schlechter gestellt werden als ein Inländer in vergleichbarer Situation.[590] Dabei unterscheidet man zwischen der offenen Diskriminierung, also der Ungleichbehandlung, die direkt an die Staatsangehörigkeit geknüpft wird,[591] und der versteckten Diskriminierung, die vorliegt, wenn die Aufnahme und Ausübung eines Berufs nicht

---

[586] Schwarze-*Schlag*, Art. 45, RdNr. 2.
[587] Schwarze-*Schlag*, Art. 45, RdNr. 8.
[588] Zu den Ausnahmen vgl. Artt. 5-15 EuInsVO.
[589] EuGH, Slg. 2002 I-305, Rs. C-439/99, RdNr. 22; Slg. 2002, I-8923, Rs. C-79/1, RdNr. 26.
[590] Schwarze-*Schlag*, Art. 43, RdNr. 33.
[591] Schwarze-*Schlag*, Art. 43, RdNr. 34.

unmittelbar an die Staatsangehörigkeit gebunden ist.[592] Eine Diskriminierung stellt die Möglichkeit der Niederlassungsinsolvenz nicht dar. Offen ist die Diskriminierung hier schon deshalb nicht, weil keinerlei Anknüpfung an die Staatsangehörigkeit vorgenommen wird. Aber auch von einer versteckten Diskriminierung ist nicht auszugehen, weil Inländer und Ausländer durch diese Norm ja gerade nicht ungleich, sondern gleich behandelt werden. Durch die Eröffnung des Partikularinsolvenzverfahrens gelangt das Recht des „Marktes" zur Anwendung, auf dem der Gesamtvollstreckungsschuldner tätig geworden ist. Damit gilt für ihn dasselbe wie für alle anderen Personen, die sich auf demselben Markt betätigt haben.

2) sonstige Beeinträchtigung

Da kein Verstoß gegen das Gebot der Inländergleichbehandlung zu erblicken ist, kommt lediglich die Beeinträchtigung eines sonstigen Beschränkungsverbotes in Betracht.

Nach inzwischen *ganz überwiegender Meinung* beschränkt sich der Schutzgehalt von Art. 43 EG nicht auf das Diskriminierungsverbot, sondern beinhaltet auch ein allgemeines Beschränkungsverbot.[593] Das Verbot des Art. 43 EG umfasst damit auch Beschränkungen der grenzüberschreitenden Niederlassung.[594] Zu denken ist insbesondere an nichtdiskriminierende nationale Regelungen, wenn sie die Ausübung der Freiheit behindern oder weniger attraktiv machen.[595]

Damit stellt sich zunächst die Frage, ob allein nationale Regelungen Eingriffe in die Grundfreiheiten darstellen können, oder ob dies auch bei gemeinschaftsrechtlichen Normen wie Art. 3 Abs. 2 S. 1 EuInsVO der Fall sein kann. Die Insolvenzverordnung ist eine Rechtsquelle i.S.d. Art. 249 Abs. 1 EG und somit ein Bestandteil des sekundären Gemeinschaftsrechts. Dieses muss sich an dem primären Gemeinschaftsrecht, also

---

[592] Schwarze-*Schlag*, Art. 43, RdNr. 37.

[593] EuGH Slg. 1995, I-4165 ff., Rs. C-55/94, (*Gebhard*); Callies/Ruffert-*Bröhmer*, Art. 43, RdNrn. 29 ff.; *Eberhartinger* EWS 1997, 43, 48; *Everling*, GS-Knobbe-Keuk, 607, 612; *Oppermann*, RdNr. 1588; *Roth*, GS Knobbe-Keuk, 729, 733; a.A. noch *Blumenwitz* NJW 1989, 621, 622 f.; *Knobbe-Keuk* DB 1990, 2573 ff.; *Roth* RabelsZ 1990, 63, 80 ff.; *Wägenbaur* EuZW 1991, 427, 430 f.

[594] Streinz-*Müller-Graff*, Art. 43, RdNr. 57.

[595] *Fastenrath/Müller-Gerbes*, Europarecht, RdNr. 23.

auch dem EG, messen lassen.[596] Denn Art. 7 Abs. 1 EG schreibt vor, dass jedes „Organ nach Maßgabe der ihm in diesem Vertrag zugewiesenen Befugnisse“ handelt. Es handelt nicht innerhalb der zugewiesenen Befugnisse, wenn die Norm gegen primäres Gemeinschaftsrecht verstößt. Die in Art. 249 EG genannten Personen sind Organe i.S.d. Art. 7 Abs. 1 EG.[597] Demnach ist die Verordnung EG 1346/2000 dazu geeignet einen Eingriff in die Niederlassungsfreiheit darzustellen.

Die Beeinträchtigung der Niederlassungsfreiheit liegt in concreto darin, dass über das Vermögen des Insolvenzschuldners im Ausland ein eigenständiges Verfahren eröffnet wird. Die Konsequenz dessen ist, dass die Verfolgung der Rechte seitens des Schuldners schwieriger wird, da er sich in der Regel mit dem fremden Insolvenzrecht nicht auskennt und außerdem die Nähe zum Insolvenzgericht nicht in dem Maße gegeben ist wie bei einem inländischen Verfahren. Außerdem wirkt sich die Eröffnung des Nebenverfahrens auf das gesamte in diesem Staat belegene Schuldnervermögen aus (Art. 3 Abs. 2 S. 2 EuInsVO), das dann von dem in der Regel erfolgenden Vermögensbeschlag erfasst wird (vgl. für Deutschland §§ 89 f. InsO). Handelt es sich dabei zusätzlich um ein sekundäres Partikularverfahren, dann muss es außerdem auf Liquidation und nicht auf Sanierung gerichtet sein. Diese Gründe sprechen aus Sicht des späteren Insolvenzschuldners, der sich gegebenenfalls auch bei Errichtung der Niederlassung über einen möglichen Insolvenzfall Gedanken macht, gegen die Eröffnung einer Nebenstelle im Ausland, machen sie also zumindest weniger attraktiv. Die Eingriffsqualität ist damit gegeben.

III. Rechtfertigung

1) Art. 46 Abs. 1 EG

Möglicherweise ist dieser Eingriff aber gerechtfertigt. Eine Rechtfertigung kann sich zunächst aus Art. 46 Abs. 1 EG ergeben. Das ist der Fall, wenn die Norm eine Sonderregelung für Ausländer vorsieht und rechtfertigende Gründe der öffentlichen Sicher-

---

[596] Vgl. auch *Ulmer* NJW 2004, 1201, 1207 m. Fn. 57.

[597] Callies/Ruffert-*Ruffert*, Art. 249, RdNr. 9; Grabitz-*Grabitz*, Art. 189, RdNrn. 16, 20; Schwarze-*Brievert*, Art. 249, RdNr. 9.

heit oder Gesundheit gegeben sind. Diese Rechtfertigungsmöglichkeit beschränkt sich allein auf die Diskriminierungen. Bei dem hier diskutierten Eingriff handelt es sich aber nicht um eine Ungleichbehandlung von In- und Ausländern.

2) zwingende Allgemeininteressen

Nicht diskriminierende Maßnahmen können aber durch immanente Schranken auf Grund der Verwirklichung zwingender Allgemeininteressen gerechtfertigt werden.[598] Die zwingenden Allgemeininteressen müssen mit den Zielen des EG-Vertrages vereinbar sein.[599] Es ist eine Abwägung zwischen dem binnenmarktrechtlichen Freiverkehr und dem spezifischen Schutzgut, das als zwingendes Allgemeininteresse einzuordnen sein könnte, zu treffen.[600] Hinter der Möglichkeit, zusätzlich zum Hauptverfahren im Niederlassungsstaat noch ein Nebenverfahren zu eröffnen, steht der Schutz inländischer Gläubiger, die darauf vertrauen können sollen, dass im Insolvenzfall die Insolvenzvorschriften ihres Staates zur Anwendung gelangen und sie ihre Rechte im eigenen Land geltend machen können. Sie sollen nicht auf die Rechtsverfolgung im Ausland angewiesen sein.[601] Zudem soll damit auch den großen Unterschieden im materiellen Recht der einzelnen Mitgliedstaaten Rechnung getragen werden.[602] Denn im Nebenverfahren kommt die lex fori concursus particularis zur Anwendung. Diese Aspekte sind prinzipiell geeignet, zwingende Erfordernisse darzustellen. Es gilt abzuwägen: Ist es dem ausländischen Marktteilnehmer zumutbar, dass über Teile seines Vermögens ein Verfahren im Ausland eröffnet wird und er dadurch in seiner Niederlassungsfreiheit beeinträchtigt wird? Oder kann es umgekehrt dem inländischen Gläubiger, der durch die Niederlassung seines Geschäftspartners in „seinem“ Land Vertrauen gefasst hat, zugemutet werden, im Ausland seine Rechte in der Insolvenz geltend zu machen? Der ausländische Marktteilnehmer begibt sich bewusst auf das Terrain seines Geschäftspartners, indem er dort eine Niederlassung eröffnet und sich auf diese Weise in dem Staat „verwurzelt“. Selbst wenn er dennoch keinerlei Kenntnisse über die

---

[598] EuGH DVBl. 1993, 1307; EuGH NJW 1997, 2407, 2408; Streinz-*Müller-Graff*, Art. 46, RdNr. 4.
[599] Streinz-*Müller-Graff*, Art. 43, RdNr. 75.
[600] Streinz-*Müller-Graff*, Art. 43, RdNr. 75.
[601] *Virgos/Schmit*, Erläuternder Bericht, RdNr. 71.
[602] Erwägungsgrund Nr. 11, S. 1.

Rechtsordnung des Landes hat, ist es ihm zumindest zumutbar, sie sich zu verschaffen. Typischerweise eröffnen solche Gesellschaften, Niederlassungen im Ausland, die einen gewissen finanziellen Hintergrund und eine geschäftliche Erfahrung haben. Bei den inländischen Gläubigern ist es dagegen eher wahrscheinlich, dass sie sich hinsichtlich ihrer geschäftlichen Tätigkeit auf das eigene Land beschränken. Dies gilt in erster Linie für Verbraucher und Arbeitnehmer. Aber auch bei den klein- und mittelständischen Unternehmen ist eine geschäftliche Tätigkeit im Ausland seltener gegeben. Damit fehlen ihnen neben den Kenntnissen über ausländisches Insolvenzrecht, oft auch die finanziellen Mittel zur Rechtsverfolgung im Ausland. Auch dürften sie über den Stand des ausländischen Insolvenzverfahrens weniger Informationen erlangen als der ausländische Gemeinschuldner, der durch seine Niederlassung und das dort beschäftigte Personal (vgl. Art. 2 lit. h) EuInsVO) eine Nähe zu dem Insolvenzgericht und dem Insolvenzverwalter hat.

Eine andere Beurteilung könnte allenfalls deshalb geboten sein, weil das in das Verfahren einbezogene inländische Vermögen nicht zwingend im Zusammenhang mit der wirtschaftlichen Aktivität der Niederlassung stehen muss.[603] Aber auch in diesen Fällen ist der internationale Hintergrund des Insolvenzschuldners durch seine wirtschaftlichen Tätigkeiten im Ausland mittels der Niederlassung gegeben.

Im Ergebnis handelt sich also um ein zwingendes Interesse des Allgemeinwohls.[604]

3) Verhältnismäßigkeit

Die betreffende Maßnahme muss zudem noch verhältnismäßig sein.

Das Ziel ist der Schutz inländischer Interessen. Als Mittel hat der Verordnungsgeber neben den Sonderanknüpfungen der Artt. 5-15 EuInsVO, die Eröffnung eines Sonderverfahrens aufgrund des Vorhandenseins einer Niederlassung in diesem Land gewählt.

---

[603] *Virgos/Schmit*, Erläuternder Bericht, RdNr. 71.

[604] Der EuGH hat bereits für den Gläubiger- und den Minderheitenschutz die Eigenschaft als zwingendes Interesse des Gemeinwohls bejaht, vgl. EuGH Slg. 1999 I-1459, RdNr. 34, Rs. C-212/97 (*Centros*); EuGH Slg. 2002, I-9919, RdNr. 92, Rs. C-208/00 (*Überseering*).

a) Geeignetheit

Wird das Nebenverfahren eröffnet, so findet die lex fori concursus particularis statt der lex fori concursus generalis Anwendung, so dass die inländischen Gläubiger in den Genuss der Anwendung des „eigenen" Insolvenzrechts gelangen. Zudem müssen sie nicht im fernen Ausland ihre Forderungen geltend machen. Hierdurch werden sie geschützt. Das Mittel ist also zur Erreichung des Zwecks geeignet.

b) Erforderlichkeit

Nicht erforderlich ist die Maßnahme, wenn auch ein milderes aber ebenso effizientes Mittel zur Verfügung gestanden hätte.[605] Alternativ hätte es noch die Möglichkeit gegeben, weitere **Sonderanknüpfungen** wie die der Artt. 5-15 EuInsVO zuzulassen. Aber auch dann hätten die inländischen Gläubiger ihre Rechte in einem Verfahren eines anderen Mitgliedstaates geltend machen müssen. Diese Maßnahme wäre also weniger einschneidend, aber nicht ebenso effektiv gewesen.
Außerdem hätte man ein inländisches Verfahren zulassen können, wobei aber ausländisches Insolvenzrecht zur Anwendung gekommen wäre. Aber auch in diesem Fall wäre der Schutz der inländischen Gläubiger durch die Geltung fremden Rechts nicht ebenso weitgehend und damit weniger effektiv gewesen.
Es wäre auch noch möglich gewesen, in das Insolvenzverfahren allein das Vermögen einzubeziehen, das **mit der Niederlassung in Verbindung** steht und nicht das gesamte inländische Vermögen. *Thieme* kritisiert diese Regelung als „konstruktive Eigenheit" oder gar „Konstruktionsfehler".[606] Dabei ist aber zu bedenken, dass wegen des weiten Niederlassungsbegriffs jede noch so abhängige und unselbständige Außenstelle erfasst wird, die nur die Voraussetzungen des Art. 2 lit. h) EuInsVO erfüllt. Das bedeutet aber, dass das mit dieser Stelle in Bezug stehende Vermögen sehr gering ist. Die Folge ist eine geringe Befriedigung der inländischen Gläubiger, wobei größere Vermögensteile des Schuldners im Inland nicht zur Verwertung der Gläubiger herangezogen werden. Außerdem ist in die Waagschale zu legen, dass das Kriterium der „Niederlassungsbezogenheit" praktisch unbrauchbar ist und zu nicht tragbaren Ergebnissen

---

[605] Streinz-*Müller-Graff*, Art. 43, RdNr. 80.
[606] *Thieme* IJVO 1995/96, S. 44, 84.

führt. Denn das aus der Niederlassung gewonnene Vermögen wird dort regelmäßig nicht verbleiben. Der Insolvenzschuldner investiert das Vermögen oft neu oder verwendet es zu anderen Zwecken. Das gilt v. a. auch vor dem Hintergrund, dass die Niederlassung ein unselbständiges Konstrukt ist, ein Annex zur Hauptstelle. Mit der Entfernung des Vermögens würden wesentliche Massebestandteile entzogen, die dem Insolvenzgläubiger andernfalls zur Befriedigung zur Verfügung stünden. Auch die Begrenzung des Vermögens auf die Niederlassungsbezogenheit wäre zwar eine mildere, nicht aber zur Zweckerreichung ebenso geeignete Maßnahme gewesen.
Schließlich hätte der Verordnungsgeber als milderes Mittel davon absehen können, dass es sich bei einem Sekundärinsolvenzverfahren um ein **Liquidationsverfahren** handeln muss. Aber auch in diesem Fall wäre die Gläubigerbefriedigung zu kurz gekommen, denn mit einem Sanierungsverfahren geht häufig eine Einbuße in der Befriedigungsquote und eine Restschuldbefreiung einher.

c) Angemessenheit

Die Behinderung der Niederlassungsfreiheit muss in einem angemessenen Verhältnis zum zwingenden Allgemeininteresse stehen. In Abwägung sind daher zu bringen: einerseits die der Schweregrad der Beeinträchtigung und andererseits die Gewichtigkeit des Zielgewinns.[607] Würde man gerade den Kleingläubigern kein Verfahren zur Verfügung stellen, das in „ihrem" Land stattfindet, hätte das aufgrund ihrer geringen Mittel und der Scheu vor der Rechtsverfolgung im Ausland die Konsequenz, dass viele Gläubiger ihre Forderungen gar nicht versuchen würden zu befriedigen. Teilweise würden sie aufgrund der Ferne zum ausländischen Gericht und zu den Informationsquellen gar nicht von der Verfahrenseröffnung Kenntnis erlangen. Es besteht allein eine Unterrichtungspflicht gem. Art. 40 EuInsVO. Diese gilt nur gegenüber *bekannten* Gläubigern. Eine allgemeine Bekanntmachungspflicht kennt die Verordnung demgegenüber nicht.[608] Im Ergebnis würden die Großgläubiger ihre Forderungen über das ausländische Universalverfahren eintreiben, während die Kleingläubiger größtenteils

---

[607] Streinz-*Müller-Graff*, Art. 43, RdNr. 82.

[608] *Herweg/Tschauner*, Anm. zu High Court of Dublin (Justice Kelly), Beschluss vom 23. März 2004 EWiR 2004, 599, 600.

unbefriedigt blieben. Aus diesem Grunde ist es wichtig, den inländischen Gläubigern ein eigenes Verfahren unter „gewohnten Bedingungen“ zur Verfügung zu stellen. Dass dies für den ausländischen Insolvenzschuldner zumutbar ist, wurde bereits oben dargestellt: Wer sich auf einen fremden Markt begibt, muss auch die dortigen Bedingungen hinnehmen. Das gilt auch für die unliebsamen Folgen in der Insolvenz. Er kann sich zuvor über diese Folgen informieren und von einer Betätigung auf dem fremden Markt absehen.

Damit steht das Mittel zur Zweckerreichung auch in einem angemessenen Verhältnis. Der Eingriff in die Niederlassungsfreiheit durch Artt. 3 Abs. 2, 4, 28 EuInsVO ist also gerechtfertigt.

§ 10 Bedeutungsinhalt des Niederlassungsbegriffs nach der Insolvenzordnung

Am 20. März 2003 ist das Gesetz zur Neuregelung des Internationalen Insolvenzrechts in Kraft getreten. Dabei ist ein Elfter Teil in die Insolvenzordnung eingefügt und Art. 102 EGInsO geändert worden. Der Elfte Teil betrifft ausschließlich das autonome Internationale Insolvenzrecht und Art. 102 EGInsO gewährleistet die Einpassung der Eu-Insolvenzverordnung in das nationale Recht, soweit Anpassungsbedarf besteht. Das ist etwa bezüglich der örtlichen Zuständigkeit der Behörden oder der öffentlichen Bekanntmachung des Verfahrenseröffnungsbeschlusses der Fall.

Hier soll der Blick nur auf das autonome deutsche Internationale Insolvenzrecht, also den Elften Teil der Insolvenzordnung, gerichtet werden. Im Anwendungsbereich der Eu-Insolvenzverordnung werden diese Vorschriften aufgrund des Anwendungsvorrangs europäischer Rechtsgrundlagen gegenüber den nationalen verdrängt. Im Übrigen aber besteht Raum für das autonome Recht. Praktisch relevant ist dies v.a. hinsichtlich des räumlichen Anwendungsbereichs der Verordnung. Auf Sachverhalte mit Drittstaatenbezug findet die Verordnung nach zutreffender Auffassung keine Anwendung.[609] An dieser Stelle greift das autonome Recht ein. Dasselbe gilt für die Fälle, bei denen es sich um eine Bereichsausnahme nach Art. 1 Abs. 2 EuInsVO handelt.

Eine Parallelvorschrift zu Art. 3 Abs. 2 S. 1 EuInsVO ist im autonomen Recht § 354 Abs. 1 InsO. Danach bedarf es für die Eröffnung eines Partikularinsolvenzverfahrens einer Niederlassung im Eröffnungsstaat oder zumindest einer Vermögensbelegenheit, wobei dann das „besondere Interesse“ des antragstellenden Gläubigers nach § 354 Abs. 2 S. 1 InsO hinzutreten muss.

Anders als die Verordnung (Art. 2 lit. h) EuInsVO) hält das autonome Recht keine Legaldefinition für diesen Begriff bereit. Die Frage, die sich nun stellt, ist, ob der nach deutschem Recht zu bestimmende Niederlassungsbegriff des § 354 Abs. 1 InsO mit dem der Artt. 3 Abs. 2 S. 1, 2 lit. h) EuInsVO identisch ist.[610] Alternativ könnte man den Niederlassungsbegriff in Anlehnung an § 21 ZPO bestimmen.

Das Ergebnis ist durch Auslegung zu ermitteln.

---

[609] Vgl. oben § 2 IV.

[610] Braun-*Liersch*, § 354, RdNr. 5.

Der Wortlaut des § 354 Abs. 1 Alt. 1 InsO legt nahe, den Niederlassungsbegriff in diesem Sinne anders zu definieren als bei § 21 ZPO. Während für § 21 Abs. 1 ZPO eine gewerbliche Niederlassung erforderlich ist („oder eines anderen Gewerbes"), stellt der Gesetzgeber bei § 354 Abs. 1 InsO keine weitere Voraussetzung für sie auf („eine Niederlassung oder sonstiges Vermögen"). Durch den Verzicht auf das Gewerbemerkmal werden insbesondere auch freiberufliche und landwirtschaftliche Tätigkeiten als ausreichend erachtet. Schon dem Wortlaut nach stellt der Gesetzgeber für § 354 Abs. 1 InsO andere Maßstäbe auf als bei § 21 ZPO. Bei Artt. 3 Abs. 2 S. 1, 2 lit. h) EuInsVO wird auch nicht die Gewerblichkeit der Tätigkeit gefordert. Der Wortlaut des § 354 Abs. 1 Alt. 1 InsO spricht somit eher für eine Anlehnung an den Bedeutungsinhalt des Niederlassungsbegriffs nach der Insolvenzverordnung.

Bestätigung findet diese Sichtweise in der Entstehungsgeschichte der Vorschrift. An dieser Stelle ist die Regelungsabsicht des Gesetzgebers in die Waagschale zu legen. Dabei kommt es nur auf die zutage liegende Grundabsicht des Gesetzgebers und diejenigen Vorstellungen an, die in den Beratungen der gesetzlichen Körperschaft oder ihrer zuständigen Ausschüsse zum Ausdruck gebracht und ohne Widerspruch geblieben sind.[611] Wie eingangs bereits dargelegt,[612] hat der deutsche Gesetzgeber in den 90er Jahren des 20. Jahrhunderts bereits einen Entwurf für ein autonomes Internationales Insolvenzrecht geschaffen.[613] Später wurde dieser Entwurf wieder vom Rechtsausschuss gestrichen, weil „die Verhandlungen über ein Konkursübereinkommen der Europäischen Gemeinschaften in absehbarer Zeit erfolgreich abgeschlossen werden können."[614] Der Gesetzgeber führte aus, es sei damit zu rechnen, dass der Inhalt des künftigen Übereinkommens in seinen Grundzügen und vielen Einzelheiten den Vorschriften entspreche, die im Neunten Teil des Regierungsentwurfs der Insolvenzordnung enthalten seien. Bis zu der Fertigstellung des Übereinkommens solle mit einer Neuregelung des autonomen Insolvenzrechts gewartet werden, denn diese „Neuregelung wird dann voraussichtlich in der Weise vorgenommen werden können, daß in das Zu-

[611] *Larenz*, Methodenlehre, S. 329.
[612] Vgl. oben § 1.
[613] BT-Drs. 12/2443.
[614] BT-Drs. 12/7303, S. 117.

stimmungsgesetz zu dem Übereinkommen eine Regelung aufgenommen wird, nach der die Vorschriften des Übereinkommens im wesentlichen unverändert auch im Verhältnis zu Nichtvertragsstaaten anzuwenden sind."[615] Als „Interimslösung" wurde Art. 102 EGInsO geschaffen. Der Gesetzgeber wollte auf lange Sicht also keine völlig selbständige nationale Regelung treffen, die etwa anderen nationalen Vorschriften vergleichbar gewesen wäre. Vielmehr sollte nicht nur auf die zu erwartende europäische Regelung reagiert werden. Sie sollte sogar übernommen werden. Das künftige autonome Internationale Insolvenzrecht sollte sich an das europäische anlehnen und diesem entsprechend näher stehen als die anderen nationalen Vorschriften. Später als gedacht kam es dann mit der EuInsVO zu einer solchen europäischen Regelung. Am 16. Januar 2003 wurde das deutsche Internationale Insolvenzrecht mit seinem § 354 Abs. 1 InsO neu geregelt. In den Materialien hierzu verweist der Gesetzgeber wiederum auf den Niederlassungsbegriff des Art. 3 Abs. 2 EuInsVO. Dabei bringt er zum Ausdruck, dass er den Niederlassungsbegriff der Eu-Insolvenzverordnung auch für das autonome Internationale Insolvenzrecht übernehmen wolle. Zur Vermeidung von Zuständigkeitslücken fügte er aber den Vermögensgerichtsstand hinzu.[616] Diese Anlehnung an die europäische Regelung spricht für eine Übernahme des Bedeutungsinhalts von Artt. 3 Abs. 2, 2 lit. h) EuInsVO und gegen die des § 21 ZPO.

Im Rahmen der systematischen Auslegung ist zu beachten, dass die Einheit des Rechts gewahrt werden soll.[617] Das Rechtsstaatsprinzip verpflichtet alle rechtsetzenden Organe des Bundes und der Länder, die Regelungen so aufeinander abzustimmen, dass den Normadressaten nicht Regelungen erreichen, die die Rechtsordnung widersprüchlich machen.[618] Aus dieser Vorgabe könnte sich auf den ersten Blick das Gebot ergeben, dass der Normgeber (hier der Bundesgesetzgeber), den Niederlassungsbegriff mit demselben Inhalt versieht wie er es bisher getan hat. Das spricht zunächst dafür, dass der Niederlassungsbegriff des § 354 Abs. 1 Alt. 1 InsO dem des § 21 ZPO entsprechen muss. Das ist aber nur richtig, wenn man unter der Rechtsordnung diejenigen Normen

---

[615] BT-Drs. 12/7303, S. 117.
[616] BT-Drs. 15/16, S. 25.
[617] *Zippelius*, Juristische Methodenlehre, § 10, III.
[618] BVerfGE 98, 83, 106.

versteht, die ein und derselbe Normgeber aufgestellt hat. Fasst man den Rechtsordnungsbegriff weiter, so sind darunter hingegen auch die Regelungen anderer Normgeber zu verstehen, etwa des europäischen (so auch Art. 3 Abs. 2 EuInsVO). Dann würden § 21 ZPO, Artt. 3 Abs. 2 EuInsVO zu derselben Rechtsordnung gehören und man käme nicht umhin, sich für einen der beiden Bedeutungsinhalte zu entscheiden. Die Einheit der Rechtsordnung wäre nicht durchzuhalten. In der heutigen Zeit beteiligen sich zahlreiche Normgeber an der Rechtssetzung, etwa auf Bundes-, Landes- aber auch auf europäischer Ebene. Vor diesem Hintergrund stellt sich die Machteinheit, Handlungseinheit oder Entscheidungseinheit als eine reine Fiktion dar.[619] Eine Abgrenzung der Rechtsordnungen danach, wer als Normgeber in dem jeweiligen Fall tätig geworden ist, erscheint für die Frage nach der Wertungseinheit nicht sinnvoll. Auch ist für den Normadressaten kaum ersichtlich, von welchem Normgeber die Vorgabe, an die er sich halten muss, stammt. Vielmehr sollte eine Gliederung der Gesamtrechtsordnung in Teilrechtsordnungen erfolgen und zwar nach sachlich-inhaltlichen Gesichtspunkten.[620] So ließe sich die Rechtsordnung in zivil-, straf- und öffentlich-rechtliche Vorschriften untergliedern. Innerhalb der Zivilrechtsordnung mag man zwischen dem materiellen und dem prozessualen Zivilrecht unterscheiden (soweit man letzteres nicht dem öffentlichen Recht zuordnet). Zu dem prozessualen Zivilrecht gehört das Vollstreckungsrecht, wobei zwischen dem Einzel- und dem Gesamtvollstreckungsrecht zu unterscheiden ist. Nach dieser Vorgehensweise liegt ein Wertungswiderspruch nur vor, wenn er sich innerhalb derselben Teilrechtsordnung ergibt. Ordnet man hiernach die Vorschriften der § 21 ZPO bzw. Art. 3 Abs. 2 EuInsVO unter sachlich-inhaltlichen Kriterien Teilrechtsordnungen zu, gehört § 21 ZPO zum allgemeinen Zivilprozessrecht, bzw. wegen der Doppelfunktionalität zum allgemeinen Internationalen Zivilprozessrecht. Art. 3 Abs. 2 EuInsVO ist dem Internationalen Insolvenzrecht zuzuordnen. Zu letzterem gehört auch § 354 Abs. 1 InsO. Art. 3 Abs. 2 EuInsVO und § 354 Abs. 1 InsO sind somit derselben Teilrechtsordnung zuzuweisen, so dass sich dementsprechend kein Wertungswiderspruch ergibt, wenn man die Niederlassungsbegriffe der beiden Normen identisch ausgelegt.

[619] *Hanebeck* Der Staat 41, 429, 442.
[620] *Röhl*, Allgemeine Rechtslehre,

Schließlich ist der Blick auf die ratio des § 354 Abs. 1 Alt. 1 InsO zu richten. An dieser Stelle ist darauf zu achten, dass sich keine Ungleichbehandlung wertungsmäßig gleicher Sachverhalte ergibt.[621] Es kommt darauf an, ob § 354 Abs. 1 Alt. 1 InsO eher § 21 InsO oder aber Art. 3 Abs. 2 EuInsVO nahe steht. § 21 ZPO setzt eine Niederlassungsbezogenheit der Klage zum Geschäftsbetrieb zur Niederlassung voraus („Klagen, die auf den Geschäftsbetrieb Bezug haben", § 21 Abs. 1 ZPO). Im Insolvenzrecht geht es zunächst um die Eröffnung des Verfahrens, so dass eine Niederlassungsbezogenheit unpassend ist. Insoweit besteht eher ein Bezug des § 354 Abs. 1 Alt. 1 InsO zu Art. 3 Abs. 2 EuInsVO. Unter den Niederlassungsbegriff des § 21 ZPO fallen auch selbständige Tochtergesellschaften. Insoweit ist die Interessenlage im Insolvenzrecht gänzlich anders. Eine Übertragung des Niederlassungsbegriffs hätte an dieser Stelle wegen der Tendenz zu Liquidation im Sekundärverfahren existenzielle Bedeutung für die Tochtergesellschaft. Im üblichen Zivilprozess, wie ihn § 21 ZPO vor Augen hat, geht es allein um die Feststellung des zuständigen Gerichts. Auch insoweit bietet sich eine Anlehnung an Art. 3 Abs. 2 EuInsVO an. Schließlich ist zu bedenken, dass das autonome Internationale Insolvenzrecht bei den Bereichsausnahmen des Art. 1 Abs. 1 EuInsVO eingreift. Es ist nicht einzusehen, warum in einem transnationalen Insolvenzfall der Niederlassungsbegriff im Rahmen der Insolvenz eines Kreditinstituts anders auszulegen ist als der eines Reiseunternehmens.

Die Auslegung hat ergeben, dass mit der allgemeinen Ansicht in der *Literatur*[622] der Niederlassungsbegriff des § 354 Abs. 1 Alt. 1 InsO ebenso auszulegen ist wie der in Artt. 3 Abs. 2, 2 lit. h) EuInsVO.

---

[621] *Larenz*, Methodenlehre, S. 334.

[622] Braun-*Liersch*, § 354, RdNr. 5; *Ludwig*, Neuregelungen, S. 174; Heidelberger Komentar-InsO-*Stephan*, § 354, RdNr. 12, § 348, RdNr. 4; *Thieme* IJVO 1995/1996, 44, 93, noch zum EuInsÜ.

§ 11 Vermögensbelegenheit als Anknüpfungsmerkmal zur Eröffnung eines Partikularinsolvenzverfahrens

Partikularinsolvenzverfahren sollen eröffnet werden können, wenn ein hinreichender Bezug zum Eröffnungsstaat besteht. Einen solchen Inlandsbezug haben der Verordnungsgeber und der deutsche Gesetzgeber bei dem Vorhandensein einer schuldnerischen Niederlassung angenommen (Art. 3 Abs. 2 S. 1 EuInsVO bzw. § 354 Abs. 1 Alt. 1 EuInsVO).

Denkbar ist auch, bei bloßer Vermögensbelegenheit im Eröffnungsstaat von einem solchen Inlandsbezug auszugehen. Der Verordnungsgeber hat sich dagegen entschieden.[623] Anders stellt sich die Rechtslage des autonomen deutschen Insolvenzrechts dar. § 354 Abs. 1 Alt. 2 InsO begründet einen Vermögensgerichtsstand für Partikularinsolvenzverfahren. Allerdings wird das Verfahren nur eröffnet, wenn der antragstellende Gläubiger ein besonderes Interesse an der Verfahrenseröffnung glaubhaft macht (§ 354 Abs. 2 S. 2 InsO).

Der Vermögensgerichtsstand – den das deutsche Prozessrecht auch in § 23 S. 1 Alt. 1 ZPO kennt – ist im Allgemeinen auf breite Kritik gestoßen, wie noch zu zeigen sein wird. Nun hat der Gesetzgeber erneut einen solchen Weg beschritten. Diese Kritik ist bei der Auslegung der Vermögensbegriffe im Sinne des § 354 Abs. 1 Alt. 2 InsO zu berücksichtigen. Gegebenenfalls bedarf es einer einschränkenden Auslegung. Möglicherweise ist aber schon das „besondere Interesse" geeignet, ungewollte Folgen dieses Vermögensgerichtsstandes zu vermeiden. Der Gesetzgeber hat in § 354 Abs. 2 S. 1 InsO einen Fall des besonderen Interesses explizit normiert, nämlich, dass der Gläubiger in einem ausländischen Verfahren voraussichtlich erheblich schlechter stehen würde als in einem inländischen.

I. Bedeutungsinhalt nach dem allgemeinen Sprachgebrauch

Im allgemeinen Sprachgebrauch lässt sich zwischen dem Vermögen im engeren und im weiteren Sinne differenzieren.

---

[623] *Virgos/Schmit*, Erläuternder Bericht, RdNr. 70.

Vermögen im weiteren Sinne ist die Gesamtheit der Mittel, die die relative Stellung eines Einzelnen in der Gesellschaft und seines Einkommens bestimmen. Dazu zählen auch Bildungsvermögen und Ausbildungsstand.[624] Diese Interpretationsvariante leitet sich aus dem Verb „vermögen" her, das zur selben Wortfamilie gehört. Es bedeutet dann Fähigkeit, Kapazität und Macht.[625]

Vermögen im engeren gegenständlich-objektiven Sinne ist die Summe aller in Geld bewerteten auf der Aktivseite einer Bilanz ausgewiesenen Wirtschaftsgüter, die an einem bestimmten Stichtag im Eigentum eines Wirtschaftssubjekts stehen.[626]

II. Bedeutungsinhalt nach dem fachsprachlichen Verständnis

Im fachsprachlichen, zivilrechtlichen Sinn ist das Vermögen die Gesamtheit der einer bestimmten Person zustehenden vermögenswerten Rechte.[627] Geldwert sind Rechte, die unter normalen Verhältnissen gegen Geld veräußert oder nur gegen Geld erworben werden können oder, wie ein Nießbrauch ihrer Bestimmung nach einen in einem Geldwert ausdrückbaren wirtschaftlichen Nutzen gewähren.[628]

Im Unterschied zum wirtschaftlich gedachten, ist bei dem zivil-haftungsrechtlichen Vermögensbegriff nicht auf das Netto-, sondern auf das Bruttovermögen abzustellen, d.h. dass die Beurteilung, ob Vermögen vorliegt vor dem Abzug der Verbindlichkeiten erfolgt.[629]

---

[624] *Brockhaus*, http://lexika.tanto.de/artikel.php?TANTO_SID=f4e6882b4866ddddb9de0ae1e30126d3&TANTO_KID=digibib&TANTO_AGR=45588&shortname=b24&artikel_id=23023903.

[625] *Mertens*, Der Begriff des Vermögensschadens im Bürgerlichen Recht, S. 124.

[626] Vgl. *Brockhaus*, http://lexika.tanto.de/artikel.php?TANTO_SID=f4e6882b4866ddddb9de0ae1e30126d3&TANTO_KID=digibib&TANTO_AGR=45588&shortname=b24&artikel_id=23023903.

[627] *Larenz/Wolf*, BGB AT, § 21, RdNr. 2; vgl. auch *Frankenstein*, Internationales Privatrecht, Bd. 1, S. 508: „Vermögen ist [...] ein Sammelbegriff für wirtschaftliche Einheiten, deren Zusammenfassung im Rechtssinn, d.h. als Subjet und Objekt von Rechten, erst der Anerkennung durch die Rechtsordnung bedarf."; *Radbruch*, Rechtsphilosophie II, S. 372: „Vermögen ist alles Geldwerte und vornehmlich das Geld selber."

[628] *Larenz/Wolf*, BGB AT, § 21, RdNr. 7; *Tilch/Arloth*, Deutsches Rechts-Lexikon, Q-Z, S. 4510.

[629] *Larenz/Wolf*, BGB AT, § 21, RdNr. 11.

III. Bedeutungsinhalt nach § 23 S. 1 Alt. 1 ZPO

Gem. § 23 S. 1 Alt. 1 ZPO ist für eine Klage wegen vermögensrechtlicher Ansprüche das Gericht zuständig, in dessen Bezirk sich Vermögen des Beklagten, ohne Wohnsitz im Inland, befindet. Diese Zuständigkeitsvorschrift betrifft in erster Linie die örtliche Zuständigkeit. Daraus ergibt sich aber auch die internationale Zuständigkeit (Doppelfunktionalität).[630]

Demnach stellt § 23 S. 1 Alt. 1 ZPO drei Voraussetzungen auf: erstens muss es sich um einen vermögensrechtlichen Anspruch handeln, zweitens darf der Beklagte keinen Wohnsitz im Inland haben und drittens muss in dem Bezirk Vermögen vorhanden sein.

1) Vermögensbegriff

Weit verstanden, erfasst der Vermögensbegriff des § 23 S. 1 Alt. 1 ZPO zunächst jeden geldwerten Gegenstand, dem ein eigenständiger Vermögenswert zukommt.[631]

Dazu gehören neben Sachen – und zwar Immobilien und Fahrnisse – auch dingliche Rechte.[632] Vermögen sind ferner Forderungen.[633] Besonders bedeutsam ist in diesem Zusammenhang Bankguthaben, sofern es einen positiven Saldo aufweist.[634] Vermögen sind schließlich auch sonstige Rechte, wie z.B. Immaterialgüterrechte.[635]

Dieser weite Vermögensbegriff wird vereinzelt, um zu verhindern, dass § 23 S. 1 Alt. 1 ZPO zu einer reinen „umbrella-rule" wird, durch eine Erheblichkeitsschwelle eingeschränkt.[636] Erfasst werden dann nur noch Gegenstände, Forderungen und Rechte mit einem selbständigen eigenen Vermögenswert. Unberücksichtigt bleiben dagegen Vermögensstücke von rein symbolischer Bedeutung.

---

[630] BGHZ 94, 156, 158; BGHZ 134, 116, 117; BGHZ 44, 46, 47; BGHZ 63, 219, 220.

[631] BGH NJW 1997, 325, 326; BGHZ 115, 90, 93; BGH NJW 1988, 966, 967; Baumbach/Lauterbach/Albers-*Hartmann*, § 23, RdNr. 8; *Geimer*, IZPR, RdNr. 1373; Musielak-*Smid*, § 23, RdNr. 3; *Patzina*, MünchKomm-ZPO, § 23, RdNrn. 8, 16; *Schütze* DZWiR 1991, 239, 240 f.; Stein/Jonas-*Roth*, § 23, RdNr. 16; *Rammos*, Gerichtsstand des Vermögens, S. 27; Wieczorek/Schütze-*Hausmann*, § 23, RdNr. 13.

[632] BGH WM 1980, 410, 412 (Damenröcke, allerdings ging es um 31.253 Stück um Wert von 360.000 Euro); RGZ 75, 147, 152 (vier Obstkörbe im Wert von zwei Kronen).

[633] BGH NJW 1981, 2642 (rechtskräftig zugesprochenes Sparguthaben); Wieczorek/Schütze-*Hausmann*, § 23, RdNr. 16.

[634] BGH NJW 1989, 1431 f. (Konten mit Aktivsaldo); OLG Düsseldorf JurBüro 1992, 53 (Sparguthaben); Wieczorek/Schütze-*Hausmann*, § 23, RdNr. 15.

[635] Wieczorek/Schütze-*Hausmann*, § 23, RdNr. 15.

[636] Stein/Jonas-*Roth*, § 23, RdNr. 21.

2) Bedenken gegen den Vermögensgerichtsstand des § 23 S. 1 Alt. 1 ZPO

Hinter der Einschränkung des Vermögensbegriffs im Wege einer wirtschaftlichen Betrachtungsweise stehen die mit § 23 S. 1 Alt. 1 ZPO empfundenen Unbehaglichkeiten.

a) völkerrechtliche Bedenken

Zunächst werden an diesem Vermögensgerichtsstand völkerrechtliche Bedenken geäußert.[637] Sie beziehen sich v.a. jenseits der Anwendungsbereiche der EuGVVO[638] und der internationalen Verträge[639] auf das Völkergewohnheitsrecht. Es verbietet, dass ein Staat für alle Rechtsstreitigkeiten der Welt die internationale Zuständigkeit beansprucht. Erforderlich ist jedenfalls ein Minimalbezug zum Inland.[640] Über die Frage, worin dieser im Einzelnen bestehen kann, existiert keine abschließende Aufzählung. *Geimer* führt aus, dass „ein Taschentuch im Inland" jedenfalls nicht ausreichen kann.[641] Bereits dieses Beispiel zeigt, dass die Grenzen fließend sind und nach *Schröder* „im Nebel praktischer Unbrauchbarkeit"[642] verlaufen. Mit Gewissheit, aber nicht näher an einer praktischen Lösung, lässt sich allein formulieren, dass es jedenfalls nicht mehr mit dem Völkerrecht vereinbar ist, wenn die internationale Zuständigkeit in concreto als Eingriff in die Souveränität eines anderen Staates erfolgt.[643]

b) Verstoß gegen Art. 6 MRK

Gegen den Vermögensgerichtsstand der deutschen Zivilprozessordnung wird eingewandt, er verstoße gegen das Gebot des fairen Verfahrens, wenn man einen ausländischen Beklagten wider seinen Willen in ein solches Verfahren zwingen wollte, wenn-

---

[637] BVerfGE 64, 1, 20 = NJW 1983, 2766; BGHZ 115, 90, 92 = NJW 1991, 3092, 3094, wo er eine völkerrechtskonforme Auslegung anstrebt, wobei er gleichzeitig betont, dass § 23 ZPO in seiner jetzigen Fassung weder verfassungs- noch völkerrechtswidrig sei.

[638] Stein/Jonas-*Roth*, § 23, RdNr. 2.

[639] Im Anwendungsbereich bilateraler Verträge wird § 23 Abs. 1 S. 1 Alt. 1 ZPO teilweise die Anerkennung verweigert, weil diese Einkommen den Vermögensgerichtsstand missbilligen, vgl. *Patzina*, in: MünchKomm-ZPO, § 23, RdNr. 25; Wieczorek/Schütze-*Hausmann*, § 23, RdNr. 44.

[640] *Geimer*, IZPR, RdNr. 128.

[641] *Geimer*, IZPR, RdNrn. 127 ff.

[642] *Schröder*, Internationale Zuständigkeit, S. 766.

[643] *Patzina*, in: MünchKomm-ZPO, § 23, RdNr. 82.

gleich die Inlandskontakte nur minimal seien.[644] *Schlosser* deutet an, dass sich hieraus ein Verstoß gegen Art. 6 MRK ergeben könnte. Dabei gehe es um die Gewährleistung eines effektiven Rechtsschutzes. Auf der Beklagtenseite gehöre hierzu auch die Zumutbarkeit des Gerichtsstandes.[645]

c) verfassungsrechtliche Bedenken

Pfeiffer sieht in § 23 S. 1 Alt. 1 ZPO einen Verstoß gegen das Übermaßverbot und hält die Norm daher für verfassungswidrig.[646]

d) Überschreiten des Gesetzeszwecks

Des Weiteren wird dem Vermögensgerichtsstand vorgeworfen, er schieße über das vom Gesetzgeber verfolgte Ziel hinaus. Dieses besteht entsprechend der Motive darin, die Gläubiger der sich im Inland „ohne Domizil umhertreibenden" Schuldner zu schützen.[647] Das bedeute aber nicht etwa, dass es zu einer Privilegierung und Bevorzugung inländischer und ausländischer Kläger kommen dürfe. Das sei aber der Fall, wenn man Inländern die Möglichkeit einräumen würde, Ausländer ohne hinreichenden Inlandsbezug im eigenen Land verklagen zu können. Das wird angezweifelt.[648]

e) nicht mehr zeitgemäß

Weiters sei die Regelung des § 23 S. 1 Alt. 1 ZPO nicht mehr zeitgemäß. Als der Gesetzgeber der CPO den Vermögensgerichtsstand geschaffen habe, seien die internationalen Verflechtungen noch nicht in dem Maße gegeben gewesen wie heute. Daher sei es viel seltener gewesen, dass jemand Vermögen in einem anderen Land besessen habe als in der heutigen Zeit der Globalisierung. Somit habe die Vermögensbelegenheit in

---

[644] Volkswagen v. Woodson 444 US 286, 291 (1980), (Supreme Court); *Mansel*, FS-Jayme I, S. 561, 568.
[645] *Schlosser* IPRax 1992, 140, 141.
[646] *Pfeiffer*, Internationale Zuständigkeit, S. 543.
[647] *Hahn*, Band 2, Abt. 1, S. 154 zu § 24 CPO.
[648] BGH NJW 1991, 3092, 3094; *Thieme* IJVO 1995/1996, S. 94.

früheren Zeiten zumindest ein Indiz dafür darstellen können, dass der Eigentümer bzw. Inhaber einen Bezug zu diesem Staat aufgebaut gehabt habe.[649]

f) Förderung des forum shopping

In dem Vermögensgerichtsstand wird die Gefahr eines weiteren forum shopping erblickt.[650]

g) exorbitant

Der Vermögensgerichtsstand wird häufig als exorbitant dargestellt, wobei darauf verwiesen wird, dass er in der Vergangenheit wegen des weiten Wortlautes dazu geführt habe, dass die internationale Zuständigkeit bereits wegen eines Handelsbuches und eines Obstkorbes bejaht worden war.[651] Legendär ist in diesem Zusammenhang auch das Beispiel des französischen Skiweltmeisters, der in einem österreichischen Hotelzimmer seine Unterwäsche vergessen hatte und von seinem vermeintlichen, nichtehelichen Kind vor einem österreichischen Gericht auf Zahlung des Unterhalts verklagt wurde.[652] Als weiteres Beispiel wird der Fall eines Russen genannt, der auf der Durchreise seine Gummischuhe vergisst, was zu einer Gerichtsstandsbegründung für eine Klage auf 100.000 DM führt.[653] Auf die Spitze getrieben könnte der Kläger sogar aus einem Kostenerstattungsanspruch, den der Beklagte gegen den Kläger wegen seines Obsiegens hat, der Kläger eine Vermögensbelegenheit ableiten. Dieses Ergebnis ist sogar von der Rechtsprechung des Reichsgerichts hingenommen worden.[654]

---

[649] *Schlosser* IPRax 1992, 140, 142.
[650] BGH NJW 1991, 3092, 3094.
[651] BGH NJW 1991, 3092, 3094; *Kropholler* ZfVR 23 (1982), 1.
[652] *Kropholler* ZfVR 23 (1982), 1, 2 m. Fn. 3, vgl. hierzu das Spottgedicht Pack Up your Trouble – Carefully, abgedruckt in *Schütze*, FS-Ishikawa, S. 494, 498:
„[...]
And in advice we urge that tourists keep in mind:
No amusement will you lack here;
Just be sure that when you pack here
You have not left any underware behind."
[653] *Breit* JW 1911, 636, 639.
[654] RGZ 16, 391; vgl auch *Breit* JW 1911, 636, 639.

3) vorgebrachte Vorzüge des § 23 S. 1 Alt. 1 ZPO

Die Existenz des § 23 S. 1 Alt. 1 ZPO wird indes nicht von allen kritisiert. Befürworter dieses Vermögensgerichtsstandes führen etwa zu seinen Gunsten ins Feld, dass durch ihn die Rechtlosstellung des Gläubigers und die Rechtsverweigerung (*deni de justice*)[655] verhindert werde.[656] Als Auffangzuständigkeit sei er daher unentbehrlich.[657] *Pfeiffer* kritisiert dagegen, dass § 23 S. 1 Alt. 1 ZPO eben nicht auf diese Fälle beschränkt sei. Umgekehrt genüge diese Norm auch nicht als Notzuständigkeit.[658]

Durch die Vermögensbelegenheit werde eine starke Affinität zu diesem Land zum Ausdruck gebracht, teilweise sogar mehr als durch einen Wohnsitz oder den regelmäßigen Aufenthalt in diesem Land.[659] Dem ist wohl mit *Pfeiffer* zu widersprechen, denn die mit dem Wohnsitz oder regelmäßigen Aufenthalt verbundene persönliche Anwesenheit einer Person in einem Staat stellt eine stärkere.[660]

Für die Vermögensbelegenheit streite neben der Praktikabilität und damit verbundenen Vorteilen für die Wirtschaft[661] auch, dass niemand dazu gezwungen sei, in Deutschland Vermögenswerte zu unterhalten.[662] Geschehe dies aber, müsse dann die Gerichtsstandsbegründung hingenommen werden. Dem halten die Gegner des Vermögensgerichtsstandes entgegen, dass mit der Entscheidung, Vermögen in Deutschland zu besitzen, nicht der Wille verbunden sei, sich auch der deutschen Gerichtsgewalt zu unterwerfen.[663]

4) Vorschläge zur Einschränkung des § 23 S. 1 Alt. 1 ZPO

Aufgrund der oben dargestellten Kritikpunkte werden verschiedene Einschränkungsmöglichkeiten des Vermögensgerichtsstandes vorgeschlagen. Kritiker derartiger Ein-

---

[655] *Geimer* JZ 1984, 979, 980.
[656] *Schütze*, FS-Ishikawa, S. 494, 496.
[657] *Schack*, FS-Kegel, S. 505, 509.
[658] *Pfeiffer*, Internationale Zuständigkeit, S. 632 ff.
[659] *Geimer*, IZPR, RdNrn. 1347, 1356; ders. JZ 1984, 979, 980; *Schütze*, FS-Ishikawa, S. 494, 497, in diesem Zusammenhang *Goethe*, Faust I, S. 2801 zitiert: „Nach Golde drängt, am Golde hängt, doch alles."
[660] *Pfeiffer*, Internationale Zuständigkeit, S. 634 f.
[661] *Kropholler* ZfVR 23 (1982), 1.
[662] *Geimer*, IZPR, RdNr. 1347.
[663] *Pfeiffer*, Internationale Zuständigkeit, S. 629.

schränkungsvorschläge befürchten, dass ein solches Vorgehen auf die Schaffung eines form-non-conveniens hinauslaufen würde, die den koninental-europäischen Rechtssystemen unbekannt sei. Darüber hinaus sprächen Wortlaut, Entstehungsgeschichte und ratio des § 23 ZPO gegen eine solche Einschränkung.[664] Vielmehr sei es Aufgabe des Gesetzgebers, den Vermögensgerichtsstand abzuschaffen. Eine Lösung durch Rechtsprechung und Literatur hinsichtlich einer einschränkenden Auslegung sei jedenfalls unbrauchbar.[665]

a) Einschränkung des Vermögensgerichtsstand durch einen hinreichenden Inlandsbezug

Der *Bundesgerichtshof*[666] (XI ZR 206/90, Urteil vom 2. Juli 1991) hat als Einschränkung des Vermögensgerichtsstandes einen **„über die Vermögensbelegenheit hinausgehenden Inlandsbezug"** gefordert und sich damit dem Berufungsgericht (*OLG Stuttgart*)[667] angeschlossen.

In diesem Fall ging es um folgendes: Das Unternehmen *M. Ltd.* hatte seinen Sitz in Nikosia (Zypern) und ist gegenüber der libyschen *Directorate of M.C.* die vertragliche Verpflichtung zur Errichtung einer Hafenanlage eingegangen. Für die Anzahlung der *Directorate of M.C.* leistete die *Wahda-Bank* (Libyen) eine Garantie. Eine türkische Großbank mit Sitz in Ankara (Türkei) gewährte dafür eine Rückgarantie. Alle Geschäftsanteile dieser Bank wurden vom türkischen Staat gehalten. Die Bank unterhielt Auslandsbüros in mehreren Staaten. Die Hauptniederlassung hatte sie in Frankfurt am Main (Deutschland). Außerdem befanden sich in Deutschland weitere Repräsentanzen, u.a. in Stuttgart. Der Vertrag zum Bau der Hafenanlage wurde gekündigt und die Garantien in Anspruch genommen. Die türkische Großbank wurde vor einem deutschen Gericht (in dem Fall LG Stuttgart) mit dem Hinweis verklagt, dass die Beklagte in Stuttgart über ihre dortige Repräsentanz Vermögen besitze.

---

[664] *Fischer* RIW 1990, 794, 796 f.
[665] *Fricke* IPRax 1991, 151, 162.
[666] BGHZ 115, 90, 94 = NJW 1991, 3092, 3093.
[667] OLG Stuttgart IPRax 1991, 179.

Im Ergebnis sah der BGH diese – zwischen den Parteien nicht streitige – Vermögensbelegenheit allein als nicht ausreichend an. Damit wich er von der bisherigen Rechtsprechung ab.

Denn im Jahre 1988 hatte er die internationale Zuständigkeit noch in einem Fall bejaht, wo ein über die Vermögensbelegenheit hinausgehende Inlandsbezug gerade nicht bestanden hatte.[668] Der Kläger war in Irland ansässig, der Beklagte hielt sich vorwiegend in Jeddah (Libyen) auf, wo er auch eine Aufenthaltsgenehmigung für zunächst fünf Jahre besaß. Die Forderung sollte sich aus einem Verkehrsunfall ergeben, der sich in der Wüste Libyens ereignet haben soll. Der einzige Inlandsbezug bestand neben der Tatsache, dass die Eltern des Beklagten im Landgerichtsbezirk Kiel wohnten, darin, dass er an dem Grundstück seiner Eltern eine nichtvalutierte Grundschuld besaß. Dies sah der BGH als ausreichend zur Begründung der internationalen Zuständigkeit gem. § 23 ZPO an.[669]

Pfeiffer kritisiert die geänderte Rechtsprechung des BGH. Es lasse sich aus dem Wortlaut des § 23 S. 1 Alt. 1 ZPO keine Einschränkung auf den hinreichenden Inlandsbezug entnehmen.[670] Der BGH habe die Bestrebung, auf diese Weise eine verfassungskonforme Auslegung des Vermögensgerichtsstandes vorzunehmen. Aber bei dieser Art der Auslegung seien die Zuständigkeitsvoraussetzungen kaum noch dem Gesetz zu entnehmen, was das Ergebnis gerade nicht verfassungsnäher werden lasse.[671] *Pfeiffer* betont, dass sich die Zuständigkeitsvorschriften auch bei unzureichender gesetzlicher Lösung nicht zum „Reparaturbasteln" durch den Gesetzgeber eignen würden.[672]

In BGHZ 115, 90 nennt der Elfte Senat lediglich den Wohnsitz oder gewöhnlichen Aufenthalt als mögliches Kriterium, das den Inlandsbezug herstellen könnte, lässt diese Frage im Ergebnis aber dahinstehen, weil diese Merkmale in concreto nicht vorlägen.[673] Weitere Anhaltspunkte benennt er dagegen nicht.[674] Das *OLG Stuttgart* als Be-

[668] BGH NJW 1989, 1154.
[669] BGH NJW 1189, 1154, 1155.
[670] *Pfeiffer*, Internationale Zuständigkeit, S. 547.
[671] *Pfeiffer*, Internationale Zuständigkeit, S. 646.
[672] *Pfeiffer*, Internationale Zuständigkeit, S. 647.
[673] BGHZ 115, 90, 99 = NJW 1991, 3092, 3094.

rufungsinstanz hatte einige Fallgruppen aufgelistet: nämlich – wie auch vom BGH angesprochen – wenn ein **im Inland wohnender oder sich jedenfalls dort aufhaltender Kläger** (unabhängig von der Staatsangehörigkeit) die deutsche Gerichtsbarkeit in Anspruch nehme, oder wenn der **Sachverhalt**, der der Klage zugrunde liege, seinen **Schwerpunkt im Inland** habe, **deutsches Recht anzuwenden** sei oder ein **sonstiges Interesse des Klägers an einer inländischen Entscheidung** dargetan werde.[675]

All diese Einschränkungskränkungskriterien sind auf Kritik gestoßen.

Gegen den inländischen Wohnsitz oder dauerhaften Aufenthalt wurde eingewendet, dass § 23 S. 1 Alt. 1 ZPO auf diese Weise zu einem Ausländerforum denaturiert und zu einem deutschen Jursidiktionsprivileg werde, wobei sich doch die ZPO vom „Chauvinismus" des Art. 14 Code Civil[676] abwende.[677]

Dass der Sachverhalt seinen Schwerpunkt im Inland habe, sei schwer zu ermitteln und daher als Kriterium ungeeignet, durch das zudem das Gebot der Zuständigkeitsklarheit gefährdet werde.[678]

Gegen das sonstige berechtigte Interesse wendet *Fricke* ein, es handele sich um ein äußerst unscharfes Kriterium.[679]

Als weitere mögliche Einschränkungskriterien werden genannt: die **Rechts- und Beweisnähe** des Sachverhaltes zum Inland,[680] die **Führung von Vertragsverhandlungen,**[681] die **Leistungserbringung** oder die im Inland erfolgte **Geschäftsabwicklung.**[682]

---

674 BGHZ 115, 90, 99 = NJW 1991, 3092, 3095: „Der Senat braucht nicht abschließend zu klären, durch welche Umstände im einzelnen ein die Vermögenszuständigkeit begründender Inlandsbezug hergestellt wird."

675 OLG Stuttgart IPRax 1991, 179, 181.

676 Art. 14 Code Civil: L'étranger, même non résident en France, pourra être cité devant les tribunaux français, pour l'exécution des obligations par lui contractées en France avec un Français; il pourra être traduit devant les tribunaux de France, pour les obligations par lui contractées en pays étranger envers des Français.

677 *Geimer* JZ 1984, 981; *Schütze* DZWiR 1991, 239, 242.

678 *Pfeiffer*, Internationale Zuständigkeit, S. 644; *Schütze* DZWiR 1991, 239, 242.

679 *Fricke* IPRax 1991, 159, 162.

680 BGH NJW 1996, 2096.

681 Zöller-*Vollkommer*, § 23, RdNr. 13.

682 BGH NJW 1997 324, 325; BGH NJW 1997, 2885, 2886; OLG Frankfurt NJW-RR 1993, 306; Zöller-*Vollkommer*, § 23, RdNr. 13.

b) Einschränkungen hinsichtlich der Klageforderung

Weitere Vorschläge gehen dahin, nicht den Weg über den Inlandsbezug zu beschreiten, sondern Einschränkungen hinsichtlich der Klageforderung vorzunehmen. So wird zum einen vorgeschlagen, die internationale Zuständigkeit nach § 23 S. 1 Alt. 1 ZPO im Inland trotz Belegenheit nicht anzunehmen, wenn die eingeklagte Forderung nur **geringwertig** sei (sog. „Taschentuchzuständigkeit“).[683] Dagegen wird wiederum eingewandt, dass das betreffende Gericht dann zunächst aufwendige Nachforschungen über den Wert des **belegenen Vermögens** anstellen müsste, ohne dass auf diese Weise der Beklagtenschutz verbessert werde.[684]

Andere stellen nicht nur auf den Wert des Gegenstandes ab, sondern auf das **Verhältnis zwischen der geltend gemachten Forderung** und dem belegenen Vermögen.[685] Ausdruck hat dies auch in Art. 20 Abs. 2 Nr. 3 des deutsch-norwegischen Konkursvertrages gefunden.[686] Dagegen spreche der Selbstregulierungseffekt. Ein Kläger werde nicht in einem Staat eine Klage anstreben, wo nicht hinreichend verwertbares Vermögen zu seiner Befriedigung vorhanden sei.[687] Zudem sei es zuständigkeitspolitisch verfehlt, den Kläger vor der Einreichung von Klagen zu bewahren, die für ihn unzweckmäßig sind. *Pfeiffer* hält dem Argument der Selbstregulierung entgegen, dass oftmals auch auf den ersten Blick unzweckmäßige Klagen in der Hoffnung erhoben würden, später noch Vermögenswerte in diesem Land zu finden.[688]

c) sonstige Einschränkungsmöglichkeiten

Daneben werden andere Lösungswege vorgeschlagen.

Schumann spricht sich dafür aus, den Vermögensgerichtsstand auf einen **Arrestgerichtsstand** zu reduzieren. Die internationale Zuständigkeit sollte nur bejaht werden,

---

683 Baumbach/Lauterbach-*Hartmann*, § 23, RdNr. 2; *Schröder*, Internationale Zuständigkeit, S. 402; Zöller-*Vollkommer*, § 23, RdNr. 7.

684 *Geimer* JZ 1984, 979, 980.

685 OLG Celle IPRax 2001, 339; *Schlosser* IPRax 1992, 140, 143, wobei der belegene Gegenstand zumindest einen Wert von 25% der Klageforderung haben müsse; noch weitergehend *Kropholler* ZfVR 23 (1982), 1, 8, der die internationale Zuständigkeit in derartigen Fällen nur bejahen möchte, wenn der Wert des geltend gemachten Anspruchs denjenigen des belegenen Vermögens übersteigt.

686 BGBl. 1981 II, S. 342.

687 *Geimer*, IZPR, RdNr. 1362; *ders.* JZ 1984, 979, 980; *Schütze* DZWiR 1991, 239, 241.

688 *Pfeiffer*, Internationale Zuständigkeit, S. 640.

wenn in dem fraglichen Bezirk ein Grundstück oder ein sonstiger Vermögensgegenstand vorhanden sei, in dem wegen des Klageanspruchs ein Arrest vollzogen worden sei.[689] Dem werden insbesondere entstehungsgeschichtliche Aspekte entgegengebracht. Bei § 23 ZPO handele es sich um den Nachfolger des Arrestgerichtsstandes des § 34 Preußische Allgemeine Gerichtsordnung und stelle als solcher gerade eine bewusste Abkehr hiervon dar.[690]

Weitere Lösungsvorschläge betreffen die **Pfändbarkeit**,[691] die **Übertragbarkeit**[692] und die **Zugriffsmöglichkeit**[693] auf das belegene Vermögen. Teilweise wird vorgeschlagen eine **zeitliche Bindung** zwischen der Klageforderung und dem belegenen Vermögen für erforderlich zu halten. *Schack* will dem Beklagten nur eine **Arglisteinrede** zukommen lassen.[694] *Pfeiffer* möchte, auf den Vermögensgerichtsstand nur **subsidiär** hinter den übrigen Gerichtsständen zurückzugreifen.[695] Bisweilen – das wurde bereits oben im Rahmen des Vermögensbegriffs angesprochen – wird für den Vermögensbegriff eine **wirtschaftliche Betrachtungsweise** vorgenommen.

IV. Bedeutungsinhalt nach § 354 Abs. 1 Alt. 2 InsO

Beispiel 11: Bei der *La Croix Blanche AG* handelt es sich um eine schweizerische Fluggesellschaft mit Sitz in Basel (Schweiz), wo sich auch der Mittelpunkt der hauptsächlichen Interessen befindet. In der Schweiz wird das Hauptinsolvenzverfahren eröffnet.

Sind deutsche Gerichte zur Eröffnung eines Sekundärinsolvenzverfahrens international zuständig, wenn alternativ:

1) *La Croix Blanche AG* Inhaber von 33% der Anteile der *Happy Flight AG* (Sitz und Mittelpunkt der hauptsächlichen Interessen in Frankfurt a.M., Deutschland) ist?
2) die Gesellschaft Eigentümerin zweier Flugzeuge des Typs Saab SF-340 B ist, die sich auf dem Flughafen in Stuttgart (Deutschland) befinden. Eines der beiden Flugzeuge ist in dem schweizerischen, das andere in dem deutschen Register eingetragen?

---

[689] *Schumann* ZZP 93 (1980), 408, 440 f.; so auch *Kropholler* ZfVR 23 (1980), 1, 9.
[690] *Geimer* JZ 1984, 979, 981.
[691] *Geimer* JZ 1984, 979, 981; *Schröder*, Internationale Zuständigkeit, S. 402.
[692] RGZ 75, 414.
[693] *Schütze* DZWiR 1991, 239, 241.
[694] *Schack* ZZP 1984, 46, 61.
[695] *Pfeiffer*, Internationale Zuständigkeit, S. 644; so auch Thomas/Putzo-*Putzo*, § 23, RdNr. 3.

3) *La Croix Blanche AG* gegen die *Kranich AG* (Sitz in Frankfurt a. M.) eine Forderung aus einem Mietvertrag i.H.v. 4.000.000,- Euro hat?
4) *La Croix Blanche AG* gegen die *Pharao Airlines GmbH* (Sitz in Kairo, Ägypten; Mittelpunkt der hauptsächlichen Interessen in Bonn, Deutschland) einen Anspruch aus einem Sale-and-Lease-Back-Vertrag i. H. v. 6.000.000,- Euro hat?
5) *La Croix Blanche AG* bei der Cash Bank (Sitz und Mittelpunkt der hauptsächlichen Interessen in Dresen, Deutschland) Inhaberin eines Bankguthabens i.H.v. 7.000.000,- Euro ist.
6) *La Croix Blanche AG* Eigentümerin eines Kerosinvorrates in einer Lagerhalle des Franz-Josef-Strauß Flughafens in München (Deutschland) ist. Der Wert beträgt 10.000,- Euro?
7) Auf dem Flughafen in Berlin (Deutschland) ein Handwerker ein im Eigentum der *La Croix Blanche AG* stehenden Schraubenzieher vergessen hat?

Bei der Frage, was unter dem Vermögen i.S.d. § 354 Abs. 1 Alt. 2 InsO zu verstehen ist, ist von dem Vermögensbegriff des § 23 S. 1 Alt. 1 ZPO auszugehen. Demnach fallen unter das Vermögen alle geldwerten Gegenstände, denen ein eigenständiger Vermögenswert zukommt.

Aus der oben ausgeführten Kritik am Vermögensgerichtsstand des § 23 S. 1 Alt. 1 ZPO, könnte allerdings auch im Rahmen des § 354 Abs. 1 Alt. 2 InsO eine Einschränkung in der Form geboten sein wie sie für den § 23 S. 1 Alt. 1 ZPO vorgeschlagen wird. *Mankowski* steht auf dem Standpunkt, dass wegen der schwerwiegenden Konsequenzen im Internationalen Insolvenzrecht die Einschränkungen, die im Rahmen des § 23 S. 1 ZPO vorgenommen werden, erst recht gelten müssten. Dabei bezieht er sich jedoch auf § 22 GesO und Art. 102 Abs. 3 EGInsO.[696] Ablehnend steht *Hausmann* einer solchen Begrenzung des Vermögensgerichtsstandes durch den zusätzlichen Inlandsbezug gegenüber.[697] Dagegen schlägt er vor, insolvenzfest beschlagnahmtes Vermögen auszuschließen. *Liersch* stimmt dem nicht zu und behauptet, es sei gleichgültig, ob das Vermögen mit Rechten Dritter belastet sei.[698]

---

[696] *Mankowksi* ZIP 1995, 1650, 1659.
[697] Reithmann/Martiny-*Hausmann*, Internationales Vertragsrecht, RdNr. 2554.
[698] Braun-*Liersch*, § 354, RdNr. 7; a.A. OLG Karlsruhe NZI 2002, 387 m. Anm. *Mankowski*.

1) einschränkende Auslegung

Hinter der einschränkenden Auslegung steht der Gedanke, dass der Wortlaut oftmals verschiedenen Interpretationsmöglichkeiten zugänglich ist. Dabei gibt es regelmäßig eine weite und eine enge Auslegungsvariante. Die weite ist diejenige, die einen größeren Anwendungsbereich hat. Namentlich ist dies der Fall, wenn auch Randbereiche des Begriffs umfasst werden. Dies sind solche Bedeutungsvarianten, die von dem allgemeinen Sprachgebrauch manchmal eingeschlossen werden. Eng ist demgegenüber die Auslegungsmöglichkeit, die im Vergleich zu den anderen denkbaren einen engeren Anwendungsbereich hat.[699]

Das Gebot zu einer engen Auslegung kann sich nach *Engisch* aus dem Willen des Gesetzgebers ableiten.[700] *Larenz* weist demgegenüber darauf hin, dass auch bei der einschränkenden Auslegung die übrigen Auslegungsmethoden zu berücksichtigen seien und letztlich die rechtlich maßgebliche Bedeutung entscheidend sei.[701]

a) Vereinbarkeit mit dem Wortlaut

Die einschränkende Auslegung hält sich als besondere Auslegungsform im Rahmen des möglichen Wortsinns.[702] Hierdurch grenzt sie sich von der teleologischen Reduktion ab. Das heißt, die getroffene Auslegungsvariante muss mit dem Wortlaut der Norm („Vermögen") in Einklang zu bringen sein.

Welche der bei § 23 S. 1 Alt. 1 ZPO vorgeschlagenen Einschränkungen sind nach diesen methodischen Vorgaben im Falle des Vermögensgerichtsstandes des § 354 Abs. 1 Alt. 2 InsO möglich?

aa) wirtschaftliche Aspekte

Zunächst ist an eine Begrenzung im Wege einer wirtschaftlichen Betrachtungsweise zu denken. Wirtschaftlich ist eine Betrachtungsweise, die Verbindlichkeiten berücksichtigt, in dem sie diese von den Aktiva subtrahiert. Es verbleibt dann das sog. „Reinver-

---

[699] *Larenz*, Methodenlehre, S. 354.
[700] *Engisch*, Einführung in das juristische Denken, Kapitel V, 1 3c).
[701] *Larenz*, Methodenlehre, S. 354.
[702] *Larenz*, Methodenlehre, S. 354.

mögen".[703] Das Wort „Vermögen" wird durch den Suffix „Rein-" eingeschränkt. Daraus ergibt sich, dass dieses Verständnis des Vermögensbegriffs wohl noch mit dem allgemeinen Sprachgebrauch vereinbar ist.

Eine andere Form der wirtschaftlichen Betrachtungsweise ist die, die einen „erheblichen" Wert fordert. Äußerst geringwertige Gegenständen oder Forderungen bleiben unberücksichtigt. Auch diese Beschränkung lässt sich mit dem Wortlaut vereinbaren. Das zeigt schon das Adjektiv „vermögend", das mit wohlhabend gleichzusetzen ist. Für diese Form der Einschränkung spricht sich auch *Spahlinger* aus. Er fordert ein sog. „qualifiziertes Vermögen". Der realisierbare Wert dürfe nicht so gering sein, dass noch nicht einmal die Verfahrenskosten gedeckt seien.[704]

Wird bei der Beschränkung aber an ein Kriterium angeknüpft, das mit dem Gegenstand nichts zu tun hat, sondern sich auf ganz andere Gesichtspunkte bezieht, ist die Grenze zur Rechtsfortbildung überschritten, denn dann wird der äußerste Randbereich der Auslegungsvarianten verlassen. So liegt der Fall wenn man zur Einschränkung fordert, dass die Forderung und das vorhandene Vermögen nicht zueinander außer **Verhältnis** stehen, weil die Forderung des Insolvenzgläubigers zu gering und das Vermögen zu hochwertig ist.

bb) Inlandsbezug

Der *Bundesgerichtshof* sagt bei seiner Einschränkung des § 23 S. 1 Alt. 1 ZPO, dass der Inlandsbezug „über die Vermögensbelegenheit hinausgehen" muss.[705] Dem XI. Senat zufolge handele es sich bei dieser Form der Einschränkung zwar um eine Auslegung.[706] Tatsächlich soll aber nur der Eindruck größerer „Gesetzestreue" erweckt werden.[707] In Wirklichkeit ist die Forderung nach einem zusätzlichen Inlandsbezug eine teleologischen Reduktion. Durch die Formulierung „über die Vermögensbelegenheit

---

[703] *Brockhaus*, http://lexika.tanto.de/artikel.php?TANTO_SID=9521033e4ae50670daf89e2e910d292a&TANTO_KID=digibib&TANTO_AGR=45588&shortname=b24&artikel_id=23023903#23023906.

[704] *Spahliner*, Sekundäre Insolvenzverfahren bei grenzüberschreitenden Insolvenzen, S. 324.

[705] BGHZ 115, 90, 94 = NJW 1991, 3092, 3093.

[706] BGHZ 115, 90, 95, „Eine solche *Auslegung*, für die § 23 ZPO entgegen der Ansicht der Revision Raum lässt [...], ist zum anderen auch im Hinblick auf die völkerrechtliche Praxis geboten." [Hervorhebung hinzugefügt].

[707] *Larenz*, Methodenlehre, S. 391.

hinausgehen" bringt der BGH klar zum Ausdruck, dass der Wortlaut überschritten wird. Damit widerspricht er sich selbst.

cc) Übertragbarkeit

Auch die Übertragbarkeit des Vermögens ist ein Aspekt, der mit dem Vermögen selbst nichts zu tun hat. Eine Einschränkung auf diese Weise stellt auch eine Rechtsfortbildung dar.

dd) Pfändbarkeit

Fraglich ist, ob es der allgemeine Sprachgebrauch zulässt, nur pfändbare Gegenstände als Vermögen einzuordnen. Hilfreich ist ein Blick auf die unpfändbaren Werte im Allgemeinen. Das ergibt sich aus § 811 ZPO. Hintergrund der Unpfändbarkeit ist der Schutz der Grundrechte des Schuldners. Wegen des Sozialstaatsprinzips (Artt. 20, 28 GG) ist der Staat verpflichtet, dem Einzelnen zumindest aus materiellen Gesichtspunkten ein menschenwürdiges Leben zu gewährleisten.[708] Insofern bezieht sich die Unpfändbarkeit etwa auf Gegenstände des Haushalts und des persönlichen Gebrauchs, wie etwa Kleidungsstücke, Wäsche und Küchengräte (§ 811 Abs. 1 Nr. 1 ZPO), Haushaltsgeld (§ 811 Abs. 1 Nr. 2 ZPO), Bücher (§ 811 Abs. 1 Nr. 10 ZPO) und auch höchstpersönliche Gegenstände wie z.B. Eheringe (§ 811 Abs. 1 Nr. 11 ZPO). Wenngleich § 811 ZPO nicht dem Eigentums- und Vermögensschutz zu dienen bestimmt ist,[709] stellen diese Gegenstände aus der Sicht des „Normalbürgers" seinen „elementarsten" Teil des Vermögens dar. Gerade diese Gegenstände aus dem Vermögensbegriff auszuschließen, verträgt sich nicht mit dem allgemeinen Sprachgebrauch.

ee) von Arresturteil oder -beschluss betroffenes Vermögen

Schließlich könnten die Gegenstände aus dem Vermögen ausscheiden, über die ein Arresturteil bzw. ein Arrestbeschluss ergangen ist. Im Arrestverfahren geht es aber nur um die Sicherung gefährdeter Rechte und nicht um eine endgültige Vermögenszuordnung. Der Gegenstand bzw. die Forderung ist vielmehr auch weiterhin der Aktivseite

---

[708] Musielak-*Becker*, § 811, RdNr. 1.
[709] Musielak-*Becker*, § 811, RdNr. 5.

der schuldnerischen Bilanz zuzuordnen, so dass es sich in jedem Fall auch nach erfolgtem Arrest noch um (sein) Vermögen handelt.

ff) Gesellschaftsanteile

Unter das Vermögen fallen alle geldwerten Gegenstände, denen ein eigenständiger Vermögenswert zukommt. Dazu zählen auch die Gesellschaftsanteile. Denn ein Gesellschaftsanteil ist die Beteiligung an einem Vermögen, verbunden mit der Willensbetätigung der Gesellschaft als ein einheitliches Phänomen.[710] Gerade dieser Anteil an dem Gesellschaftsvermögen ist ein vermögenswerter Gegenstand. Dies nicht so zu verstehen, würde auf eine Überschreitung des noch möglichen Wortlautes bedeuten, zumal hiermit erhebliche Vermögenswerte in Verbindung gebracht werden.[711]

gg) Zwischenergebnis

Von den hier untersuchten Möglichkeiten kommt für die einschränkende Auslegung nur in Betracht, geringwertige Gegenstände auszuscheiden. Alle übrigen Aspekte könnten allenfalls im Wege einer Rechtsfortbildung zum Zuge kommen.

b) Bedürfnis einer einschränkenden Auslegung

aa) Argumente gegen eine einschränkende Auslegung des Vermögensbegriffs i.S.d. § 354 InsO

Fraglich ist demnach, ob es einer Einschränkung durch eine wirtschaftliche Sichtweise bedarf. Das ist der Fall, wenn Sinn und Zweck des § 354 Abs. 1 InsO dies gebieten.

---

[710] So die herrschende Meinung: BGHZ 97, 392, 394; *Gottwald*, Insolvenzrechts-Handbuch, § 128, RdNr. 84; *Ulmer*, in: MünchKomm-BGB, § 725, RdNr. 10, § 719, RdNr. 4; ebenfalls in diese Richtung weisend *U.Huber*, Vermögensanteil, Kapitalanteil und Gesellschaftsanteil, S. 3 ff., wonach zu dem Gesellschaftsanteil erstens die Tatsache gehöre, dass der Inhaber Partei des Gesellschaftsvertrages, zweitens Träger von Mitwirkungsrechten in der Gemeinschaft und drittens Mitinhaber des Gesellschaftsvermögens sei, wobei diese Aspekte untrennbar miteinander verbunden seien; a.A. *K.Schmidt*, GesellschaftsR, S. 1381 f., der eine strikte Trennung zwischen Gesellschaftsanteil, Vermögensanteil und Kapitalanteil vornehmen will. Dabei sei der Gesellschaftsanteil selbst nur auf die Mitgliedschaft beschränkt.

[711] Für eine Einordnung der Gesellschaftsanteile als Vermögensgegenstand im Rahmen des § 23 ZPO bereits: OLG Frankfurt MDR 1958, 108; Stein/Jonas-*Roth*, § 23, RdNr. 39.

Hierfür ist ein Blick in die Materialien zu werfen. Der Gesetzgeber sieht vor, dass durch die Einführung eines Vermögensgerichtsstandes **Zuständigkeitslücken geschlossen** werden sollten. Solche würden aber nur beklagt, wenn der Schuldner in einem Staat *erhebliche Vermögenswerte* besitze, gleichwohl dort keine Niederlassung unterhalte.[712] Nach dem Willen des Gesetzgebers besteht also ein Bedürfnis zur Begrenzung im Sinne der Erheblichkeit.

Möglicherweise wird dieses Bedürfnis aber durch § 26 InsO befriedigt. Gem. § 26 Abs. 1 S. 1 InsO erfolgt eine Abweisung des Antrags auf Insolvenzverfahrenseröffnung, wenn das Vermögen des Schuldners voraussichtlich nicht ausreichen wird, um die Kosten des Verfahrens zu decken. Dadurch werden dann geringe Vermögenswerte ausgeschieden. Klärungsbedürftig ist also das Verhältnis zwischen § 354 Abs. 1 Alt. 2, Abs. 2 InsO und § 26 Abs. 1 S. 1 InsO.

Beide Normen verwenden den Begriff des „Vermögens" und beide begrenzen die Möglichkeit der Verfahrenseröffnung. Aber ihre **Herkunft** ist ebenso unterschiedlich wie ihr **Regelungszweck**. Man könnte also sagen, dass zunächst zwar jeder noch so geringwertige Gegenstand für die internationale Zuständigkeit genügt. Dann ist aber gegebenenfalls in einem zweiten Schritt eine Verfahrenseröffnung wegen Geringwertigkeit gem. § 26 InsO abzulehnen. Das hätte den Vorteil, dass die fehlende Masse nicht von vornherein die Durchführung eines Verfahrens hindert. Denn gem. § 26 Abs. 1 S. 2 InsO wäre die Eröffnung dennoch bei Leistung eines ausreichenden Geldbetrages als Vorschuss möglich.

Würde man Vermögen i.S.d. § 354 Abs. 1 Alt. 2 InsO erst bei einer Erheblichkeit annehmen, ergäbe sich eine Unterschiedlichkeit in der Auslegung der Vermögensbegriffe des § 26 InsO und der des § 354 InsO. Das ist wegen der **Einheitlichkeit der Begriffsbedeutung** insbesondere in demselben Gesetz nicht wünschenswert. Andererseits ist aber auch darauf hinzuweisen, dass auch das Vermögen i.S.d. § 26 Abs. 1 InsO nicht ganz ohne wirtschaftliche Betrachtung auskommt. So werden beispielsweise

---

[712] BT-Drs. 15/16, S. 25; BR-Drs. 715/02, S. 30.

Werte des Vermögens, die mit Absonderungsrechten belastet sind, nur mit ihrem Überschussbetrag berücksichtigt.[713]

Will man von einer einschränkenden Auslegung des Vermögensbegriffs absehen, besteht zudem die Möglichkeit **das „besondere Interesse"** des § 354 InsO antragstellenden Gläubigers an der Eröffnung eines Sekundärverfahrens (§ 354 Abs. 2 InsO) abzulehnen, wenn seine Forderung nur geringwertig ist.

bb) Argumente für eine einschränkende Auslegung

Zunächst sind die Äußerungen des Gesetzgebers, es bei einer reinen Beschränkung durch § 26 InsO zu belassen, sehr zögerlich: „Eine Grenze für die Eröffnung der Verfahren würde sich dann *nur noch* aus § 26 InsO ergeben, da *zumindest* eine die Verfahrenskosten deckende Masse vorhanden sein muss. Gegen einen solchen Ansatz wird insbesondere eingewandt, er würde zu einer Zerfaserung des Insolvenzverfahrens führen, die für den Verwalter des Hauptverfahrens kaum noch angemessen zu bewältigen wäre."[714] Der Gesetzgeber fährt sodann fort: „Wird hingegen in Übereinstimmung mit Artikel 3 Absatz 2 der Verordnung (EG) 1346/2000 für die Eröffnung eines Partikularverfahrens stets eine Niederlassung gefordert, so werden *Zuständigkeitslücken* in den Fällen beklagt, wo der Schuldner zwar in einem Staat *erhebliche Vermögenswerte* besitzt, gleichwohl dort keine Niederlassung unterhält."[715]

Die beiden Normen haben eine **unterschiedliche Stoßrichtung**.

§ 354 Abs. 1 InsO ist Bestandteil der internationalen Zuständigkeit. Sie muss als solche das Verhältnis zwischen der Universalitäts- und der Territorialitätsprinzip der Verfahren austarieren. Der Gesetzgeber hat sich im Grundsatz für die Universalität entschieden, will aber Durchbrechungen durch Territorialverfahren zulassen.[716] Schon das Wort „Durchbrechungen" deutet darauf hin, dass es sich hier um eng begrenzte Aus-

---

[713] *Haarmeyer*, in: MünchKomm-InsO, § 26, RdNr. 21 m.w.Nachw.

[714] BT-Drs. 15/16, S. 25; BR-Drs. 715/02, S. 30; Hervorhebung im Text hinzugefügt; abzulehnen ist die Ansicht, die angesichts der gesetzgeberischen Äußerung ganz auf die Kostendeckung verzichten möchte, so aber *Martini* ZInsO 2002, 905, 912 in Bezug auf die EuInsVO.

[715] BT-Drs. 15/16, S. 25; BR-Drs. 715/02, S. 30; Hervorhebung im Text hinzugefügt.

[716] BT-Drs. 15/16, S. 11.

nahmefälle handeln soll. Das spricht für eine **enge Auslegung des Vermögensbegriffs.**

§ 26 InsO ist eine Ausnahmeregelung für den Fall der Massearmut, in dem die Eröffnung eines Verfahrens nicht gestattet sein soll. Damit soll verhindert werden, dass den staatlichen Einrichtungen und den Gläubigern, die sich an solchen Verfahren beteiligen, weitere Kosten entstehen, die sie mangels Masse nicht ausgleichen können.[717] Dabei sieht es der Gesetzgeber aber als wünschenswert an, die Fälle der Abweisung mangels Masse zu begrenzen. Denn die masselose Insolvenz bringt erhebliche Probleme mit sich. Sie macht eine außergerichtliche Abwicklung erforderlich und die dem Insolvenzverfahren zugedachte Ordnungsfunktion kann nicht erfüllt werden. Der Rechtsverkehr wird weiter gefährdet.[718] Da die Zahl der Abweisung mangels Masse – *K. Schmidt* nennt sie das „Sorgenkind" und „Stiefkind" des Insolvenzrechts –[719] von 1950 bis 1994 von 27,03% auf 74,6% zugenommen hat, hat der Gesetzgeber den Begriff der „zu deckenden Verfahrenskosten" auf den in § 54 InsO normierten Inhalt verengt.[720] Damit würde sich eine enge Auslegung des Begriffs des vorhandenen Vermögens nicht vereinbaren lassen. Denn dieser würde ja selbst wieder die Fälle der Abweisung mangels Masse mehren. Geboten ist also eine weite Auslegung des Vermögensbegriffs i.S.d § 26 InsO.

Diese unterschiedliche Zielrichtung kann durchaus eine verschiedene Bedeutung der Vermögensbegriffe gebieten.

Dafür streitet außerdem neben der **Systematik** – § 26 InsO steht im Ersten Teil, § 354 InsO im Elften – v. a. auch die gänzlich **andere Entstehungsgeschichte** der beiden Vorschriften. § 26 InsO ist aus § 99 KO und später § 107 KO hervorgegangen. § 354 InsO ist eine Nachfolgenorm der §§ 207, 208 KO, später §§ 237, 238 KO. Ihre Geschichte wurde erheblich von der europäischen Rechtssetzung, namentlich der Insolvenzverordnung und dem Insolvenzübereinkommen beeinträchtigt.

---

[717] *Hahn,* Bd. IV Motive zu § 99 KO, RdNrn. 331, 332.
[718] *Haarmeyer,* in: MünchKomm-InsO, § 26, RdNr. 2.
[719] *K.Schmidt* ZIP 1982, 9 ff.
[720] vgl. hierzu *Haarmeyer,* in: MüchKomm-InsO, § 26, RdNr. 1.

Eine unterschiedliche Auslegung der Vermögensbegriffe des § 26 InsO und des § 354 InsO erscheint, wenngleich im Hinblick auf die Einheit der Rechtsordnung vielleicht unglücklich, aber u.U. doch geboten.

Als Zwischenergebnis ist festzuhalten: § 26 InsO befriedigt das Bedürfnis zur international-insolvenzrechtlichen Begrenzung der Verfahrenseröffnung mittels einer wirtschaftlichen Betrachtungsweise nicht. Der Vermögensbegriff des § 354 Abs. 1 InsO ist dahingehend einschränkend auszulegen, dass dann kein Vermögen vorhanden ist, wenn die bereinigte Vermögensbilanz einen negativen Wert aufweist (Bona non sunt nisi deducto aere alieno)[721] oder das Vermögen geringwertig ist.[722] Diese Beurteilung erfolgt vorgelagert und unabhängig von der Frage, ob das Verfahren mangels Masse gem. § 26 InsO nicht zu eröffnen ist.

2) teleologische Reduktion

Über die einschränkende Auslegung hinaus, ist daran zu denken, den Vermögensgerichtsstand teleologisch zu reduzieren. Dabei handelt es sich um eine Form der Rechtsfortbildung.[723]

Zu diskutieren sind die dargestellten Einschränkungsvarianten, die sich nicht mit dem Wortlaut des „Vermögens" vereinbaren lassen. Das sind zum einen diejenigen, die sich gar nicht auf das belegene Vermögen beziehen. Als Beispiel hierfür ist der „über die Vermögensbelegenheit hinausgehende Inlandsbezug"[724] und die Geringwertigkeit der von dem antragstellenden Gläubiger geltend gemachten Forderung zu nennen. Daneben kommen aber auch diejenigen Einschränkungen in Betracht, die sich zwar auf das Vermögen beziehen, aber nicht mit dem Wortlaut der Vermögensbelegenheit zu vereinbaren sind.

Insoweit wäre denkbar, durch eine teleologische Reduktion Einschränkungen vorzunehmen, wie etwa die Einführung einer Konkurswürdigkeitsklausel, wie in Art. 26 Abs. 2 S. 1 des Vorentwurfs von Vorschriften zur Neuordnung des Internationalen

---

[721] Dig. 50, 16, 31 § 1 (Paulus).

[722] A.A. HK-*Stephan*, § 354, RdNr. 13: „Ein Mindestwert ist nicht vorgesehen [...]."

[723] *Canaris*, Lücken, § 80.

[724] *Leipold*, in: Stoll, Stellungnahmen und Gutachten, S. 72, 82; ablehnend wohl HK-*Stephan*, § 354, RdNr. 13.

Insolvenzrechts vom 1.3.1989 vorgesehen.[725] Danach muss bei einer reinen Vermögensbelegenheit glaubhaft gemacht werden, dass der Wert des inländischen Vermögens **nicht außer Verhältnis zu den Kosten des Verfahrens steht**. Weiterhin sind Einschränkungen hinsichtlich der **Pfändbarkeit, Übertragbarkeit** oder **Zugriffsmöglichkeit** denkbar. Man kann auch die Gesellschaftsanteile aus dem Anwendungsbereich der Norm herausnehmen. *Spahlinger* schlägt eine teleologische Reduktion für die Fälle vor, in denen sich das Vermögen **nur kurze Zeit in einem Staat** befindet.[726] Dass diese Kriterien den Rahmen des noch denkbaren Wortlautes überschreiten und damit keine einschränkende Auslegung mehr darstellen können, wurde oben bereits festgestellt.

a) methodische Vorgaben

Sodann bedarf es einer **verdeckten Lücke**. Sie besteht darin, dass gemessen an der ratio legis eine Ausnahmeregel fehlt,[727] weil der Gesetzgeber das Erfordernis einer solchen übersehen hat.[728] Die ratio legis gebietet die Existenz einer entsprechenden Regelung, wenn durch Sinn und Zweck der einschränkenden Norm oder durch den Zweck einer anderen Norm, insbesondere, wenn Ungleiches gleich behandelt wurde, ein solches Erfordernis zu Tage tritt.[729] Dafür bedarf es eines Nachweises, dass eine exakt umschreibbare Fallgruppe von den Grundwertungen oder Zwecken des Gesetzes entgegen seinem Wortlaut gar nicht betroffen wird und dass sie sich von den eigentlich gemeinten Fallgruppen so weit unterscheidet, dass die Gleichbehandlung sachlich ungerechtfertigt wäre.[730]

b) Fehlen einer Ausnahmeregelung

Der Sinn eines Sekundärinsolvenzverfahrens im Allgemeinen lässt sich aus Erwägungsgrund Nr. 19 zur EU-Insolvenzverordnung entnehmen und auf das autonome

---

[725] Abgedruckt in Stoll, Stellungnahmen und Gutachten, S. 2 ff.
[726] *Spahlinger*, Sekundäre Insolvenzverfahren bei grenzüberschreitenden Insolvenzen, S. 325.
[727] *Bydlinski*, Methodenlehre, S. 480.
[728] *Rüthers*, Rechtstheorie, RdNr. 903.
[729] *Larenz*, Methodenlehre, S. 392.
[730] *Bydlinski*, Methodenlehre, S. 480.

Recht übertragen. Danach geht es zum einen um den **Schutz inländischer Interessen** und andererseits darum, die **Insolvenzabwicklung zu vereinfachen**. Durch die Vermögenszuständigkeit zur Eröffnung eines Sekundärinsolvenzverfahrens will der Gesetzgeber Zuständigkeitslücken vermeiden. Das gilt in den Fällen, wo der Schuldner zwar in einem Staat erhebliche Vermögenswerte besitze, gleichwohl dort aber keine Niederlassung unterhalte.[731]

Gerade mit Blick darauf, dass der Gesetzgeber **Zuständigkeitslücken** offenbar nur in einigen Fällen befürchtet, ist an eine teleologische Reduktion zu denken. Dafür spricht auch die Gefahr einer **Zerfaserung** des Insolvenzverfahrens.[732] Weiterhin bietet es zu Lasten der Universalität des Insolvenzverfahrens die Möglichkeit einer **nationalen Abschottung** und einer entsprechenden **planmäßigen Abkehr vom ausländischen Recht**.[733] Zudem wird ins Feld geführt, dass es dem **Insolvenzschuldner** nicht zumutbar sei, sich überall dort an einem Insolvenzverfahren **beteiligen** zu müssen, wo Teile seines Vermögens belegen seien, ohne dass er dort zugleich einen Wohnsitz, Sitz oder gewöhnlichen Aufenthalt habe.[734]

Im Ergebnis besteht eine solche Lücke aber nicht.

Die Vermögenszuständigkeit steht zum Niederlassungsgerichtsstand in einem **Subsidiaritätsverhältnis**.[735] Darüber hinaus fordert aber § 354 Abs. 2 S. 1 InsO ein **besonderes Interesse** an der Eröffnung des Verfahrens, welches gemäß S. 2 glaubhaft zu machen ist. Durch dieses Korrektiv werden die Fälle eingeschränkt, in denen auf Grund reiner Vermögensbelegenheit an sich ein Sekundärinsolvenzverfahren eröffnet werden könnte. Das „besondere Interesse" stellt somit als eigenes Erfordernis sogar mehr dar als eine bloße Ausnahmeklausel. Dabei handelt es sich um einen definitionsbedürftigen Begriff, der die o.g. Fälle einer möglichen teleologischen Reduktion umfassen kann. Somit kann nicht vom Fehlen einer Ausnahmeregelung gesprochen werden. Damit fehlt die Grundvoraussetzung für die Rechtsfortbildung. Das gilt auch für

---

[731] BT-Drs. 15/16, S. 55; BR-Drs. 718/02, S. 30.

[732] BT-Drs. 15/16, S. 25.

[733] *Lüer*, in: Stoll, Stellungnahmen und Gutachten, S. 96, 130.

[734] *Leipold*, in: Stoll, Stellungnahmen und Gutachten, S. 72, 82

[735] *„Hat der Schuldner im Inland keine Niederlassung*, so ist der Antrag [...] nur zulässig, wenn [...]" [Hervorhebung hinzugefügt].

Spahligers Ansatz, was die teleologische Reduktion bei den res-in-transitu Fällen betrifft. Er ist daher methodisch unsauber.
Der Begriff des „Vermögens“ ist daher nicht teleologisch zu reduzieren.

§ 12 Das „besondere Interesse“ i.S.d. § 354 Abs. 2 InsO

I. besonderes Interesse als Antragsbefugnis

Bei dem Vermögensgerichtsstand (§ 354 Abs. 1 Alt. 2 InsO) muss der antragsstellende Gläubiger ein „besonderes Interesse“ an der Verfahrenseröffnung haben (§ 354 Abs. 2 S. 1 InsO). § 354 Abs. 2 S. 1 Hs. 2 InsO nennt ein Beispiel für das Vorliegen eines solchen.
Zunächst gilt es herauszuarbeiten, wie das Erfordernis des „besonderen Interesses“ überhaupt einzuordnen ist. Einerseits könnte es sich um eine Zuständigkeitsvoraussetzung handeln, andererseits aber auch um ein Kriterium der Antragsbefugnis. Das richtige Ergebnis wird durch Auslegung ermittelt.

1) Wortlaut

Gem. § 354 Abs. 2 S. 1 InsO „ist der *Antrag* eines Gläubigers auf Eröffnung eines Partikularverfahrens nur *zulässig*, wenn dieser ein besonderes Interesse an der Eröffnung des Verfahrens hat“[736]. Das besondere Interesse wirkt sich nach dem eindeutigen Wortlaut also auf die Zulässigkeit des Antrags aus. Demnach muss es sich auch um eine Antragsbefugnis handeln.
Unterstützt wird dies noch dadurch, dass hier derselbe Wortlaut verwandt wird wie in § 14 Abs. 1 InsO: „Der Antrag eines Gläubigers ist zulässig wenn [...]“. Dabei handelt es sich – so bereits die amtliche Überschrift – unstreitig um die Antragsbefugnis.

[736] Hervorhebung hinzugefügt.

2) Systematik

§ 354 InsO ist eine Vorschrift aus dem Elften der Teil der Insolvenzordnung. § 354 Abs. 2 InsO könnte als besondere Norm zur Antragsbefugnis die allgemeine des § 14 InsO verdrängen (äußere Systematik).

Die innere Systematik der Vorschrift spricht allerdings eher für die Zuordnung des besonderen Interesses zur Zuständigkeit, denn § 354 Abs. 2 InsO ist umrahmt von zwei Zuständigkeitsvorschriften, nämlich Absatz 1 der internationalen und der örtlichen Zuständigkeit nach Absatz 3 i.V.m. § 3 Abs. 2 InsO. Auch steht Absatz 2 in einem unmittelbaren räumlichen und inhaltlichen Zusammenhang mit Abs. 1. § 354 Abs. 1 und Abs. 2 S. 1 InsO lassen sich einwandfrei und auch bestimmungsgemäß direkt hintereinander lesen.

Die amtliche Überschrift des § 354 InsO („Voraussetzungen des Partikularverfahrens") deutet demgegenüber wieder darauf hin, dass das Fehlen des besonderen Interesses die Antragsbefugnis entfallen lässt. Denn andernfalls hätte der Gesetzgeber wohl die Überschrift („Zuständigkeit") wählen müssen. Zwingend ist diese Deutungsweise aber nicht. Im RegE-InsO aus dem Jahr 1992, befand sich die mit § 354 Abs. 2 InsO vergleichbare Regelung nicht in dem § 393 RegE, sondern ausgelagert in § 396 Abs. 2 RegE. Dennoch war § 393 RegE überschrieben mit „Voraussetzungen des Sonderinsolvenzverfahrens".[737]

3) Entstehungsgeschichte

Wie schon angesprochen enthielt bereits § 396 Abs. 2 RegE das Eröffnungserfordernis des „besonderen Interesses". Allerdings besteht im Vergleich zu § 354 InsO ein gravierender Unterschied. Der „Regierungsentwurf 1991" forderte es sowohl für den Niederlassungs- als auch für den Vermögensgerichtsstand. Nach der heutigen Gesetzeslage wird durch das besondere Interesse nur die Eröffnung von Verfahren aufgrund des Vermögensgerichtsstands eingeschränkt. Dadurch wird eine enge Verbindung zwischen dem Gerichtsstand und dem besonderen Interesse geschaffen. Der Blick in die Materialien zur Neuregelung der IIR erhellt, dass die jetzige Rechtslage aus dem Be-

[737] Vgl. BT-Drs. 12/2443, S. 70.

dürfnis zu einem Kompromiss heraus geboren wurde. Der Niederlassungsgerichtsstand ist der Regelfall, die Verfahrenseröffnung wegen einer Vermögensbelegenheit die Ausnahme. Schon aus dem Wortlaut des § 354 Abs. 1 InsO ergibt sich ein Subsidiaritätsverhältnis.

Der Vermögensgerichtsstand dient zur Vermeidung von Zuständigkeitslücken, birgt andererseits die Gefahr der Zerfaserung und ist deshalb einzuschränken. Diese Funktion hat der Gesetzgeber dem „besonderen Interesse" zugedacht.[738]

Auch dies zeigt, dass es in unmittelbarem Zusammenhang mit dem Vermögensgerichtsstand steht.

4) Teleologie

Bei der teleologischen Auslegung geht es darum, fernab der Gedanken und Ziele des Gesetzgebers zu beurteilen, welche Auslegung der Norm sachgemäß ist. In die Überlegungen sind die Strukturen des geregelten Sachbereichs, die tatsächlichen Gegebenheiten und die rechtsethischen Prinzipien, die hinter einer Regelung stehen, einzubeziehen.[739]

Solange das Internationale Insolvenzrecht existiert, gibt es die Diskrepanz zwischen der Universalität und der Territorialität, der Einheit und der Vielfalt von Insolvenzverfahren. Das autonome Internationale Insolvenzrecht hat einen Kompromiss zwischen diesen Prinzipien gewählt. Für die Eröffnung von Partikularinsolvenzverfahren hat es in § 354 InsO in erster Linie einen Niederlassungs- und subsidiär einen Vermögensgerichtsstand aufgestellt. Gerade dieses Subsidiaritätsverhältnis zeigt, dass der Schwerpunkt auf der Universalität und Einheit gelegen habe. Dennoch würde dies im Ergebnis dazu führen, dass sich die Territorialität und Verfahrensvielfalt durchsetzen würde. Das Universalitätsprinzip würde – wenngleich in der Regel als richtig empfunden – auf den Kopf gestellt.

---

738 BT-Drs. 15/16, S. 25.

739 *Larenz*, Methodenlehre, S. 333; zur Kritik an der teleologischen Auslegung vgl. *Herzberg* NJW 1999, 2525, 2530.

Daher wird der weite Vermögensgerichtsstand durch das Erfordernis des besonderen Interesses eingeschränkt.[740]

Auch dies zeigt, dass die Funktion des besonderen Interesses darin besteht, den Vermögensgerichtsstand einzuschränken und die Herrschaft des Territorialitätsprinzips zu verhindern,[741] so doch mindestens einzudämmen.

5) Zwischenergebnis

Das besondere Interesse des § 354 Abs. 2 S. 1 InsO ist wegen des eindeutigen Wortlautes ein Gesichtspunkt der Antragsbefugnis.[742] Anders als bei § 14 InsO geht es aber nicht darum missbräuchliche Antragsstellungen nicht durchdringen zu lassen, sondern das Ziel ist die Begrenzung eines exorbitanten Gerichtsstandes. In der Tat wird die Verfahrenseröffnung im Inland daher nicht mehr durch den Gerichtsstand und die internationale Zuständigkeit reguliert, sondern durch die Antragsbefugnis. Das besondere Interesse des § 354 Abs. 2 S. 1 InsO leistet das, was die untaugliche Vermögensgerichtsstand nicht zu leisten vermag. So übernimmt es also die Funktion der Abgrenzung der internationalen Zuständigkeit.[743]

---

[740] So bereits BT-Drs. 12/2443, S. 246 zu § 386: „Auf diese Weise wird weitgehend vermieden, daß auch in Fällen, in denen die Abwicklung des gesamten in- und ausländischen Vermögens des Schuldners in einem einheitlich-ausländischen Insolvenzverfahren die wirtschaftlichste und zweckmäßigste Lösung ist, ein inländisches Sonderinsolvenzverfahren eröffnet werden muß."; *Reinhart*, Sanierungsverfahren, S. 85.

[741] *Reinhart*, in: MünchKomm-InsO, vor Art. 102 EGInsO, RdNr. 215 sieht das „besondere Interesse" generell als Kriterium zur Steuerung der Partikularinsolvenzverfahrenseröffnung an. Dafür spreche, dass das Partikularverfahren die Interessen einzelner Gläubiger schützen solle. Dem kann mit Blick auf Intention und Folge dieser Verfahrensart nicht gefolgt werden. Erstens sollen die Interessen des internationalen Rechtsverkehrs allgemein geschützt werden. Zweitens entspricht die Antrags- nicht der Teilnahmebefugnis, so dass sich am Verfahren auch Gläubiger ohne ein eigenes „besonderes Interesse" beteiligen können und dadurch geschützt werden.

[742] So wohl auch Reithmann/Martiny-*Hausmann*, Internationales Vertragsrecht, RdNr. 2554, der in diesem Zusammenhang von einer Verschärfung der Antragsbefugnis spricht.

[743] *Reinhart*, in: MünchKomm-InsO, vor Art. 102 EGInsO, RdNr. 209 geht noch einen Schritt weiter. Die internationale Zuständigkeit sei generell als Korrektiv zur Zulassung von Partikularverfahren untauglich. Als Argument dafür nennt er, dass die Belegenheit bestimmter Vermögensgegenstände nicht ausschlaggebend sein könnten. Dem ist nicht zuzustimmen. Denn das der Gesetzgeber mit der Vermögensbelegenheit ein untaugliches Kriterium zur Eröffnungsregulierung nennt, stellt nicht die Funktion der internationalen Zuständigkeit an sich in Frage.

II. Bedeutungsinhalt

Das „besondere Interesse“ ist ein unbestimmter Begriff. Gerade im Zusammenhang mit der Eröffnung von Verfahren ist die Verwendung unbestimmter Rechtsbegriffe stets mit einer Rechtsunsicherheit verbunden. Um diese zu mindern, muss der Begriff durch eine praxistaugliche Definition und die Bildung von Fallgruppen konkretisiert werden.

Definieren heißt, die Bedeutung eines Ausdrucks festzulegen.[744] Es gibt Nominal- und Realdefinitionen. Sie unterscheiden sich im Wesentlichen durch ihren Zweck voneinander. Strebt die Nominaldefinition eine sprachliche Festsetzung an, geht es bei der Realdefinition darum, etwas Bedeutsames über das Definierte auszusagen.[745] Die Unschärfen, die der Begriff des „besonderen Interesses“ mit sich bringt, gilt es einzugrenzen. Er ist einer praktischen Verwendbarkeit zuzuführen.[746] Ziel ist die sprachliche Festsetzung, also soll eine Nominaldefinition geschaffen werden. Für sie gilt die Autonomie der Begriffsbildung, d.h. sie kann nicht falsch, sondern allenfalls unzweckmäßig, sein.[747]

Will man eine Definition schaffen, ist zunächst vom Wortlaut auszugehen. Sodann sind Kriterien aufzustellen, die in der Definition zusammengestellt werden.[748] Die juristische Definition zeichnet sich durch einen **Sprachbezug**, einen **Wirklichkeitsbezug** und einen **Normbezug** aus.

1) Sprachbezug

Auszugehen ist wie üblich vom Sprachbezug, also dem Wortlaut. Da für das „besondere Interesse“ eine fachsprachliche Bedeutung fehlt, ist auf den allgemeinen Sprachgebrauch zurückzugreifen.[749]

---

[744] *Wank*, Begriffsbildung, S. 51.
[745] *Röhl*, Allgemeine Rechtslehre, S. 26 ff.; *Wank*, Begriffsbildung, S. 61.
[746] Vgl. auch *Rüthers*, Rechtstheorie, RdNr. 198.
[747] *Röhl*, Allgemeine Rechtslehre, S. 26.
[748] *Wank*, Begriffsbildung, S. 62; zu den formalen und inhaltlichen Anforderungen einer Definition vgl. *Wank*, Begriffsbildung, S. 58 f.
[749] Vgl. *Larenz*, Methodenlehre, S. 320.

a) „Interesse“

Der Begriff des Interesses hat sowohl einen subjektiven als auch einen objektiven Bezug. Subjektiv kann damit ein **innerer Antrieb** gemeint sein. Er beruht regelmäßig auf einem **Nutzen oder Vorteil.**[750]

b) „besonderes“

„Besonderes“ weist darauf hin, dass dieses Interesse **über das normale Maß hinausgehen** muss. Eine außergewöhnliche Sachlage muss vorliegen. Damit unterscheidet sich das Interesse i.S.d. § 354 Abs. 2 S. 1 InsO von dem nur „rechtlichen Interesse“ des § 14 Abs. 1 InsO.

c) des antragstellenden Gläubigers

Das Sekundärinsolvenzverfahren hat neben dem Schutz inländischer Gläubiger auch die Unterstützungsfunktion des Hauptverfahrens zum Ziel. Für die EuInsVO ist dies in Erwägungsgrund Nr. 19 vorgesehen. Auch der deutsche Gesetzgeber rechnet dem Partikularverfahren eine solche Bedeutung zu.[751] Dass dem Hauptverwalter durch die Vermögensstrukturierung mittels Sekundärinsolvenzverfahren die Abwicklung erleichtert wird, ist nicht von Bedeutung. Denn das besondere Interesse muss beim antragstellenden Gläubiger und nicht beim Verwalter liegen.

2) Wirklichkeitsbezug

Im Rahmen der juristischen Begriffsbildung ist außerdem der Wirklichkeitsbezug zu beachten. Dabei ist zunächst der „Normalfall“ herauszuarbeiten, den der Gesetzgeber bei der Verwendung des Begriffs vor Augen hatte. In einem zweiten Schritt sind die Folgen zu ermitteln, die der Begriff und seine Anwendung mit sich bringen.[752]

a) vom Gesetzgeber vorgesehener Normalfall und Grenzfälle

---

750 *Brockhaus*, http://lexika.tanto.de/artikel.php?TANTO_SID=cb0d8ffb96f48e54964c058ef67a2bb7&TANTO_KID=digibib&TANTO_AGR=45588&shortname=b24&artikel_id=10056110.

751 BT-Drs. 15/16, S. 25.

752 *Wank*, Begriffsbildung, S. 84, 86.

Unter dem Normalfall versteht man den Modell- oder Durchschnittfall, für den der Gesetzgeber eine Rechtsfolge treffen wollte. Zu ermitteln ist ferner, inwieweit sich Abweichungen und Grenzfälle hiervon ergeben.[753]

aa) besondere Schutzbedürftigkeit

Welchen Fall der Gesetzgeber v.a. vor Augen hatte, ergibt sich durch das gesetzlich vorgesehene Regelbeispiel des § 354 Abs. 2 S. 1 InsO. Der antragsstellende Gläubiger würde in einem ausländischen Verfahren wesentlich schlechter gestellt als er in einem inländischen Verfahren stünde. Dann ist der Gläubiger besonders schutzwürdig.

bb) Effizienz der Verwaltung

Der Schutz inländischer Interessen stellt den Regelfall des „besonderen Interesses“ dar. Für die Effizienz der Insolvenzabwicklung gilt dies nicht. Sie ist zwar ein wichtiges Ziel der EU-Insolvenzverordnung (Erwägungsgrund Nr. 2). Denn ein reibungsloses Funktionieren des Binnenmarktes soll gefördert werden (Erwägungsgrund Nr. 2 und Artikel 65 EG).

Auf das autonome deutsche Internationale Insolvenzrecht ist dieser aber nicht ohne weiteres übertragbar. Das geht schon aus dem räumlichen Anwendungsbereich des nationalen Rechts hervor. Das autonome Internationale Insolvenzrecht gilt insbesondere in Drittstaatenfällen. Somit kann das Ziel nicht allein die Förderung des europäischen Binnenmarktes sein. Also hat die effiziente Insolvenzabwicklung auch eine geringere Bedeutung in der Insolvenzordnung. Das wiederum führt dazu, dass die Abwicklungserleichterung für den Verwalter mittels der Zulassung von Nebenverfahren weniger bedeutsam ist. Im autonomen Recht kommt dem Schutz inländischer Interessen eine weitaus größere Bedeutung zu. Und dies wirkt sich auch auf die Interpretation des besonderen Interesses aus, das eben nicht besteht, wenn die Eröffnung eines Nebenverfahrens nur die Effizienz fördert.[754]

---

[753] *Wank*, Begriffsbildung, S. 84.

[754] BT-Drs. 15/16, S. 25, zu § 354: „Insbesondere im Interesse lokaler Gläubiger, aber auch zum Schutz des inländischen Rechtsverkehrs kann eine vollständige Universalität, d.h. eine schrankenlose Anerkennung der Wirkungen eines ausländischen Insolvenzverfahrens, nicht zugelassen werden.“

b) Folgen

Zum Wirklichkeitsbezug gehört es ferner aufgrund des Kommunikationsmodells, die generellen Folgen zu untersuchen, die die Anwendung eines bestimmten Begriffs mit sich bringt. Dazu zählen neben den rechtlichen auch die faktischen Folgen. Unterschieden werden Nah- und den Fernfolgen.[755] Im konkreten Fall sind die Folgen zu untersuchen, die sich bei der Anwendung der Begrifflichkeit „besonderes Interesse des Gläubigers zur Eröffnung eines Partikularinsolvenzverfahrens" ergeben.

aa) Grundlagen der folgenorientierten Auslegung

Die Folgenorientierung ist zunächst Legitimationsbedenken ausgesetzt. Sie setzen einerseits bei der Grenzziehung zwischen Rechtssetzung und Rechtsanwendung und andererseits bei der Bindung der Rechtsprechung an Gesetz und Recht gem. Art. 20 Abs. 3 GG an. In Bezug auf den Gewaltenteilungsgrundsatz ist aber zu sagen, dass die Folgenorientierung ein Bestandteil der Gesetzesauslegung ist. Im Rahmen des Auslegungscanones ist es der Untersuchung der ratio der Norm zuzuordnen. Damit handelt es sich aber um eine typisch richterliche Tätigkeit.[756] Zudem trifft der Einwand fehlender Legitimation für weite Bereiche der Folgenorientierung von vornherein nicht zu. Die faktische Entscheidungsmacht liegt bereits bei vielen Regelungsbereichen nicht mehr beim Parlament, sondern hat sich auf die Minesterialbürokratie verlagert. Die juristische Folgenorientierung ist vielmehr ein Instrument, ein Gegengewicht gegen die wenig legitimierte Ministerialverwaltung aufzubauen.[757]

Methodisch lässt sich die Folgenorientierung in die drei Aspekte Folgenprognose, Folgenbewertung und Folgenberücksichtigung untergliedern.[758]

---

[755] *Wank*, Begriffsbildung, S. 86 f.
[756] *Wälde*, Juristische Folgenorientierung, S. 103.
[757] *Deckert* JuS, 1995, 480, 484; *Wälde*, Juristische Folgenorientierung, S. 102.
[758] *Deckert* JuS, 1995, 480, 484.

bb) Folgenprognose

Im Rahmen der Folgenprognose ist zu ermitteln, welche Auswirkung sich durch die Auslegung bei den verschiedenen Auslegungsalternativen ergeben.[759]

Das „besondere Interesse" ist kein Gesichtspunkt der internationalen Zuständigkeit, sondern ein gerichtsstandskorrigierendes Korrelat im Gewande der Antragsbefugnis. Aber es handelt es sich hierbei um einen unbestimmten Rechtsbegriff. Der damit verbundenen Flexibilität in der Handhabung stehen Ungewissheiten in der konkreten Rechtsanwendung gegenüber. Um zu erahnen, welche Folgen damit verbunden sind, wenn derartige Ungewissheiten das Ob der Verfahrenseröffnung beeinflussen, kann ein Blick auf den amerikanischen Ermessensgerichtsstand helfen.

(1) Die forum non conveniens-Doktrin

Die forum non conveniens-Doktrin besagt, dass zwar an sich die internationale Zuständigkeit des angerufenen Gerichts gegeben ist. Aber in dem Einzelfall stellt sich die Gerichtsbarkeit eines anderen Staates als „more convenient" heraus. Dies kann die Fairness und Gerechtigkeit, die für ein Verfahren in diesem Staat streiten, gebieten.[760] Es kommt nach dieser Doktrin entscheidend darauf an, ob die Gerichte eines anderen Staates über den Rechtsstreit im Interesse der Parteien besser entscheiden können.[761] Auf diese Weise besteht die Möglichkeit, das anwendbare Recht und die zuständige Gerichtsbarkeit einander anzunähern. Ein Gericht gerät damit weniger in die Schwierigkeit, ein ihm fremdes Recht anwenden zu müssen. Entwickelt wurde die forum non conveniens-Lehre im 17. Jahrhundert in Schottland. Inzwischen hat sie sich auch in vielen anderen Common-Law-Rechtssystemen etabliert.[762] Ausdrücklich übernommen wurde sie im US-amerikanischen Recht durch die Leitentscheidung Gulf Oil v. Gilbert, 330 U.S. 501, 67 S. Ct. 839, 91 L.Ed. 1055 (1947).

Dem Richter wird ein erheblicher Ermessensspielraum für die Frage eingeräumt, ob die Gerichte eines Landes international zuständig sind. Das Gericht nimmt eine umfas-

---

[759] *Deckert* JuS, 1995, 480, 484.

[760] *Berger* RabelsZ 41 (1977), 39, 48; *Geulen/Sebok* NJW 2003, 3244; *Kronke* RIW 1977, 613.

[761] Piper Aircraft Co. v. Reyno 455 U.S. 928 (1982).

[762] *Huber* IPRax 1996, 48; *ders.* RIW 1993, 977, 978; *Kronke* RIW 1977, 613.

sende Interessensabwägung vor.[763] Als Kriterien, die bei dieser Entscheidung eine Rolle spielen, sind zu nennen: die Gewährleistung eines rechtsstaatlichen Verfahrens und die privaten und öffentlichen Interessen an der Durchführung eines solchen.[764] Ferner sind bei der Entscheidung die physische Anwesenheit,[765] der Wohnsitz[766] und die Geschäftsführung des Beklagten[767] sowie dessen belegenes, beschlagnahmefähiges Vermögen im Forumsstaat[768] bedeutsam. Relevant ist auch die engste Verbindung des Sachverhaltes zu einem Land und der Grad der Unannehmlichkeit, den ein Verfahren in einem anderen Land mit sich bringen würde. Abzuwägen ist wie deutlich die Gründe überwiegen, die für das Verfahren in dem einen und gegen das Verfahren in dem anderen Land sprechen.[769] Die Möglichkeit der Verfahrenskonzentration besteht.[770] Der Richter kann bei seiner Entscheidung ferner das anwendbare Recht in seine Überlegungen einbeziehen. Es ist zu berücksichtigen, ob die zu entscheidende Frage komplex ist und daher von dem Gericht zu treffen sein soll, das üblicherweise mit Streitigkeiten dieses Rechtssystems befasst ist.[771] Die Frage der Kostspieligkeit des Verfahrens in dem einen oder dem anderen Land, spielt dagegen keine Rolle.[772]

(2) Folgen der forum non conveniens-Doktrin

Für die forum non conveniens-Doktrin werden insbesondere die Einzelfallgerechtigkeit[773] und praktische Erwägungen ins Feld geführt. Zudem stelle der Ermessensgerichtsstand eine geeignete Maßnahme dar, heikle Konsequenzen zu korrigieren, die sich aus einer exorbitanten Zuständigkeit ergäben.[774] Als positive Folge der Doktrin

---

[763] *Huber* RIW 1993, 977, 978.
[764] *Geulen/Sebok* NJW 2003, 3244.
[765] Pennoyer v. Neff, 95 U.S. 714 (1878); a.A. *Berger* RabelsZ 41 (1977), 39, 43; *Ehrenzweig* Yale Law Journal 65 (1955/56), 289.
[766] Milliken v. Meyer, 311 U.S. 457 (1940); *Berger* RabelsZ 41 (1977), 39, 48.
[767] *Berger* RabelsZ 41 (1977), 39, 43.
[768] Pennoyer v. Neff, 95 U.S. 714 (1878); Harris v. Balk, 198 U.S. 215 (1905); *Berger* RabelsZ 41 (1977), 39, 48.
[769] *Huber* RIW 1993, 977, 978.
[770] *Schröder*, Internationale Zuständigkeit, S. 500.
[771] *Jayme* IPRax 1984, 121.
[772] *Schröder*, Internationale Zuständigkeit, S. 502.
[773] *Berger* RabelsZ 41 (1977), 39, 50; *Schack* RabelsZ 58 (1994), 40, 45.
[774] *Bernasconi/Gerber* IPRax 1984, 303.

wird die Eindämmung des forum shopping gesehen.[775] Allerdings zieht die Anwendung des Ermessensgerichtsstandes auch eine Zahl nachteiliger Folgen nach sich. Das Verfahren kann sich aufgrund der Einzelfallerwägungen erheblich verzögern.[776] Lehnen die Gerichte eines Staates die eigene Zuständigkeit ab, besteht die Gefahr, dass die Gerichte eines anderen Staates dies ebenfalls machen. Ein negativer Kompetenzkonflikt droht.[777] Am schwersten aber wiegt die Unvorhersehbarkeit, die mit diesem Gerichtsstand einhergeht. Aufgrund des Ermessensgerichtsstandes besteht im Einzelfall Ungewissheit darüber, wie das Gericht entscheiden wird. Es entsteht ein hohes Maß an Rechtsunsicherheit.[778] Teilweise wird hierin gar ein Verstoß gegen Art. 102 Abs. 1 S. 2 GG erblickt.[779] Problematisch ist außerdem, dass dem Richter ein Werkzeug an die Hand gegeben wird, mit dem er unter dem Vorwand einer angeblich „sorgfältigen Interessenabwägung" lästige Fälle mit Auslandsberührung „abschieben"kann.[780]

Die nachteiligen Folgen des Ermessensgerichtsstandes sind weitreichend. Das deutsche Recht hat sich grundsätzlich gegen die forum non conveniens entschieden.[781] Trotz der vom BGH vorgenommenen teleologischen Reduktion des § 23 ZPO,[782] bleibt es bei der Feststellung des OLG München: Der Grundsatz des „forum non conveniens" gilt im deutschen Recht nicht.[783]

(3) Folgen für § 354 Abs. 1 Alt. 2 i.V.m. Abs. 2 InsO

Das forum non conveniens ist ein Gerichtsstand, § 354 Abs. 2 InsO betrifft dagegen die Antragsbefugnis.

Identisch ist aber, dass die Verfahrensbeteiligten Ungewissheit über die Frage haben, wo ein gerichtliches Verfahren eröffnet wird. Der Vorteil liegt einerseits in der Flexi-

---

[775] *Reus* RIW 1991, 542, 550.

[776] *Huber* IPRax 1996, 48, 52.

[777] *Schack* RabelsZ 58 (1994), 40, 45.

[778] *Hay/Hampe* RIW 1998, 760, 765; *Huber* IPRax 1996, 48, 52; *Kropholler*, in: HdB-IZVR, Bd. 1, Kap. III, RdNr. 209; *Reus* RIW 1991, 542, 551; *Schack* RabelsZ 58 (1994), 40, 45 f.

[779] *Hay/Hampe* RIW 1998, 760, 765; *Schack* RabelsZ 58 (1994), 40, 45; a.A. *Jayme* IPRax 1984, 121; *Reus* RIW 1991, 542, 551; i.Ü. sehen *Hay/Hampe* RIW 1998, 760, 765 einen Verstoß gegen den Justizgewährungsanspruch des Art. 103 GG und gegen die Bindung des Richters gem. Art. 20 Abs. 3 GG.

[780] *Reus* RIW 1991, 542, 552.

[781] Ausnahme etwa § 47 FGG.

[782] BGHZ 115, 90, der BGH selbst bezeichnet dies unzutreffend als einschränkende Auslegung.

[783] OLG München IPRax 1984, 319.

bilität und möglichen Handhabe gegen das forum shopping, andererseits drohen Verfahrensverzögerungen, Rechtsunsicherheit und die Gefahr eines missbräuchlichen „Abschiebens" der Streitigkeit ins Ausland.

cc) Folgenbewertung

Unter der Folgenbewertung versteht man die Beurteilung der verschiedenen möglichen Folgenkombinationen als unerwünscht nach einer festgelegten und als verbindlich erachteten Zielstruktur.[784] § 354 Abs. 1 Alt. 2 i.V.m. Abs. 2 InsO bringt den Vorteil mit sich, dass ein rechtlich unerwünschtes forum shopping eingedämmt werden kann. Wie sich bereits aus den Fällen des § 23 ZPO ersehen lässt, ist dies gerade bei dem Vermögensgerichtsstand auch erforderlich. Denn es besteht etwa die Gefahr der Exorbitanz eines solchen Gerichtsstandes. Beispiel 10 Nr. 7) lässt sich bereits schnell erkennen, dass auch im Rahmen des Internationalen Insolvenzrechts ein Bedürfnis besteht, nicht bei reiner Vermögensbelegenheit die Eröffnung eines Partikularinsolvenzverfahrens für zulässig zu erachten. In dem Beispiel besteht neben dem schweizerischen Hauptverfahren die internationale Zuständigkeit zur Eröffnung eines Partikularverfahrens wegen eines vergessenen Schraubenziehers.[785] Derartigen „Auswüchsen" ist mit Hilfe des besonderen Interesses entgegenzuwirken.

Das „besondere Interesse" des Gläubigers macht weitgehend unüberschaubar, wann der Richter im Einzelfall ein Partikularinsolvenzverfahren eröffnen wird. Für den Gläubiger sind damit die Aussichten, dass das Verfahren eröffnet wird, das er in einem Staat beantragt hat, ungewiss, was schon wegen der damit verbundenen Kosten misslich ist und ihn letztlich von der Antragsstellung abhalten könnte. Damit wäre dann faktisch eine Einbuße seiner an sich schutzwürdigen Interessen verbunden. Aber auch für den Insolvenzschuldner ist dieser Zustand zu bedauern. Für ihn ist stets ungewiss, in welchem der Staaten er mit einer Verfahrenseröffnung rechnen muss.

Außerdem sind noch die Insolvenzverwalter betroffen, insbesondere der Hauptverwalter. Für ihn ist es wichtig, den Umfang der Masse des Hauptverfahrens abzuschätzen.

---

[784] *Deckert* JuS, 1995, 480, 483.

[785] Letztlich käme es zwar wegen § 26 InsO nicht zur Verfahrenseröffnung. § 26 InsO hat aber eine ganz andere Stoßrichtung als die internationale Zuständigkeit.

Dies ist aber schwierig und im Einzelfall sogar unmöglich, wenn er zwar einerseits damit rechnen muss, andererseits aber auch nicht sicher davon ausgehen kann, dass es zur Eröffnung mehrerer Nebenverfahren kommen wird, wodurch die zur Verfügung stehende Masse gemindert würde.
Schließlich ist die Entscheidung, in welchem oder welchen Verfahren ein Gläubiger seine Forderungen anmelden soll, schwer zu treffen. Denn ähnlich wie der Insolvenzverwalter kann auch er kaum abschätzen, wo welche Massegegenstände zur Verfügung stehen.

dd) Folgenberücksichtigung

Im Rahmen der Folgenberücksichtigung wird die Konsequenz der bewerteten Auswirkungen für die Auslegung des Begriffs gezogen.[786] Es bedarf einer möglichst weitgehenden Konkretisierung. Das Regelnetz muss eng und fest geknüpft werden. Es muss also versucht werden, den Begriff des „besonderen Interesses" konkret und scharf zu umreißen. Zum Schutze vor der Unvorhersehbarkeit sollte er ferner restriktiv ausgelegt werden.

3) Normbezug

Hinter dem Normbezug verbirgt sich eine Verknüpfung zwischen dem Tatbestand und der Rechtsfolge. Jeder Begriff ist ein Teil des Gesamtregelungszusammenhanges einer Norm. Zwischen dem Tatbestand und der Rechtsfolge besteht ein Sinnzusammenhang. Besonders deutlich ergibt sich der Sinnzusammenhang zwischen Tatbestand und Rechtsfolge bei Rechtsfiguren, die an der Gelenkstelle zwischen Tatbestand und Rechtsfolge angesiedelt sind.[787] Die Entfaltung des Sinnzusammenhangs zwischen Tatbestand und Rechtsfolge setzt eine Ermittlung des Gesetzeszwecks voraus.[788]
Der Tatbestand besteht hier aus den beiden Elementen Vermögensbelegenheit und besonderes Interesse des antragstellenden Gläubigers an der Eröffnung eines Partikularinsolvenzverfahrens. Die Rechtsfolge ist die Eröffnung eines solchen Verfahrens.

---

[786] *Deckert* JuS, 1995, 480, 483.
[787] *Wank*, Begriffsbildung, S. 87 f.
[788] *Wank*, Begriffsbildung, S. 89.

Damit gibt das besondere Interesse des antragstellenden Gläubigers bei der Vermögensbelegenheit den Ausschlag darüber, ob es trotz Fehlens einer grundsätzlich erforderlichen schuldnerischen Niederlassung zur Eröffnung eines Partikularverfahrens kommt.

Vermögensgerichtsstand

Tatbestand	Rechtsfolge
Vermögen + besonderes Interesse	Eröffnung eines Partikularinsolvenzverfahrens
↑ **Gelenkstelle**	

Das besondere Interesse des Gläubigers dient also als Ausgleich für den bei der Niederlassung stets vorhandenen Inlandsbezug, der bei der Vermögensbelegenheit aber nicht per se besteht.

Niederlassungsgerichtsstand

Tatbestand	Rechtsfolge
Niederlassung	Eröffnung eines Partikularinsolvenzverfahrens

4) Verhältnis zu dem rechtlichen Interesse im Sinne des § 14 Abs. 1 InsO

Schließlich ist noch das Verhältnis zu dem „**rechtlichen Interesse**" im Sinne des **§ 14 InsO** zu klären, da sich auch hieraus Schlüsse auf den Inhalt des „besonderen Interesses" ziehen lassen könnten. Gem. § 14 Abs. 1 InsO ist der Antrag auf Eröffnung des Insolvenzverfahrens zulässig, wenn der Gläubiger hieran ein rechtliches Interesse hat und den Eröffnungsgrund glaubhaft macht. Es ließe sich daran denken, dass das

„rechtliche Interesse" i.S.d. § 14 Abs. 1 InsO und das „besondere Interesse" des § 354 Abs. 2 InsO einen identischen Bedeutungsinhalt haben.

Das rechtliche Interesse soll nur dann nicht vorliegen, wenn der Antragsteller auf einfachere, schnellere oder billigere Weise die Befriedigung seiner Forderung erlangen kann oder er mit dem Antrag verfahrensfremde Zwecke verfolgt.[789]

Habscheid erachtet es für geboten, das „Beteiligungsrecht" am Partikularverfahren und das Antragsrecht deckungsgleich anzuknüpfen.[790] Dafür führt er insbesondere folgenorientiert ein Beispiel ins Feld: A und B sind Gläubiger des C. Im Ausland ist das Hauptinsolvenzverfahren eröffnet worden. C ist Eigentümer von in Deutschland belegenen Vermögenswerten. A hat ein rechtliches Interesse aber kein besonderes. B hat sowohl ein rechtliches als auch ein besonderes Interesse. A stellt einen Antrag auf Eröffnung des Partikularverfahrens. Da ihm ein besonderes Interesse fehlt, wird dies abgelehnt. Er verfolgt die Befriedigung seiner Rechte in dem ausländischen Verfahren. Nun stellt B erfolgreich einen Antrag auf Eröffnung eines Partikularinsolvenzverfahrens in Deutschland. Nachdem A die Rechtverfolgung im Ausland begonnen hat, kann er sich nun im Nachhinein an dem inländischen Verfahren beteiligen. Um dieses „Hin und Her" zu vermeiden, fordert *Habscheid* eine Gleichschaltung von Antragsbefugnis und Beteiligungsbefugnis. Er stellt sich dabei auf den Standpunkt, dass das Antragsrecht dem Beteiligungsrecht folgen müsse.[791] Da für die Beteiligung bereits das rechtliche Interesse nach § 14 Abs. 1 InsO genügt, müsste demnach das besondere Interesse so zu bestimmen sein wie das rechtliche.

In welchem Verhältnis die beiden Begrifflichkeiten zueinander stehen, ist im Wege der Auslegung zu ermitteln.

---

[789] Braun-*Kind*, § 14, RdNr. 8.

[790] *Habscheid* NZI 2003, 238, 242; aus seinen Äußerungen geht nicht eindeutig hervor, ob er für eine inhaltliche Identität eintritt („Sinnvolles Anknüpfungsmoment ist die deckungsgleiche Bestimmung von Anknüpfungsrecht und Beteiligungsrecht.") oder ob er das rechtliche Interesse als einen Teil des besonderen Interesses ansieht („Das Antragsrecht muss sich nach der Beteiligungsberechtigung richten"); so bereits *Habscheid* NZI 1999, 299, 303 zur alten Rechtslage des Art. 102 Abs. 3 EGInsO a.F. wo er sich auch gegen die Einführung eines solchen besonderen Interesses ausspricht.

[791] *Habscheid* NZI 2003, 238, 242.

Schon dem **Wortlaut**[792] nach sind das *rechtliche* und dem *besondere* Interesse unterschiedlich. Der Begriff „rechtlich" zeigt an, dass ein ideelles und ein wirtschaftliches Interesse ausscheiden.[793] „Besonders" deutet demgegenüber darauf hin, dass das Interesse des antragstellenden Gläubigers über das „normale" Maß hinausgehen muss. Das „rechtliche Interesse" bezieht sich also auf die Art des Interesses, das „besondere Interesse" dagegen auf die Intensität. Das bedeutet aber, dass das „rechtliche Interesse" durchaus ein „besonderes" sein kann. Das „rechtliche Interesse" ist immer ein „besonderes",[794] wenn seine Intensität entsprechend ist. Der Umkehrschluss ist dagegen nicht zulässig. Das „besondere Interesse" muss nicht immer auch ein rechtliches sein. Vielmehr kann es auch wirtschaftlicher oder ein ideeller Natur sein.

Was die **Entstehungsgeschichte** der Normen betrifft ist auf die historische Entwicklung und auf den Willen des Gesetzgebers einzugehen. § 14 InsO hat die alte Rechtslage der § 105 Abs. 1, 2 KO, §§ 2 Abs. 1 S. 3, 4 Abs. 1 S. 1 GesO übernommen. Die Änderung besteht darin, dass § 14 Abs. 1 InsO erstmalig den Begriff des „rechtlichen Interesses" enthält. Anerkannt war dies aber bereits nach altem Recht.[795] Zur Entstehungsgeschichte des § 354 InsO ist auf die obigen entstehungsgeschichtlichen Ausführungen zu verweisen. Zwar war bereits im Rahmen der Insolvenzrechtsreform mit § 396 InsO-Entwurf von 1992 eine entsprechende Regelung geplant.[796] Jedoch kann sie zum einen nicht auf eine entsprechend lange Entstehungsgeschichte zurückblicken wie § 14 InsO und zweitens trat die Regelung in der Form zunächst nicht in Kraft. An ihre Stelle trat zunächst der Platzhalter des Art. 102 EGInsO, der keine vergleichbare Anordnung traf. Erst durch die Einführung des Elften Teils der Insolvenzordnung im Jahre 2003 wurde mit § 354 InsO eine entsprechende Norm in die Insolvenzordnung aufgenommen. Dabei wurde sie von den Entwicklungen einer europarechtlichen IIR-Kodifikation beeinflusst. Rechtpolitisch war die Diskussion entfacht, ob ein Niederlassungsgerichtsstand oder ein Vermögensgerichtsstand zu wählen sei, nachdem sich der

---

[792] Die Wortlautauslegung stellt – soweit kein besonderer Sprachgebrauch feststellbar ist – auf den allgemeinen Sprachgebrauch ab, *Larenz*, Methodenlehre, S. 320.
[793] BT-Drs. 12/2443, S. 246.
[794] *Habscheid*, Grenzüberschreitendes Insolvenzrecht, S. 431 f.
[795] *Kilger/K.Schmidt*, § 105, Anm. 2 m.w.Nachw.
[796] BT-Drs. 12/2443, S. 246.

Verordnungsgeber der EuInsVO für die Niederlassung entschieden hatte. Insofern kam dem § 354 Abs. 1 Alt. 2 InsO und dem Erfordernis des besonderen Interesses des § 354 Abs. 2 InsO die Funktion eines Kompromisses zu.[797] Neben diesen unterschiedlichen geschichtlichen Entwicklungen zeigen aber auch die Äußerungen des Gesetzgebers des § 14 InsO und des § 354 InsO Divergenzen der beiden Normen auf. § 14 InsO verfolgt erstens das Ziel den Kreis der antragsberechtigten Gläubiger einzugrenzen und zweitens den Missbrauch des Antragsrechts zu verhindern.[798] Bei der Einführung des § 354 InsO hob der Gesetzgeber in den Materialen hervor, dass die Einführung des Vermögensgerichtsstandes erforderlich sei, um Zuständigkeitslücken zu verhindern. Andererseits sei das einschränkende Korrektiv des besonderen Interesses erforderlich, damit es nicht zu einer Zerfaserung des Insolvenzverfahrens komme.[799]

Bestätigt wird dieser Eindruck durch die **Systematik**. § 14 InsO befindet sich im ersten Teil, der mit „Allgemeine Vorschriften" überschrieben ist. § 354 InsO gehört zum später eingeführten Elften Teil der Insolvenzordnung, der sich mit dem Internationalen Insolvenzrecht befasst. Auch dies spricht für eine unterschiedliche Auslegung.

Der **Sinn und Zweck** des § 14 InsO besteht darin, einen Ausgleich zwischen den Interessen des Gläubigers an einem schnellen Zugriff auf das Schuldnervermögen und dem Schuldnerinteresse an einer eigenverantwortlichen Bewältigung zu schaffen. Es soll verhindert werden, dass mit der Antragsstellung zweckwidrige Ziele verfolgt werden. So versuchen oft Gläubiger die Antragsstellung als Druckmittel gegen den Schuldner zu nutzen, um ihre Forderungen beizutreiben.[800] § 14 InsO gilt also sowohl für nationale als auch für transnationale Fälle. § 354 Abs. 2 InsO bezweckt wie dargestellt, dass die Prinzipien der Universalität und Einheit der Verfahrens nicht unterwandert werden und es nicht zu einer „Zergliederung" des Insolvenzverfahrens kommt. Die Normen haben demnach eine ganz unterschiedliche Stoßrichtung.

---

[797] BT-Drs. 15/16, S. 25.

[798] Begr. BReg zu § 16 (= § 14), in: *Balz/Landfermann*, S. 88.

[799] BT-Drs. 15/16, S. 25.

[800] *Schmahl*, in: MünchKomm-InsO, § 14, RdNr. 2.

5) Zwischenergebnis

Aus dem Sprachbezug ist zu entnehmen, dass es allein auf das „besondere Interesse" des **Gläubigers** ankommt, nicht also das des Insolvenzverwalters oder anderer Personen. Der Wirklichkeitsbezug bestätigt dies mit Blick auf die ratio der Norm. In erster Linie geht es um den Schutz **inländischer Interessen**. Bei dem Vermögensgerichtsstand spielt die Unterstützungsfunktion keine Rolle. D.h. die effizientere Insolvenzabwicklung stellt kein solches Interesse dar. Der Begriff des „besonderen Interesses" ist soweit wie möglich zu **konkretisieren** um die aufgeworfene Rechtsunsicherheit abzumildern. Eine **restriktive Auslegung** senkt dieses Risiko weiter herab. Der Normbezug hat ergeben, dass das „besondere Interesse" die Gelenkstelle zwischen Tatbestand und Rechtsfolge bildet. Vergleicht man den Vermögens- mit dem Niederlassungsgerichtsstand, stellt sich heraus, dass das „besondere Interesse" einen Ausgleich für die bei der bloßen Vermögensbelegenheit fehlende **Inlandsverwurzelung** darstellt. Das **rechtliche Interesse** i.S.d. § 14 Abs. 1 InsO ist von dem besonderen Interesse unabhängig. Demnach lässt sich die Bedeutung des rechtlichen Interesses nicht zur Auslegung des „besonderen" heranziehen.

Zu berücksichtigen ist ferner, dass das Wort „Interesse" an sich einen **subjektiven** Einschlag hat. Für das Erfordernis einer subjektiven Seite spricht auch § 354 Abs. 2 S. 2 InsO. Danach muss der Gläubiger sein besonderes Interesse glaubhaft machen. Rein objektive Aspekte, sind einfach zu belegen, etwa durch Vorlage von Dokumenten. Ein bloßes Abstellen auf die innere Interessenlage des antragstellenden Gläubigers würde aber die Rechtssicherheit gefährden. Außerdem bildet das „besondere Interesse" einen Ausgleich zu dem bei der Vermögensbelegenheit im Vergleich zur Niederlassung schwächeren Inlandsbezug. Der Inlandsbezug ist ein rein objektiver Gesichtspunkt. Daher bedarf es bei der Bestimmung des „besonderen Interesses" auch **objektiver** Kriterien.[801]

[801] So auch *Bloching*, Pluralität und Partikularinsolvenz, S. 119, wobei er die Zahl der Gläubiger und die Geringwertigkeit des Vermögens als Kriterien nennt.

6) Definition und Fallgruppen

a) Definition

Aus den vorstehend gewonnen Erkenntnissen lässt sich für das „besondere Interesse [des Gläubigers] an der Eröffnung des Verfahrens" folgende Definition aufstellen.

Ein besonderes Interesse an der Verfahrenseröffnung hat der antragsstellende Gläubiger, wenn subjektiv eine auf die Verfolgung ausschließlich eigener wirtschaftlicher oder rechtlicher Belange beruhende Motivationslage zur Stellung eines Eröffnungsantrags besteht, die ihn objektiv gegenüber dem grundsätzlich zumutbaren Befriedigungsversuch in einem ausländischen Verfahren als schutzbedürftig erscheinen lässt, und zwar in einer das normale Maß erheblich übersteigenden Art und Weise.

b) subjektives Element

Die Feststellung, ob der Gläubiger mit seiner Antragsstellung subjektiv ausschließlich eigene Belange verfolgt ist praktisch kaum durchzuführen. Daher ist dies zu vermuten, wenn der Gläubiger sein Interesse i.S.d. § 354 Abs. 2 S. 2 InsO glaubhaft gemacht hat, eine objektive Schutzbedürftigkeit vorliegt und er nicht offensichtlich mit der Antragsstellung die Förderung von Belangen Dritter verfolgt. Dritte sind v.a. der Insolvenzverwalter und andere Gläubiger.

c) objektive Schutzbedürftigkeit

Mit Blick auf die Rechtssicherheit sollen zur Konkretisierung Fallgruppen aufstellt werden.

aa) Gläubiger wird in einem ausländischen Verfahren erheblich schlechter stehen

Ausdrücklich ist in § 354 Abs. 2 S. 1 InsO genannt, dass der Gläubiger in dem ausländischen Verfahren voraussichtlich erheblich schlechter stehen wird als in einem inländischen.

Die Gründe dafür sind vielfältig. In erster Linie kommen hier rechtliche Aspekte in Betracht.

(1) rechtliche Gründe

(a) Rechtssystem

Aus rechtlichen Gründen wird der inländische Gläubiger benachteiligt, wenn ihn das ausländische Rechtssystem wesentlich schlechter stellt als das „eigene". Das kann darauf beruhen, dass es generell ausländische Gläubiger benachteiligt oder die Gläubiger im Allgemeinen eine wesentlich schwächere Position im Vergleich zum Schuldner haben. So werden etwa im amerikanischen Chapter 11-Verfahren die Gläubiger wesentlich schlechter gestellt als in dem deutschen Insolvenzverfahren. Das zeigt sich z.B. bei dem Erfordernis eines Insolvenzgrundes. Das amerikanische Verfahren verzichtet weitgehend darauf (11 U.S.C. § 303 (h)). Anders als im deutschen wird im Chapter 11-Verfahren nur ausnahmsweise ein Verwalter bestellt. Grundsätzlich bleibt aber die Verwaltung- und Verfügungsbefugnis beim Schuldner (11 U.S.C. §§ 1101, 1104, 1107). Dieses Grundsatz-Ausnahme-Verhältnis existiert im deutschen Insolvenzverfahren genau umgekehrt (§§ 80, 270 ff. InsO). Auch in Bezug auf das Planvorschlagsrecht räumt das amerikanische Verfahren im Vergleich zum deutschen dem Schuldner erhebliche Vorzüge ein (11 U.S.C. §§ 1121 ff.). Während das deutsche Verfahren in den §§ 286 ff. InsO hohe Anforderungen an die Restschuldbefreiung stellt, erfolgt sie im amerikanischen Verfahren unabhängig vom Sanierungserfolg.[802]

Inländische Gläubiger stehen im ausländischen Verfahren auch erheblich schlechter, wenn dort gewichtige Privilegien für den Fiskus und die Sozialordnung bestehen. Das ist etwa im spanischen Insolvenzrecht der Fall.[803] Ausreichend für ein Schlechterstehen in diesem Sinne ist ferner, dass der inländische Gläubiger in dem ausländischen Verfahren nachrangig berücksichtigt wird, sofern dies seine Befriedigungschancen erheblich mindert. Das wird in der Regel der Fall sein. Denn seine Befriedigungsaus-

---

[802] Sie ist nur dann zu versagen, wenn der Reorganisationsplan von vornherein eine Liquidation vorsieht, der Schuldner nicht mehr geschäftlich tätig ist und eine Entschuldung nach 11 U.S.C. 727 (a) versagt werden könnte (11 U.S.C. § 1141 (d)(3). Ein *discharge* kommt auch nicht zum Zuge, wenn die Plangenehmigung aufgehoben wurde (11 U.S.C. § 1144 (s)(2)). Vom *discharge* ausgenommen sind außerdem die in 11 U.S.C. 1141 (d)(2) aufgelisteten Forderungen.

[803] *Lincke* NZI 2004, 69, 71.

sichten bleiben nur dann von einer Nachrangigkeit seiner Forderung unberührt, wenn hinreichend Masse vorhanden ist.

In der *Literatur* zeichnet sich für die in § 354 Abs. 2 S. 1 Hs. 2 InsO genannte Fallgruppe die Tendenz zu einer sehr engen Auslegung ab. Sie sei nur erfüllt, wenn weitere Einschränkungen nach dem Recht des Eröffnungsstaates hinzutreten[804] oder wenn ein evidenter Widerspruch der ausländischen Rechtsordnung zu den Grundsätzen des deutschen Insolvenzrechts vorliege.[805] Dem ist zu widersprechen. Weitere Einschränkungen lassen sich aus dem Wortlaut nicht entnehmen und widersprechen und laufen dem Schutzgedanken des § 354 InsO zuwider. Ein evidenter Widerspruch zur inländischen Rechtsordnung käme einem ordre public-Verstoß gleich.[806] Ein solches Ergebnis ist vom Gesetzgeber aber nicht gewollt. Denn es geht ihm darum, durch Sekundärinsolvenzverfahren die Wirkungen eines ausländischen Hauptinsolvenzverfahrens abzublocken.[807] Es macht keinen Sinn, die Wirkungen erst dann zurückzuweisen zu wollen, wenn ein ordre public-Verstoß vorliegt.[808] Dann wird nämlich das Hauptverfahren bereits nicht anerkannt (§ 343 Abs. 1 S. 2 Nr. 2 InsO) und es gibt keine Wirkungen, die es abzublocken gilt. Durch eine solche Interpretation würde § 354 Abs. 1 Alt. 2, Abs. 2 InsO sinnentleert.

(b) Konstitution des Gläubigers

Eine besondere Schutzbedürftigkeit kann sich auch aus der Qualität des Gläubigers ergeben. Man denke hier v.a. an die Fälle, bei denen der Gläubiger der Staat ist, insbesondere in Form der Steuerbehörden oder des Sozialversicherungsträger. Im inländischen Verfahren genießt er diverse Privilegien, die ihm das ausländische Recht nicht ohne weiteres einräumen wird.

---

[804] *Reinhart*, in: MünchKomm-InsO, vor Art. 102 EGInsO, RdNr. 218.

[805] Braun-*Liersch*, § 354, RdNr. 8; *ders.* NZI 2003, 302, 309.

[806] Vgl. *Habscheid*, Grenzüberschreitendes Insolvenzrecht, S. 432, „Insbesondere im letzten Fall [gemeint sind Benachteiligungs- und Diskriminierungsfälle im Ausland] wird die Feststellung eines ‚besonderen Interesses' Bereiche des materiellen ordre public berühren."

[807] BT-Drs. 15/16, S. 25.

[808] So auch *Habscheid*, Grenzüberschreitendes Insolvenzrecht, S. 433, wonach eine Feststellung eines Verstoßes gegen den ordre public nicht getroffen zu werden brauche.

Auch Arbeitnehmer sind bei Ansprüchen aus einem inländischen Sozialplan besonders schutzbedürftig.[809]

(2) tatsächliche Gründe

Neben den rechtlichen Aspekten, auf Grund derer der Gläubiger im ausländischen Verfahren schlechter gestellt sein könnte als im inländischen, kommen auch tatsächliche in Betracht. So können die **fremde Sprache** und die **schwere Zugänglichkeit** zu **ausländischen Informationsquellen** eine entsprechende Schlechterstellung im ausländischen Verfahren verursachen.

Aber auch typischerweise in einem ausländischen Verfahren auftretende Unregelmäßigkeiten zu Lasten ausländischer Gläubiger begründen ein solches Interesse. So weist der in Moskau ansässige Wirtschaftsanwalt *Gerd Lenga* darauf hin, dass in den russischen Gläubigerkomitees und bei der Bestellung des ausländischen Konkursverwalters regelmäßig Insiderdeals stattfinden. Der Konkursverwalter könne weitgehend unüberwacht die Aktiva veräußern. Im Ergebnis bleibe von der Masse oft nichts übrig, so dass ausländische Gläubiger keine Chance hätten, an ihr Geld zu kommen.[810]

Zu berücksichtigen ist auch eine Langwierigkeit und Ineffizienz des ausländischen Verfahrens. Ineffizient ist das Insolvenzsystem, wenn nur ein Bruchteil der beantragten Verfahren eröffnet wird.[811]

Dagegen kann die Zahl der Gläubiger im Aus- und im Inland keine Rolle spielen. Denn wenn man ein Sonderverfahren im Inland zuließe, weil im Ausland viele und im Inland wenige Gläubiger vorhanden sind, die eine entsprechende Befriedigung aus der jeweiligen Masse erlangen, würde man den Zweck des Partikularverfahrens verkennen. Es geht um den Schutz des Gläubigers. In diesem Fall würden sich aber einzelne Gläubiger besser gestellt, weil sie zufällig demselben Territorium zuzuordnen sind.

---

[809] BT-Drs. 12/2443, S. 23. In Art. 39 EuInsVO sind die Steuerbehörden und der Sozialversicherungsträger in den Kreis derer aufgenommen worden, die ihre Forderungen in jedem Verfahren anmelden können. Das deutsche Recht sieht eine solche Regelung nicht vor. Das ist gerade deshalb verständlich, weil der deutsche Gesetzgeber keine Kompetenz hat, dem drittstaatlichen Recht vorzuschreiben, wen es als Gläubiger in dem eigenen Verfahren zulassen möchte. Diese Frage ist nach der drittstaatlichen lex fori concursus zu klären. Auch hieraus leitet sich die Schutzbedürftigkeit ab, wenngleich die Bundestagsdrucksache 15/16 dies nicht explizit nennt.

[810] *Hartmann*, Die Welt, 8. Juli, Rubrik Wirtschaft 13157, http://www.lexis-nexis.de.

[811] Vgl. *Lowitzsch/Bormann* WiRO 2001, 357.

Andererseits können tatsächliche Gründe auch dazu führen, dass ein „besonderes Interesse“ nicht vorliegt. Das ist etwa der Fall, wenn das Vermögen vollständig insolvenzfest beschlagnahmt worden ist. Hier fehlt von vornherein jede Befriedigungsmöglichkeit.[812]

bb) Inlandsbezug

Bei § 354 Abs. 1 Alt. 2 InsO (Vermögensgerichtsstand) fehlt ein mit Alt. 1 (Niederlassungsgerichtsstand) vergleichbarer Inlandsbezug. Das „besondere Interesse“ soll dies kompensieren. Daher ist der Gläubiger auch schutzbedürftig, wenn ein Inlandsbezug besteht, der in seiner Intensität derjenigen gleichkommt, die eine Niederlassung begründet.

(1) starke geschäftliche Betätigung im Inland

Dies ist etwa der Fall bei einer starken und dauerhaften schuldnerischen Geschäftsbetätigung auf dem Markt des Gläubigers.[813]

(2) das Vermögen selbst

Der Inlandsbezug kann sich im Einzelfall auch aus der Vermögensbelegenheit selbst ergeben. Hierzu sind verschiedene Kriterien herzuziehen.[814]

(a) Umfang des Vermögens

Für einen Inlandsbezug spricht, wenn die Vermögensmassen im Inland einen hohen Wert haben.[815] Bedeutsam kann hier das Verhältnis des inländischen zum ausländischen Vermögen sein. Zwar wird das inländische Vermögen das ausländische selten übersteigen, denn in einem solchen Fall liegt regelmäßig der Interessenmittelpunkt des Schuldners im Staat der größten Vermögensmasse. Dann wird i.d.R. dort auch das Hauptverfahren eröffnet worden sein.

---

[812] OLG Karlsruhe IPRax 2003, 61, 62.
[813] Für § 23 ZPO *Mansel*, FS-Jayme I, S. 561, 570.
[814] *Mansel*, FS-Jayme I, S. 561, 570.
[815] So auch BT-Drs. 12/2443, S. 237; Gottwald, Insolvenzrechts-Handbuch, § 128, RdNr. 88.

Von einer Erheblichkeit des Inlandsvermögens wird deshalb etwa auszugehen sein, wenn etwa ¼ des Gesamtvermögens im Inland belegen ist.

(b) Vermögen wird zur geschäftlichen Betätigung eingesetzt; insbesondere Gesellschaftsanteile

Ein weiteres Kriterium für die Frage, ob die Vermögensbelegenheit einen Inlandsbezug begründet, ist, dass das Vermögen zur Geschäftsbetätigung des Schuldners im Inland verwendet wird, anders als wenn es sich um „ruhendes Vermögen“ handelt.

Ein gutes Beispiel für das zur geschäftlichen Betätigung eingesetzte Vermögen sind die Anteile des Schuldners an einer inländischen Gesellschaft. Diese wird auf dem inländischen Markt tätig und knüpft dort geschäftliche Kontakte. Dann ist der Inlandsbezug erheblich. Diese Konstellation kommt dem Aspekt der Niederlassung i.S.d. § 354 Abs. 1 Alt. 2 EuInsVO am nächsten.

Nachteilig kann sein, dass hierdurch die Sanierungschancen bezüglich der Tochter eingeschränkt werden. Die Gefahr der Zerschlagung des Tochterunternehmens kann aber durch eine entsprechende Zusammenarbeit zwischen dem Haupt- und dem Sekundärverwalter eingedämmt werden.

Vereinzelt wird das besondere Interesse angenommen, wenn der Schuldner im Inland eine Niederlassung hat und die Forderung des antragstellenden Gläubigers aus dieser rührt.[816] Dem ist zwar in seinem Grundgedanken zuzustimmen, denn hier betätigt sich der Schuldner ja gerade auf dem Markt der Gläubiger. Das Ergebnis ist aber widersinnig. Denn das „besondere Interesse“ dient dazu, die Eröffnungsmöglichkeit bei dem Vermögensgerichtsstand einzudämmen. Der Vermögensgerichtsstand ist aber bewusst als mildere Form zum Niederlassungsgerichtsstand (§ 354 Abs. 1 Alt. 1 InsO) gewählt worden. Dann kann man nicht über das besondere Interesse höhere Voraussetzungen aufstellen, als beim Niederlassungsgerichtsstand selbst.

[816] HK-*Stephan*, § 354, RdNr. 15; *Reinhart*, in: MünchKomm-InsO, vor Art. 102 EGInsO, RdNr. 218.

(c) In-Erscheinung-Treten des Vermögens nach außen

Körperliche Gegenstände sind in erhöhtem Maß geeignet, eine Verwurzelung des Eigentümers mit dem Belegenheitsstaat hervorzurufen als Forderungen. Der Gläubiger ist bereits insofern schutzwürdig, als diese Gegenstände nach außen als verwertbares Schuldnervermögen in Erscheinung treten. Ganz besonders ist dies bei Gegenständen der Fall, die in öffentliche Register einzutragen sind, z.B. Grundstücke, Luftfahrzeuge und Schiffe. Insbesondere unbewegliche Gegenstände werden von dem Recht des Lageortes geprägt.[817]

(d) Dauerhaftigkeit der Belegenheit

Beispiel 12: Über das Vermögen der *Schweiz-Torte GmbH* mit Sitz in Zürich (Schweiz) wird in der Schweiz das Hauptinsolvenzverfahren eröffnet. Ein Mitarbeiter der Gesellschaft befindet sich mit einem Dienstwagen mit der Aufschrift „Beste Sorten – Österreich Torten – ganz schnell Torten horten." auf dem Weg nach Dänemark. Dabei durchquert er Deutschland. Auf einem Rastplatz in der Nähe von Augsburg (Deutschland) erkennt *Markus Schultz*, ein deutscher Gläubiger der *Schweiz-Torten GmbH*, das Dienstfahrzeug und stellt sofort einen Antrag auf Eröffnung eines Sekundärinsolvenzverfahrens. Kann in Deutschland ein Sekundärinsolvenzverfahren eröffnet werden?

Denkbar ist, dass ein besonderes Interesse an der Verfahrenseröffnung ausscheidet, wenn der Gegenstand, der sich in Deutschland befindet und auch einen hohen Wert aufweist, dort aber nur für kurze Zeit vorhanden ist.

Mit der Eröffnung eines Partikularinsolvenzverfahrens sollen die Interessen lokaler Gläubiger ebenso geschützt werden wie das Interesse des inländischen Rechtsverkehrs.[818] Daraus ergibt sich umgekehrt, dass die Eröffnung eines Partikularinsolvenzverfahrens nicht erforderlich ist, wenn die inländischen Interessen nicht schutzwürdig sind. Die Schutzwürdigkeit kann sich hier aus dem Inlandsbezug ergeben. Ob ein solcher vorliegt ist aber gerade fraglich, wenn sich der Gegenstand, der das Vermögen ausmacht, lediglich zufällig in Deutschland ist. Anders als in den bisher diskutierten Fällen, sind hier nicht über längere Zeit Vermögensgegenstände vorhanden, auf deren Verwertung die Gläubiger im Rahmen eines inländischen Verfahrens vertraut haben

[817] HK-*Stephan*, § 349, RdNr. 1.
[818] BT-Drs. 15/16, S. 25.

könnten. Wenn es sich wie im Beispielsfall um ein Transitgut handelt, ist es reiner Zufall, wo sich der Gegenstand befindet und somit nahezu willkürlich, in welchen Staaten ein Territorialverfahren eröffnet wird. Das ist mit einer erheblichen Rechtsunsicherheit verbunden.

(aa) Parallele zum Internationalen Sachenrecht

Es besteht eine Parallele zum Internationalen Sachenrecht. Das anwendbare Recht ist dort grundsätzlich die lex rei sitae (vgl. Art. 43 Abs. 1 EGBGB). Das gebietet das Verkehrsinteresse.[819]

Davon gibt es Ausnahmen: Man differenziert zwischen der res in transitu im engeren und im weiteren Sinne. Für international eingesetzte Transportmittel, also Luft-, Wasser- und Schienenfahrzeuge gilt Art. 45 EGBGB. Bei Luftfahrzeugen wird an die Staatszugehörigkeit (S. 2, Nr. 1), bei Wasserfahrzeugen an den Heimathafen oder den Heimatort (S. 2, Nr. 2) und bei Schienenfahrzeugen an den Staat der Zulassung (S. 2 Nr. 3) angeknüpft.

Bei res in transitu-Fällen im engeren Sinne gilt nach der *herrschenden Meinung* für Sachen, die bestimmungsgemäß den Lageort wechseln, das Recht des Bestimmungsortes.[820] Dogmatisch ist dies auf Art. 46 EGBGB zu stützten.[821] Danach gelangt das Recht mit der „wesentlich engeren Verbindung" zur Anwendung.

(bb) Parallele zum europäischen Internationalen Insolvenzrecht

Für die Frage, wo sich ein Gegenstand befindet, greift Art. 2 lit. g) EuInsVO ein. Während für Fahrnisse nach dem ersten Spiegelstrich die Belegenheit des Gegenstandes entscheidend ist, kommt es für eintragungspflichtige Rechte und Gegenstände auf den Registerstaat an (2. Spiegelstrich). Bei Forderungen ist der Interessenmittelpunkt des Schuldners entscheidend (3. Spiegelstrich).

---

[819] *Von Hoffmann*, IPR, § 12, RdNr. 9.

[820] Ermann-*Hohloch*, Art. 45 RdNr. 30; *Junker* RIW 2000, 241, 252; *Kreuzer*, in: MünchKomm-BGB, Art. 45 EGBGB RdNr. 127; teilweise wird eine Rechtswahl für zulässig erachtet: Staudinger-*Stoll*, Art. 45, EGBGB, RdNr. 369.

[821] *Von Hoffmann*, IPR, § 12, RdNr. 39.

(cc) Lösung im deutschen Internationalen Insolvenzrecht

Die Interessenlage im IIR ist vergleichbar mit der im Internationalen Sachenrecht. Daher kann es im Falle eines Transitgutes nicht allein darauf ankommen, wo sich die „Sache auf Reise" gerade befindet. Bei Luft- und Wasserfahrzeugen ist der Belgenheitsort in Anlehnung an Art. 2 lit. g) Spiegelstrich 2 EuInsVO zu bestimmen.

Zwar „fehlt" im Internationalen Insolvenzrecht eine dem Art. 46 EGBGB entsprechende Regelung, die an die engere Verbindung anknüpft.

Bei einer res-in-transitu mangelt es an einem hinreichenden Inlandsbezug. Dieser liegt nur vor, wenn die Sache über eine gewisse Dauer in Deutschland belegen ist.

(3) Sitz der Gläubiger

Ein Inlandsbezug kann sich auch daraus ergeben, dass Gläubigergruppen ihren Sitz in diesem Land haben.[822]

[822] *Liersch* NZI 2003 302, 306 in Bezug auf die Bekanntmachung.

§ 13 Verfassungsmäßigkeit des § 354 Abs. 1 Alt. 2, Abs. 2 InsO

Beispiel 13: Die *Beauté S.A.* hat ihren Sitz in Zürich (Schweiz). Insbesondere Parfums und Selbstbräuner werden auch in Deutschland in erheblichem Maße vertrieben. Daher verkauft sie diese Produkte an deutsche Parfümerien und Drogerien. Zu diesem Zweck hat sie ein Warenlager in Augsburg (Deutschland) eingerichtet, wo aber kein Personal eingesetzt wird. Am 6. Juni 2003 wird die Gesellschaft insolvent und es wird in der Schweiz ein Insolvenzverfahren eröffnet, das als Hauptverfahren zu werten ist. Deutsche Gläubiger sind daran interessiert, wegen des in Deutschland belegenen Vermögens die Eröffnung eines inländischen Verfahrens zu beantragen, weil sie ihre Rechte nicht in einem „fremden", den schweizerischen Vorschriften unterliegenden Verfahren geltend machen wollen.
Dr. Ralf Meyer hält 80% der *Beauté S.A.* Er ist nicht an einer solchen Verfahrenseröffnung interessiert. Insbesondere hält er die Regelungen des § 354 Abs. 1 Alt. 1, Abs. 2 InsO für verfassungswidrig. In der Eröffnung des Verfahrens in Deutschland erblickt er einen verfassungswidrigen Eingriff in sein Eigentum. Außerdem könne es nicht sein, dass er bei Eröffnung eines Sekundärinsolvenzverfahrens wegen seines Warenlagers genauso gestellt werde, wie die *Fly Away Corp.* (Sitz in Florida, U.S.A). Diese unterhält in Bonn (Deutschland) eine große Niederlassung. Über ihr Vermögen ist in Deutschland angesichts dessen ein Sekundärinsolvenzverfahren eröffnet worden. Die Gleichbehandlung eines Warenlagers und einer Niederlassung sei nicht gerechtfertigt, so Ansicht von *Dr. Ralf Meyer*.

I. Verstoß gegen Art. 14 Abs. 1 GG

Zunächst ist daran zu denken, dass die Möglichkeit des § 354 Abs. 1 Alt. 2 InsO ein Sekundärinsolvenzverfahren bereits bei einer bloßen Vermögensbelegenheit in Deutschland zu eröffnen, gegen die Eigentumsfreiheit des Art. 14 Abs. 1 GG verstoßen könnte.

1) Schutzbereich

In **persönlicher Hinsicht** sind von Art. 14 Abs. 1 GG zunächst alle natürlichen Personen geschützt. Eine Begrenzung des Schutzes auf Deutsche bzw. Europäer findet nicht statt; die Eigentumsfreiheit ist ein Menschenrecht.[823] Also werden auch Nicht-EU-Ausländer vom Schutzbereich erfasst.[824]

Geschützt sind nicht nur natürliche, sondern auch inländische juristische Personen, da die Eigentumsfreiheit ihrem Wesen nach auch auf sie anwendbar ist (Art. 19 Abs. 3

---

[823] Maunz/Düring-*Papier*, Art. 14, RdNr. 204; von Mangoldt/Klein/Starck-*Depenheuer*, Art. 14, RdNr. 190.

[824] Von Mangoldt/Klein/Starck-*Depenheuer*, Art. 14, RdNr. 190.

GG).[825] Nicht auf die Eigentumsfreiheit des Art. 14 Abs. 1 GG können sich dagegen die ausländischen juristischen Personen berufen.[826] Allerdings können die Anteilseigner – wie in dem o.g. Beispiel *Dr. Ralf Meyer* – als natürliche Personen einen vermeintlichen Eingriff in Art. 14 GG rügen.[827]

In der Regel wird es sich bei der im Rahmen des § 354 Abs. 1 Alt. 2 InsO relevanten Konstellation um eine ausländische juristische Person handeln. Insofern müssen sich die Anteilseigner selbst auf Art. 14 Abs. 1 GG zu berufen. Faktisch wird in persönlicher Hinsicht damit ein weitreichender Eigentumsschutz gewährt.

Gem. Art. 14 Abs. 1 S. 1 GG wird das Eigentum und das Erbrecht gewährleistet. Sie bilden den Rahmen des **sachlichen Schutzbereichs**. Unter dem Eigentum in diesem Sinne versteht man das einheitliche, umfassende Herrschaftsrecht des Berechtigten über ein eigentumsfähiges Rechtsgut.[828]

Welche Vermögenspositionen im einzelnen Eigentum sind, bemisst sich nach dem Zweck und der Funktion der Eigentumsgarantie unter Berücksichtigung ihrer Bedeutung im Gesamtgefüge der Verfassung.[829] Im Bereich des Privatrechts sind grundsätzlich alle vermögenswerten Rechte geschützt, die dem Berechtigten von der Rechtsordnung in der Weise zugeordnet sind, dass er die damit verbundenen Befugnisse nach eigenverantwortlicher Entscheidung zu seinem privaten Nutzen ausüben kann.[830] Als Beispiele lassen sich alle dinglichen Rechte an einer Sache nennen, aber auch Forderungen,[831] vertragliche Nutzungsrechte,[832] gesellschaftsrechtliche Mitgliedschaftsrechte und die Rechte des geistigen Eigentums, soweit sie Vermögensrechte sind.[833] Als dingliche Rechte kommen Hypotheken, Grundschulden, Erbbaurechte, aber gewiss

[825] BVerfGE 4, 7, 17; BVerfGE 66, 116, 130.
[826] BVerfGE 21, 207, 208 f.; Dreier-*Wieland*, Art. 14, RdNr. 60; Maunz/Düring-*Papier*, Art. 14, RdNr. 215; Sachs-*Wendt*, Art. 14, RdNr. 16; *Stern* III/2, S. 1137; a.A. *Bethge* AöR 104 (1979) 54, 83 f.
[827] Von Mangoldt/Klein/Starck-*Depenheuer*, Art. 14, RdNr. 191; v.Münch/Kunig-*Bryde*, Art. 14, RdNr. 7; Sachs-*Wendt*, Art. 14, RdNr. 16.
[828] Von Mangoldt/Klein/Starck-*Depenheuer*, Art. 14, RdNr. 52.
[829] Sachs-*Wendt*, Art. 14, RdNr. 52.
[830] BVerfGE 83, 201, 209; BVerfGE 89, 1, 6; BVerfGE 91, 294, 307; BVerfGE 95, 267, 300; BGHZ 125, 293, 298; Sachs-*Wendt*, Art. 14, RdNr. 23,
[831] BVerfGE 45, 142, 179; BVerfGE68, 193, 222.
[832] BGH DVBl. 1980, 283; BGHZ 125, 293, 298; Sachs-*Wendt*, Art. 14, RdNr. 24.
[833] *Badura*, FS Maunz, S. 1; *Zöllner/Hanau* AG 1997, 206, 207.

auch das Volleigentum etwa an Produktionsmitteln in Betracht. Forderungen sind z.B. Kaufpreisansprüche.[834]

Nicht von Art. 14 Abs. 1 S. 1 Alt. 1 GG geschützt ist hingegen das Vermögen als solches; erfasst werden nur konkrete Rechtspositionen.[835]

Der Begriff des Vermögens im Sinne des § 354 Abs. 1 Alt. 2 InsO meint nicht das Vermögen als Zusammenfassung der einzelnen Vermögensgegenstände, sondern „eine konkrete Vermögensposition". Für diese Auslegung lässt sich z.B. die Legaldefinition des Art. 2 lit. g) EuInsVO heranziehen. Daraus geht auch hervor, um welche Vermögensarten es sich dabei handelt. Dort ist die Rede von körperlichen Gegenständen beweglicher Art als auch Immobilien und anderen eintragungspflichtigen Gegenständen. Das im oben genannten Beispiel des Warenlagers ist Eigentum im Sinne des Art. 14 Abs. 1 GG.

Der Schutzbereich ist somit in aller Regel eröffnet.

2) Eingriff

Die § 354 Abs. 1 Alt. 2, Abs. 2 InsO müsste sodann ein Eingriff in den Schutzbereich zu erblicken sein.

Der Eingriff kann sich daraus ergeben, dass der Schuldner sich einem Insolvenzverfahren ausgesetzt sieht, das nicht im „eigenen" Land stattfindet. Neben der sprachlichen Problematik, der Entfernung und dem erschwerten Zugang zu Informationsquellen und zu den entscheidenden Stellen (Insolvenzgericht und dem Verwalter) ist damit insbesondere auch der Nachteil verbunden, dass fremdes Insolvenzrecht zur Anwendung kommt. Es entscheidet dann über das Schicksal „seines" Vermögens.

a) Eingriff im Allgemeinen

Zunächst ist zweifelhaft, ob diese Nachteile für die Einordnung als Eingriff in Art. 14 Abs. 1 GG genügen. Keineswegs handelt es sich hier um eine bloße Belästigung.[836]

---

[834] Sachs-*Wendt*, Art. 14, RdNr. 24 m.w.Nachw.

[835] BVerfGE 4, 7, 17; BVerfGE 74, 129, 148; BVerfGE 78, 232, 243; BVerfGE 95, 267, 300; Maunz/Düring-*Papier*, Art. 14, RdNr. 160; von Mangoldt/Klein/Starck-*Depenheuer*, Art. 14, RdNrn. 164, 173.

[836] *Pieroth/Schlink*, RdNr. 248; a.A. *Stern* III/2, S. 204 f.

Nach dem klassischen Eingriffsbegriff liegt ein Eingriff darüber hinaus vor, wenn das Grundrecht durch einen Rechtsakt final (gezielt), unmittelbar und imperativ (mit Zwang durchsetzbar) beeinträchtigt wird.[837] Hier muss zwischen den einzelnen Aspekten differenziert werden, die einen Eingriff darstellen können.

aa) Pflicht zur Beteiligung an dem ausländischen Sekundärinsolvenzverfahren

Zunächst stellt sich bei der Eröffnung eines Sekundärinsolvenzverfahrens das Problem, dass der Schuldner sich an einem ausländischen Verfahren mit all den nachteiligen Konsequenzen, beteiligen muss. Das übersteigt durchaus das Maß der bloßen Belästigung. Allerdings ist hierdurch nicht sein Eigentum im Kern betroffen, weil der Eigentümer nicht zur Hingabe eines konkreten Gegenstandes verpflichtet wird, sondern er faktisch dazu veranlasst wird, an einem ausländischen Sekundärinsolvenzverfahren teilzunehmen.

Zu Art. 14 Abs. 1 S. 1 Alt. 1 GG gehört indes auch das Recht des Eigentümers, seine Interessen im Verwaltungs- und Gerichtsverfahren effektiv verwerten und durchsetzen zu können.[838] Hierzu zählt auch das Insolvenzverfahren. Der Schuldner hat ein Verteidigungsinteresse. Für ihn ist von Bedeutung, dass das Insolvenzverfahren an einem Ort stattfindet, der ihm eine zumutbare Wahrnehmung seiner Rechte und Pflichten ermöglicht.[839] Die Verpflichtung, sich als Schuldner an einem ausländischen Verfahren beteiligen zu müssen, statt seine Rechte in dem heimischen Hauptverfahren zu geltend machen zu können, ist eine Beeinträchtigung der Effektivität. Die Beteiligung an einem ausländischen Verfahren kann durchaus mit unzumutbaren Schwierigkeiten (Sprache, fremdes Rechtssystem, hohe Kosten) verbunden sein.[840]

bb) keine Restschuldbefreiung (§ 355 Abs. 1 InsO)

Es ist daran zu denken, dass auch der mit der Eröffnung des Sekundärinsolvenzverfahrens verbundene Ausschluss der Restschuldbefreiung gem. § 355 Abs. 1 InsO einen

---

[837] *Stern* III/2, S. 84.
[838] BVerfGE 61, 82, 113 ff.; *Siekmann/Duttge*, RdNr. 603; *Pieroth/Schlink*, RdNr. 917 f.
[839] *Bloching*, Pluralität und Partikularinsolvenz, S. 114.
[840] *Bloching*, Pluralität und Partikularinsolvenz, S. 77.

Eingriff darstellt. Hierdurch wird aber nicht ein konkreter Vermögensgegenstand des Schuldners betroffen, sondern sein Vermögen als Ganzes, also als Einheit. Dies ist nicht vom Schutzbereich des Art. 14 Abs. 1 S. 1 Alt. 1 GG erfasst.

cc) Anwendung der lex fori concursus secundariae (§ 335 InsO)

Eine weitere Beeinträchtigung könnte darin zu sehen sein, dass sich das Schicksal des Eigentums in der Insolvenz nach der ausländischen Rechtsordnung bemisst. Das ergibt sich daraus, dass die lex fori concursus secundariae zur Anwendung gelangt (§ 335 InsO), was für alle Verfahrenstypen gleichermaßen gilt.[841] Man denke etwa an den Unterschied zwischen dem us-amerikanischen und dem deutschen Insolvenzrecht. Im amerikanischen Chapter-11-Verfahren, bleibt dem Schuldner oft seine Verwaltungs- und Verfügungsbefugnis erhalten (11 U.S.C. §§ 1101, 1104, 1107), während er sie in einem deutschen Verfahren grundsätzlich (außer bei der Insolvenz in Eigenverwaltung, § 270 Abs. 1 S. 1 InsO) an den Insolvenzverwalter verliert (§ 80 Abs. 1 InsO). Daher hat die Eröffnung eines deutschen Sekundärinsolvenzverfahrens eine erheblich beeinträchtigende Wirkung, die weit über die bloße Belästigung hinausgeht.

Nun stellt sich aber in einem zweiten Schritt die Frage, ob die Beeinträchtigung des Eigentums auch unmittelbar durch die Eröffnung des Sekundärinsolvenzverfahrens erfolgt. Dies wird man verneinen müssen. Die Eröffnung des Sekundärinsolvenzverfahrens führt zunächst nur dazu, dass eine fremde Rechtsordnung zur Anwendung gelangt. Die Anwendung der fremden Rechtsordnung hat aber zunächst nur den Nachteil, dass sich der Schuldner Kenntnisse über die rechtliche Situation im Ausland verschaffen muss. Diese Form der Beeinträchtigung ist durch den o.g. Punkt bereits abgedeckt. Ob eine darüber hinausgehende Benachteiligung in concreto vorliegt, ergibt sich erst aus den materiellen Rechtsnormen des anwendbaren Rechts und weder aus der Eröffnungsnorm des § 354 InsO noch aus der Kollisionsnorm des § 335 InsO. Etwa wird man nicht von einer Eigentumsbeeinträchtigung ausgehen, wenn das ausländische Recht den Schuldner im Verhältnis zu dessen Eigentum, z.B. bezogen auf die Verwaltungs- und Verfügungsbefugnis, sogar besser stellt. Zwischen der Eröffnung des Se-

[841] Dies lässt sich bereits aus der systematischen Stellung des § 335 InsO entnehmen, der im Ersten Abschnitt mit der Überschrift „Allgemeine Vorschriften" zu finden ist.

kundärverfahrens und der Beeinträchtigung steht also die Regelung des Insolvenzstatuts. Die Beeinträchtigung durch die Verfahrenseröffnung ist nur mittelbar. Legt man den klassischen Eingriffsbegriff zu Grunde, liegt kein Eingriff in Art. 14 GG vor.

Dem neueren Eingriffsbegriff zufolge, können aber auch faktisch-mittelbare Grundrechtsbeeinträchtigungen Eingriffe darstellen. Das gilt unter der Voraussetzung, dass der Eingriff ohne wesentliche Zwischenursache erfolgt, die Grundrechtsbeeinträchtigung gerade beabsichtigt (Finalität im engeren Sinne), oder eine objektiv vorhersehbare, typische Nebenfolge ist (Finalität im weiteren Sinne) oder sich die Maßnahme besonders einschneidend darstellt.[842]

Jeder Staat neigt dazu, seine eigenen Bürger besser zu stellen als die ausländischer Staaten, v.a. wenn letztere keine Mitgliedstaaten der EU sind, und gerade um diese Fälle geht es hier. So werden die Staaten im materiellen Insolvenzrecht Regelungen treffen, die die „eigenen" Gläubiger bevorzugen.

Der deutsche Gesetzgeber rief mit § 354 Abs. 1 Alt. 2, Abs. 2 InsO eine Vorschrift ins Leben, die durch die Anknüpfung an das Kriterium des Vermögens eine geringe Voraussetzung zur Eröffnung des Partikularverfahrens aufstellt. In den Materialen führt er dazu aus: „[...] Daneben werden in Übereinstimmung mit dem bisherigen deutschen Internationalen Insolvenzrecht Sekundärinsolvenzverfahren zugelassen, die die Wirkungen des ausländische Hauptinsolvenzverfahrens weitgehend abblocken (vgl. § 356 RegE-InsO)."[843] Er wollte also das die Inhaber begünstigende Recht gezielt und unter geringen Voraussetzungen zur Anwendung berufen. Eine Benachteiligung des ausländischen Schuldners nahm er dabei hin. Damit wird man zumindest von einer Finalität im Weiteren, wenn nicht sogar im engeren Sinne auszugehen haben.

Darüber hinaus gilt: Legt man beispielsweise das amerikanische Insolvenzrecht zu Grunde, kann man sogar von einer intensiven Beeinträchtigung ausgehen.

b) Eingriffsart i.S.d. Art. 14 GG

Nun stellt sich weiter die Frage, um welche Eingriffsart es sich dabei handelt.

---

[842] Dreier-*Dreier* Vorbem. RdNr. 82; *Massen*, Grundrechte, RdNr. 116.
[843] BT-Drs. 15/16, S. 25.

In Art. 14 GG sind unmittelbar zwei Formen des Eingriffs bezeichnet: die Enteignung (Art. 14 Abs. 3 GG) und die Inhalts- und Schrankenbestimmung (Art. 14 Abs. 1 S. 2 GG).

Daher stellt sich zunächst die Frage, ob § 354 Abs. 1 Alt. 2, Abs. 2 InsO bzw. i.V.m. § 335 InsO und der nationalen Insolvenzvorschrift eine **Enteignung** darstellt.

aa) Sonderopfertheorie

Nach *überkommener Auffassung* beurteilt sich die Enteignung nach quantitativen Gesichtspunkten des Eingriffs. Innerhalb dieser Meinung war streitig, wann ein Eingriff so stark war, dass die Schwelle zur Enteignung überschritten war. Der *Bundesgerichtshof* verstand unter einer Enteignung jeden gesetzlich zulässigen, zwangsweisen staatlichen Eingriff in das Eigentum, sei es in der Gestalt der Entziehung oder der Belastung, der die betroffenen Einzelnen oder Gruppen im Vergleich zu anderen ungleich, besonders treffe und sie zu einem besonderen, den übrigen nicht zugemuteten Opfer für die Allgemeinheit zwinge (Sonderopfertheorie).[844] Das Abgrenzungskriterium zwischen Enteignung und Inhalts- und Schrankenbestimmung sei also die Erbringung des Opfers.[845] Ein solches kann sich aus dem personalen Bezug des Eingriffs herleiten: wird nur ein Eigentümer oder eine Eigentümergruppe durch den Eingriff belastet, während andere in einer vergleichbaren Situation unbeeinträchtigt bleiben, kann von einem Sonderopfer gesprochen werden. Der Frage der Gleich- bzw. Ungleichbehandlung kommt nach dieser Auffassung eine zentrale Bedeutung zu.[846]

Bezogen auf die hier relevanten Fälle, lässt sich ein solches Sonderopfer nicht herleiten, weil alle Schuldner, die Vermögenswerte in Deutschland haben, mit der Eröffnung eines Sekundärinsolvenzverfahrens dort belastet werden. Das gilt zum einen durch die Verpflichtung zur Verteidigung des Eigentums in einem fremden Staat. Zum anderen gilt dies aber auch für die Anwendung der etwa benachteiligenden lex fori concursus secundariae. Die Eigentümergruppe der ausländischen Insolvenzschuldner wird also gerade exakt gleich behandelt.

---

[844] BGHZ 13, 265, 316; 37, 44, 47; 48, 58, 64; 54, 293.
[845] Von Mangoldt/Klein/Starck-*Depenheuer*, Art. 14, RdNr. 263.
[846] Von Mangoldt/Klein/Starck-*Depenheuer*, Art. 14, RdNrn. 267 f.

bb) Schweretheorie

Das *Bundesverwaltungsgericht* knüpfte für die Abgrenzung zwischen Enteignung und ISB ebenfalls an die Quantität an. Für die Überschreitung der Schwelle der ISB zur Enteignung hielt es aber ein anderes Kriterium für entscheidend: Eine Enteignung liege vor, wenn der Eingriff von einer besonderen Schwere und Trageweite sei.[847] Von einer besonderen Schwere wird man hier nicht ausgehen können. Denn durch die Anordnung des § 354 Abs. 1 Alt. 2 Abs. 2 InsO allein wird dem Schuldner nicht zwangsläufig sein Eigentum entzogen.

cc) Qualität des Eingriffs

Gegen eine Abgrenzung im Wege quantitativer Gesichtspunkte wendet sich das *Bundesverfassungsgericht.*[848] Vielmehr sei die Enteignung ein qualitatives aliud zur Inhalts- und Schrankenbestimmung. Die Inhalts- und Schrankenbestimmung regle die allgemeine Eigentumsordnung, während die Enteignung gezielt auf konkrete Rechtspositionen Zugriff nehme.[849] Eine Enteignung ist demnach eine vollständige oder teilweise Entziehung konkreter subjektiver Rechtspositionen, die durch Art. 14 Abs. 1 S. 1 GG gewährleistet sind. Auch nach dieser Auffassung ist weder in der Verpflichtung zur Teilnahme an dem ausländischen Verfahren noch in der Anwendung der lex fori concursus secundariae eine Enteignung zu erblicken. Hierdurch werden noch keinerlei Rechtspositionen entzogen. Denn der Gemeinschuldner muss sich lediglich auf die Unannehmlichkeiten eines ausländischen Insolvenzverfahrens einlassen, die in der Ferne der Informationsquellen, der fremden Sprache, usw. bestehen. Und auch die Tatsache, dass die lex fori concursus zur Anwendung gelangt, stellt selbst noch keine Enteignung dar. Dies kann allenfalls durch eine entsprechende Norm des deutschen Insolvenzrechts geschehen. Sie begründet dann gegebenenfalls eigenständig eine Enteignung.

dd) Zwischenergebnis

---

[847] BVerwGE 5, 143; 7, 297; 15, 1; 36, 248 ff., 251; 61, 298; 71, 150 f.; BVerwG NJW 1976, 1760 ff.
[848] BVerfGE 24, 367, 394; 70, 191, 199 ff. m.w.Nachw.
[849] BVerfGE 58, 300 ff. (Nassauskiesung) = NJW 1999, 2877.

Wenngleich eine Enteignung also ausscheidet, handelt es sich bei den o.g. Maßnahmen um Beeinträchtigungen der Eigentumsfreiheit des Art. 14 Abs. 1 S. 1 GG. Somit sind diese Maßnahmen Inhalts- und Schrankenbestimmungen,[850] denn hierunter versteht man jede Beeinträchtigung von Art. 14 G, die nicht Enteignung ist.[851]

3) verfassungsrechtliche Rechtfertigung

Der Eingriff muss verfassungsrechtlich gerechtfertigt sein.

a) Schranken

Inhalts- und Schrankenbestimmungen werden gem. Art. 14 Abs. 1 S. 2 GG durch die Gesetze bestimmt. Ausreichend ist grundsätzlich jede Rechtsnorm.[852] Ein solches Gesetz stellt die InsO dar.

b) Schranken-Schranken

Schranken-Schranken sind die Grenzen des grundrechtsbeschränkenden Zugriffs.[853] In Bezug auf die hier relevanten Eingriffe sind als Anforderungen allein die Einhaltung des Verhältnismäßigkeits-, des Zitiergebotes (Art. 19 Abs. 1 S. 2 GG) und der Bestimmtheit zu überprüfen.

aa) Grundsatz der Verhältnismäßigkeit

Der für den gesamten Bereich des staatlichen Handelns geltende Verhältnismäßigkeitsgrundsatz wird aus dem Rechtsstaatsprinzip hergeleitet. Bei dem Übermaßverbot geht es darum, dass der Staat die Individualsphäre der Bürger nicht unnötig und nicht mehr als erforderlich beeinträchtigen darf; dabei müssen die Interessen des Gemein-

---

[850] Vgl. hierzu auch: BVerfGE 51, 405, 408; von Münch/Kunig-*Bryde*, Art. 14, RdNr. 68, wonach das Zwangsvollstreckungs- und Konkursrecht Inhaltsbestimmung i.S.d. Art. 14 Abs. 1 GG zum Schutz im Verfahren darstellen.

[851] BVerfGE 58, 300, 330 (Nassauskiesung).

[852] *Siekmann/Duttge*, RdNr. 167, eine Einschränkung ergibt sich allein daraus, dass der Gesetzgeber wesentliche Fragen selbst regeln muss (Parlamentsvorbehalt), BVerfGE 61, 260, 275; 49, 89, 126; 77, 170, 230 f. Hier stellt dies kein Problem dar, weil die InsO dieses Erfordernis erfüllt.

[853] Dreier-*Dreier*, Vorb. RdNr. 91.

wohls, denen eine Regelung dienen soll, um so gewichtiger sein, je empfindlicher der Einzelne in seiner Freiheit beeinträchtigt wird.[854]

(a) Zweck

Zunächst ist festzustellen, welchen Zweck der Gesetzgeber mit dem Eingriff in den Schutzbereich verfolgt und ob dieser legitim ist. Dabei ist zu berücksichtigen, dass der Gesetzgeber grundsätzlich eine ausschließliche Zwecksetzungskompetenz hat, was dazu führt, dass eine Kontrollinstanz auch keine Prüfung dahingehend vornehmen darf, ob der Zweck billigenswert ist. Eine Ausnahme gilt nur für den Fall, dass der Gesetzgeber bei der Zwecksetzung von unzutreffenden tatsächlichen Gegebenheiten ausgegangen ist.[855] Bei einem Eingriff im Sinne des Art. 14 Abs. 1 S. 2 GG besteht die Besonderheit, dass die Bestandsgarantie des Art. 14 Abs. 1 S. 1 GG, der Regelungsauftrag des Art. 14 Abs. 1 S. 2 GG und die Sozialpflichtigkeit des Eigentums nach Art. 14 Abs. 2 GG in einem untrennbaren Zusammenhang stehen. Daraus lässt sich herleiten, dass der Gesetzgeber sich bei der Inhalts- und Schrankenbestimmung am Wohl der Allgemeinheit orientieren muss. Der Zweck, der einen Eingriff in das Eigentum rechtfertigen kann, muss dem Allgemeinwohl dienen.[856]

Unter dem Gemeinwohl versteht man das Wohl einer in gegenseitiger Verflechtung ihrer Daseinsgestaltung und Bedürfnisbefriedigung lebenden Vielheit von Menschen.[857] Das Ziel, das der Gesetzgeber mit § 354 InsO verfolgt, ist der **Schutz der inländischen Gläubiger** einerseits und andererseits der Interessen des **inländischen Rechtsverkehrs.**[858] Gerade der inländische Rechtsverkehr zeichnet sich durch eine gegenseitige Verflechtung der Beteiligten aus.

Dass der konkrete Belang im engen Zusammenhang mit Individualinteressen steht, ist kein Hindernis. Das erkennt man an der Nähe zwischen der Volksgesundheit und der Gesundheit des Einzelnen, an der Verhinderung der Arbeitslosigkeit oder der Straf-

---

[854] BVerfGE 36, 47, 59; 40, 196, 227; *Schnapp* JuS 1983, 850, 852.
[855] *Schnapp* JuS 1983, 850, 854.
[856] BVerfGE 25, 112, 119; Dreier-*Wieland*, Art. 14, RdNr. 79.
[857] *Brockhaus*, http://lexika.tanto.de/artikel.php?TANTO_SID=c0cfec64672598fe777af5621d613716&TANTO_KID=digibib&TANTO_AGR=45588&shortname=b24&artikel_id=8027011; *Stern* III/2, S. 348.
[858] BT-Drs. 15/16, S. 25.

rechtspflege, die dem einzelnen Angeklagten einen effektiven Rechtsschutz gewähren will.[859]

Zweifeln kann man hier lediglich an dem Merkmal „Vielheit von Menschen". Die Zahl lokaler Gläubiger ist bisweilen gering. Der inländische Rechtsverkehr ist dagegen sehr viel weiter gefasst. Dies ist auch geboten, weil die Zahl der inländischen Gläubiger bei jedem Einzelfall unterschiedlich hoch sein kann. Das hängt von der Größe des schuldnerischen Unternehmens und dem Typus der Gläubiger ab. Gerade wenn die Gläubiger Arbeitnehmer und Verbraucher sind wird die Menge der Gläubiger recht groß sein. Zum einen lässt sich dies aber nicht von vornherein abschätzen und zum anderen kann der Kreis der Betroffenen nicht streng auf die Gläubiger beschränkt werden. Gerade in der heutigen Zeit kommt es häufig zu einem „Schneeballeffekt". Die Insolvenz des Schuldners zieht nicht selten die Insolvenz seines Gläubigers mit sich. Aufgrund dieser Verflechtungen muss man die „Interessen lokaler Gläubiger" und den „inländischen Rechtsverkehr" abstrahieren zu „dem Schutz inländischer Interessen" wie es der Verordnungsgeber in den Erwägungsgründen zu EuInsVO getan hat (vgl. Erwägungsgrund Nr. 19 S. 1). Somit geht es durchaus um den Schutz einer Vielzahl von Menschen die miteinander verflochten sind, also um den Schutz des Gemeinwohls. Dabei handelt es sich auch nicht bloß um wirtschaftliche Interessen, die selbst nicht geeignet sind, einen Gemeinwohlbelang zu bilden.[860] Vielmehr geht es um den Schutz des Rechtsverkehrs, insbesondere um den Vertrauensschutz.

Auch ist der deutsche Gesetzgeber bei der Schaffung der Norm keineswegs von unzutreffenden tatsächlichen Umständen ausgegangen. Denn die weltweite Universalität des Insolvenzverfahrens würde unüberschaubare Komplikationen, Ungewissheiten und Gefahren mit sich ziehen.

Der Gesetzgeber verfolgt einen legitimen Zweck.

(b) Mittel

Als Mittel gegen die ausufernde Universalität bringt der Gesetzgeber zum einen mittels Sonderkollisionsnormen (§§ 336 ff. InsO) das eigene Recht zur Anwendung. An-

---

[859] *Stern* III/2, S. 352 f.

[860] *Stern* III/2, S. 354.

dererseits will er über die Eröffnung eines Sekundärinsolvenzverfahrens die Wirkungen eines ausländischen Insolvenzverfahrens „weitgehend abblocken".[861] Auch das angewendete Mittel ist legitim.

(c) Geeignetheit

Die Eröffnung eines Sekundärinsolvenzverfahrens schon bei Vermögensbelegenheit und die damit verbundene Anwendung der lex fori concursus secundariae, also deutschen Rechts, gibt den deutschen Gläubigern die Möglichkeit ihre Rechte in einem ortsnahen Verfahren durchzusetzen, dessen Wirkungen sich auf das gesamte inländische schuldnerische Vermögen erstreckt. Dabei müssen sie sich nicht auf die Unwägbarkeiten eines ausländischen, möglicherweise schuldnerfreundlichen Insolvenzrechts einlassen. Das Mittel ist jedenfalls tauglich, das Ziel des Schutzes inländischer Interessen zu fördern.

(4) Erforderlichkeit

Die leichte Eröffnung eines Sekundärinsolvenzverfahrens müsste erforderlich sein. um die Interessen inländischer Interessen zu schützen. Das ist der Fall, wenn der Gesetzgeber nicht ein anderes, aber gleich wirksames, und dennoch das Grundrecht nicht oder doch weniger fühlbar einschränkendes Mittel, hätte wählen können.[862] Weniger einschneidend für den Schuldner wäre es, wenn der Gesetzgeber den Weg der EuInsVO gewählt hätte und erst bei einer Niederlassung ein Sekundärinsolvenzverfahren ermöglicht hätte. Allerdings ist fraglich, ob es sich dabei auch um ein gleich geeignetes Mittel gehandelt hätte. Das ist nur der Fall, wenn der Schutz inländischer Interessen bei dem Niederlassungserfordernis ebenso effektiv verfolgt worden wäre. Das „Vermögen" steckt als „Minus" im Kriterium der „Niederlassung". Die Niederlassung erfordert über die Vermögensbelegenheit hinaus eine wirtschaftliche Aktivität und den Einsatz von Personal aber auch des Vermögens selbst, also einen Vorgang, eine „Bewegung". Damit wird deutlich, dass diese seltener gegeben ist als das reine „Liegen" von Vermögenswerten. Die leichtere Eröffnung eines Sekundärinsolvenzverfahrens

---

[861] BT-Drs. 15/16, S. 25.
[862] BVerfGE 30, 292, 316; 78, 232, 245; *Stern* III/2, S. 780.

auf diese Weise bringt einen stärkeren Schutz der inländischen Interessen mit sich. Diese Maßnahme ist also zur Zweckförderung nicht ebenso geeignet wie das Anknüpfen an das Merkmal „Vermögen".

Eine weniger einschneidende, aber ebenso effektive Maßnahme ist daher nicht ersichtlich.

(5) Angemessenheit

Im Rahmen der Angemessenheit gilt es die Proportionalität zwischen den Größen „Mittel" und „Zweck" herzustellen. Die Eröffnung des Sekundärinsolvenzverfahrens bei einer reinen Vermögensbelegenheit darf nicht außer Verhältnis zu dem Ziel des Schutzes inländischer Interessen stehen.[863] Die Wahrung der Zumutbarkeitsgrenze orientiert sich an der Schwere des Eingriffs einerseits und dem Gewicht und der Dringlichkeit des Zweckes andererseits.[864] Unter Anwendung dieses Maßstabs ist die Grenze der Zumutbarkeit überschritten, wenn ein Gut auf Kosten eines anderen überproportional gewichtet wird. Ob dies der Fall ist, leitet sich aus einem Abwägungsvorgang her.[865]

(a) Zweck

Abzuwägen sind an dieser Stelle als Zweck der Schutz inländischer Interessen gegen das Mittel „Eröffnung eines Sekundärinsolvenzverfahrens bei reiner Vermögensbelegenheit". Inländische Gläubiger sind bei einer reinen Universalität dem ausländischen Insolvenzverfahren schutzlos ausgeliefert. Dies kann im Einzelfall bis zu einer faktischen **Rechtlosstellung** führen, wenn sie ihre Rechte im Ausland wegen der hohen Kosten, der fremden Sprache und des fremden Rechtssystems nicht verfolgen, zumal die Höhe der Befriedigung in jedem Insolvenzfall ungewiss ist. Im nationalen wie im transnationalen Insolvenzfall genügt die Masse regelmäßig nicht zur Befriedigung aller Gläubiger. Daher gilt es, die **vorhandene Masse gerecht unter den Gläubigern aufzuteilen**. Als Verteilungsmaßstäbe gelten im Wesentlichen das Gleichheitsprinzip

---

[863] *Stern* III/2, S. 782 m.w.Nachw.

[864] BVerfGE 30, 292, 316; 78, 77, 85; 83, 1, 19.

[865] *Stern* III/2, S. 785.

und, wenn einzelne Gläubiger besonders schutzwürdige Positionen erlangt haben (Ab- und Aussonderungsberechtigte), das Propotionalitätsprinzip. Wenn nun die lokalen Gläubiger aus den o.g. Gründen ihre Forderungen nicht im ausländischen Verfahren anmelden, verteilt sich die Masse auf die übrigen Gläubiger, die insbesondere aus dem Staat des Hauptinsolvenzverfahrens stammen. Damit erlangen sie auf Kosten der lokalen Gläubiger eine höhere Quote. Und wenn die Zahl der Gläubiger sogar so gering ist, dass eine vollständige Befriedigung stattfinden kann, weil viele lokale Gläubiger ihre Forderungen schlechterdings nicht angemeldet haben, kann sogar der Schuldner von dieser Situation profitieren, der oftmals die Insolvenz mitverursacht hat. Wenige oder einzelne Gläubiger erhalten auf Kosten anderer wegen der strengen Universalität dann Vorteile. Das **Schutzbedürfnis** inländischer Gläubiger und inländischer Interessen ist insgesamt als **hoch einzustufen**. Die Sicherung der Gläubigergleichbehandlung und iustitia commutativa ist ein äußerst bedeutendes Ziel, das ein entsprechend hohes Gewicht einnimmt.

(b) Mittel

Dem steht nun das Mittel gegenüber, nämlich die Eröffnung eines Partikularinsolvenzverfahrens bei reiner Vermögensbelegenheit. Zwar führt dies dazu, dass der Schuldner sich an einem fremden Verfahren, auf das für ihn fremdes Insolvenzrecht Anwendung findet, beteiligen muss. Zum einen ist er aber oftmals an der Insolvenz **nicht unschuldig**. Dies führt dazu, dass seine Interessen, insbesondere das Verteidigungsinteresse, eine relativ geringe Bedeutung im Abwägungsprozess einnehmen.[866] Zweitens hat er die **Schutzbedürftigkeit** der inländischen Interessen durch seine Vermögensbelegenheit im Ausland **mitverursacht**. Drittens hat diese Maßnahme selbst **noch keine Entziehung seiner Rechtspositionen** zum Gegenstand. Und schließlich wird viertens die Maßnahme durch das zusätzliche Erfordernis des **„besonderen Interesses“** der Gläubiger an der Eröffnung eines Territorialverfahrens **wesentlich abgemildert**.

---

[866] Vgl. *Windel* Jura 1999, 1: „Insolvenzrecht ist Vollstreckungsrecht und dient folglich zunächst dem Interesse der Gläubiger. Die Person des Schuldners wird bei dieser Sicht der Dinge nur insoweit einbezogen als der jeweilige kulturhistorisch erreichte Stand des Vollstreckungsschutzes reicht.“

(c) Zwischenergebnis

Das Ziel ist somit hoch zu gewichten, die Maßnahme dagegen nicht besonders einschneidend. Damit ist der Eingriff in das Schutzgut keineswegs überproportional und somit angemessen.

bb) Zitiergebot (Art. 19 Abs. 1 S. 2 GG)

Das Zitiergebot gem. Art. 19 Abs. 1 S. 2 GG bestimmt, dass das grundrechtseinschränkende Gesetz „das Grundrecht unter Angabe des Artikels nennen" muss. Damit werden die Warn- und Besinnungsfunktion einerseits und die Klarstellungsfunktion andererseits verfolgt. Zunächst soll der Gesetzgeber erkennen, dass er eine Eingriffsmöglichkeit in ein Grundrecht geschaffen hat. Und er soll darüber Rechenschaft ablegen.[867] Ferner wird mit dem Zitiergebot des Art. 19 Abs. 1 S. 2 GG eine Klarstellung bezweckt. Der Gesetzesanwender soll Auskunft darüber erhalten, in welche Grundrechte das Gesetz allein einzugreifen ermächtigt.

Der Gesetzgeber der Insolvenzordnung hat keinen Hinweis darauf gegeben, dass das Grundrecht auf Eigentum durch § 354 InsO eingeschränkt werden kann. Somit wäre an sich ein Verstoß gegen das Zitiergebot anzunehmen. Allerdings ist es restriktiv anzuwenden, damit der Gesetzgeber nicht in seiner Arbeit unnötig beeinträchtigt wird.[868] So ist es wegen der Nähe zu Art. 19 Abs. 1 S. 1 GG nur in den Fällen eines *echten Gesetzesvorbehaltes* anzuwenden und muss bei einer Inhalts- und Schrankenbestimmung nicht beachtet werden. § 354 InsO stellt eine Inhalts- und Schrankenbestimmung dar.[869]

cc) Bestimmtheit

Schließlich ist noch in Betracht zu ziehen, ob in § 354 InsO nicht ein Verstoß gegen den Bestimmtheitsgrundsatz zu erblicken ist, weil § 354 Abs. 2 InsO neben der Vermögensbelegenheit ein „besonderes Interesse" der inländischen Gläubiger an der Eröffnung eines Partikularinsolvenzverfahrens fordert. Ein Verstoß aus dem – sich aus

---

[867] BVerfGE 35, 185, 188; E 64, 72, 79.

[868] BVerfGE 28, 36, 46; NJW 1999, 3399 f.

[869] BVerfGE 64, 72, 97 f.; *Pieroth/Schlink*, RdNr. 311; a.A. *Stern* III/2, S. 755. m.w.Nachw.

dem Rechtsstaatsprinzip ableitenden Bestimmtheitsgrundsatz – liegt vor, wenn aus der Sicht des einzelnen Bürgers nicht vorhersehbar oder berechenbar ist, welche Auswirkungen die gesetzliche Regelung für ihn hat.[870] Diese Gefahr besteht verstärkt bei Generalklauseln und unbestimmten Rechtsbegriffen. Aber auch sie genügen noch dem Bestimmtheitsgrundsatz, wenn die Betroffenen in der Lage sind, die Rechtslage zu erkennen und ihr Verhalten danach einzurichten.[871] Schafft man **Fallgruppen**, in denen ein besonderes Interesse vorliegen soll, ist die Vorhersehbarkeit gewahrt. Dann liegt kein Verstoß gegen den Bestimmtheitsgrundsatz vor.

c) Zwischenergebnis

Der Eingriff in Art. 14 Abs. 1 S. 1 GG ist verfassungsrechtlich gerechtfertigt.

4) Zwischenergebnis

Damit liegt kein Verstoß gegen Art. 14 Abs. 1 S. 1 GG vor.

II. Art. 2 Abs. 1 GG

Der Insolvenzschuldner kann sich auch nicht wirksam darauf berufen, durch § 354 InsO in seinem Grundrecht auf die allgemeine Handlungsfreiheit verletzt zu sein, weil als es Auffanggrundrecht hinter Art. 14 Abs. 1 S. 1 GG zurücktritt, dessen Schutzbereich eröffnet ist, in den auch durch § 354 InsO eingegriffen wird.[872] Dass dieser Eingriff gerechtfertigt ist, steht dem nicht entgegen.[873]

Allein bei ausländischen juristischen Personen war der Schutzbereich des Art. 14 Abs. 1 S. 1 GG nicht eröffnet. Dies gilt aber für Art. 2 Abs. 1 GG gleichermaßen.[874]

III. Art. 3 Abs. 1 GG

[870] *Pieroth/Schlink*, RdNr. 312 f.

[871] BVerfGE 21, 73, 79.

[872] BVerfGE 58, 358, 363.

[873] Sachs-*Murswiek*, Art. 2, RdNr. 137.

[874] Von Münch/Kunig-*Kunig*, Art. 2, RdNr. 8

In Betracht zu ziehen ist ein Verstoß gegen den Gleichbehandlungsgrundsatz. Er kann sich daraus herleiten, dass gem. § 354 InsO ein Partikularinsolvenzverfahren einerseits bei einer Niederlassung (§ 354 Abs. 1 Alt. 1 InsO), andererseits aber auch schon bei einer bloßen Vermögensbelegenheit (§ 354 Abs. 1 Alt. 2) eröffnet werden kann, wenn ein besonderes Interesse der inländischen Gläubiger (§ 354 Abs. 2 S. 1 InsO) hinzukommt. Hierin könnte eine ungerechtfertigte Gleichbehandlung zweier ungleicher Sachverhalte liegen.

1) Grundrechtsträger

Wie von Art. 14 Abs. 1 S. 1, 2 Abs. 1 GG sind von Art. 3 Abs. 1 GG neben Ausländern,[875] auch inländische juristische,[876] nicht aber ausländische juristische Personen geschützt.[877]

2) Grundrechtstatbestand

Der Grundrechtstatbestand umfasst die Fälle, in denen auf der einen Seite wesentlich Gleiches ungleich und andererseits wesentlich Ungleiches gleich behandelt wird. Als Gleichbehandlung ungleicher Sachverhalte kommen in Betracht: das Vorhandensein einer Niederlassung und Vermögensbelegenheit mit dem besonderen Gläubigerinteresse, ein Partikularinsolvenzverfahren eröffnen zu können.

a) Behandlung einer Personengruppe in einer Weise

Gem. § 354 Abs. 1 Abs. 1 Alt. 1 InsO ist der Antrag eines Gläubigers auf Eröffnung eines Partikularverfahrens zulässig, wenn der Schuldner in diesem Staat eine **Niederlassung** hat.

---

[875] BVerfGE 30, 409, 412.
[876] BVerfGE 4, 7, 12.
[877] Sachs-*Osterloh*, Art. 3, RdNr. 72.

b) Behandlung einer anderen Personengruppe in der gleichen Weise

Ebenfalls zulässig ist ein solcher Gläubigerantrag, wenn der Schuldner **sonstiges Vermögen** dort hat (§ 354 Abs. 1 Alt. 1 InsO) und der Gläubiger ein **besonderes Interesse** an der Eröffnung eines solchen Verfahrens hat (§ 354 Abs. 2 S. 1 InsO).

c) ungleiche Sachverhalte

Die Sachverhalte „Niederlassung" und „Vermögensbelegenheit und besonderes Gläubigerinteresse" müssen ungleich sein. Das ist der Fall, wenn sie keinen gemeinsamen Bezugspunkt (genus proximum) aufweisen, der einen Vergleich zulässt.[878]

Ein solcher Bezugspunkt könnte sich ergeben, wenn in beiden Sachverhalten ein Inlandsbezug vorliegt. Gerade bei der Vermögensbelegenheit ist der Inlandsbezug aber wesentlich geringer als bei der Niederlassung. Ohne weiteres lässt sich somit nicht die Verwurzelung im Inland als Gemeinsamkeit der Kriterien Niederlassung und Vermögen aufstellen. Allerdings wurde oben dargestellt, dass das Merkmal „besonderes Interesse" so auszulegen ist, dass gerade hierdurch der Inlandsbezug Ausdruck findet. Der Inlandsbezug ist hinreichend, wenn das Vermögen des Schuldners im Inland groß ist. Dabei betont *Bloching*, dass das belegene Vermögen einen höheren Liquidationswert aufweisen könne als die Niederlassung.[879]

aa) Inlandsbezug

Über den unbestimmten Rechtsbegriff „besonderes Interesse" lässt sich der Inlandsbezug etwa dadurch begründen, dass der Schuldner neben seiner Vermögensbelegenheit in Deutschland auch noch wirtschaftliche Aktivitäten auf dem deutschen Wirtschaftsmarkt vorgenommen hat. Dann ist ein gemeinsamer Bezugspunkt vorhanden.

bb) gesetzlich geregelte Fallgruppe (§ 354 Abs. 2 S. 1 InsO a.E.)

Der Gesetzgeber nennt einen Fall, in dem das besondere Interesse des antragstellenden Gläubigers vorliegen soll, nämlich dann, wenn er in dem ausländischen Verfahren voraussichtlich erheblich schlechter gestellt wäre. In diesen Fällen wird eben über das

[878] *R.Schmidt*, Grundrechte, S. 148.
[879] *Bloching*, Pluralität und Partikularinsolvenz, S. 120.

„besondere Interesse“ kein Inlandsbezug in den Tatbestand einbezogen. Dann besteht auch kein gemeinsamer Bezugspunkt.
Ein solcher könnte zwar durch eine weitere Abstraktion erzeugt werden. Denn die Sachverhalte mit Inlandsbezug und die der Besserstellung des Gläubigers haben als gemeinsame Abstraktionsebene „den Schutz inländischer Interessen“. Zu suchen ist nur der „kleinste gemeinsame Nenner“ der Sachverhalte.[880] Denn durch eine weitere Abstraktion lässt sich am Ende stets ein gemeinsamer Bezugspunkt zwischen zwei noch so unterschiedlichen Sachverhalten aufstellen. Dabei handelt es sich dann aber nicht mehr um einen „kleinsten gemeinsamen Nenner“.

cc) Zwischenergebnis

Legt man den Begriff des besonderen Interesses so aus, dass sich dahinter ein Inlandsbezug des Sachverhaltes verbirgt, ist dies der Bezugspunkt zwischen den genannten Sachverhalten. Die Sachverhalte sind dann wesentlich gleich. Bei dem gesetzlich genannten Beispiel (§ 354 Abs. 1 S. 1 Hs. 2 InsO) fehlt hingegen der gemeinsame Bezugspunkt mit dem Fall des Niederlassungsinsolvenzverfahrens und muss daher verfassungsrechtlich gerechtfertigt werden. Dann sind die zu vergleichenden Aspekte wesentlich ungleich.

3) verfassungsrechtliche Rechtfertigung

Verfassungsrechtlich zu rechtfertigen ist also folgender Fall der Gleichbehandlung ungleicher Sachverhalte: Der Schuldner mit einer Niederlassung wird demjenigen mit Vermögensbegelegenheit gleichgestellt, wenn der antragsstellende Gläubiger in einem ausländischen Verfahren voraussichtlich erheblich schlechter gestellt wäre als in einem inländischen und daher ein besonderes Interesse an der Verfahrenseröffnung hat.

a) Willkürformel

Nach der herkömmlichen **Willkürformel** liegt ein Verstoß gegen Art. 3 Abs. 1 GG vor, wenn wesentlich Gleiches willkürlich ungleich oder wesentlich Ungleiches will-

[880] *Siekmann/Duttge*, RdNr. 884.

kürlich gleich behandelt wird.[881] Willkürlich ist eine Gleich- bzw. Ungleichbehandlung, wenn sich für sie keine vernünftigen Erwägungen bzw. sachlichen Gründe finden lassen, die sich aus der Natur der Sache ergeben oder sonst einleuchtend sind.[882] Bei dem Fall der Gleichbehandlung ungleicher Sachverhalte lag nach dieser Formel ein Verstoß vor, wenn die Verschiedenheit der gleich geregelten Sachverhalte so bedeutsam ist, dass ihre Gleichbehandlung mit einer am Gerechtigkeitsgedanken orientierten Betrachtungsweise unerträglich erscheint.[883] Eine solche Willkür kann man in diesem Fall nicht annehmen. Denn der Gesetzgeber hat mit dem Schutz lokaler Gläubiger und inländischer Interessen einen durchaus legitimen Zweck benannt, den er mit dieser Gleichbehandlung verfolgt.

b) Neue Formel

An Bedeutung eingebüßt hat die Willkürformel durch die sog. „**Neue Formel**". Nach dieser ist das Gleichbehandlungsgebot verletzt, wenn eine Gruppe von Normadressaten im Vergleich zu anderen anders behandelt wird, obwohl zwischen den beiden Gruppen keine Unterschiede von solcher Art und solchem Gewicht bestehen, dass sie die ungleiche Behandlung rechtfertigen könnten.[884] Im Vergleich zur Willkür- erhöht die Neue Formel die Kontrolldichte. An die Stelle einer bloßen Legitimitätsüberprüfung des Zwecks, tritt nun eine vollständige Verhältnismäßigkeitskontrolle.[885]

c) Verhältnismäßigkeit

Hieraus lässt sich dann auch entnehmen, wann die Willkür- und wann die Neue Formel anzuwenden ist.

Die Neue Formel ist „strenger" und somit auch in den Fällen des stärkeren Eingriffs anzuwenden. Stärker ist der Eingriff, wenn der ungleich oder gleich Behandelte weni-

---

[881] BVerfGE 49, 148, 165; 98, 365, 385; BGHZ 113, 163, 173.

[882] BVerfGE 10, 234, 246; BVerfG NJW 2000, 2264, 2266.

[883] BVerfGE 55, 261, 269.

[884] BVerfGE 55, 72, 88; 99, 129, 139; 101, 239, 269; BVerfG NJW 2002, 2543, 2549 f.; *Brüning* JZ 2001, 669.

[885] Dreier-*Heun*, Art. 3, RdNr. 19; *Drewender*, Betriebsfremde Arbeitnehmer, S. 176; von Mangoldt/Klein/Starck-*Starck*, Art. 3, RdNr. 11; von Münch/Kunig-*Gubelt*, Art. 3, RdNr. 14; *Sachs*, Art. 3 RdNrn. 14.

ge oder keine Möglichkeit hat, auf die Ungleichbehandlung Einfluss zu nehmen. Keinen Einfluss kann er nehmen, wenn die Situation für ihn unabänderlich ist. Das ist der Fall, wenn die Ungleichbehandlungen an personengebundene Merkmale anknüpft. Für die Gleichbehandlung gilt das Gegenteil. Schwer ist sie, wenn sie gerade nicht an personengebundene Kriterien anknüpft.[886] Dann wird nämlich durch die Gleichbehandlung eine Verhaltensweise diskriminiert. In dem o.g. Beispielsfall will *Dr. Ralf Meyer* die Unterscheidung an ein Verhalten anknüpfen, nämlich daran, dass die *Beauté S.A.* nur Vermögen in Deutschland hat, die *Fly Away Corp.* aber eine echte Niederlassung. Daher ist die Neue Formel heranzuziehen.

aa) Zweck und Mittel

Das Mittel ist die Gleichbehandlung der beiden hier benannten Sachverhalte. Hinsichtlich des Zwecks ist entscheidend, ob es Gründe für die anzugreifende Gleichbehandlung gibt und welche Gründe dies sind.[887] Ein Partikularverfahren soll nach den Äußerungen des Gesetzgebers im Interesse lokaler Gläubiger und zum Schutz des inländischen Rechtsverkehrs zulässig sein.[888] Dies verbirgt sich demnach auch hinter der Gleichbehandlung der genannten Fälle.

bb) Geeignetheit

Die Gleichbehandlung muss geeignet sein, den Interessen lokaler Gläubiger und dem Schutz des inländischen Rechtsverkehrs zu dienen. Wenn zu der Vermögensbelegenheit hinzukommt, dass der Gläubiger im ausländischen Verfahren voraussichtlich benachteiligt würde, tritt ein weiterer Aspekt der Schutzwürdigkeit inländischer Gläubiger hinzu. Die Eröffnung eines Territorialverfahrens ist i.d.R. günstig für die inländischen Gläubiger. Somit ist die Gleichbehandlung mit den „Niederlassungsfällen" durchaus geeignet, den Interessen lokaler Gläubiger zu dienen. Das gilt demnach auch für jede Form der weiten Interpretation des „besonderen Interesses".

---

[886] *Michael* JuS 2001, 866.
[887] *Michael* JuS 2001, 866, 867.
[888] BT-Drs. 15/16, S. 25.

cc) Erforderlichkeit

Eine Erforderlichkeitsprüfung findet beim allgemeinen Gleichheitssatz nicht statt.[889] Insbesondere ist nicht zu prüfen, ob eine andere Maßnahme in Betracht kommt.[890]

dd) Angemessenheit

Im Rahmen der Angemessenheit ist zu ermitteln, ob die Gleichbehandlung im Verhältnis zu der Art und dem Gewicht der tatsächlichen Unterschiede unangebracht erscheint.[891] Der Unterschied des Sachverhaltes besteht darin, dass bei der Niederlassung ein Inlandsbezug vorliegt und in dem Fall der Vermögensbelegenheit und der Schlechterstellung des Gläubigers im ausländischen Verfahren nicht. Als Rechtfertigung für diese Gleichbehandlung kommen der **Schutz des inländischen Rechtsverkehrs und die Interessen lokaler Gläubiger** in Betracht. Sie sind in Abwägung mit der **Gleichbehandlung** zu bringen.

Gem. § 354 Abs. 2 S. 1 InsO wird undifferenziert das „besondere Interesse" des antragstellenden Gläubigers bejaht, wenn „er in einem ausländischen Verfahren voraussichtlich erheblich schlechter stehen wird als in einem inländischen Verfahren". Die Gründe der Schlechterstellung können wie dargestellt sehr vielschichtig sein. So kann ein Gläubiger schon deshalb schlechter stehen, weil er sich auf die fremde Sprache und ein fremdes Rechtssystem einlassen muss. Mit diesen Nachteilen kämpfen die deutschen Gläubiger aber typischerweise in einem transnationalen Insolvenzfall.

Dennoch führt die Schlechterstellung nicht immer zu konkreten Nachteilen bei der Befriedigung. Ist der Gläubiger etwa ein größeres selbst international tätiges Unternehmen, wird er Fachpersonal beschäftigen oder einsetzen, das mit dem fremden Rechtssystem vertraut ist.

Damit das Verhältnis zwischen der Gleichbehandlung und den schützenswerten Interessen der Gläubiger gewahrt ist, muss eine **Erheblichkeitsschwelle** der Gläubiger-

---

[889] BVerfGE 71, 39, 58, wo es zum Ausdruck bringt, dass der Differenzierungsgrund allein darauf zu überprüfen sei, ob er „sachbezogen und vertretbar" sei; *Michael* JuS 2001, 866 868, für eine geringere Bedeutung der „Erforderlichkeit" bei allgemeinen Gleichheitssatz auch *Pieroth/Schlink*, RdNr. 442.; a.A. *Koenig* JuS, 1995, 313, 315.

[890] *Michael* JuS 2001, 866, 868.

[891] *Michael* JuS 2001, 866, 869.

nachteile im ausländischen Verfahren überschritten sein. Dies ist auch bereits im Wortlaut der Norm zum Ausdruck gekommen: „wenn er in einem ausländischen Verfahren voraussichtlich *erheblich* schlechter stehen wird [...]" (§ 354 Abs. 2 S. 1 InsO). Worin diese Erheblichkeit bestehen soll, hat der Gesetzgeber in der Norm allerdings nicht bezeichnet. Wie sich aus den Materialien des Gesetzes ergibt, hatte er aber im Wesentlichen vor Augen, dass die „Befriedigungschancen" des Gläubigers im ausländischen Verfahren niedriger sind.[892] Daher sollte man den Begriff „erheblich" i.S.d. § 354 Abs. 2 S. 1 InsO im Wege einer verfassungskonformen Auslegung auf die Fälle begrenzen, wo **konkret** im Ausland eine **wesentlich geringere oder gar keine Befriedigung des Gläubigers droht**.

Davon erfasst werden insbesondere Fälle, wo das ausländische Insolvenzrecht direkt eine **geringere oder gar keine Quote** für Ausländer bei der Befriedigung vorsieht.

Auf der anderen Seite kann aber auch die fremde Sprache oder das fremde Rechtssystem zu einer erheblichen Schlechterstellung führen. Dafür kommt es aber entscheidend auf den Einzelfall an. Während dies bei „großen" und wirtschaftlich potenten Gläubigern keine Beeinträchtigung der Befriedigung mit sich ziehen dürfte, ergibt sich bei „kleinen" Gläubigern eine andere Situation. Bei ihnen führen häufig schon die erhöhten Rechtsverfolgungskosten im Ausland dazu, dass sie ihre Forderungen gar nicht anmelden. Faktisch kommt es also immer dazu, dass die Befriedigungschancen auf Null reduziert werden.

Jedenfalls scheiden reine Unannehmlichkeit aufgrund der fremden Sprache usw. aus, wegen derer nicht konkret eine geringere Befriedigung droht.

ee) Zwischenergebnis

Unter den hier bezeichneten Vorgaben ist die Verhältnismäßigkeit gewahrt.

---

[892] BT-Drs. 15/16, S. 25.

4) Zwischenergebnis

Die Gleichbehandlung ungleicher Sachverhalte ist dann gerechtfertigt.[893]

IV. Zwischenergebnis

Die Eröffnung eines Partikularinsolvenzverfahrens aufgrund der Vermögensbelegenheit und hinzutretendem „besonderen Interesse" des antragstellenden Gläubigers steht mit Artt. 14, 2, 3 GG in Einklang.

[893] Im Ergebnis auch *Bloching*, Pluralität und Partikularinsolvenz, S. 121, unter Hinweis darauf, dass das Vermögen zwar leichter zu ergreifen sei als eine Niederlassung. Dies rechtfertige aber keine Differenzierung im Allgemeinen, sondern sei abhängig von Art du Umfang der Vermögenswerte und der Offenheit des jeweiligen Staates. Dieser Ansatz ist aber methodisch fragwürdig, denn es geht hier um die Rechtfertigung einer Gleichbehandlung ungleicher Sachverhalte und nicht um die Rechtfertigung einer Ungleichbehandlung. Das kommt der Willkür-Formel nahe.

Dritter Teil. Internationale Anerkennungszuständigkeit bei Partikularinsolvenzverfahren

§ 14 Auswirkungen auf die Anerkennungszuständigkeit

Bislang ging es um die Frage, wann ein Partikularverfahren eröffnet werden soll. Eine Voraussetzung dafür ist die Eröffnungszuständigkeit. Die Zuständigkeitskriterien wurden hier näher beleuchtet. In einem letzten Schritt ist nun zu untersuchen, ob und gegebenenfalls welche Folgen die in diesem Zusammenhang gewonnenen Erkenntnisse auf die Anerkennungszuständigkeit haben.

I. Allgemeines zur Anerkennungszuständigkeit

Man unterscheidet zwischen der direkten und der indirekten internationalen Zuständigkeit. Bei der *compétence directe* geht es um die Frage, wann das Verfahren zu eröffnen ist.

Die indirekte Zuständigkeit ist im Internationalen Zivilverfahrensrecht oft eine Voraussetzung zur Anerkennung einer ausländischen Entscheidung. Ein Beispiel hierfür ist § 328 Abs. 1 Nr. 1 ZPO.

Dass die internationale Zuständigkeit eine Anerkennungsvoraussetzung für ausländische Verfahrenseröffnungen ist, ist vor folgendem Hintergrund zu sehen: Die Gesetzgeber mancher Staaten neigen dazu, die eigene internationale Zuständigkeit weit zu fassen. Auf diese Weise sollen die Bürger durch die eigene Gerichtsbarkeit geschützt werden. Was die eigenen Bürger schützt, wirkt sich als „Zuständigkeitschauvinismus" auf der anderen Seite aus. Ausländer müssen damit rechnen, vor den Gerichten eines anderen Staates verklagt zu werden. Daher wird „ihr" Staat seinerseits versuchen, sie vor dieser Misslichkeit zu schützen. Das geschieht dadurch, dass der Staat schlechterdings die Entscheidungsanerkennung versagt. Um dabei direkt die aus seiner Sicht ungebührlich weite Entscheidungskompetenz zu missbilligen, wird die internationale Zuständigkeit zur Anerkennungsvoraussetzung erhoben.[894] Um aber eine solche „Sanktion" zu erreichen, genügt es nicht hin, wenn die internationale Zuständigkeit

---

[894] *Von Bar/Mankowski*, IPR I, § 5, RdNr. 124.

nach den Vorschriften des Eröffnungsstaates vorliegt. Denn dann würde man ja gerade die exorbitante Zuständigkeitsnorm bei der Beurteilung zugrunde legen. Daher ist die Anerkennung zu versagen, wenn „die Gerichte des Staates, dem das ausländische Gericht angehört, *nach den deutschen Gesetzen* nicht zuständig sind" (§ 328 Abs. 1 Nr. 1 ZPO). Der Anerkennungsrichter prüft also, ob die Gerichte des Entscheidungsstaates zuständig gewesen wären, wenn dort deutsches Eröffnungszuständigkeitsrecht gegolten hätte. Die Eröffnungszuständigkeit und die Anerkennungszuständigkeit werden so in Gleichlauf gebracht. Man spricht auch von dem **Spiegelbildgrundsatz**.[895] Das Ziel dieser Vorgehensweise besteht also erstens darin, die eigenen Bürger zu schützen. Zweitens soll den ausländischen Staaten ein „Anreiz" gegeben werden, dass ihre Entscheidungen anerkannt werden, wenn sie von exorbitanten Gerichtsständen Abstand nehmen und stattdessen ihre Entscheidungsgewalt nur bejahen, wenn der Sachverhalt genügend Kontakte zur dortigen Gerichtsbarkeit aufweist.[896] Um die Durchsetzung von Rechtsanwendungsinteressen geht es indes nicht.[897]

Im innereuropäischen Bereich besteht eine besondere Situation. Dort sind die Entscheidungszuständigkeiten vereinheitlicht worden. Das geschah v.a. im Rahmen der Verordnung (EG) Nr. 44/2001 des Rates über die gerichtliche Zuständigkeit und die Anerkennung und Vollstreckung von Entscheidungen in Zivil- und Handelssachen (EuGVVO).[898] Der Grund hierfür liegt in dem gegenseitigen Vertrauen der Partnerstaaten. Dies ist nicht mit der Anwendung exorbitanter Gerichtsstände vereinbar. So sieht etwa Art. 3 Abs. 2 der Brüssel-I-VO vor, dass bestimmte, exorbitante Gerichtsstände ausgeschlossen sind. Diese werden in Anhang I zur Verordnung benannt. Darunter befindet sich auch § 23 ZPO. Die Anerkennungsvoraussetzungen finden sich in Artt. 33 ff. EuGVVO. Art. 34 EuGVVO nennt Aspekte, wann die Anerkennung ausscheidet. Das Fehlen der internationalen Zuständigkeit ist dort nicht genannt. Vielmehr

---

[895] BGHZ 52, 30, 37; BGHZ 120, 334; *von Bar/Mankowski*, IPR I, § 5, RdNr. 6; *Geimer*, IZPR, RdNr. 2896; *Thomas/Putzo*, § 328, RdNr. 8.
[896] *Von Bar/Mankowski*, IPR I, § 5, RdNr. 125; *Geimer*, IZPR, RdNr. 2901.
[897] *Geimer*, IZPR, RdNr. 2901.
[898] Vgl. auch *Schack*, Internationales Zivilverfahrensrecht, RdNr. 840.

wird nach Art. 35 Abs. 3 S. 1 EuGVVO die Zuständigkeit der Gerichte des Ursprungsmitgliedstaates nicht nachgeprüft.

II. Anerkennungszuständigkeit im Internationalen Insolvenzrecht

Die Frage nach der Anerkennung ausländischer Insolvenzverfahrenseröffnungen stellt sich auch im Internationalen Insolvenzrecht. Dabei geht es nicht allein um die Hauptverfahrenseröffnungen. Ein Bedürfnis zur Anerkennung besteht auch bei den Nebenverfahren. Ein Beispiel hierfür ist das Begehren des ausländischen Insolvenzverwalters, Massegegenstände im Inland zu veräußern.[899] Im autonomen Internationalen Insolvenzrecht gilt grundsätzlich ebenfalls das Spiegelbildprinzip. D.h. es ist zu prüfen, ob die Gerichte des Eröffnungsstaates zuständig gewesen wären, wenn deutsches Zuständigkeitsrecht anzuwenden gewesen wäre.[900]

1) europäisches Internationales Insolvenzrecht

Wie in der EuGVVO wurden auch in der Verordnung (EG) Nr. 1346/2000 über Insolvenzverfahren einheitliche Eröffnungszuständigkeitsregelungen getroffen. Sie befinden sich in Art. 3 EuInsVO. Anerkennungsrechtlich ist Art. 16 EuInsVO von Bedeutung. Dort heißt es in Absatz 1: „Die Eröffnung eines Insolvenzverfahrens durch ein *nach Artikel 3 zuständiges Gericht* eines Mitgliedstaates wird [...] anerkannt, [...].“[901] Hier wird also Zugriff auf die Eröffnungszuständigkeitsvorschrift genommen. Indes bedeutet dies nicht, dass die Gerichte des Anerkennungsstaates befugt sind, die internationale Zuständigkeit zu überprüfen.[902] Dies ist nicht nur im Erläuternden Bericht explizit so bezeichnet worden,[903] sondern verbietet sich v.a. auch mit Blick auf den Grundsatz des Gemeinschaftsvertrauens (Erwägungsgrund Nr. 22 S. 3). Erforderlich und ausreichend ist allein, dass das eröffnende Gericht die Gerichtsbarkeit seines Staa-

---

[899] *Trunk*, Internationales Insolvenzrecht, S. 270.
[900] *Graf*, Anerkennung, S. 289.
[901] Hervorhebung hinzugefügt.
[902] *Duursma-Kepplinger/Chalupsky*, in: Duursma-Kepplinger/Duursma/Chalupsky, EuInsVO, Art. 16, RdNr. 14; *Huber* ZZP 114 (2001), 133, 145 f.; *Kolmann*, Kooperationsmodelle, S. 282 f.; FK-*Wimmer*, Art. 102 EGInsO, RdNr. 78.
[903] *Virgos/Schmit*, Erläuternder Bericht, RdNr. 202.

tes für international zuständig hielt.[904] Weil der eindeutige Wortlaut aber die internationale Zuständigkeit für die Anerkennung fordert, bedarf es einer teleologischen Reduktion. Im Ergebnis gilt, was bereits in Art. 35 Abs. 3 S. 1 EuGVVO zum Ausdruck gekommen ist: Die Zuständigkeit der Gerichte des Ursprungsmitgliedstaats darf nicht nachgeprüft werden.

2) deutsches Internationales Insolvenzrecht

Sodann ist die Rechtslage im autonomen Internationalen Insolvenzrecht zu beleuchten. Unter welchen Voraussetzungen, die Eröffnung eines ausländischen Insolvenzverfahrens anzuerkennen ist, ergibt sich aus § 343 Abs. 1 InsO. Die Anerkennung scheitert gem. § 343 Abs. 1 S. 2 Nr. 1 InsO, wenn die Gerichte des Eröffnungsstaates „nach deutschem Recht nicht zuständig sind." Die Vorschrift ähnelt gerade in diesem Aspekt dem § 328 ZPO.[905] Daraus lässt sich schließen, dass – anders als bei Art. 16 EuInsVO – eine positive Zuständigkeitsprüfung zu erfolgen hat. Dabei geht es erneut darum, ob die ausländischen Gerichte zuständig gewesen wären, wenn deutsches Zuständigkeitsrecht zur Anwendung gekommen wäre (**hypothetische Prüfung**). Auch hier wird der Schutz der eigenen Zuständigkeit bezweckt.[906]

Im Folgenden ist allein die Anerkennung von Partikularinsolvenzverfahren zu betrachten. Für die Eröffnung dieser Verfahren sieht § 354 Abs. 1 InsO zwei Gerichtsstände vor, den Niederlassungs- und subsidiär den Vermögensgerichtsstand. Nun könnte man – wie *Schack* es für das Allgemeine IZPR formuliert –[907]annehmen, dass die Anerkennungszuständigkeit genauso weit reicht wie die Entscheidungszuständigkeit. Dann müssten die Kriterien „Niederlassung" und „Vermögen" der Eröffnungszuständigkeit auf die Anerkennungszuständigkeit übertragen werden. So hat es *Kolmann* unter

---

[904] *Duursma-Kepplinger/Chalupsky,* Duursma-Kepplinger/Duursma/Chalupsky, EuInsVO, Art. 16, RdNr. 14; *Huber* ZZP 114 (2001), 133, 146; *Lüke* ZZP 111 (1998), S. 286 f.; *Smid*, Deutsches und Europäisches Internationales Insolvenzrecht, Art. 16, RdNr. 5; a.A. *Trunk*, Internationales Insolvenzrecht, S. 361.

[905] § 328 Abs. 1 Nr. 1 ZPO: „wenn die Gerichte des Staates, dem das ausländische Gericht angehört, nach den deutschen Gesetzen nicht zuständig sind".

[906] *Graf*, Anerkennung, S. 289.

[907] *Schack*, Internationales Zivilverfahrensrecht, RdNr. 831.

Zugrundelegung des Regierungsentwurfs aus den 90-er Jahren gesehen[908] und auch *Graf* schließt sich für die aktuelle Rechtslage dieser uneingeschränkten Übernahme des Spiegelbildgrundsatzes an.[909] Aus der Äußerung des Bundesgerichtshofs bezogen auf Art. 102 Abs. 3 S. 1 EGInsO a.F., dass der Vermögensgerichtsstand des § 23 ZPO uneingeschränkt gelten solle, lassen sich keine Erkenntnisse über seine Sicht der Dinge ziehen. Denn Art. 102 Abs. 3 S. 1 EGInsO a.F. befasst sich ausschließlich mit der direkten Zuständigkeit.

a) Niederlassungsgerichtsstand

Was den Niederlassungsgerichtsstand anbetrifft, ist *Graf* zuzustimmen. Insoweit sind tatsächlich keine Gründe ersichtlich, warum von einer Übernahme des Spiegelbildgrundsatzes abgesehen werden sollte. Denn der Niederlassungsbegriff ist eindeutig in Art. 2 lit. h) EuInsVO definiert. Diese Definition wird für die Eröffnungszuständigkeit des autonomen Internationalen Insolvenzrechts übernommen. Der Gerichtsstand ist nicht exorbitant und bedarf daher auch keiner Einschränkung.

Das hat zur Folge, dass bei der Eröffnung eines ausländischen Territorialinsolvenzverfahrens auf der Basis einer Niederlassung die Anerkennung nicht an § 343 Abs. 1 S. 2 Nr. 1 InsO scheitert. Liegen die übrigen Voraussetzungen vor, ist das Verfahren anzuerkennen. Für Partikularverfahren bedeutet dies, dass sie zu beachten sind.

b) Vermögensgerichtsstand

Nicht so eindeutig ist dies beim Vermögensgerichtsstand des § 354 Abs. 1 S. 1 Alt. 2 InsO. Gegen ihn bestehen Vorbehalte. Letztlich führte dies zu einer einschränkenden Auslegung. Einer darüber hinausgehenden teleologischen Reduktion bedurfte es nur deshalb nicht, weil der Gesetzgeber die Eröffnung eines Partikularverfahrens aufgrund

---

908 *Kolmann*, Kooperationsmodelle, S. 142 f.: „Hat der Schuldner im Staat der Eröffnung Vermögen oder eine Zweigniederlassung, so sind die Gerichte des Eröffnungsstaates aus deutscher Sicht grundsätzlich nur für solche Verfahren zuständig, die auf das dort belegene Vermögen beschränkt sind."

909 *Graf*, Anerkennung, S. 298: „Gründe gegen eine konsequente Durchführung des Spiegelbildlichkeitsprinzips und für ein Abweichen von den Grundsätzen, die das deutsche Recht als internationalverfahrensrechtlich gerecht erachtet, sind nicht ersichtlich."

der Vermögensbelegenheit weiter durch die Antragsbefugnis einschränkte. Damit fehlte es an einer für die Rechtsfortbildung erforderlichen Lücke.

Würde man nun das Spiegelbildprinzip einschränkungslos anwenden, wäre der Gerichtsstand des Vermögens auch auf die Anerkennungszuständigkeit zu übertragen. Das hätte die Konsequenz, dass ausländische Eröffnungsentscheidungen für Partikularverfahren auf der Grundlage reiner Vermögensbelegenheiten ohne weiteres anerkannt würden. In Deutschland aber würde eine solche Einschränkungsmöglichkeit durch das „besondere Interesse“ (§ 354 Abs. 2 S. 1 InsO) die Eröffnung solcher Verfahren erheblich eingeschränkt wäre. Insofern könnte es geboten sein, von der Übernahme des Spiegelbildgrundsatzes abzuweichen.

aa) § 23 S. 1 ZPO

Um sich der Lösung des Problems anzunähern, sollte zunächst ein Blick darauf gerichtet werden, wie der Umstand im parallelen Fall des Allgemeinen Internationalen Zivilprozessrecht bewältigt wird, dem § 23 S. 1 ZPO.

Für die Eröffnungszuständigkeit wird der § 23 S. 1 ZPO dahingehend teleologisch reduziert, dass über die bloße Vermögensbelegenheit ein Inlandsbezug gefordert wird. Diskutiert wird nun, ob diese Sichtweise auf die Anerkennungszuständigkeit des § 328 Abs. 1 Nr. 1 ZPO zu übertragen ist.

Der *Bundesgerichtshof* hat die Antwort auf diese Frage mangels Entscheidungserheblichkeit offen gelassen.[910]

In der Literatur wird die Problematik uneinheitlich gelöst.

Eine Mindermeinung will den Vermögensgerichtsstand des § 23 S. 1 ZPO gar nicht als Anerkennungsgerichtsstand zulassen.[911]

Im Übrigen stehen sich zwei Positionen gegenüber. Auf der einen Seite wird eine Durchbrechung des Spiegelbildgrundsatzes vorgeschlagen,[912] zumal eine solche Aus-

---

[910] BGH NJW 1999, 3198, 3199: „Ob auch im Rahmen des § 328 Abs. 1 Nr. 1 ZPO spiegelbildlich die Einschränkung gilt, daß § 23 ZPO zusätzlich einen hinreichenden Inlandsbezug voraussetzt, kann hier offenbleiben.“

[911] *Schröder* IPRax 1988, 144, 146.

[912] *Basedow* IPRax 1994, 183, 186; *Haas* IPRax 2001, 195, 196; Zöller-*Geimer*, § 328, RdNr. 96b, „Eine ‚Spiegelung' macht keinen Sinn.“.

nahme bereits für § 39 ZPO anerkannt sei.[913] Demgegenüber wird vorgeschlagen, den Vermögensgerichtsstand ohne Einschränkung für die Anerkennungszuständigkeit zu übernehmen.[914] Danach muss dann parallel zur Eröffnungszuständigkeit auch bei Anerkennungszuständigkeit zu der bloßen Vermögensbelegenheit ein Inlandsbezug hinzutreten.

Gegen die Übertragung des Spiegelbildprinzips wird angeführt, dass die Einschränkung des Vermögensgerichtsstandes bei der *compétence directe* den Abbau des exorbitanten Gerichtsstandes zum Gegenstand habe. Übertrage man die Einschränkung auf den Anerkennungsgerichtsstand, habe dies eine Folge, die dem ursprünglichen Ziel gerade widerspreche.[915] Zudem sei die Anwendung des Spiegelbildgrundsatzes in diesem Fall rein schematisch.[916]

Dem werden folgende Argumente entgegengehalten: Die Vermögensbelegenheit allein genüge nirgendwo zur Begründung einer Gerichtspflichtigkeit und bedürfe stets und überall einer Beschränkung.[917] So könne ein auf dem Vermögensgerichtsstand basierendes Urteil nur anerkannt werden, wenn dieser Gerichtsstand eingeschränkt worden sei. Zudem gehe es bei der Einschränkung der Entscheidungszuständigkeit darum, exorbitante Gerichtsstände zurückzudrängen. Dem entspricht es, darauf basierende Entscheidungen durch die Nichtanerkennung zu sanktionieren.[918] Die internationale Zuständigkeit müsse stets den Beklagtenschutz gewährleisten. Die direkte internationale Zuständigkeit leiste einen Schutz vor der eigenen, die indirekte vor der ausländischen Gerichtsbarkeit.[919] Die indirekte internationale Zuständigkeit in die Prüfung der Anerkennung mit einzubeziehen, habe den Sinn, dass die eigenen Bürger nicht mit Urteilen konfrontiert würden, die auf exorbitanten Gerichtsständen beruhen. Insbesondere solle auch nicht auf der Grundlage solcher Entscheidungen in deren Vermögen in Deutschland vollstreckt werde. Diesem Schutzzweck entspreche es aber gerade, ausländische

[913] Verwiesen wird dabei auf die „Brasilienentscheidung", BGH IPRax 1994, 204.
[914] *Fricke* IPRax 1992, 3066; *Mansel*, FS-Jayme I, S. 561, 571.
[915] *Basedow* IPRax 1994, 183, 186; *Haas* IPRax 2001, 195, 196.
[916] *Haas* IPRax 2001, 195, 196.
[917] *Mansel*, FS-Jayme I, S. 561, 571.
[918] *Mansel*, FS-Jayme I, S. 561, 572.
[919] *Fricke* IPRax 1992, 3066, 3069.

reine Vermögensgerichtsstände durch Nichtanerkennung der Urteile zu sanktionieren und den inländischen Beklagten so zu schützen.[920]

Die besseren Gründe sprechen in der Tat für eine Anwendung des Spiegelbildgrundsatzes. Die Ansicht, die eine Übertragung des Spiegelbildgrundsatzes ablehnt, kann mit ihren Einwänden nicht durchdringen. Die pauschale Behauptung, dass die Beschränkung des Vermögensgerichtsstandes an dieser Stelle schematisch sei, ist inhaltsleer. Auch ist nicht einzusehen, warum hierdurch das Ziel, Vermögensgerichtsstände abzubauen konterkariert werden sollte. Im Gegenteil, dient gerade die Übernahme des Spiegelbildgrundsatzes der Zurückdrängung des Vermögensgerichtsstandes. Die Entscheidungen werden nämlich nur anerkannt, wenn zu der Vermögensbelegenheit ein Inlandsbezug hinzutritt. Damit wird der ausländische vorbehaltslose Vermögensgerichtsstand sanktioniert und ein Anreiz geschaffen, von solchen abzusehen. Das dämmt die Gefahr ein, dass Vermögensgerichtsstände überhaupt existieren.

bb) § 354 Abs. 1 Alt. 2 InsO

Betrachtet man nun die Rechtslage des autonomen Internationalen Insolvenzrechts, stellt man fest, dass diese in dem fraglichen Punkt von der des § 23 S. 1 ZPO abweicht. Der Vermögensgerichtsstand des § 23 S. 1 ZPO enthält dem Wortlaut nach keinerlei Einschränkungen. Das gilt zwar für den Vermögensgerichtsstand des § 354 Abs. 1 Alt. 2 InsO selbst auch. Allerdings wird dieser durch die enge Antragsbefugnis erheblich abgemildert. Das führte gerade dazu, dass der Vermögensgerichtsstand nicht teleologisch reduziert werden musste und konnte, sondern lediglich einschränkend ausgelegt wurde. Wendet man hier die Spiegelung an, ist auf die Anerkennungszuständigkeit nur die einschränkende Auslegung aus wirtschaftlichen Gesichtspunkten des Vermögensbegriffs zu übertragen.

(1) Spiegelung der einschränkenden Auslegung

Die im Rahmen der Eröffnungszuständigkeit getroffene Feststellung der einschränkenden Auslegung ist in der Tat ohne weiteres zu spiegeln. Durch die wirtschaftliche

---

[920] *Mansel*, FS-Jayme I, S. 561, 572.

Betrachtungsweise (Abzug der Passiva von den Aktiva und Ausscheiden nur geringwertiger Vermögensgegenstände) soll nämlich verhindert werden, dass der Vermögensgerichtsstand zu einer „umbrella-rule“ wird, die sich massegefährdend auswirkt. Diese Interessenlage besteht für die Eröffnung ausländischer Partikularverfahren zumindest in gleichem Maße. Vielmehr wird man wohl erst recht fordern müssen, dass diese restriktive Auslegung auch für die indirekte internationale Zuständigkeit gelten soll. Denn es ist nicht gesichert, dass die ausländische lex fori concursus particularis eine dem § 26 InsO entsprechende Norm vorsieht, die die hier angesprochene Gefahr mindert.

(2) teleologische Reduktion des Vermögensbegriffs im Rahmen der Anerkennungszuständigkeit

Das bisherige Ergebnis lautet: Die Anerkennung ausländischer Partikularinsolvenzverfahrenseröffnungen scheidet u.a. aus, wenn die internationale Zuständigkeit nicht vorliegt (§ 343 Abs. 1 S. 2 Nr. 1 InsO). Sie ist nach Anwendung des Spiegelbildprinzips gegeben, wenn der Schuldner in dem betreffenden Staat eine Niederlassung hat. Ist das nicht der Fall, genügt unter Zugrundelegung einer bereinigten Bilanz (Aktiva bereits subtrahiert) aber die Belegenheit von Vermögenswerten, wenn diese nicht lediglich geringwertig sind.

Nun stellt sich die Frage, ob darüber hinaus noch eine teleologische Reduktion des Vermögensbegriffs im Rahmen der *compétence indirecte* erforderlich ist. In dem oben diskutierten Fall ging es darum, ob die Einschränkungen, die im Rahmen des § 23 S. 1 ZPO auf der Eröffnungsseite vollzogen werden, auf die Anerkennungsseite zu übertragen sind. Bei der hier angesprochenen teleologischen Reduktion würde man noch einen Schritt über die Spiegelung hinausgehen.

(a) planwidrige Regelungslücke

Eine planwidrige Regelungslücke liegt vor, wenn gemessen an der ratio legis eine Ausnahmeregel fehlt,[921] weil der Gesetzgeber das Erfordernis einer solchen übersehen hat.[922]

Das ist hier der Fall. Rechtspolitisch war lange Zeit umstritten, ob ein Niederlassungs- oder ein Vermögensgerichtsstand für die Eröffnung von Nebeninsolvenzverfahren entscheidend sein sollte. Die Niederlassung steht dem Universalitäts- und Einheitsprinzip näher. Gewährt man die Eröffnung von Nebenverfahren schon bei der bloßen Vermögensbelegenheit, begünstigt dies die Verfahrensvielfalt. Nach der Entscheidung des europäischen Verordnungsebers für das Kriterium der Niederlassung, hat der deutsche Gesetzgeber eine Kompromisslösung gewählt. Er schränkte der Eröffnungsgerichtsstand des Vermögens durch eine enge Antragsbefugnis ein und wollte dadurch die Zerfaserung der Insolvenzabwicklung verhindern. Dabei hat er wohl übersehen, dass die Antragsbefugnis im Unterschied zur internationalen Zuständigkeit einer Spiegelung nicht zugänglich ist und dass damit das für Einschränkungskriterium für die Anerkennungszuständigkeit entfällt. Nicht bewusst war sich der Gesetzgeber dabei auch, dass er durch die Anerkennung ausländischer Insolvenzverfahrenseröffnungen bei reiner Vermögensbelegenheit, die inländischen Gläubiger dazu zwingt, ihr Glück in der Forderungsdurchsetzung im ausländischen Insolvenzverfahren zu suchen. Hätte der Gesetzgeber die Anerkennung in diesen Fällen versagt, dann hätte das eventuell deutsche Universalverfahren auch im Staat des Partikularverfahrens Wirkungen gezeitigt und wäre nicht verdrängt worden. Somit wären die Gläubiger auch durch die deutschen Vorschriften geschützt gewesen.

---

[921] *Bydlinski*, Methodenlehre, S. 480.
[922] *Rüthers*, Rechtstheorie, RdNr. 903.

Wenn ein solches deutsches Universalverfahren nicht existiert, dann hätten die deutschen Gläubiger bei Nichtanerkennung des ausländischen Partikularverfahrens zumindest im Wege der Einzelzwangsvollstreckung in diesem Land tätig werden können.[923] So sind sie auf die Rechtsverfolgung in der Ferne angewiesen. Das ist mit dem Geist des autonomen Internationalen Insolvenzrechts nicht vereinbar. Die Sonderanknüpfungen der §§ 336 ff. InsO und die Existenz eines Vermögensgerichtsstands bei der direkten internationalen Zuständigkeit belegen, dass der Schutz des inländischen Rechtsverkehrs eine bedeutende Rolle einnimmt.

Vor diesem Hintergrund ist von einer planwidrigen Regelungslücke auszugehen.

(b) Schließung der Lücke

Die Lücke ist durch das Hinzufügen einer Regelung zu schließen.[924] Herauszuarbeiten sind Fälle, in denen bei bloßer Vermögensbelegenheit die indirekte internationale Zuständigkeit anzunehmen ist. Hier bietet sich an, die Fallgruppen zu übernehmen, die für das „besondere Interesse" bei der Antragsbefugnis herausgestellt wurden. Denn auf diese Weise würden die Voraussetzungen der Partikularverfahrenseröffnung im Ausland mit denen im Inland in Gleichlauf gebracht. Eine unterschiedliche Anwendung in diesem Bereich würde die Rechtssicherheit beeinträchtigen. Im Ergebnis ist der Vermögensgerichtsstand bei der *compétence indirecte* wie folgt teleologisch zu reduzieren: die Eröffnung eines ausländischen Partikularverfahrens auf der Basis einer Vermögensblegenheit ist nur anzuerkennen, wenn entweder die Gläubiger des Eröffnungsstaates in einem aus ihrer Sicht ausländischen Verfahren voraussichtlich erheblich schlechter stehen würden als in einem inländischen oder zweitens ein über die Vermögensbelegenheit hinausgehender Inlandsbezug vorliegt. Hierzu ist im Einzelnen auf die obigen Fallgruppen zu verweisen.

---

[923] *Trunk*, Internationales Insolvenzrecht, S. 271, ist zuzugeben, dass diese Lösung den Rechtsfrieden gefährdet. Nach den Wertungen des autonomen deutschen Internationalen Insolvenzrechts ist dies jedoch hinzunehmen, da nach der Gesamtkonstruktion des Gesetzes der Schutz des inländischen Rechtsverkehrs höher zu gewichten ist. Das gilt insbesondere, weil das autonome Recht den Schwerpunkt seines Anwendungsbereichs im Verhältnis zu Drittstaaten findet.

[924] *Canaris*, Lücken, § 145.

(c) Bewertung dieser Lösung

Diese über die Spiegelung hinausgehende Lösungsvariante ist eine nicht besonders anwendungsfreundliche. Insbesondere ist sie nicht aus dem Gesetzestext zu entnehmen. Allerdings ist sie methodisch einwandfrei. Dass hier die Gedanken der Antragsbefugnis auf die Ebene der internationalen Zuständigkeit gehoben wird, mag mancher Kritik ausgesetzt sein. Jedoch ist dies erforderlich um den inländischen Rechtsverkehr zu schützen und zugleich der Funktion der internationalen Zuständigkeit zu genügen, exorbitante Gerichtsstände anderer Nationen zurückzuweisen und somit zu sanktionieren, in der Hoffnung, dass sie sich so auf einen akzeptablen Gerichtsstand besinnen werden. Das Heben auf eine andere Ebene ist nur deshalb erforderlich, weil der Gesetzgeber Erwägungen, die eigentlich zur internationalen Zuständigkeit gehören, auf die Antragsbefugnis verlagert und damit einen Konstruktionsfehler begangen hat. Diesen gilt es auf die hier vorgeschlagene Weise zu beheben.

Zusammenfassung der Ergebnisse

Die oben aufgeworfenen sieben Grundfragen[925] sind wie folgt zu beantworten:

(1) Niederlassungsbegriff i.S.d. Art. 3 Abs. 2 S. 1 EuInsVO

1. Die Vermögensbelegenheit stellt weder direkt noch analog eine Niederlassung gem. Art. 3 Abs. 2 S. 1 EuInsVO dar. Allerdings kommt eine Rechtsfortbildung contra legem in eng begrenzten Ausnahmefällen in Betracht: So kann ein Partikularinsolvenzverfahren eröffnet werden, wenn statt einer Niederlassung nur Vermögenswerte in einem Mitgliedstaat vorhanden sind. Weiterhin muss dann die Forderung des Gläubigers an dem Massegegenstand und nicht an einem dinglichen Sicherungsrecht bestehen. Sodann muss auch eine Einbeziehung in das Hauptverfahren ausscheiden, weil der Gegenstand nicht zur Masse gezogen werden kann. Außerdem darf der Gegenstand auch nicht freigekauft werden können. Schließlich darf der Anwendungsbereich des Art. 5 Abs. 4 EuInsVO nicht eröffnet sein.

2. Ein beweglicher Gegenstand stellt keine Niederlassung im Sinne des Art. 2 lit. h) EuInsVO, § 354 Abs. 1 Alt. 1 InsO dar. Eine analoge Anwendung findet nicht statt.

3. Hat der Schuldner in einem Mitgliedstaat eine Niederlassung in dem Zeitpunkt unterhalten, wo die Forderung des Gläubigers begründet worden ist, ihren Betrieb aber eingestellt hat und sind nun noch Vermögenswerte aus der Niederlassung vorhanden, ist Art. 3 Abs. 2 S. 1 EuInsVO analog anzuwenden.

4. Die Tochtergesellschaft ist keine Niederlassung. Eine Analogie scheidet aus.

5. Für die Annahme einer Niederlassung ist nicht erforderlich, dass der Betreiber dieser Stelle eine Gewinnerzielungsabsicht hat. Erforderlich und ausreichend ist – bei Vorhandensein der übrigen Voraussetzungen –, dass der Schuldner eine Tätigkeit nach außen zum Markt hin vorgenommen hat.

[925] Vgl. oben Einleitung II.

6. Es ist für die Einordnung einer Stelle als Niederlassung unschädlich, wenn die dort betriebene Tätigkeit verboten oder sittenwidrig ist.

7. Ist die internationale Zuständigkeit zur Eröffnung eines Hauptinsolvenzverfahrens fälschlich von einem Gericht in Anspruch genommen, kann in dem Staat, wo tatsächlich der Interessenmittelpunkt des Schuldners liegt, zumindest ein Sekundärinsolvenzverfahren eröffnet werden. Die Niederlassung im Sinne der Verordnung kann auch am Ort des Interessenmittelpunktes liegen.

(2) Vereinbarkeit der Eröffnung von Partikularverfahren auf der Basis einer Niederlassung mit Artt. 43, 48 EG

8. Die Eröffnung eines Partikularinsolvenzverfahren auf der Basis des Niederlassungsgerichsstands ist mit Art. 43 EG vereinbar.

(3) Niederlassungsbegriff i.S.d. § 354 Abs. 1 Alt. 2 InsO

9. Es handelt sich nicht um Vermögen im Sinne der Verordnung, wenn die bereinigte Vermögensbilanz einen negativen Wert aufweist oder das Vermögen geringwertig ist. Darüber hinaus ist der Vermögensbegriff nach § 354 Abs. 1 Alt. 2 InsO weder einschränkend auszulegen noch teleologisch zu reduzieren.

(4) Auslegung und (5) Definition des „besonderes Interesses" i.S.d. § 354 Abs. 2 S. 1 InsO

10. Das besondere Interesse im Sinne des § 354 Abs. 2 S. 1 InsO liegt vor, wenn subjektiv eine auf die Verfolgung ausschließlich eigener wirtschaftlicher oder rechtlicher Belange beruhende Motivationslage zur Stellung eines Eröffnungsantrags besteht, die ihn objektiv gegenüber dem grundsätzlich zumutbaren Befriedigungsversuch in einem ausländischen Verfahren als schutzbedürftig erscheinen lässt und zwar in einer das normale Maß übersteigenden Art und Weise. Die objektive Schutzbedürftigkeit liegt zum einen in dem gesetzlich normierten Fall vor, dass der antragsstellende Gläubiger in einem ausländischen Verfahren voraussichtlich erheblich schlechter gestellt wäre (§

354 Abs. 2 S. 1 InsO a.E.). Daneben ist die Schutzbedürftigkeit aber auch zu bejahen, wenn ein Inlandsbezug des Sachverhaltes gegeben ist. Dies ist der Fall, wenn der Schuldner sich stark in dem Staat der Vermögensbelegenheit wirtschaftlich betätigt. Außerdem kann sich der Inlandsbezug auch aus dem Vermögen selbst herleiten. So ist es, wenn das Vermögen einen erheblichen Teil des gesamten schuldnerischen Vermögens ausmacht, das inländische Vermögen zu einer geschäftlichen Betätigung eingesetzt wird oder es sonst in Erscheinung tritt. Kein Inlandsbezug liegt dagegen in diesen Fällen vor, wenn es sich um eine *res in transitu* handelt.

(6) Verfassungsmäßigkeit des § 354 Abs. 1 Alt. 2, Abs. 2 InsO

11. § 354 InsO ist verfassungsgemäß. Insbesondere ist der Eingriff in Art. 14 Abs. 1 S. 1 GG wegen des angestrebten Schutzes lokaler Gläubiger und inländischer Interessen gerechtfertigt. Art. 2 Abs. 1 GG tritt als subsidiär zurück. Ein Verstoß gegen Art. 3 Abs. 1 GG wegen der Gleichbehandlung ungleicher Sachverhalte liegt nicht vor. Ist das besondere Interesse wegen eines Inlandsbezuges des Sachverhaltes gegeben, liegen bereits keine ungleichen Sachverhalte vor. Ergibt sich das „besondere Interesse“ aus der voraussichtlich schlechteren Stellung des antragstellenden Gläubigers in einem ausländischen Verfahren, ist die Ungleichbehandlung aus demselben Grund gerechtfertigt wie der Eingriff in Art. 14 Abs. 1 S. 1 GG.

(7) Auswirkungen auf die Anerkennungszuständigkeit des § 343 Abs. 1 S. 2 Nr. 1 InsO

12. Im Rahmen der indirekten internationalen Zuständigkeit ist das Spiegelbildprinzip nur im Rahmen des autonomen Rechts das Spiegelbildprinzip anzuwenden. Zusätzlich ist der Vermögensgerichtsstand dort teleologisch zu reduzieren, wobei die Gedanken der Antragsbefugnis des § 354 Abs. 2 InsO heranzuziehen sind. Im europäischen Internationalen Insolvenzrecht ist die internationale Zuständigkeit keine Voraussetzung zur Anerkennung der Partikularinsolvenzverfahrenseröffnung.

STUDIEN ZUM VERGLEICHENDEN UND INTERNATIONALEN RECHT

Herausgeber: Bernd von Hoffmann, Erik Jayme und Heinz-Peter Mansel

Band 1 Ferdinand Henke: Die Datenschutzkonvention des Europarates. 1986.

Band 2 Peter Czermak: Der express trust im internationalen Privatrecht. 1986.

Band 3 Peter Kindler: Der Ausgleichsanspruch des Handelsvertreters im deutsch-italienischen Warenverkehr. Eine rechtsvergleichende und kollisionsrechtliche Untersuchung. 1987.

Band 4 Wilhelm Denzer: Stellung und Bedeutung des Engineers in den FIDIC-Bauvertragsbedingungen. 1988.

Band 5 Marijan-Maximilian Lederer: Die internationale Enteignung von Mitgliedschaftsrechten unter besonderer Berücksichtigung der französischen Enteignungen 1982. 1989.

Band 6 Rainer Esser: Klagen gegen ausländische Staaten. 1990.

Band 7 Chang Jae-Ok: Auf dem Weg zu einer Materialisierung des Immateriellen? Personen-, Persönlichkeitsschutz und Geldersatz des immateriellen Schadens in rechtsvergleichender Hinsicht am Beispiel des koreanischen und japanischen Zivilrechts unter besonderer Berücksichtigung des deutschen Rechts. 1990.

Band 8 Paul-Frank Weise: Lex mercatoria. Materielles Recht vor der internationalen Handelsschiedsgerichtbarkeit.1990.

Band 9 Werner Born: Der Auftrittsvertrag für Musikgruppen im Bereich der Rock- und Popmusik. 1990.

Band 10 Ralf Erich Jürgens: IPR und Verfassung in Italien und in der Bundesrepublik Deutschland. 1990.

Band 11 Rainer Gildeggen: Internationale Schieds- und Schiedsverfahrensvereinbarungen in Allgemeinen Geschäftsbedingungen vor deutschen Gerichten. 1991.

Band 12 Klaus Grabinski: Die kollisionsrechtliche Behandlung des Durchgriffs bei rechtlich verselbständigten Unternehmen in privater oder öffentlicher Hand. 1991.

Band 13 Dieter Stummel: Konkurs und Integration. Konventionsrechtliche Wege zur Bewältigung grenzüberschreitender Insolvenzverfahren. 1991.

Band 14 Joachim Güntzer: Die Rechtsstellung des Geschäftsführers im spanischen Aktienrecht. Die Neuregelung des spanischen Aktienrechts nach dem Beitritt Spaniens zur EG. 1991.

Band 15 Sabine Isenburg-Epple: Die Berücksichtigung ausländischer Rechtshängigkeit nach dem Europäischen Gerichtsstands- und Vollstreckungsübereinkommen vom 27.9.1968. Untersuchungen zum Anwendungsbereich von Art. 21 EuGVÜ unter schwerpunktmäßiger Behandlung der Frage nach der Bestimmung eines europäischen Streitgegenstandsbegriffs. 1992.

Band 16 Ulrich Nickl: Die Qualifikation der culpa in contrahendo im Internationalen Privatrecht. 1992.

Band 17 Theo Rauh: Leistungserschwerungen im Schuldvertrag. Eine rechtsvergleichende Untersuchung des englischen, US-amerikanischen, französischen und deutschen Rechts unter besonderer Berücksichtigung der gerichtlichen Praxis. 1992.

Band 18 Bernadette Chaussade-Klein: Vorvertragliche "obligation de renseignements" im französischen Recht. 1992.

Band 19 Josef Sievers: Verbraucherschutz gegen unlautere Vertragsbedingungen im französischen Recht. Vom Code civil zum "Code de la consommation" – die Entstehung eines Sonderprivatrechts für Verbraucher. 1993.

Band 20 Achim Schäfer: Grenzüberschreitende Kreditsicherung an Grundstücken, unter besonderer Berücksichtigung des deutschen und italienischen Rechts. 1993.

Band 21 Eugenio Hernández-Breton: Internationale Gerichtsstandsklauseln in Allgemeinen Geschäftsbedingungen. Unter besonderer Berücksichtigung des deutsch-südamerikanischen Rechtsverkehrs (dargestellt am Beispiel Argentinien, Brasilien und Venezuela). 1993.

Band 22 Ingo Reng: Unterhaltsansprüche aufgrund nichtehelicher Lebensgemeinschaft – Internationales Privatrecht und ausländisches materielles Recht. 1994.

Band 23 Stefanie Roloff: Die Geltendmachung ausländischer öffentlicher Ansprüche im Inland. 1994.

Band 24 Katharina Ludwig: Der Vertragsschluß nach UN-Kaufrecht im Spannungsverhältnis von Common Law und Civil Law. Dargestellt auf der Grundlage der Rechtsordnungen Englands und Deutschlands. 1994.

Band 25 Malte Diesselhorst: Mehrparteienschiedsverfahren. Internationale Schiedsverfahren unter Beteiligung von mehr als zwei Parteien. 1994.

Band 26 Manfred Kost: Konsensprobleme im internationalen Schuldvertragsrecht. 1995.

Band 27 Wolff-Heinrich Fleischer: Das italienische Wettbewerbsrecht und die Probleme des selektiven Parfümvertriebs unter Berücksichtigung der Rechtslage in Frankreich und Deutschland. 1995.

Band 28 Angelika Fuchs: Lateinamerikanische Devisenkontrollen in der internationalen Schuldenkrise und Art. VIII Abschn. 2 b) IWF-Abkommen. 1995.

Band 29 Jacques Matthias Aull: Der Geltungsanspruch des EuGVÜ: "Binnensachverhalte" und Internationales Zivilverfahrensrecht in der Europäischen Union. Zur Auslegung von Art. 17 Abs. 1 S. 1 EuGVÜ. 1996.

Band 30 Hartmut Ost: EVÜ und fact doctrine. Konflikte zwischen europäischer IPR-Vereinheitlichung und der Stellung ausländischen Rechts im angelsächsischen Zivilprozeß. 1996.

Band 31 Stefan Wagner: Die Testierfähigkeit im Internationalen Privatrecht. 1996.

Band 32 Wolfgang Jakob Hau: Positive Kompetenzkonflikte im Internationalen Zivilprozeßrecht. Überlegungen zur Bewältigung von *multi-fora disputes*. 1996.

Band 33 Markus Schütz: UN-Kaufrecht und *Culpa in contrahendo*. 1996.

Band 34 Volker Geyrhalter: Das Lösungsrecht des gutgläubigen Erwerbers. Ein "vergessener" Kompromiß und die Auswirkungen auf das heutige deutsche Recht unter besonderer Berücksichtigung des internationalen Sachenrechts. 1996.

Band 35 Andreas Kramer: Abwicklungsstörungen bei Kaufverträgen. Die Lieferung vertragswidriger Sachen im deutschen und italienischen Recht. 1996.

Band 36 Petra Krings: Erfüllungsmodalitäten im internationalen Schuldvertragsrecht. 1997.

Band 37 Tonja Gaibler: Der rechtsgeschäftliche Irrtum im französischen Recht. 1997.

Band 38 Dirk Otto: Rechtsspaltung im indischen Erbrecht. Bedeutung und Auswirkungen auf deutsch-indische Nachlaßfälle. 1997.

Band 39 Gregor W. Decku: Zwischen Vertrag und Delikt. Grenzfälle vertraglicher und deliktischer Haftung dargestellt am Beispiel der Berufs- und Expertenhaftung zum Schutze des Vermögens Dritter im deutschen und englischen Recht. 1997.

Band 40 Ulrike Höpping: Auswirkungen der Warenverkehrsfreiheit auf das IPR unter besonderer Berücksichtigung des Internationalen Produkthaftungsrechts und des Internationalen Vertragsrechts. 1997.

Band 41 Andreas Bartosch: Die vermögensrechtlichen Beziehungen der Ehegatten bei bestehender Ehe im englischen Recht – Eigentum, Besitz, Schuldvertrag. 1997.

Band 42 Helene Boriths Müller: Die Umsetzung der europäischen Übereinkommen von Rom und Brüssel in das Recht der Mitgliedstaaten. Dargestellt am Beispiel Deutschlands und Dänemarks. 1997.

Band 43 Bernd von Hoffmann / Myong-Chang Hwang (eds.): The Public Concept of Land Ownership. Reports and Discussions of a German-Korean Symposium held in Seoul on October 7-9, 1996. 1997.

Band 44 Oliver Heeder: Fraus legis. Eine rechtsvergleichende Untersuchung über den Vorbehalt der Gesetzesumgehung in Deutschland, Österreich, der Schweiz, Frankreich und Belgien unter besonderer Berücksichtigung des Internationalen Privatrechts. 1998.

Band 45 Heinrich Schütt: Deliktstyp und Internationales Privatrecht. Dargestellt an grenzüberschreitenden Problemen der Arzthaftung. 1998.

Band 46 Axel Steiner: Die stillschweigende Rechtswahl im Prozeß im System der subjektiven Anknüpfungen im deutschen Internationalen Privatrecht. 1998.

Band 47 Martina Schulz: Der Eigentumsvorbehalt in europäischen Rechtsordnungen. Rechtsvergleichende Untersuchung des deutschen, englischen und französischen Rechts unter besonderer Berücksichtigung von Erweiterungen und Verlängerungen. 1998.

Band 48 Karin Dreher: Die Rechtswahl im internationalen Erbrecht. Unter besonderer Berücksichtigung des italienischen IPR-Reformgesetzes N. 218 vom 31. Mai 1995. 1999.

Band 49 Giuliano Gabrielli: Das Verhältnis zwischen der Anfechtung wegen Eigenschaftsirrtums und den Gewährleistungsansprüchen im deutschen, österreichischen und italienischen Recht. 1999.

Band 50 Bernd von Hoffmann / Myong-Chan Hwang (eds.): Developments in Land Law. Reports and Discussions of a German-Korean Symposium held in Berlin and Trier on July 21-24, 1997. 1999.

Band 51 Volker Heidbüchel: Das UNCITRAL-Übereinkommen über unabhängige Garantien und Standby Letters of Credit. Vergleiche mit den Richtlinien der Internationalen Handelskammer, dem deutschen, englischen und US-amerikanischen Recht. 1999.

Band 52 Jan Christoph Nordmeyer: Pflichtteilsansprüche und Wiedervereinigung. Eine systematische Analyse der Ausgleichsansprüche nach BGB-Pflichtteilsrecht unter besonderer Berücksichtigung der durch den Wiedervereinigungsprozeß eingetretenen Wertveränderungen. 1999.

Band 53 Bettina Linder: Vertragsabschluß beim grenzüberschreitenden Verbraucherleasing. 1999.

Band 54 Almontasser Fetih: Die zivilrechtliche Haftung bei Vertragsverhandlungen. Eine rechtsvergleichende Studie zum deutschen, französischen, ägyptischen und islamischen Recht. 2000.

Band 55 Sona Rajani: Die Geltung und Anwendung des Gemeinschaftsrechts im Vereinigten Königreich von Großbritannien und Nordirland. Der Grundsatz der Parlamentssouveränität im Wandel. 2000.

Band 56 Joachim Kayser: Gegenmaßnahmen im Außenwirtschaftsrecht und das System des europäischen Kollisionsrechts. Eine Analyse der EU-Abwehrverordnung gegen die Auswirkungen extraterritorialer Rechtserstreckung eines Drittlandes. 2001.

Band 57 Albrecht Conrad: Qualifikationsfragen des Trust im Europäischen Zivilprozeßrecht. 2001.

Band 58 Bernd Borgmann: Die Entsendung von Arbeitnehmern in der Europäischen Gemeinschaft. Wechselwirkungen zwischen Kollisionsrecht, Grundfreiheiten und Spezialgesetzen. 2001.

Band 59 Aleksandar Jaksic: Arbitration and Human Rights. 2002.

Band 60 Islamisches und arabisches Recht als Problem der Rechtsanwendung. Symposium zu Ehren von Professor Emeritus Dr. iur. Omaia Elwan. Veranstaltet vom Institut für ausländisches und internationales Privat- und Wirtschaftsrecht der Universität Heidelberg und der Gesellschaft für Arabisches und Islamisches Recht e.V. Herausgegeben von Herbert Kronke, Gert Reinhart und Nika Witteborg. 2001.

Band 61 Patrick Fiedler: Stabilisierungsklauseln und materielle Verweisung im internationalen Vertragsrecht. 2001.

Band 62 Werner Mangold: Die Abtretung im Europäischen Kollisionsrecht. Unter besonderer Berücksichtigung des spanischen Rechts. 2001.

Band 63 Eike Dirk Eschenfelder: Beweiserhebung im Ausland und ihre Verwertung im inländischen Zivilprozess. Zur Bedeutung des US-amerikanischen discovery-Verfahrens für das deutsche Erkenntnisverfahren. 2002.

Band 64 Bernd Ehle: Wege zu einer Kohärenz der Rechtsquellen im Europäischen Kollisionsrecht der Verbraucherverträge. 2002.

Band 65 Heiko Lehmkuhl: Das Nacherfüllungsrecht des Verkäufers im UN-Kaufrecht. 2002.

Band 66 Jochen Nikolaus Schlotter: Erbrechtliche Probleme in der Société Privée Européenne. IPR-Harmonisierung im einheitlichen Europäischen Rechtsraum. 2002.

Band 67 Konrad Ost: Doppelrelevante Tatsachen im Internationalen Zivilverfahrensrecht. Zur Prüfung der internationalen Zuständigkeit bei den Gerichtsständen des Erfüllungsortes und der unerlaubten Handlung. 2002.

Band 68 Tobias Bosch: Die Durchbrechungen des Gesamtstatuts im internationalen Ehegüterrecht. Unter besonderer Berücksichtigung deutsch-französischer Rechtsfälle. 2002.

Band 69 Ursula Philipp: Form im amerikanischen Erbrecht. Zwischen Formalismus und harmless error. 2002.

Band 70 Christian Stefan Wolf: Der Begriff der wesentlich engeren Verbindung im Internationalen Sachenrecht. 2002.

Band 71 André Fomferek: Der Schutz des Vermögens Minderjähriger. Ein Vergleich des deutschen und des englischen Rechts unter Berücksichtigung des schottischen und irischen Rechts. 2002.

Band 72 nicht erschienen

Band 73 Markus Dreißigacker: Sprachenfreiheit im Verbrauchervertragsrecht. Der Verbraucher im Spannungsfeld zwischen kultureller Identität und Privatautonomie. 2002.

Band 74 Vassiliki Myller-Igknay: Auskunftsansprüche im griechischen Zivilrecht. Auswirkungen im deutsch-griechischen Rechtsverkehr sowie im deutschen internationalen Privat- und Verfahrensrecht. 2003

Band 75 Stefan Bruinier: Der Einfluss der Grundfreiheiten auf das Internationale Privatrecht. 2003.

Band 76 Nika Witteborg: Das gemeinsame Sorgerecht nichtverheirateter Eltern. Eine Untersuchung im soziologischen, rechtsgeschichtlichen, verfassungsrechtlichen, rechtsvergleichenden und internationalen Kontext. 2003.

Band 77 Peter Stankewitsch: Entscheidungsnormen im IPR als Wirksamkeitsvoraussetzungen der Rechtswahl. 2003.

Band 78 Jan Wilhelm Ritter: Euro-Einführung und IPR unter besonderer Berücksichtigung nachehelicher Unterhaltsverträge. Eine Untersuchung mit Blick auf das deutsche, französische und schweizerische Recht. 2003.

Band 79 Wolf Richard Herkner: Die Grenzen der Rechtswahl im internationalen Deliktsrecht. 2003.

Band 80 Ira Ditandy: Internationale Zuständigkeit. Neuregelung durch die LOPJ 1985. Vergleich mit dem europäischen Vorbild und Auswirkungen auf das spanische internationale Zivilverfahrensrecht. 2003.

Band 81 Andrea Verena Schefold: Werbung im Internet und das deutsche Internationale Privatrecht. 2004.

Band 82 Klaus Herkenrath: Die Umsetzung der Richtlinie 93/13/EWG über missbräuliche Klauseln in Verbraucherverträgen in Deutschland, dem Vereinigten Königreich, Frankreich und Italien. Auswirkungen nationaler Umsetzungstechniken auf dem Harmonisierungserfolg. 2003.

Band 83 Alexander Thünken: Das kollisionsrechtliche Herkunftslandprinzip. 2003.

Band 84 Barbara v. Daumiller: Die Rechtswahl im italienischen internationalen Erbrecht: und ihre Auswirkungen im deutsch-italienischen Rechtsverkehr. 2003.

Band 85 Robert Mödl: Macht, Verantwortlichkeit und Zurechnung im Konzern. Eine rechtsvergleichende Untersuchung auf der Grundlage des deutschen, spanischen und US-amerikanischen Rechts. 2003.

Band 86 Ursula Kerpen: Das Internationale Privatrecht der Persönlichkeitsrechtsverletzungen. Eine Untersuchung auf rechtsvergleichender Grundlage. 2003.

Band 87 Barbara Ploeckl: Umgangsrechtsstreitigkeiten im deutsch-französischen Rechtsverkehr. Bestehende internationale und nationale Regelungen und der geplante *europäische Besuchstitel*. 2003.

Band 88 Katrin Wannemacher: Die Außenkompetenzen der EG im Bereich des Internationalen Zivilverfahrensrechts. Der räumliche Anwendungsbereich des Art. 65 EGV am Beispiel der EuGVO und der EheVO. 2003.

Band 89 Maren B. Eilinghoff: Das Kollisionsrecht der ungerechtfertigten Bereicherung nach dem IPR-Reformgesetz von 1999. 2004.

Band 90 Patrick Niehr: Die zivilprozessuale Dokumentenvorlegung im deutsch-englischen Rechtshilfeverkehr nach der deutschen und der englischen Prozessrechtsreform. 2004.

Band 91 Anna Christina Gördes: Internationale Zuständigkeit, Anerkennung und Vollstreckung von Entscheidungen über die elterliche Verantwortung. Die VO(EG) Nr. 1347/2000, ihre geplanten Änderungen und das Verhältnis beider zum Minderjährigen- und Kinderschutzabkommen. 2004.

Band 92 Martin Rädler: Rechtsbehelfe des Käufers eines Unternehmens oder einer unternehmerischen Beteiligung gegen den Verkäufer im deutschen und französischen Recht. 2004.

Band 93 Marc-Yngve Dietrich: Rechtsstellung und Beteiligung der Gläubiger im französischen Insolvenzverfahren. 2004.

Band 94 Katia Niemann: Die rechtsgeschäftliche und organschaftliche Stellvertretung und deren kollisionsrechtliche Einordnung. Deutschland und England im Vergleich. 2004.

Band 95 Daniel Ludwig: Neuregelungen des deutschen Internationalen Insolvenzverfahrensrechts. Eine Untersuchung unter vergleichender Heranziehung der Europäischen Insolvenzverordnung. 2004.

Band 96 Cordelia Faulenbach: Der gemeinschaftsrechtliche Vorbehalt im europäischen Wettbewerbsrecht. Die Herkunftslandanknüpfung der E-Commerce-Richtlinie unter dem Einfluss der Grundfreiheiten. 2004.

Band 97 Ulf Dörner: Der Vertragsgerichtsstand nach dem Protokoll von Buenos Aires. 2004.

Band 98 Martin Schmidhuber: Verhaltenskodizes im nationalen und grenzüberschreitenden elektronischen Geschäftsverkehr. Zur Frage der Integration der Selbstregulierung durch Private in die staatliche Rechtsordnung. 2004.

Band 99 Florian Kienle: Die fehlerhafte Banküberweisung im internationalen Rechtsverkehr. Unter besonderer Berücksichtigung des Artikels 4A US Uniform Commercial Code. 2004.

Band 100 Thomas Alexander Brandt: Die Adoption durch eingetragene Lebenspartner im internationalen Privat- und Verfahrensrecht. 2004.

Band 101 Florian Pulkowski: Subunternehmer und Internationales Privatrecht. Der Subunternehmer als Quasi-Verbraucher im Europäischen Kollisionsrecht. 2004.

Band 102 Ulrich Becker: Grundrechtsschutz bei der Anerkennung und Vollstreckbarerklärung im europäischen Zivilverfahrensrecht. Bestimmung der Grenzen für die Einführung eines europäischen Vollstreckungstitels. 2004.

Band 103 Thomas Badelt: Aufrechnung und internationale Zuständigkeit unter besonderer Berücksichtigung des deutsch-spanischen Rechtsverkehrs. 2005.

Band 104 Florian D. Wagner: Vorvertragliche Aufklärungspflichten im internationalen Franchising. Zur Harmonisierung von Delikts- und Vertragsstatut im internationalen Privatrecht unter besonderer Berücksichtigung der Franchise-Gesetzgebung des US-Bundesstaates Kalifornien. 2005.

Band 105 Vera Heine: Die Umsetzung der *EG-Richtlinie über missbräuchliche Klauseln in Verbraucherverträgen* im englischen und deutschen Recht. 2005.

Band 106 Alexander Franz: Überregionale Effektentransaktionen und anwendbares Recht. Eine kollisionsrechtliche Untersuchung unter besonderer Berücksichtigung der Vorschrift des § 17 a DepotG. 2005.

Band 107 Hanna-Maria Uhlenbrock: Gesetzliche Regelungen für nichteheliche Lebensgemeinschaften in Deutschland und Frankreich. Ein Vergleich des Unterhaltsrechts bei der eingetragenen Lebenspartnerschaft und beim Pacte civil de Solidarité. 2005.

Band 108 Katrin Stieß: Anknüpfungen im internationalen Urheberrecht unter Berücksichtigung der neuen Informationstechnologien. 2005.

Band 109 Hendrik Otto: Der gesetzliche Abschlussprüfer im italienischen Recht. Eine rechtsvergleichende Untersuchung unter besonderer Berücksichtigung der zivilrechtlichen Haftung. 2005.

Band 110 Frauke Stuphorn: Bankhaftung für Kreditauskünfte im deutschen und französischen Recht. 2005.

Band 111 Nina Fürer: Die zivilrechtliche Haftung für Raucherschäden. 2005.

Band 112 Giovanni B. Barillà: *Contratto autonomo di garanzia* e *Garantievertrag*. Categorie civilistiche e prassi del commercio. 2005.

Band 113 Timo Torz: Gerichtsstände im Internationalen Insolvenzrecht zur Eröffnung von Partikularinsolvenzverfahren. 2005.

FSC
www.fsc.org
MIX
Papier | Fördert
gute Waldnutzung
FSC® C083411

Kolibri 360 GmbH
Ferdinand-Juhlke-Straße 7
99095 Erfurt, Deutschland
produktsicherheit@kolibri360.de

Druck:
CPI Druckdienstleistungen GmbH
im Auftrag der
Kolibri 360 GmbH
Ferdinand-Jühlke-Str. 7
99095 Erfurt